ZOMBIE CAPITALISM
좀비 자본주의

Zombie Capitalism: Global crisis and the relevance of Marx
Chris Harman

First published in July 2009 by Bookmarks Publications
Copyright ⓒ Bookmarks Publications

Korean translation edition ⓒ 2012 by Chaekgalpi Publishing Co.
Bookmarks Publications와의 협약에 따라 이 책의 한국어 판권은 책갈피 출판사에 있습니다.

좀비 자본주의
세계경제 위기와 마르크스주의

지은이 | 크리스 하먼
옮긴이 | 이정구·최용찬
펴낸곳 | 도서출판 책갈피

등록 | 1992년 2월 14일(제18-29호)
주소 | 서울 중구 필동2가 106-6 2층
전화 | 02)2265-6354
팩스 | 02)2265-6395

이메일 | bookmarx@naver.com
홈페이지 | http://chaekgalpi.com

첫 번째 찍은 날 2012년 5월 7일
두 번째 찍은 날 2022년 7월 15일

값 24,000원
ISBN 978-89-7966-090-6 03320
잘못된 책은 바꿔 드립니다.

국립중앙도서관 출판시도서목록(CIP)

좀비 자본주의 : 세계경제 위기와 마르크스주의 / 크리스 하먼 지음 ; 이
정구, 최용찬 옮김. -- 서울 : 책갈피, 2012
    p. ;   cm

원표제: Zombie capitalism : global crisis and the relevance of Marx
원저자명: Chris Harman
영어 원작을 한국어로 번역
ISBN 978-89-7966-090-6 03320 : \24000

마르크스 주의[--主義]
320.17-KDC5
335.412-DDC21   CIP2012001965

좀비 자본주의

세계경제 위기와 마르크스주의

크리스 하먼 지음 ㅣ 이정구·최용찬 옮김

책갈피

차례

ZOMBIE
CAPITALISM

일러두기

1. 이 책은 Chris Harman, *Zombie Capitalism: Global Crisis and the Relevance of Marx* (Bookmarks, London, 2009)를 번역한 것이다.
2. 인명과 지명 등의 외래어는 최대한 외래어 표기법에 맞춰 표기했다.
3. 《 》부호는 책과 잡지를 나타내고, 〈 〉부호는 신문과 주간지를 나타낸다. 논문은 ""로 나타냈다.
4. 본문에서 [ ]는 옮긴이가 독자의 이해를 돕고 문맥을 매끄럽게 하려고 덧붙인 것이고, 지은이가 덧붙인 것은 [— 하먼]이라고 표기했다.
5. 본문의 각주는 옮긴이가 설명을 첨가해 덧붙인 것이다.
6. 원문에서 이탤릭체로 강조한 부분은 고딕체로 나타냈다.

■ 머리말

불안정한 세계

우리는 불안정한 세계에 살고 있고 이런 불안정성은 더욱 심해지고 있다. 세계에서 10억 명이 날마다 굶주리는데도 그 수는 날로 늘어난다. 이 세계는 환경을 파괴하고 있고 이런 파괴는 나날이 심해진다. 어디서나 폭력이 난무하며 이런 폭력은 날로 증가한다. 심지어 선진국에 사는 사람들조차 전보다 덜 행복할 뿐 아니라[1] 더욱 많은 사람들이 불행해지고 있다.

가장 비열한 자본주의 옹호자들조차 이런 현실을 더는 부정하기 힘들어졌다. 이 글을 쓰는 지금 제2차세계대전 이후 최악의 경제 위기가 계속 심화하고 있기 때문이다.

세계에서 가장 유명한 은행들이 정부의 막대한 구제금융 덕분에 겨우 파산을 모면했다. 유럽과 북미에서는 수많은 공장과 상점, 사무실이 문을 닫고 있다. 실업률은 계속 치솟고 있다. 중국인 2000만 명은 도시에 일자리가 없으니 시골로 돌아가라는 통보를 받았다. 인도의 사용자단체 연구소는 1000만 명이 해고될 거라고 경고한다. 남반구에 사는 수많은 사람들은 지난해 곡물 가격이 갑절로 뛰는 바람에 여전히 기아에 직면해 있으며, 세계에서 가장 부유한 나라인 미국에서는 지난 18개월 동안 300만 가구가 집을 빼앗겼다.

2년 전 이 책을 쓰기 시작할 때만 해도 분위기는 완전히 달랐다. "최근의 고성장은 계속될 것이고 세계적 물가 인상은 계속 억제될 것이며 국제 경상수지 불균형은 점차 시정될 것"이라는 게 주류 경제학자들의 "일치된 견해"라고 국제결제은행BIS은 발표했다. 정치인, 기업인, 금융인, 경제 평론가가 모두 이에 동의했다. 이들은 자유 시장의 경이로움에 축배를 들었고 "기업인의 재능"이 규제에서 해방된 것을 크게 기뻐했다. 이들은 부자가 더 부유해지는 것은 훌륭한 일이라고 말했다. 그런 인센티브 덕분에 체제가 풍요로워진다는 것이었다.

[그들은 다음과 같이 주장했다.] 국제무역 덕분에 아프리카의 기아는 사라질 것이다. 경제성장 덕분에 아시아에서 빈곤의 광대한 저수지도 사라질 것이다. 1970년대, 1980년대, 1990년대 그리고 2001~02년의 경제 위기는 잊어버려도 좋은 기억이 될 것이다. 이 세상에는 중동의 전쟁이나 아프리카의 내전 같은 참상도 있지만, 이것들은 미국이나 영국의 근본적으로는 믿을 만한 정치인들이 근시안적으로 행동하는 바람에 벌어진 일일 뿐 이 정치인들이 주장하는 인도주의적 개입은 미치광이들을 다루려면 여전히 필요하다.

견해가 다른 사람들의 말은 무시됐고, 언론은 겉만 번지르르한 유명인 문화, 상층 중간계급의 자기만족, 스포츠 경기에 분별없이 열광하는 민족주의 정서를 쏟아 냈다.

그런데 2007년 8월 중순에 이런 번지르르한 겉면을 걷어 내고 그 밑바닥의 현실을 힐끗 보여 주는 사태가 발생했다. 많은 은행들이 갑자기 회계 장부가 제대로 맞지 않는다는 것을 발견하고는 서로 대출을 중단했다. 신용 경색으로 세계 금융 시스템이 작동을 멈추면서 2008년 10월 시스템 전체가 붕괴했다. 자본가들의 자기만족은 공포로 변했고 도취감은 절망으로 바뀌었다. 어제의 영웅은 오늘의 사기꾼이 됐다. 우리에게 자본주의 체제의 경이로움을 자랑하던 바로 그 사람들이 이제는 다음과 같이 실토했다. "우리는 무엇이 잘못됐는지도 모르고 무엇을 해야 할지도 모른다." 얼마 전까지만 해도 미국 경제체제를 감독하는 최고의 천재로 묘사되던 전 연방준비제도이사회 의장 앨런 그린스펀은 미 의회에서 "제가 자기 조정적 시장이라고 여긴 것에서 무엇이 잘못됐는지 잘 모르겠습니다" 하고 시인했다.[2]

각국 정부는 은행을 경영하던 자들에게 수천억 달러(다국적 자동차 기업을 운영하던 자들에게는 수백억 달러)를 투입했고 이것으로 어떻게든 위기가 중단되기를 바란다. 그렇지만 어떻게 해야 위기가 끝날지 그리고 구제금융이 효과가 있을지를 둘러싸고 자기들끼리도 의견이 분분하다.

그러나 한 가지 점은 분명하다. 세계경제의 어느 부문이라도 안정되기 시작하자마자 이들은 경제 위기로 산산조각 난 수많은 사람들의 삶을 잊어버릴 것이다. 몇 달 동안만이라도 은행이 붕괴하지 않고 이윤이 밑바닥까지 추락하지 않으면 이 체제 옹호자들은 또다시 번지르르한 말을 쏟아 낼 것이다. 이들은 자신들의 미래가 지금보다 나으리라고 여길 것이고, 그래서 또 위기가 닥쳐 다시 한 번 공포로 내몰릴 때까지

자본주의는 경이로우며 다른 대안은 불가능하다고 전 세계에 떠들어 댈 것이다.

그렇지만 경제 위기는 이 체제의 새로운 특징이 결코 아니다. 19세기 초 영국에서 산업혁명으로 자본주의의 현대적 형태가 완전히 확립된 이래 위기는 길게든 짧게든 항상 등장했다.

경제학의 빈곤

학교와 대학에서 가르치는 주류 경제학은 이런 현상을 결코 설명할 수 없음이 드러났다. 국제결제은행은 다음과 같이 인정할 수밖에 없었다.

> 사실상 아무도 1930년대의 대공황이나 1990년대 초와 말 일본과 동남아 시아의 경제 위기를 예상하지 못했다. 사실 각각의 경기 침체 전에 인플레 가 없는 왕성한 성장기가 있었는데, 이때 많은 평론가들은 '새 시대'가 도 래했다고 주장했다.[3]

자본주의 옹호자들이 무능하다는 것은 20세기의 가장 중요한 경제 적 사건인 1930년대 대공황을 설명하지 못하는 것을 보면 가장 잘 알 수 있다. 현재 미국 연방준비제도이사회 의장이자 주류 경제학계에서 가장 존경받는 경제 위기 전문가 중 한 명인 벤 버냉키는 "대공황을 이 해하는 것은 거시경제학의 성배聖杯"라고 인정했다.[4] 달리 말하면, 대공 황을 설명할 수 없다는 것이다. 노벨 경제학상 수상자인 에드워드 프레 스콧은 대공황을 "모종의 병적인 에피소드이며, 표준 경제학으로는 설명할 수 없다"고 말했다.[5] 또 다른 노벨상 수상자인 로버트 루커스도 "뭐가 어떻게 돌아가는지 알지 못한다고 시인하는 데는 정말 대단한 노력이 필요하다"고 말했다.[6]

이것은 우연한 결함이 아니다. 이 결함들은 125년 넘게 주류 경제학을 지배한 '신고전학파'나 '한계효용학파'의 가정 자체에 내재해 있다. 그 창립자들은 시장이 어떻게 '수요와 공급을 일치'시키는지, 즉 어떻게 시장에서 모든 재화가 구매자를 만나게 되는지 보여 주는 것이 자신들의 과제라고 여겼다. 그렇지만 이것은 경제 위기가 가능하지 않다고 전제하는 것이다.

신고전학파 모델이 자본주의의 가장 명백한 특징 몇 가지를 제대로 설명할 수 없다는 점 때문에 주류 경제학 내에서 그 모델에 추가 요소를 임시변통으로 덧붙이려는 노력이 반복됐다. 그렇지만 이런 수정을 하면서도 자본주의 체제가 균형을 회복할 것(가격, 특히 임금이 아무런 방해를 받지 않고 시장의 압력에 반응한다면)이라는 기본 신념은 바뀌지 않았다. 심지어 주류 경제학 내에서 가장 날카롭게 균형 모델에 의문을 제기한 존 메이너드 케인스조차 정부가 어느 정도 개입하면 균형 모델이 잘 작동할 수 있을 것이라고 여겼다.

이런 자기만족적 사고에 대한 도전은 항상 있었다. 오스트리아 경제학자 슘페터는 균형 모델을 비웃었는데, 그가 자본주의의 가장 긍정적인 미덕이라고 여긴 역동성과 균형 모델이 양립할 수 없다는 점 때문이었다. 케인스의 몇몇 후계자들은 신고전학파 정설에서 벗어나 케인스보다 더 멀리 나아갔다. 케임브리지대학교의 경제학자들은 신고전학파의 이론적 기초를 산산조각 냈다. 그렇지만 정설 경제학은 대학과 학교에 확고하게 자리 잡고는 현실과 거의 무관한 경제체제의 모습을 새

세대의 머릿속에 주입했다. 이런 견해를 밝힌 책들을 마치 과학적 교과서인 양 학생들에게 배우도록 압박했기 때문에 폴 새뮤얼슨의 《경제학 원론》이나 리처드 립시의 《실증경제학 입문》이 수백만 부씩 팔릴 수 있었다.

자본주의 체제의 이러한 특징은 대중에게 중대한 영향을 미치지만, 경제학 전문가들이 이런 문제들을 다루는 데 어려움을 겪는다는 사실은 별로 놀라운 일이 아니다. 경제학 교과서와 학술 잡지를 가득 메운 복잡한 대수학 계산이나 기하학 도식으로 표현된 딱딱한 정리들은 안정과 균형을 가정하고 있어서, 체제가 위기로 빠지는 경향을 걱정하는 사람들에게 아무 도움도 안 된다. 신고전학파의 창립자 중 한 명인 앨프리드 마셜은 자신이 신봉하는 경제 이론이 실제로는 거의 소용이 없으며 "오히려 상식과 경험에서 우러나오는 직관을 신뢰하는 사람이 더 훌륭한 경제학자가 될 수 있을 것"이라고 이미 한 세기 전에 지적했다.[7]

그렇지만 문제는 학계의 추상적 스콜라주의만이 아니다. 정설 경제 이론은 시장 체제에서 이득을 얻는 사람들의 관점으로 작동한다는 점에서 이데올로기의 산물이다. 정설 경제 이론은 그들의 폭리 행위를 공익에 기여하는 최고의 방법으로 치켜세우는 반면 뭔가가 잘못돼도 그들에게는 책임을 묻지 않는다. 또 현존 체제에 대한 근본적 비판은 무조건 배제한다. 이것은 교육기관에서 지도적 위치에 있는 사람들에게 딱 들어맞는데, 이 교육기관들은 자본주의의 모든 기구와 긴밀히 연결돼 있다. 급진 케인스주의자인 조앤 로빈슨은 그런 상황을 이렇게 요약했다.

주장하기는 급진파들이 더 쉬운 법이다. 그들은 현대 경제의 작동이 평가 대상인 사상과 서로 일치하지 않는다는 것만 지적하면 되기 때문이다. 반면 보수파들은 자본주의가 최선의 가능한 세계라는 것을 입증해야 하는 거의 불가능한 과제를 안고 있다. 그러나 바로 그 때문에 보수파들은 요직을 차지하는 것으로 보상받는데, 그들은 그 직위를 이용해 비판을 억누를 수 있다. … 보수파들은 자신들이 받은 보상에 대한 급진파들의 비판에 대답할 의무를 느끼지 않으며 논쟁에도 거의 참여하지 않는다.[8]

그렇지만 대다수 '급진파'조차 대개는 현존 체제를 당연한 것으로 여기는 데서 출발한다. 조앤 로빈슨 같은 급진 케인스주의자들의 주장은 항상 주류 경제학자들이 제시하는 것보다 더 많이 국가 개입을 강화해서 체제를 개선하자는 것이었다. 이들은 자본주의 체제를 움직이는 내적 동역학의 파괴적 영향이 순전히 경제적 현상에만 한정되지 않는다는 것을 보지 못한다. 21세기에 자본주의는 경제 위기뿐 아니라 전쟁, 기아, 기후변화를 낳았으며, 그 과정에서 인간 생활의 토대 자체까지 위협하고 있다.

자본주의는 수많은 사람들을 자본주의 노동과정에 끌어들여서 이 사회를 완전히 바꿔 놓았다. 자본주의는 인류의 생활 패턴 전체를 바꿨고 인간 본성까지 바꿔 놓았다. 자본주의는 오래된 억압에 새로운 성격을 부여했을 뿐 아니라 완전히 새로운 억압도 만들어 냈다. 자본주의는 전쟁과 환경 파괴로 나아가는 동력을 만들어 냈다. 또 자연의 불가항력적 힘처럼 작용하면서 지진, 허리케인, 쓰나미보다 더 거대한 혼란과 파괴를 만들어 냈다. 그렇지만 자본주의 체제는 자연의 산물이 아니라 인간 활동의 산물이다. 이 인간 활동이 어느 정도 인간의 통제를 벗어나 자체의 생명력을 갖는 것이다. 경제학자들은 "시장이 이렇게 움직인다"거나 "시장이 저것을 요구한다"고 쓴다. 그러나 시장은 인간의 창조적 활동, 즉 노동의 다양한 활동의 결과인 많은 생산물이 한데 모인 것일 뿐이다. 경제학자들이 은폐하는 것은 이것이 모종의 체제가 되어 인간을 지배하게 됐고, 제정신을 가진 사람이라면 거의 아무도 원하지 않을 방향으로 이 세계를 몰고 가고 있다는 점이다. 2007년에 시작된 금융 위기에 직면해 일부 경제 평론가들은 "좀비 은행들"에 관해 말하기 시작했다. 즉, 긍정적 구실을 전혀 할 수 없지만 모든 사람에게 위협이 되는 "완전히 죽지 않은 상태"의 금융기관들 말이다.[9] 그들이 깨닫지 못한 것은 21세기 자본주의 자체가 좀비 체제라는 점이다. 즉, 인류의 목표를 달성하거나 인간의 정서에 반응해야 할 때는 거의 죽은 듯하지만 세계 도처에서 갑자기 혼란을 일으키는 짓을 할 수 있기 때문이다.

우리에게 적대적인 세계

이런 점에서 볼 때, 이 체제를 제대로 설명하려 한 중요한 분석 전통은 단 하나뿐이다. 그 전통은 카를 마르크스와 그의 오랜 동료인 프리드리히 엥겔스의 저작에서 유래했다.

마르크스는 1840년대 초에 성인이 됐는데, 당시는 산업자본주의가 그의 고향인 남부 독일에 처음으로 제한적 영향을 미치기 시작했을 때였다. 엥겔스는 아버지가 시킨 대로 맨체스터로 가서 공장 경영을 거들었는데, 당시 맨체스터에서는 새로운 체제가 이미 번성하고 있었다. 두 사람은 당시 독일의 거의 모든 청년 지식인들과 마찬가지로, 전제 권력을 지닌 국왕이 지배하는 프로이센의 억압적 봉건 계급 지배 체제를 전복하려는 염원을 품고 있었다. 그러나 봉건제를 대체한 산업자본주의에도 나름대로 억압적 측면이 있다는 사실을 곧 파악하기 시작했다. 무엇보다 산업자본주의는 대중을 그들 자신의 노동에 비인간적으로 예속시키는 특징이 있었다. 마르크스는 이 새로운 체제의 작동 방식을 파악하기 시작하자, 애덤 스미스나 데이비드 리카도 같은 정치경제학자들을 포함해 이 체제를 옹호하는 가장 저명한 사람들의 저작을 비판적으로 읽게 됐다. 그의 결론은, 이 체제가 인간이 생산할 수 있는 부의 규모를 크게 증대시켰다 할지라도 대다수 사람들은 이런 부의 혜택을 누리지 못한다는 것이었다.

노동자는 더 많이 생산할수록 더 적게 소비해야 한다. 노동자는 더 많은 가치를 창출할수록 그 자신은 더 가치가 없어지고 쓸모없게 된다. … [이 체제는 — 하먼] 노동을 기계로 대체하지만, 일부 노동자들을 다시 야만적 노동 속으로 내동댕이치고, 다른 노동자들을 기계로 만들어 버린다. … 이 체제는 지성을 만들어 내지만 노동자의 사고는 마비시킨다. … 노동은 부자들에게는 훌륭한 물건들을 만들어 주지만 노동자에게는 궁핍을 가져다준다. 이 체제는 궁궐을 만들지만 노동자에게는 초라한 판잣집을 만들어 준다. 이 체제는 아름다움을 만들어 내지만 노동자는 불구로 만든다. … 노동자는 일하지 않을 때만 기분이 좋고, 일할 때는 기분이 좋지 않다. 노동자는 일하지 않을 때 안락함을 느끼고 일할 때는 안락함을 느끼지 못한다.

마르크스는 자신의 초기 저작에서 이와 같은 현상을 철학자 헤겔이 발전시킨 철학 용어를 받아들여 '소외'라고 불렀다. 마르크스와 동시대인인 포이어바흐는 이 용어를 사용해서 종교를 설명했다. 포이어바흐는 종교가 인간의 창조물이지만 사람들은 종교가 자신들의 삶을 지배하도록 허용했다고 주장했다. 마르크스는 자본주의도 마찬가지라고 봤다. 새로운 부를 만드는 것은 인간 노동이다. 그러나 자본주의에서 부는 인간 노동을 지배할 뿐 아니라 점점 더 많은 노동을 요구하는 괴물이 된다.

> 노동이 생산하는 사물인 생산물은 노동에 대해 낯선 존재로서, 생산자와 무관한 힘으로서 맞서게 된다. 노동자가 자신의 노동에 힘을 많이 쏟을수록, 노동자가 만들어 내지만 노동자와 대립하게 되는 외부 사물의 세계는 더 강력해지고 노동자와 그의 내부 세계는 더 빈곤해지며, 노동자에게 속하는 것은 더 줄어든다. … 노동자는 자신의 생명을 사물 속에 집어넣지만, 이제 그의 생명은 그에게 속하지 않고 그 사물에 속하게 된다.[10]

마르크스는 1860년대 초에 쓴 《자본론》 초고에서도 다음과 같이 썼다.

> 자본가가 노동자를 지배하는 것은 사물이 인간을 지배하는 것이고, 죽은 노동이 산 노동을 지배하는 것이고, 생산물이 생산자를 지배하는 것이다. 왜냐하면 노동자를 지배하는 수단이 되는 상품은 사실 … 생산과정의 산물이기 때문이다. … 이것은 노동자 자신의 사회적 노동의 소외 과정이다.[11]

그러나 마르크스가 이런 상황을 단지 기록만 한 것은 아니었다. 마르크스 이전의 다른 사람들도 기록은 했고, 마르크스가 죽은 뒤에도 많은 사람들이 기록을 계속했다. 그러나 마르크스는 25년 동안 계속된 지적 노동을 통해 자본주의 체제가 어떻게 형성됐고 또 이 체제를 반대하는 세력을 어떻게 만들어 냈는지를 이해하려고 노력했다.

마르크스의 저작은 단순한 경제학 저작이 아니라 다른 경제학파들이 당연하게 여기는 이 체제에 대한 비판, 즉 "정치경제학 비판"이다. 그의 출발점은 자본주의가 역사적 산물이라는 것이었다. 즉, 자본주의는 "생산의 끊임없는 변혁, 모든 사회 조건의 부단한 교란, 끝없는 불확실성과 동요", 끊임없는 변화 과정을 일으키는 동역학의 결과라는 것이었다.[12] 성숙기 마르크스의 경제학 연구의 목표는 이런 동역학의 본질과 함께 이 체제의 발전 추세를 파악하는 데 있었다. 이런 연구들은 오늘날 이 세계가 어디로 향하는지 이해하려는 사람 누구에게나 필수적 출발점이 되고 있다.

마르크스의 방법론은 서로 다른 추상 수준에서 이 체제를 분석하는 것이다. 《자본론》 1권에서 그는 자본주의 생산의 가장 일반적이고 근본적인 특징을 밝히고자 했다. 2권은[13] 자본, 상품, 화폐가 이 체제 내에서 유통되는 방식을 다뤘으며, 3권은[14] 생산과 유통 과정을 종합해서 이윤율, 공황, 신용 제도, 지대 등을 더 구체적으로 설명한다. 마르크스의 원래 계획은 국가, 대외무역, 세계시장 등을 다루는 몇 권을 더 집필하는 것이었다. 그는 이 계획을 완수하지 못했다. 비록 이런 쟁점을 다룬 그의 저술들이 여러 노트에 흩어져 있지만 말이다.[15] 따라서 《자본론》은 어떤 의미에서 미완의 저작이다. 그러나 《자본론》은 신고전학파 주류 경제학의 정태적 균형 분석이 무시하는 것들(기술 진보, 축적, 재발하는 경제 위기, 빈부 격차 심화)에 대한 설명을 종합해서 체제의 기본 과정을 해명하는 목표를 완수한, 미완의 저작이다.

오늘날 마르크스의 활용

이 때문에 오늘날 세계 체제에 대한 설명은 모두 마르크스가 발전시킨 기본 개념에서 시작해야 한다. 이 책의 1~3장에서는 이런 기본 개념들을 설명한다. 마르크스주의를 어느 정도 아는 일부 독자들은 이런 설명을 군더더기라고 여길지도 모르겠다. 그러나 마르크스주의 진영의 외부뿐 아니라 내부에서도 이런 개념들이 흔히 오해되고 있다. 마르크스의 개념들은 가격의 결정을 균형이론으로 설명하는 신고전학파와의 경쟁에서 결국은 패배했다고 여겨져 왔다.[16]

이에 대한 한 가지 대응은 마르크스의 분석에서 핵심 요소들을 빼 버리고 마르크스의 분석을 착취나 무계획적 경쟁에 대한 설명으로만 제시하는 것이다. 언뜻 보면 정반대처럼 느껴지는 또 다른 대응은 거의 스콜라철학처럼 서로 경합하는 해석들을 따라 마르크스와 헤겔의 저작들을 파헤치는 것이다. 이것은 마치 적들의 매복 공격을 받은 마르크스주의 이론이 이론적 참호로 후퇴해서, 적들만큼이나 실제 세계와 괴리되는 것과 마찬가지다. 이 때문에 나는 기본 개념들을 (바라건대) 이해하기 쉽게 설명하고, 이 개념들이 자본주의 발전의 방향을 결정하는 근본적 힘들의 상호작용을 어떻게 나타내는지 보여 주려 했다. 마르크스의 개념들에 대한 다른 해석들은 각주에서 자세히 다뤘다. 그러나 마르크스의 설명에 대한 주류 경제학자들의 가장 흔한 비판들은 2장에서 다뤄야겠다고 생각했다. 왜냐하면 학교나 대학에서 경제학을 공부하는 사람들은 이들의 견해에 영향을 받을 것이기 때문이다. 운 좋게도 그런 운명에서 벗어나 있는 독자라면 2장은 건너뛰어도 좋을 것이다.

마르크스 자신의 설명이 불완전하다는 것이 문제가 되는 때는 마르크스 사후의 자본주의 변화를 다룰 때다. 그가 《자본론》에서 지나가듯이 언급한 것들, 즉 독점의 성장, 자본주의 생산과 시장에 대한 국가의 개입, 복지 서비스의 제공, 경제적 무기로 이용되는 전쟁이 지금은 매우 중요해졌다. 20세기 초 몇십 년 동안 마르크스주의자들은 당시 상황 때문에 이런 쟁점들 중의 일부를 둘러싸고 논쟁을 벌일 수밖에 없었으며, 1960년대와 1970년대 초에 창조적 사고가 새롭게 분출하기도 했다. 나는 이런 논의들에서 "《자본론》을 넘어서는" 데 필요한 개념들을 도출하고 마르크스 자신의 설명에서 나타나는 간극을 채우고자 했다(4장과 5장). 이 책의 나머지 부분은 1930년대 대공황부터 이 글을 쓰는 지금 전 세계를 혼란에 빠뜨린 경제 위기까지 지난 80년 동안의 자본주의 발전을 다루려 했다. 이 부분은 경제적 과정을 설명할 뿐 아니라 세계 수준에서 자본과 국가의 상호작용이 어떻게 매번 호황과 불황은 물론이고 전쟁, 내전, 기아, 환경 파괴를 낳는지도 설명한다. 핵무기와 온실가스도 자동차 생산이나 석탄 광산만큼이나 소외된 노동의 산물인 것이다.

이 책에 대해

자본주의 경제의 불안정성은 이 책의 집필에도 영향을 미쳤다. 내가 "엄청난 착각"이라고 부른 것, 즉 자본주의는 경제 위기 없이 성장하는 새로운 길을 발견했다는 신념이 최고조에 달했을 때인 2006년 말에 이 책의 초고를 쓰기 시작했다. 당시 나는 경제 위기의 재발은 필연적이라고 생각했다. 그것은 마치 지진의 단층선 위에 지은 도시에 사는 사람들은 언젠가 지진을 겪을 것임을 알고 있는 것과 꼭 마찬가지였다. 그러나 나는 경제 위기가 언제 닥칠지 그리고 얼마나 파괴적일지를 예측할 수 있는 것처럼 굴지는 않았다. 그보다는 25년 전에 출간된 《경제 위기를 설명한다》*를 업데이트하고, 그때 이후 체제의 변화를 설명하려 했다. 그러면서도, 맹목적으로 질주하는 이 체제가 앞으로도 사람들의 삶에 파괴적 영향을 미칠 것이고 그래서 엄청난 사회적·정치적 위기를 부를 텐데 그런 위기는 잠재적으로 혁명적 함의가 있다는 기본적 결론을 반복해 주장하려 했다.

그러나 내가 초고를 15만 단어쯤 썼을 때 이 맹목적 질주의 효과가 나타나기 시작했다. 2007년 8월의 신용 경색이 2008년 9~10월의 대폭락으로 번지자 체제 옹호자 중 한 명인 윌럼 뷰터는 "우리가 아는 자본주의는 끝났다"고 썼다.[17] 내가 이 체제의 현재 상황으로 취급한 많은 세부 사항들이 갑자기 과거지사가 됐고, 이 위기의 원인이 무엇인지 설명해 달라는 긴급한 요청이 몰려들었다. 나는 전에 썼던 초고를 업데이트하고 개편할 수밖에 없었다. 그래서 이 책의 뒷부분 몇몇 장에서는 앞으로 수십 년 동안 무슨 일이 벌어질지보다는 지금 여기서 무슨 일이 벌어지고 있는지를 설명하는 쪽으로 강조점을 이동했다. 그 과정에서 나는 초고에 쓴 단어의 3분의 1을 삭제하고 책 전체를 더 쉽게 읽을 수 있도록 상당히 많은 실증 자료를 없앴다. 더 자세한 내용에 관심 있는 사람은 지난 20년 동안 《인터내셔널 소셜리즘》 잡지에 내가 쓴 경

---

* *Explaining the Crisis*. 국역: 《마르크스주의와 공황론》, 풀무질, 1995.

제학 관련 논문 열다섯 편을 찾아보기 바란다. 또한 이론적 주장의 일부는 《경제 위기를 설명한다》에서 더 분명하게 서술했다.

감사의 말

매우 길고 어수선한 초고를 읽고 조언해 준 토비아스 브링크, 조셉 추나라, 알렉스 캘리니코스, 닐 데이비슨, 제인 하디, 마이크 헤인스, 릭 쿤, 맷 니처, 마크 토머스에게 감사한다. 또한 《인터내셔널 소셜리즘》에 실린 일부 예비 원고들에 대해 조언해 준 톰 브램블, 샘 프리드먼, 메흐메트 우푹 투탄, 토머스 와이스, 그 밖의 사람들에게 감사하며 이윤율에 관한 정보를 제공해 준 로버트 브레너, 앤드루 클리먼에게 감사한다. 또, 다른 많은 사람들에게도 지적으로 큰 빚을 졌다. 그중 가장 중요한 것은 젊은 시절 마이크 키드런과 토니 클리프에게 배운 것이다. 이와 더불어 1960년대 말부터 지금까지 마르크스주의 경제 분석의 전통을 유지한 수많은 사람들의 저작에서 많은 자극을 받았다. 리카르도 벨로피오레, 헨리 번스타인, 딕 브라이언, 테리 바이어스, 굴리엘모 카르케디, 프랑수아 셰네, 제라르 뒤메닐, 알프레두 사드-필류, 벤 파인, 존 벨라미 포스터, 앨런 프리먼, 데이비드 하비, 피터 고완, 클라우디오 카츠, 짐 킨케이드, 코스타스 라파비차스, 이슈트반 메사로시, 프레드 모즐리, 헤이르트 뢰턴, 안와르 셰이크, 그 밖의 많은 사람들이 있다. 일부 사람들은 강연을 듣거나 토론할 수 있었지만 대부분은 만나지 못했고, 또 몇몇은 나와 의견이 크게 다르다. 그러나 모두 이러저러하게 내 결론 형성에 도움을 줬다.

수치와 용어에 대한 주석

경제 변화를 설명하고자 하는 사람들에게는 정부나 경제 단체, 그리고 OECD, 유엔무역개발회의UNCTAD, WTO, 세계은행, IMF 같은 국제 기구들이 제공하는 통계 정보를 이용하는 것 말고 달리 선택의 여지가 없다. 이 책도 예외는 아니다. 그러나 가장 많이 사용되는 수치들 중 일부는 중요한 측면에서 오해의 소지가 있다는 점을 독자들은 명심해야 한다.

특히 경제성장에 관한 수치는 겉보기와 달리 그렇게 명확한 것이 아니다. 보통 측정하는 성장률은 시장에 나온 생산량으로 계산한다. 그러나 인류의 복지에 보탬이 되는 인간 노동 중에서 많은 것들은 시장에서 매매되지 않는다. 예컨대, 여성의 가사 노동이나 그보다 비중은 훨씬 적지만 남성의 가사 노동이 그렇다. 이 점은 역사적으로 농민의 토지에서 이뤄진 대부분의 가족노동도 마찬가지다. 그 결과 가계가 전에 시장 외부에서 생산하던 것들을 구입하기 시작하면 마치 부가 증가하는 양 잘못 생각하기 쉽다. 주부가 일자리를 얻어 반찬거리를 사거나 전에 농민 가정이 자신들의 땅에 스스로 짓던 오두막을 다른 사람을 고용해 짓게 할 때가 그렇다.

이런 변화 때문에, 흔히 제시되는 수치들은 최근 수십 년 동안의 시장화 증대, 여성 임금노동의 증가와 더불어 점차 왜곡된 상을 제공한다. 공식 수치들은, 부를 한 사람의 호주머니에서 다른 사람의 호주머니로 단순 이동시키는 금융 서비스 같은 것(이것도 지난 수십 년 동안 특히 두드러진 현상이다)도 생산량으로 계산함으로써 인간의 필요를 만족시키는 생산물의 실제 성장률을 과장하기도 한다.[18] 마지막으로, 1인당 생산량이라는 척도도, 흔히 이용되는 것과 달리, 인간의 복지와 등치될 수 없다. 왜냐하면 생산량은 항상 계급들 사이에 불균등하게 분배되기 때문이다. 그렇지만 더 나은 것이 없으므로 그런 수치들을 이용할 수밖에 없었다.

내가 사용한 용어 몇 가지에 대해서는 짤막한 설명을 해야겠다. 대체로 '서방'과 '동방'은 지난 세기의 냉전기 용어법에 따라 사용했으며, 그래서 '서방'에는 일본도 포함된다. '제3세계'나 '남반구'는 20세기 내내 비교적 공업화가 이뤄지지 못한 가난한 지역을 가리키며, 일부 통계에서는 '개발도상국'이나 '저개발국' 같은 용어도 사용했다. '공산주의 국가'는 1991년 이전의 소련과 체제가 비슷한 국가들이다. '생산자본'은 금융자본이나 상업자본과 달리 공업이나 농업에서 사용된 자본을 말한다. 마지막으로 자본가는 20년 전만 해도 99.99퍼센트가 남성이었기 때문에 보통 남성으로 간주되지만, 그들이 착취하는 노동자들은 항상 남성과 여성이 모두 포함됐다. 운 좋게도 주류 경제학을 공부하지 않았거나 마르크스의 저작에 아직 친숙하지 않은 사람들도 쉽게 이해할 수 있도록 책의 말미에 용어 설명을 덧붙였다.

ZOMBIE
CAPITALISM

체제를 이해하기

— 마르크스의 경제학과 마르크스 사후의 자본주의

chapter **1** 마르크스 경제학의 개념들

상품들의 세계

우리가 살고 있는 경제체제의 가장 분명한 특징은 온갖 종류의 재화를 사고파는 것이 핵심 메커니즘이라는 점이다. 우리는 식량, 주택, 의복, 난방·조명 에너지, 교통수단 등 우리 자신과 가족의 삶을 유지하는 데 필요한 것을 모두 돈 주고 사야 한다. 그리고 뭔가를 사려면 뭔가를 팔아야 한다. 비록 우리가 팔 수 있는 것이 남을 위해 일할 수 있는 능력뿐이라고 하더라도 말이다. 우리의 삶 자체가 상품의 움직임에 달려 있다. 그래서 마르크스는 《자본론》 첫머리에서 다음과 같이 지적했다.

자본주의 생산양식이 지배하는 사회의 부富는 상품의 엄청난 집적集積으로 나타난다.

마르크스가 이렇게 썼을 때는 시장 관계가 여전히 세계의 많은 지역에 침투하지 못했을 때였다. 모든 생산이 사람들의 직접 필요에 따라 이뤄지는 사회가 아직 많이 남아 있었다. 수렵·채집이나 간단한 농업을 바탕으로 한 '원시공산제' 사회(무엇을 어떻게 생산할지를 사람들이 자기들끼리 자유롭게 결정하는)도 있었고[1] 농민이 지역 영주나 지배자의 명령에 따라 생산하는 농업 사회도 있었다. 시장이 이미 존재한 대다수 사회에서도 인구의 다수는 여전히 자급자족 농민이었다. 그들은 가족의 생계를 유지하는 데 필요한 물품을 대부분 직접 생산했고 사고파는 물품은 극히 일부에 불과했다. 오늘날 우리는 마르크스의 말을 확장해서 다음과 같이 말할 수 있다. "몇몇 예외를 빼면, 전 세계의 부는 엄청난 상품 덩어리로 나타난다." 그리고 그 예외들(예컨대, 많은 선진국의 무상 의료·교육 시스템)은 점차 상품화 압력에 시달리고 있다. 이렇게 거의 일반화한 상품생산이야말로 과거 사회와 다른 현대 사회의 뚜렷한 특징이다. 따라서, 세계에 무슨 일이 일어나고 있는지를 이해하려면 먼저 상품생산의 작동 방식부터 이해해야 한다.

상품생산의 작동 방식을 이해하려고 애쓴 사람이 마르크스가 처음은 아니었다. 마르크스 전에 고전학파 정치경제학자들이 있었다. 그들은 지주계급이 여전히 득세하던 유럽에서 자본주의가 돌파구를 뚫으려고 분투할 때 자본주의의 기본 동역학을 규명하려고 애쓴 자본주의의 초기 지지자들이었다. 그중 두 사람, 애덤 스미스와 데이비드 리카도가 특히 중요했다. 스미스는 더비셔의 크롬퍼드에서 최초의 근대식 공장인 방적 공장이 문을 연 1770년대에 저술 활동을 했고, 리카도는 40년 뒤 나폴레옹 전쟁 직후 대지주들에 맞선 초기 산업자본가들의 이익을 옹호했다.

사용가치와 교환가치

스미스는 흔히 현대 자본주의와 신고전학파 경제 이론가들의 수호 성인으로 떠받들어진다. 그러나 그는 한 가지 중요한 점을 지적했고 이를 리카도가 더욱 발전시켰는데, 자칭 스미스 추종자라는 주류 경제학자들은 거의 모두 이 점을 철저히 무시했다. 스미스는 사회가 일단 시장을 위한 생산에 바탕을 두게 되면 모든 상품은 서로 완전히 다른 두 가지 관점에서 볼 수 있다고 지적했다.

가치라는 말은 … 서로 다른 두 가지 의미가 있는데, 특정한 물건의 유용성을 나타내기도 하고 그 물건을 소유함으로써 얻게 되는, 다른 재화를 구매할 수 있는 능력을 나타내기도 한다. 전자가 '사용가치'라면 후자는 '교환가치'다. 사용가치가 가장 큰 물건들은 교환가치가 거의 없거나 전혀 없다. 반대로, 교환가치가 가장 큰 물건들은 사용가치가 거의 없거나 전혀 없다. 물보다 더 유용한 것도 없다. 그러나 물로 구매할 수 있는 것은 거의 아무것도 없다. 물의 교환가치는 거의 없는 것이다. 반대로, 다이아몬드는 사용가치가 거의 없다. 그러나 흔히 엄청나게 많은 다른 재화와 교환할 수 있다.[2]

마르크스는 《자본론》에서 이런 통찰을 받아들이고 발전시키면서, 스미스의 저작에서 발견되는 모호한 부분들을 제거했다.

물건의 유용성이 그 물건의 사용가치가 된다. … 사용가치는 상품의 물리적 속성에 따라 제약되므로 상품 자체와 별개로 존재할 수 없다. 따라서 철·밀·다이아몬드 같은 상품은 그 자체가 사용가치, 즉 유용한 물건이다. 상품의 이런 속성은 그 유용성을 얻는 데 얼마나 많은 노동이 필요한지와는 무관하다.

그러나 상품은 "교환가치의 물질적 보관소"이기도 하다.

교환가치는 양적 관계, 즉 한 종류의 사용가치가 다른 종류의 사용가치와 교환되는 비율로 나타나는데, 이 비율은 때와 장소에 따라 끊임없이 바뀐다.[3]

오늘날 주류 신고전학파 경제학자들은 이런 구분을 하지 않는다.[4] 그들이 아는 가치는 오직 '한계효용'뿐인데, 한계효용은 사용가치에 대한 사람들의 주관적 평가에 바탕을 둔 것이다. 리카도의 전통을 따른다고 자처하는 일부 비주류 경제학자들(이른바 '스라파학파')도 그런 구분을 하지 않는다.[5] 그들의 모형도 물건의 투입과 산출, 다시 말해 사용가치에 바탕을 둔 것이다. 마지막으로, 오늘날의 일부 마르크스주의자들도 이런 구분이 타당하지 않다고 주장한다. 왜냐하면 마르크스는 가치가 아니라 착취를 중요하게 여겼기 때문이라는 것이다.[6]

그런 이론들은 스미스·리카도·마르크스가 한 구분을 없애다가, 상품생산에 바탕을 둔 체제에 필수적인 것도 놓치고 있다. 즉, 상품생산 체제에서 일어나는 일은 모두 서로 다른 두 과학 법칙의 지배를 받는다는 사실을 놓치고 있는 것이다.

하나는 물질세계의 법칙, 즉 물리학·화학·생물학·지질학 등의 법칙이다. 바로 이런 법칙이 서로 다른 물건을 결합해서 재화를 생산하는 방식(기계의 각종 부품, 공장의 물리적 구조, 외과 수술 기법 등)과 그런 재화가 최종 소비자에게 얼마나 유용한지(식품의 영양가, 연료와 전기로 얻는 난방, 학급당 아동 수, 병원당 환자 수 등)를 좌우한다.

다른 하나는 물건들이 교환가치로서 서로 관계 맺는 방식이다. 교환가치는 흔히 사용가치와 사뭇 다르게 움직인다. 어떤 물건의 사용가치는 그대로인데 교환가치는 떨어질 수 있다. 지난 몇 년 동안 컴퓨터의 가격이 그랬다. 내가 지난번 책을 쓸 때 사용한 컴퓨터 가격이 지금 쓰고 있는 훨씬 좋은 컴퓨터의 갑절이었다. 더욱이, 교환가치는 한없이 나눌 수 있지만 사용가치는 보통 그럴 수 없다. 자전거 가격은 자동차 가격의 20분의 1이라고 말할 수는 있겠지만, 자동차를 스무 조각으로 나누면 아무짝에도 못 쓰는 물건이 되고 말 것이다. 이 점은 공장·유정(油井)·여객기·학교·병원 등 현대 자본주의에 중요한 것들과 관련해서 엄청나게 중요하다. 시장에서는 이런 것들을 한없이 나눌 수 있는(파운드, 페니 등의 단위로) 교환가치로 취급한다. 그러나 사실 그것들은 흔히 그렇게 나눌 수 없는 물리적 존재다.

상품의 교환가치는 한없이 유동적이기도 하다. 상품은 화폐 형태로 경제의 이 부문에서 저 부문으로, 세계의 이 지역에서 저 지역으로 옮겨 다닐 수도 있고 같은 가격의 서로 다른 품목으로 소비될 수도 있다. 그러나 사용가치의 유동성은 물리적 구조에 의해 제한된다(사용가치가 나뉠 수 없는 것과 마찬가지다). 그래서 현금 1억 파운드는 하룻밤 사이에 영국에서 인도로 옮길 수 있지만, 1억 파운드짜리 공장을 그렇게 빨리 옮길 수는 없는 법이다. 사용가치와 교환가치는 서로 다른, 흔히 모순된 논리에 따라 움직이고, 이 점을 깨닫지 못하면 상품생산 경제의 가장 기본적인 사실을 놓치게 된다. 상품생산 경제는 교환가치의 움직임처럼 부드럽게 작동하는 것이 아니라 항상 충돌, 중단, 재출발이 일어날 수밖에 없다. 교환가치가, 유동성을 제한하는 물리적 속성이 있는 사용가치로 구현되기 때문이다.

노동과 화폐

스미스와 리카도는 상품의 이중적 성격을 이해하는 데서 그치지 않았다. 그들은 더 나아가, 물리적 속성이 다른 물건들의 교환가치를 비교할 수 있는 것은 한 가지 공통점이 있기 때문이라고 주장했다. 즉, 그런 물건들이 모두 인간 노동의 산물이라는 공통점이 있다는 것이었다.

스미스는 다음과 같이 썼다.

모든 물건의 실제 가격, 즉 그것을 손에 넣으려는 사람이 실제로 지출하는 비용은 그것을 얻는 데 들인 수고와 고생이다. 물건을 얻어서 처분하거나 다른 것과 교환하기를 원하는 사람에게 그 물건의 실제 가치는 자신이 직접 하지 않고 남에게 시킬 수 있는 수고와 고생이다. 화폐나 재화를 주고 물건을 사는 것은 곧 노동으로 물건을 구매하는 것이고 우리 몸이 수고해서 그 물건을 얻는 것과 마찬가지다. … 그 화폐나 재화에는 일정한 노동량이 담겨 있고, 우리는 그것과 똑같은 양의 가치가 담겨 있다고 생각되는 물건과 그 화폐·재화를 교환하는 것이다.

노동이야말로 모든 것을 살 때 치르는 최초의 가격, 근원적 대가다. 세상의 모든 재화는 원래 금이나 은을 주고 산 것이 아니라 노동으로 얻은 것이다. 따라서 재화를 소유한 사람이나 그 재화를 다른 물건과 교환하려는 사람에게 그 재화의 가치는 그것으로 사거나 얻을 수 있는 노동량과 정확히 일치한다.[7]

마르크스도 이런 인식을 자신의 분석에 포함시켰다.

상품의 교환가치는 여러 상품에 공통된 어떤 것으로 표현될 수 있어야 하는데, 교환가치는 그 양의 크고 작음을 나타낸다. 이 공통된 "어떤 것"은 상품의 기하학적·화학적 속성이나 그 밖의 자연적 속성일 수 없다. … 상품의 사용가치를 무시한다면, 오직 하나의 공통된 속성, 즉 노동 생산물이라는 속성만 남는다.

그러나 마르크스는 스미스와 리카도의 분석을 매우 중요한 부분에서 개선했다. 교환가치를 결정하는 것은 특정한 구체적 노동 행위가 아니다. 왜냐하면 서로 숙련도가 다른 사람들이 특정 상품을 생산하는 데 들인 시간과 노력은 서로 다르기 때문이다.

상품의 가치가 그것을 생산하는 데 들인 노동량에 의해 결정된다면, 노동자가 더 게으르고 서투를수록 상품의 가치가 더 클 것이라고 생각할 수도 있다. 그 상품을 생산하는 데 더 많은 시간이 필요할 것이기 때문이다.[8]

그러나 상품의 교환가치는 그 상품을 생산하는 데 "사회적으로 필요한 노동시간"에 달려 있다.

그것은 정상적 생산 조건에서 일반적 숙련도와 노동강도로 그 상품을 생산하는 데 걸리는 노동시간이다.[9]

자연을 변형해서 인간의 생계 수단으로 만드는 것은 사회적 노동이다. 따라서 상품의 근원적 가치를 이루는 것은 그 상품에 포함된 사회적 노동의 양이다. 상품생산 사회에서 개인들의 구체 노동은 교환을 통해 '동질적인' '사회적' 노동의 일부로 바뀐다.[10] 즉, '추상 노동'이 되는 것이다. 마르크스는 이 추상 노동이 "가치의 실체"라고 했다. 그것은 교환가치로 표현되고, 시장에서 상품 가격이 오르락내리락할 때 그 기준이 된다.

1년은 고사하고 단 몇 주만이라도 노동하지 않는 국민은 모두 비참하게 죽을 것임을 삼척동자도 압니다. 또, 다양한 필요량에 부응하는 생산물의 양은 사회적 총노동의 다양한 일정량을 요구한다는 사실도 마찬가지입니다. … 그리고 사회적 노동의 연관이 개인적 노동 생산물의 사적 교환으로 나타나는 사회에서 노동의 이러한 비례적 분배가 실현되는 형태는 바로 이 생산물들의 교환가치입니다.[11]
서로 독립적으로 수행되는 … 모든 종류의 사적 노동은 사회가 요구하는 양적 비율로 끊임없이 조정된다.[12]

신고전학파 경제학자들은 사람들의 주관적 판단에 따라 결정되는 가치 개념을 발전시켰고, 그중 일부는 심지어 노동을 '비非효용'에 포함시키려고도 했다. 반면에, 마르크스는 가치를 객관적인 것으로 봤다. 즉, 사회적 총노동의 일부가 상품 속에 '구현된' 것이 바로 가치라고 봤다.[13] 그러나 그 가치가 얼마인지는 시장에서 상품들의 끊임없는 맹목적 상호작용 결과로만 나타난다.[14] 체제 전체는 개별 구성 요소들로 하여금 자신의 개별 노동이 다른 구성 요소들의 노동과 어떻게 관계 맺을지를 걱정하게 만든다.[15] 마르크스는 이 과정을 '가치법칙'의 작용이라고 불렀다.

그러나 가치는 고정불변하는 것이 아니다. 항상 체제의 어디선가는 신기술이나 새로운 생산방법이 도입된다. 이 때문에, 특정 상품을 생산하는 데 필요한 사회적 필요노동량이 변한다. 그리고 그런 상품의 교환가치도 변한다. 물건의 사용가치는 그 물건이 마모·파손·부식 등의 자연적 과정으로 못 쓰게 되기 전까지는 변하지 않는다. 그러나 체제의 어디선가 기술 진보가 일어나 물건을 만드는 데 필요한 노동량이 감소할 때마다 그 물건의 교환가치(체제 전체에 중요한 가치)는 떨어진다.

이 때문에 마르크스는 "언뜻 이해가 안 되는" 결론에 이르렀는데, 이것이야말로 마르크스의 자본주의 체제 분석에서 돋보이는 점이고, 심지어 일부 마르크스주의자들도 받아들이기 힘들다고 여기는 점이다. 생산성 향상은 물건의 교환가치를 떨어뜨린다. 언뜻 들으면 터무니없는 말 같다. 그러나 생산성 향상으로 일부 상품의 가격이 다른 상품보다 떨어진 사례는 수없이 많다. 마르크스는 다음과 같은 당시 사례를 들었다.

영국에서는 역직기力織機가 도입되자 일정량의 실을 짜서 천을 만드는 데 필요한 노동이 절반으로 줄어들었다. 사실, 수직공手織工들이 천을 만드는 데는 전과 똑같은 노동시간이 필요했지만, 이제 그들이 1시간 노동해서 만든 생산물은 30분의 사회적 노동만을 나타내게 됐고, 따라서 그 생산물의 가치는 이전 가치의 절반으로 떨어졌다.[16]

오늘날 이런 사례는 훨씬 더 많이 들 수 있다. 요즘은 기술 진보가 일부 산업(특히 마이크로프로세서 관련 산업)에서 훨씬 더 빠르게 일어나고, 그래서 첨단 기술 설비를 이용하는 산업들의 제품인 DVD·텔레비전·컴퓨터 같은 상품의 가격은 떨어지는 경향이 있는 반면 더 오래된 기술을 이용하는 산업들의 제품은 가격이 변함없거나 오르는 경향이 있기 때문이다. 이 점은 나중에 우리가 21세기 자본주의의 동역학을 살펴볼 때 드러나듯이 아주 중요하다.

상품생산이 사회 전체에서 일반화하면 특정 상품 하나가 다른 모든 상품의 가치를 나타내는 데 쓰이게 된다. 이것이 바로 화폐다(마르크스는 화폐를 "일반적 등가물"이라고 불렀다). 마르크스가 살던 당시에 화폐는 흔히 금화(나 때로는 은화) 형태였고, 일정량의 평균적 노동시간으로 생산한 일정량의 금(예컨대 1온스)은 다른 모든 상품의 가치척도 구실을 할 수 있었다. 자본주의가 하나의 체제로 발전하면서, 은행과 정부는 다양한 거래에서 금화 대신 지폐를 사용할 수 있음을 알게 됐고, 사람들이 상품을 살 때 상대방이 그런 지폐(전문용어로는 '법정화폐')를 받을 것이라고 믿을 수만 있다면 결국 금화를 전혀 사용하지 않을 수 있다는 것도 알게 됐다. 은행에서 빌린 돈도 똑같은 구실을 할 수 있었다. 사람들이 은행을 신뢰하기만 한다면 말이다.

상품생산의 발전은 한 가지 중요한 효과가 있었다. 상품생산은 마르크스가 "상품 물신성"이라고 부른 것을 통해 사람들의 현실 인식을 체계적으로 왜곡했다.

생산자들과 그들의 총노동 사이의 관계는 그들 사이의 사회적 관계가 아니라 그들의 노동 생산물 간의 사회적 관계로 나타난다. … 사람들 사이의 특정한 사회관계가 물건들 사이의 관계라는 환상적 형태로 보이는 것이다. 이와 비슷한 사례를 찾으려면, 종교 세계의 신비경으로 들어가야 한다. 종교 세계에서는 인간 두뇌의 산물이 생명을 가진 자립적 존재로 나타나 자신들끼리, 또 인간과 관계를 맺고 있다. 마찬가지로 상품 세계에서는 인간 노동의 산물이 그런 존재가 된다.[17]

사람들은 흔히 "돈의 힘" 운운할 때 마치 돈의 힘이 인간의 노동에서 나오지 않은 것처럼 말한다(돈은 인간의 노동을 나타내는 징표인데도 말이다). 또는 "시장의 필요" 운운할 때 마치 시장이 다양한 인간의 구체적 노동 행위를 서로 연결하는 방식 이상의 그 무엇인 양 말한다. 그런 신비주의적 관점 때문에 사람들은 사회악을 인간이 통제할 수 없는 것으로 여기게 된다. 이를 두고 청년 마르크스는 "소외"라고 불렀고, 마르크스 사후의 일부 마르크스주의자들은 "물화物化"라고 불렀다. 그런 신비주의를 꿰뚫어 보는 것만으로는 사회악에 대처할수 없다. 마르크스가 지적했듯이, 기존 사회의 성격을 과학적으로 인식한다고 해서 기존 사회가 바뀌는 것은 결코 아니기 때문이다. 그것은 마치 "공기의 성분을 발견한 뒤에도 공기 자체는 전혀 바뀌지 않는 것"과 마찬가지다.[18] 그러나 물신성을 꿰뚫어 보지 못하면, 사회를 변혁하려는 의식적 행동도 불가능하다. 그래서 사용가치와 교환가치의 차이를 이해하고 가치를 사회적 필요노동에 입각해서 파악하는 것이 중요한 것이다.

착취와 잉여가치

우리가 사는 세계는 상품생산의 세계만은 아니다. 그런 생산을 통제하는 힘이 비교적 소수의 손에 집중된 세계이기도 하다. 2008년에 세계 최대 기업 2000개의 매출액이 세계 총생산량의 절반과 맞먹었다.[19] 이 다국적기업의 이사회에 이사가 10명씩 있다고 가정하면, 60억 명이 넘는 세계 인구 가운데 겨우 2만 명이 부의 창출을 결정적으로 통제하는 셈이다. 사실 그 수는 훨씬 더 적을 것이다. 대다수 이사들은 여러 기업의 이사회에 몸담고 있기 때문이다. 물론 생산을 다국적기업들만 하는 것은 아니다. 다국적기업이 되지는 못했지만 국내에 기반을 둔 중간 규모의 기업도 많고, 그보다 소규모 기업은 훨씬 더 많고, 두어 명쯤 고용한 가족 기업은 약간 더 많을 것이다. 그러나 이 모든 것을 고려하더라도, 전 세계 부의 중대한 부분을 생산하는 생산수단을 통제하는 사람은 극소수에 불과하다.

그런 생산수단을 소유하거나 통제하지 못하는 사람들은 사회보장제도에 따른 최저 수준 이상으로 생계를 꾸리려면 생산수단을 통제하는 자들에게 자신의 노동능력을 판매하는 수밖에 달리 도리가 없다. 그들은 임금을 받는 반면, 그들의 노동 생산물은 생산수단을 통제하는 자들이 소유하게 된다. 이 생산물의 가치 중에서 일부는 노동자들에게 임금을 주는 데 쓰이고, 다른 일부는 생산 원료를 사는 데 쓰이고, 또 다른 일부는 생산수단의 마모·파손을 충당하는 데 쓰인다. 그러나 생산수단 소유자들이 가져가는 이윤의 기초가 되는 부분도 있다. 이것을 두고 마르크스는 "잉여가치"라고 불렀고, 일부 비﹡마르크스주의 경제학자들은 그냥 "잉여"라고 부른다.

애덤 스미스는 이 잉여가 어디서 나오는지를 이미 암시한 바 있다(비록 이 견해를 일관되게 고수하지는 않았지만 말이다).

> 자본축적과 토지 사유私有가 없었던 원시 상태에서는 노동 생산물 전체가 노동자에게 속했다. … 그러나 토지가 사유재산이 되자마자 지주는 생산물의 일부를 요구한다. … 다른 노동 생산물도 거의 모두 이와 같이 이윤을 공제당한다. 모든 수공업과 매뉴팩처*에서 대다수 노동자들은 생산물이 완성될 때까지 원료와 임금과 생활비를 자신들에게 선대先貸해 줄 고용주가 절실히 필요하다. 그 고용주는 노동 생산물을 나눠 갖거나 노동자들이 원료에 부가한 가치를 나눠 갖는데, 이 분배 몫이 바로 그의 이윤이다.[20]

따라서 이윤은 생산에 필요한 토지·도구·원료가 사회 일부 집단의 사유재산이 될 때 생겨난다. 그리고 이 집단은 다른 사람들의 노동을 통제할 수 있게 된다.

리카도는 스미스의 사상을 받아들여 더욱 발전시켰다. 그러면서 스미스 자신의 저작에 중대한 모호함이 있다고 지적했다. 스미스의 저작에는 오로지 노동만이 가치를 창출한다는 견해와, 노동뿐 아니라 이윤과 지대도 상품의 최종 가치에 기여한다는 견해가 섞여 있다는 것이었다. 리카도는 이 후자의 견해를 거부했다. 그러나 1820년대에 리카도가 죽은 후 머지않아 이 견해가 자본주의를 지지하는 경제학자들의 정설이 됐다. 기존 체제 옹호자들에게는 이 견해가, 이윤은 노동에 기생한

---

* 공장제 수공업.

다고 넌지시 주장하는 견해보다 훨씬 더 마음에 들었던 것이다.

그러나 마르크스는 리카도가 발전시킨 스미스의 견해만이 자본주의의 작동 방식을 과학적으로 설명하는 기초가 될 수 있다고 봤다. 리카도와 마찬가지로 마르크스도 이윤이 이미 창출된 가치의 일부이면서도 어쨌든 가치를 창출한다는 말은 터무니없는 소리라고 생각했다. 그러나 마르크스는 리카도보다 더 나아가서, 쟁점들을 분명히 하고 그 이론의 함의를 파악했다.

마르크스가 이룩한 첫 번째 중요한 진전은 스미스가 말한 "노동의 가치"의 서로 다른 두 의미를 분명히 구별했다는 것이다. 한편으로 그것은 노동자가 일하는 시간 동안 그를 부양하는 데 필요한 노동량을 의미했다. 애덤 스미스는 다음과 같이 주장했다.

> 보통의 임금을, 그것이 아무리 저급한 노동의 임금이라도 일정 수준 이하로 상당한 시간 동안 억제하는 것은 불가능한 듯하다. 사람이 항상 자신의 노동으로 살아가야 한다면, 그의 임금은 적어도 생계를 유지하는 데 충분해야 한다. 대부분의 경우에 임금은 그보다는 좀 더 많아야 한다. 그렇지 않으면 그는 가족을 부양할 수 없을 것이고, 그러면 노동계급은 한 세대 이상 존속할 수 없을 것이다.[21]

이런 관점에서 보면, "노동의 가치"는 노동자가 받는 임금의 가치다.

그러나 스미스는 "노동"이라는 용어를 노동자가 실제로 일한 노동량이라는 의미로도 사용했다. 그리고 마르크스는 이 두 양이 결코 똑같지 않다고 강조했다. 그는 노동도 사고판다는 점에서 다른 모든 상품과 마찬가지라고 지적했다. 그러나 여느 상품과 다른 특징은, 노동이라는 상품을 실제로 사용하면 그것을 생산하는 데 필요한 것보다 더 많은 노동을 한다는 것이다.

1850년대에 마르크스는 스미스와 리카도(와 마르크스 자신의 초기) 저작에서 나타나는 두 노동 개념을 아주 명확히 구분하려고 새로운 용어를 도입했다. 마르크스는 자본가가 노동자에게 주는 돈은 노동의 대가가 아니라 "노동력"(일정한 시간 동안 일할 수 있는 능력)의 대가라고 말했다. 노동력의 가치는 여느 상품의 가치와 마찬가지로 그것을 생산하는 데 필요한 노동량에 달려 있다. 노동자는 적절한 의식주와 어느 정도의 휴식 등을 누리지 못하면 노동력을 제공할 수 없다. 이런 것들은 노동자가 건강하게 일할 수 있기 위한 필요조건이다. 노동자의 임금은 이런 것들을 살 수 있을 만큼은 돼야 한다. 다시 말해, 그런 것들을 생산하는 데 필요한 사회적 노동량과 맞먹어야 한다. 이것이 노동력의 가치를 결정한다.

마르크스는 노동력의 가치를 결정하는 요인이 최저 생계 수준뿐이라고 보지 않았다는 사실을 지적해야겠다. 노동자들의 자녀를 양육하기 위한 최소한의 부양도 필요했다. 왜냐하면 그 자녀들이 차세대 노동력이 될 것이기 때문이다. 그리고 노동자들에게 익숙한 "습관이나 편의 수준"에 따라 결정되는 "역사적·도덕적 요인"도 있었다. 그런 요인이 보장되지 않으면 노동자들은 일할 때 능력을 온전히 발휘하지 않거나 심지어 노동을 거부할 수도 있었다. 이런 식으로 노동자 투쟁의 누적 효과는 노동력의 가치에 영향을 미칠 수 있었다. 마르크스는 때때로 묘사되는 것과 달리, 국민생산에서 노동자들에게 돌아가는 몫이 고정돼 있을 수밖에 없다는 '임금 철칙'鐵則의 신봉자가 아니었다.[22]

그렇지만 사람들은 최저 생계를 유지하는 데, 즉 자신들의 노동력을 재충전하는 데 필요한 노동량보다 더 많은 노동을 할 수 있다. 예컨대, 누군가가 하루 평균 4시간만 일해도 하루 노동에 필요한 소비재를 얻을 수 있다고 치자. 그러나 그는 8시간, 9시간, 심지어 하루에 10시간도 일할 수 있다. 이 추가 노동은 고용주에게 돌아가고, 그래서 공장에서 생산된 생산물의 가치는 항상 고용주가 투자한 것보다 더 크다. 이 덕분에 계속 잉여가치를 가져갈 수 있는데, 이 잉여가치는 고용주가 직접 가질 수도 있고 이자나 지대 형태로 다른 자본가에게 건네줄 수도 있다.

고용주와 노동자 사이의 관계는 언뜻 보면 대등한 관계처럼 보인다. 고용주는 임금을 주고 노동자는 그 대가로 노동을 제공하는 데 합의한다. 여기에는 어떤 강압도 없다. 이런 상황은 겉보기에는 노예소유자와 노예, 봉건영주와 농노의 관계와 사뭇 다르다. 이런 상황은 만민 평등, '인권'을 바탕으로 하는 사법제도와 양립할 수 있다. 비록 실제로 존재하는 부르주아 사회는 이것을 마지못해 인정하지만, 이러한 관계는 부르주아 사회의 구조 속에 아로새겨져 있는 듯하다. 그러나 표면에 보이는 평등은 이면의 불평등을 은폐한다. 고용주는 노동자가 사회적 생산에 참여하고 생계를 유지하는 데 필요한 전제 조건들을 소유하고 있다. 노동자는 어느 특정 기업이나 자본가를 위해 일하지 않아도 된다는 의미에서 '자유롭다.' 그러나 누군가를 위해 일해야 한다는 사실을 피할 수는 없다. 마르크스는 다음과 같이 썼다.

노동자는 언제라도 원한다면 자신을 고용한 자본가를 떠날 수 있다. … 그러나 생계 수단이 오직 자신의 노동을 파는 것뿐이므로 자신의 생존을 포기하지 않는 한 노동을 구매하는 계급 전체, 즉 자본가계급을 떠날 수

없다. 노동자는 이런저런 부르주아에게 속하는 것이 아니라 부르주아 계급 전체에게 속한다.[23]

노동자의 노동력 가치와 노동이 창출한 가치의 차이가 잉여가치의 원천이다. 이 잉여가치를 고용주가 차지하고 나면 그것은 이윤으로 남겨질 수도 있고, 공장을 지으려고 빌린 돈의 이자를 갚는 데 쓰일 수도 있고, 공장이 세워진 땅의 주인에게 지대로 들어갈 수도 있다. 그러나 잉여가치가 아무리 이윤·이자·지대로 나뉘더라도 잉여가치의 원천은 여전히 노동자들의 초과 노동이다. 즉, 생산수단을 소유한 사람들이 그러지 못한 사람들을 착취한다. 일단 생산수단 소유자가 이윤을 가져가면, 그는 그 이윤을 이용해서 새로운 생산수단을 구축할 수 있다. 그러면 자신에게 유리한 조건으로 노동자들에게 일 시킬 수 있는 능력이 강화된다. 노동자들은 생계를 유지하려면 그가 시키는 대로 할 수밖에 없기 때문이다.

바로 이 과정 덕분에 고용주는 자본가가 된다. 이 과정은 또 '자본'이라는 단어에 특별한 의미를 부여한다. 주류 경제학계와 일상생활에서 자본이라는 말은 직접 소비와 반대되는 장기 투자의 의미로만 쓰인다. 그러나 일부 사회집단이 생산수단을 통제해서 다른 사람들이 자신을 위해 일해야만 먹고살 수 있도록 강요한다면 자본은 더 심오한 의미를 갖게 된다. 이제 자본은 현재 노동을 착취해서 성장할 수 있는 과거 노동의 산물이다. 마르크스가 말했듯이, 자본은 사물이 아니라 관계다.

가치를 창출하고 증식하는 힘은 노동자가 아니라 자본가에게 속한다. … 노동의 생산력 발전은 모두 자본의 생산력 발전이다. 자본은 노동을 흡수해서 활기를 띠게 되고 "마치 사랑에 빠진 사람의 몸처럼" 움직이기 시작한다. 그래서 산 노동은 대상화한 노동이 보존되고 증가하는 수단이 된다.[24]

이제 상품 물신성 때문에 창의성은 살아 있는 인간이 아니라 그들의 노동 생산물의 특징인 것처럼 보이게 되고, 그래서 사람들은 자본이 부를 창출하고 고용주가 "사람들에게 일자리를 제공한다"고 말하게 된다. 그러나 사실은 자본의 가치를 증가시키는 것은 노동이고 고용주에게 노동을 제공하는 것은 노동자다.

절대적 잉여가치와 상대적 잉여가치

마르크스는 기업이 임금 대비 잉여가치의 비율을 높일 수 있는 두 가지 방법을 구분했다. 하나는 노동시간을 늘리는 조야한 방법이다. 마르크스는 이것을 "절대적 잉여가치"라고 불렀다. 이렇게 이윤율을 끌어올리는 방법은 산업자본주의 초기에 매우 널리 퍼져 있었고, 마르크스는 《자본론》에서 그런 사례를 많이 인용했다. 그러나 마르크스는 《자본론》에서 노동시간을 너무 많이 늘리는 것은 자본가에게 역효과를 낼 수 있다고도 지적했다.

결국 노동시간 연장과 노동강도가 서로 배치되는 지점, 즉 노동시간이 연장되면 노동강도가 저하하는 지점에 이르게 될 것이다.[25]

그래서 주요 자본가 단체들은 아동의 노동시간을 법적으로 제한하려는 잇따른 노력에 강력하게 반발하다가 결국 노동계급의 압력에 굴복했다. 그리고 가끔은 노동시간이 줄어야 생산이 실제로 증가한다는 사실을 깨닫기도 했다. 20세기 거의 내내 노동시간을 연장하는 방법은 과거지사가 된 것처럼 보였다. 적어도 선진 공업국들에서는 노동자들의 저항 때문에 자본가들이 노동시간 단축과 유급휴가를 인정할 수밖에 없었다. 빅토리아 시대에는 주당 72시간이었던 노동시간이 20세기 들어서는 48시간, 나중에는 44시간으로 줄었다.

그러나 각각의 노동자한테서 뽑아내는 잉여가치의 양을 늘리는 또 다른 방법이 있다. 이것을 마르크스는 "상대적 잉여가치"라고 불렀다. 그것은 노동자들의 일할 수 있는 능력, 즉 노동력 재충전 비용을 충당하는 데 들어가는 노동시간의 비율을 줄이는 것이다.

상대적 잉여가치는 세 가지 형태가 있다. 첫째는 노동자들이 상품을 생산하는 데 걸리는 시간을 줄이고 생산성을 향상시키기 위해서 작업장에 새로운 기계를 도입하는 것이다. 실제로, 예컨대 노동자들의 노동력 비용을 충당하는 데 4시간 걸리던 것이 2시간으로 줄면 나머지 2시간은 잉여가치를 생산하는 데 들어갈 것이다.

마르크스는 19세기 중반에 자본가들이 노동시간을 더 늘리기 힘들어지자 이 방법을 써서 착취를 증대시켰다고 봤다. 노동시간을 늘리는 것보다 노동자의 시간당 생산성이 중요해졌다.[26] 그러나 이 방법은 자본가에게 단기적 처방일 뿐이다. 새 기계를 가장 먼저 도입한 자본가는 똑같은 양의 가치를 더 짧은 노동시간에 생산할 수 있을 것이다. 그러나 다른 자본가들도 새 기계를 도입하면, 상품을 생산하는 데 사회적으로 필요한 노동시간이 줄어들 것이고, 새 기계를 도입한 최초의 자본가가 판매하는 상품의 가치와 그가 얻는 초과이윤도 감소할 것이다.

상대적 잉여가치의 두 번째 형태는 소비재 산업과 농업의 생산성 향상이다. 그러면 소비재와 농산물을 생산하는 데 필요한 노동량이 줄어들고 노동자들이 생계 수단으로 구입하는 물건의 가격도 낮아질 것이다. 이것이 뜻하는 바는, 모든 부문에서 자본가가 노동자들에게 평상시의 생활수준을 제공하는 데 드는 비용(노동력 구입 비용)이 낮아지고, 실질임금을 떨어뜨리거나 노동시간을 늘리지 않고도 노동자들한테서 뽑아내는 잉여가치의 양이 늘어날 수 있게 된다는 것이다.

세 번째 방법은 노동자들에게 더 열심히 일하라는 압력을 강화하는 것이다. 마르크스가 말했듯이, 실질임금을 떨어뜨리지 않고도 노동자보다 자본가에게 돌아가는 노동시간이 "더 길어지도록 하는" 방법은 오직 "노동생산성이나 노동강도를 강화하는" 것뿐이다.[27] "노동자들이 동일한 시간 동안 노동을 더 많이 지출하고 노동력의 긴장도를 높이고 느슨한 노동시간을 더 옥죄도록" 강요하는 것이다.[28] 즉, "노동시간 단축으로 입은 손실을 노동력의 긴장도를 높여서 보상받는" 방법이다.[29]

그래서 대기업들은 생산성 향상에 집착하게 됐고, 이 점은 1890년대에 미국의 F W 테일러가 주창한 '과학적 관리' 운동이 잘 보여 준다. 테일러는 공장 등에서 모든 작업을 각각의 구성 요소로 나누고 그 소요 시간을 측정하면 노동자들이 달성할 수 있는 최대 작업량을 결정할 수 있다고 생각했다. 그러면, 작업의 흐름을 중단시키는 요인들을 제거할 수 있다는 것이었다. 테일러는 자신이 노동자들의 하루 작업량을 200퍼센트나 늘릴 수 있었다고 주장했다.

테일러 시스템은 헨리 포드의 자동차 공장에 조립라인이 도입되면서 완전히 만개했다. 이제 사람들이 일하는 속도는 개인적 동기가 아니라 조립라인이 움직이는 속도에 달려 있었다. 다른 산업에서도 감독관의 감시가 강화되면서 사람들은 죽도록 일하라는 압력에 시달리게 됐다. 예컨대 계측기를 든 감독관이 노동자들의 작업 성과 수준을 보여 주는 기계들을 더 엄격하게 검사했다. 그리고 오늘날에는 다양한 화이트칼라 직종에서도 비슷한 시도가 이뤄지고 있다. 각종 평가와 성과급 제도가 실시되거나 컴퓨터 작업에서 키스트로크 계수기*가 사용되는 것 등이 그런 사례다.

축적과 경쟁

상품생산의 세계는 생산자들끼리 서로 경쟁하는 세계다. 상품생산과 교환가치에 바탕을 둔 사회와, 개인과 집단이 자신들의 소비를 위해 어떤 사용가치를 생산할지를 결정하는 사회를 구별해 주는 것은 바로 이 경쟁이라는 요소다. 하나의 생산 단위에서 일하는 사람들의 노력은 교환을 통해 다른 생산 단위에서 일하는 수많은 사람들의 노력과 연결된다. 그러나 그 연결은 개별 생산 단위에서 생산 관련 결정을 내리는 사람들 사이의 경쟁을 통해서만 이뤄진다. 엥겔스의 표현을 빌리면 "사회적 생산과 자본주의적 전유專有" 사이의 모순이 존재하는 것이다.[30]

따라서 노동자를 착취하는 자본주의 기업은 필연적으로 다른 자본주의 기업들과 경쟁할 수밖에 없다. 경쟁에서 승리하지 못하는 기업은 결국 업계에서 퇴출되고 말 것이다. 경쟁에서 승리한다 함은 새롭고 더 생산적인 기술을 개발하는 데서 앞서 나간다는 뜻이다. 그래야만 자신보다 더

---

* 문서 처리 작업에서 키의 작동 수를 계산하는 장치.

싸게 상품을 생산·판매하는 경쟁 업체에 밀려 퇴출당하지 않을 것이다. 이윤을 최대한 높이지 않으면 그런 기술을 사용하는 신규 설비를 도입할 수 없다. 그러나 어떤 기업이 재투자를 위해 이윤을 끌어올리면 경쟁 업체들도 그렇게 해야 한다. 모든 기업이 저마다 임금노동자를 착취하는 데 몰두하기 때문에 어떤 기업도 이미 성취한 것에 안주할 수 없다.

과거에 아무리 성공적인 기업이었더라도 경쟁 업체가 더 새롭고 더 현대적인 설비와 기계에 이윤을 투자할까 봐 전전긍긍하면서 지낸다. 어떤 자본가도 오랫동안 현상을 유지한 채 가만히 있을 수 없다. 그랬다가는 경쟁 업체들에 뒤처질 것이기 때문이다. 그리고 뒤처진다는 것은 결국 파산한다는 뜻이다. 바로 이것이 자본주의의 역동성을 설명해 준다. 자본가들은 저마다 다른 자본가를 앞질러야 한다는 압박 때문에 설비와 기계를 끊임없이 개선할 수밖에 없는 것이다.

따라서 자본주의는 '자유로운' 임금노동자들을 착취하는 체제일 뿐 아니라 강박적 축적 체제이기도 하다. 1848년 초에 마르크스가 엥겔스와 함께 쓴 《공산당 선언》은 다음과 같이 주장했다.

부르주아지는 100년도 채 안 되는 지배 기간에 그 전의 모든 세대가 만들어 낸 생산력을 다 합친 것보다 더 거대한 생산력을 만들어 냈다.

《공산당 선언》은 자본주의에서 산업이 끊임없이 변모한다고 강조했다.

부르주아지는 생산수단을 끊임없이 변혁하지 않고는 … 존재할 수 없다. 생산의 끊임없는 변혁이 … 부르주아 시대와 그 이전 시대들의 차이다.

《자본론》에서 마르크스는 점점 더 거대한 산업을 구축하려는 끊임없는 충동이 자본주의의 특징이라고 봤다.

> 그[자본가 — 하먼]는 가치 증식에 미친 듯이 몰두하면서, 생산을 위한 생산을 인류에게 가차없이 강요한다. … 축적을 위한 축적, 생산을 위한 생산![31]

《자본론》 1권은 시장을 위한 생산('상품생산')을 분석하는 것에서 시작해서, 임금노동자가 생겨나고 노동력이 상품이 될 때 무슨 일이 일어나는지를 살펴본 다음에, 임금노동을 이용한 생산이 어떻게 강박적 축적 과정(인간의 필요와 개인의 욕구를 무시하는)을 불러오는지 보여 주면서 끝난다.

그렇다면 자본을 규정하는 것은 단지 착취만이 아니라(착취는 자본주의 이전의 많은 사회에서도 일어났다) 필연적 자기 증식 드라이브이기도 하다. 생산과 교환의 동기는 자본주의 기업이 가져가는 가치의 양을 늘리려는 것이다. 일부 마르크스주의자들은 이 과정을 '가치화' valorisation라는 신조어를 써서 표현한다(내가 보기에는 혼란을 자아내는 용어다).[32]

따라서 자본주의 체제는 단지 상품생산 체제일 뿐 아니라 경쟁적 축적 체제이기도 하다. 이것은 노동자뿐 아니라 자본가의 행동도 제약한다. 자본가가 노동자를 최대한 많이 착취하려고 끊임없이 노력하지 않는다면, 경쟁 업체들만큼 빠르게 축적하는 데 필요한 잉여가치를 뽑아내지 못할 것이다. 자본가는 노동자를 착취하는 이런저런 방식을 선택할 수는 있지만, 노동자를 전혀 착취하지 않거나 다른 자본가보다 덜 착취하는 방안을 선택할 수는 없다. 파산하고 싶지 않다면 말이다. 개인의 감정 따위는 아랑곳하지 않고 가차없이 제 갈 길을 가는 이 체제에서 자본가들 자신도 자유롭지 않다.

잉여가치, 축적, 이윤율

기계와 원료 자체는 가치를 창출하지 않는다. 오직 인간의 노동만이 자연 상태에 존재하는 자연적 부富를 증대시켰고, 지속적 인간 노동만이 자연적 부를 더한층 증대시킬 수 있다. 기계와 원료는 과거에 인간의 노동이 사용됐기 때문에 존재하는 것이고, 새로운 가치를 창출하는 과정에서 인간의 노동을 대체할 수 없다. 그러나 노동이 특정 시대, 특정 사회에서 우세한 평균적 생산성 수준을 달성하려면 기계와 원료가 필요하기 마련이다. 생산물의 최종 가치에는 생산에 사용된 기계와 원료의 비용이 포함돼야 한다.

어떤 기업이 노동자를 고용해서 역직기로 모직물을 생산한다면, 그 최종생산물의 가격에는 노동자의 노동력 비용(임금)과 기업의 이윤뿐 아니라 역직기의 마모·파손 비용과 양모 비용도 포함돼야 한다. 역직기를 10년 동안 쓸 수 있다면, 모직물의 연간 매출액에는 역직기 가격의 10분의 1이 포함돼야 한다. 회계사들은 이것을 자본의 감가상각비라고 부른다. 다른 말로 하면, 천의 가치에 반영된 노동은 새로운 사회적 필요노동뿐 아니라 역직기의 10분의 1과 양모를 생산하는 데 쓰인 '죽은 노동'도 포함한다.

이런 이유로, 마르크스는 자본가의 투자를 두 부분으로 나눌 수 있다고 주장했다. 하나는 노동자를 고용해서 임금을 지급하는 데 드는 비용이다. 이것을 마르크스는 '가변자본'이라고 불렀는데, 왜냐하면 노동력을 써서 생산과정에서 잉여가치를 창출해 가치를 증식하기 때문이다. 자본의 다른 부분은 생산수단을 구입하는 데 드는 비용이다. 이것을 마르크스는 '불변자본'이라고 불렀는데, 왜냐하면 그것의 기존 가치가 생산물로 옮겨질 뿐 더 커지지 않기 때문이다. 다시 말해, 그 가치는 최종생산물로 그냥 이전되기만 할 뿐이다. 고정 불변자본(공장 건물, 기계류 등)은 여러 차례 생산순환을 거치면서 이런 가치 이전이 진행되지만, 유동 불변자본(원료, 동력, 부품 등)은 단 한 차례 생산순환에서 가치 이전이 일어난다.

마르크스주의자들은 흔히 가변자본(노동자의 노동력을 구입하는 데 쓰는 임금)을 v로, 불변자본(공장, 설비, 원료)을 c로, 잉여가치를 s로 나타낸다. 가변자본(임금)에 대한 잉여가치의 비율은 노동자가 자기 자신을 위해 지출하는 노동시간 대비 자본가에게 제공하는 노동시간의 비율이다. 이것을 착취율이라고도 하는데, s/v로 나타낼 수 있다.

그러나 자본가에게 중요한 것은 임금 대비 잉여가치의 비율만이 아니다. 왜냐하면 그는 임금에 지출하는 것보다 더 많은 돈을 투자하기 때문이다. 자본가는 단지 임금으로 들어가는 자본이 아니라 총자본을 늘리는 데 관심이 있다. 따라서 중요한 것은 총투자, 즉 임금뿐 아니라 생산도구와 원료에 드는 비용도 포함한 총투자 대비 잉여가치의 비율이다. 이것이 '이윤율'인데, 마르크스는 이윤율을 s/(c+v)로 나타냈다.

이윤율에 영향을 미치는 것은 임금 대비 잉여가치의 비율만이 아니다. 임금(가변자본)에 대한 생산도구·원료 구입 비용(불변자본)의 비율도 영향을 미친다. 이 비율(c/v)을 마르크스는 '자본의 유기적 구성'이라고 불렀다. 자본의 유기적 구성은 산업마다, 시대마다 다르다. 서로 다른 생산과정에서 똑같은 노동량이 사용될 수 있지만 시설과 장비의 규모는 다를 수 있다. 노동자 1000명이 천을 바느질해서 옷을 만드는 공장의 설비를 갖추는 데 드는 비용은 노동자 1000명이 철광석을 제련해서 철강을 만드는 공장의 설비 비용보다 적다. 이것은 자본주의의 동역학에 중요한 함의가 있다. 자본주의를 돌아가게 만드는 것은 임금 대비 잉여가치의 비율에 대한 관심뿐 아니라 다양한 수준의 총투자에 대한 잉여가치의 비율을 유지하고 늘리려는 충동과 욕구이기도 하다. 이점을 우리는 거듭거듭 살펴볼 것이다.

시초 축적

오늘날 우리는 노동력을 사고파는 것을 아주 당연하게 여긴다. 그것은 마치 해가 뜨고 지는 것처럼 '자연스러워' 보인다. 그러나 몇백 년 전까지만 해도 그것은 모든 사회에서 부차적 특징이었다. 그래서 중세 말기의 유럽이나 18~19세기에 유럽의 식민지로 전락하던 아시아와 아프리카에서 대다수 사람들은 그래도 어느 정도는 생계 수단을 직접 이용할 수 있었다. 비록 자신들이 생산한 것의 일부를 기생적 지주에게 갖다 바쳐야 했지만 말이다. 농민은 자신의 토지에서 곡식을 재배할 수 있었고 수공업자는 자신의 작은 작업장에서 제품을 만들 수 있었다.

이런 사정을 바꿔 놓은 것은 원초적 강도질이었다고 마르크스는 말했다. 즉, 무력을 써서 대중의 생산수단 통제권을 빼앗은 것이다. 이런 짓은 흔히 가장 특권적인 일부 사회집단의 요청을 받아 국가가 저지른 것이었다. 예컨대, 잉글랜드와 웨일스에서 자본주의의 성장은 '인클로

저'(수백 년 동안 경작해 오던 공유지에서 농민을 강제로 쫓아낸 것)와 동시에 일어났다. 당시 생계 수단을 빼앗긴 농민들은 '부랑자' 처벌법에 걸리지 않으려면 아무리 임금이 낮은 일자리라도 구해야만 했다. 스코틀랜드에서는 [사유지] '청소가 비슷한 효과를 냈다. 지주들이 처음에는 양을, 나중에는 사슴을 키우려고 소농을 토지에서 몰아냈기 때문이다. 영국 지배자들이 세계 전역에서 자신들의 제국을 구축했을 때, 그들은 대중과 생계 수단 통제권을 분리시키는 똑같은 결과를 낳는 조처들을 취했다. 예컨대, 인도에서 영국인 지배자들은 이미 상당한 특권을 누리던 자민다르* 계급에게 완전한 토지소유권을 부여했다. 아프리카 동부와 남부에서는 대개 집집마다 일정액의 화폐를 주민세로 납부하도록 강요했다. 그래서 각 가구는 주민세를 납부하기 위해 가족 성원 일부를 유럽인 소유의 농장이나 기업에 취직시켜야 했다.

마르크스는 자본주의 생산의 성장 조건을 창출한 이 과정을 두고 "자본의 시초 축적"이라고 불렀다. 마르크스는 다음과 같이 썼다.

> 아메리카에서 금·은 산지의 발견, 아메리카 원주민의 절멸과 노예화와 광산에서의 매몰, 동인도제도 정복과 약탈의 시작, 아프리카를 흑인 사냥터와 노예무역 중심지로 만들기 등이 자본주의 생산 시대의 장밋빛 여명을 알리는 신호였다.[33]

그러나 이것 자체는 **자본주의** 생산을 낳을 수 없었다. 바빌로니아 시대까지 거슬러 올라가는 계급사회의 역사 내내 이런저런 종류의 약탈

---

* 무굴제국 시대 인도 북부에서 지조地租 징수를 맡아 하던 영주나 지주.

은 어쨌든 늘 존재했고, 약탈 없이도 자본주의의 특징인 급속한 축적은 가능했다. 평범한 사람들이 생산수단을 전혀 통제하지 못하도록(그래서 노동력을 팔지 않고는 먹고살 수 없도록) 생산수단과 사람들을 강제로 분리하는 과정이 반드시 필요했다. "농업 생산자인 농민한테서 토지를 몰수하는 것이 전체 과정의 토대다."[34] 따라서, 자본가들이 부를 강탈하는 것은 모두 "시초 축적"이라는 말은 틀렸다.[35]

마르크스의 저작을 보면 "시초 축적"은 두 가지 측면이 있다. 한편으로는 다수의 대중이 생계 수단을 직접 이용할 수 있는 기회에서 완전히 "자유로워지는" 것이고, 다른 한편으로는 그런 "자유로운 노동자들"의 경제적 필요를 이용해서 그들에게 고된 노동을 강요할 수 있는 계급의 수중에 부가 축적되는 것이다.

일단 자본주의가 확립되고 나면, 굳이 국가가 개입하거나 무력을 사용하지 않더라도 자본주의 자체의 경제적 메커니즘 때문에 생산수단과 사람들의 분리 과정이 더욱 촉진된다. 그래서 영국에서는 18세기 말까지도 직접 베틀로 천을 짜서 판매하는 수직공이 매우 많았지만, 50년도 채 안 돼 모두 역직기를 사용하는 자본주의 기업들에 밀려 업계에서 쫓겨났다. 1840년대 아일랜드에서는 지주들(주로 영국인)이 굶주린 농민들에게 높은 지대를 요구하는 바람에 끔찍한 기근이 닥쳐서 100만 명이 굶어 죽고 또 다른 100만 명은 집을 떠나 영국과 미국으로 가서 일자리를 찾아야 했다. 시장은 국가의 직접 지원 없이도 그런 참혹한 짓을 저지를 수 있었다(물론 지주의 재산을 보호할 때는 국가의 지원이 필요했다). 자본주의는 자립적이고 자기 증식하는 체제가 돼서 전 세계를 집어삼켰다.

chapter 2 마르크스와 마르크스 비판가들

마르크스의 가치론과 신고전학파의 비판

《자본론》이 처음 출간됐을 때부터 마르크스의 가치론은 비판을 받았다. 가장 흔한 비판은 노동뿐 아니라 자본도 가치를 창출한다는 것이었다. 어쨌든, 기계를 사용하는 노동자가 그러지 않는 노동자보다 훨씬 더 많이 생산하고, 노동자는 똑같은 일을 하는 기계로 대체되기 마련이라는 것이다. 심지어 기계가 모든 일을 다 하는 경제도 생각해 볼 수 있다. 그래서 신고전학파는 노동뿐 아니라 자본도 인간의 필요를 충족하는 것들을 생산하는 데 관여한다고 주장했다. 그리고 노동이 부의 창출에 기여한 대가로 보상을 받듯이 자본도 그런다고 주장했다. 각각의 '생산요소'는 그 '한계생산물'의 가치만큼 '보상'을 받는다는 것이다.

마르크스를 비판하는 이런 주장에는 결정적 오류가 있다. 그런 비판은 정태적(靜態的) 경제관에서 비롯하는데, 정태적 경제에서는 자본과 노동이 그냥 공존할 뿐이다. 그런 관점은 생산수단과 원료 자체도 생산된 것이라는 분명한 사실을 무시한다. 기계류와 공장 건물 등은 저절로 존재하는 것이 아니다. 그것들은 과거 인간 노동의 산물이다. 노동자의 노동을 보조하는 손수레는 금속 노동자의 노동의 산물이다. 그래서 마르크스는 생산수단을 '죽은 노동'이라고 불렀다(반대로 현재의 노동은 '산 노동'이라고 불렀다). 생산수단은 과거에 이뤄진 노동의 산물이고, 필요하다면 오늘날의 노동을 이용해서 복제할 수 있다. 생산수단을 재생산하는 데 필요한 사회적 필요노동의 양이 그 생산수단의 현재 가치를 결정한다.

노동이 생산수단을 만들어 낸다는 점을 신고전학파 이론이 고려하지 못한 것은 우연한 실수가 아니다. 19세기 말의 신고전학파 창시자들(오스트리아의 멩거와 뵘바베르크, 영국의 제번스와 마셜, 프랑스의 발라, 이탈리아의 파레토, 미국의 클라크)은 정태적 체제라는 가정을 바탕으로 자신들의 이론을 구축했다. 그들은 경제 전체를 길거리 시장과 비슷한 것으로 봤다. 즉, 구매자는 주머니에 든 돈으로 가장 값어치 있는 상품을 사려 하고 판매자는 자신이 가진 상품을 가장 비싼 가격에 팔려고 하는 시장 말이다. 판매자와 구매자가 흥정을 벌이다가 서로 적당한 가격이라고 합의가 이뤄지면 상품이 판매된다. 그리고 모든 판매자는 다른 누구에게서 상품을 구매하고 그 누구는 또 다른 누구에게서 상품을 구매하는 식으로 가격 네트워크 전체가 형성된다. 따라서 생산물은 곧 사람들이 원하는 것일 수밖에 없다. 발라는 이런 시스템이 국민경제에서 어떻게 작용하는지를 자신이 수백 쪽에 걸쳐 방정식과 도표로 보여 줬다고 주장했다.

이런 이론에는 자본주의를 바라보는 매우 비현실적인 견해가 내재해 있다. 왜냐하면 어떤 형태의 자본주의이든 자본주의는 결코 정태적이지 않기 때문이다. 현실의 길거리 시장에서 사람들은 판매 가격이나 구매 가격에 즉시 합의하지 않는다. 그러나 신고전학파 이론에서는 경매인의 중재를 통해 사람들이 즉시 가격 합의에 이를 수 있다고 가정한다. 실생활에서 흥정은 흔히 꽤 오랜 시간이 걸리고, 시장 전체에서 가격은 잇따른 조정 과정을 거쳐서 결정된다. 이런 점을 감안하면, 상품의 실제 가격과 이론상의 가격은 다를 수밖에 없다. 판매용 재화의 실제 생산은 항상 시간이 걸리는 과정이다. '가격 신호'는 생산이 끝날 때 사람들이 어떤 상품을 원할지를 알려 주는 것이 아니라 생산이 시작되기 전에 어떤 상품을 원했는지를 알려 준다. 신고전학파 이론에서 주장하는 동시성은 신화일 뿐이고, 그런 가정을 바탕으로 발전한 연립방정식은 실제로 존재하는 자본주의와는 거의 관계가 없다.

생산이 시간을 두고 이뤄진다는 현실에 직면해서 신고전학파 창시자들은 어떻게 반응했는가? 현실을 이론에 반영하는 일을 전혀 하지 않았다. 예컨대, 발라는 "생산을 하는 데는 어느 정도 시간이 걸리기 마련이다" 하고 인정했지만, "이 지점에서 시간이라는 요소를 무시함으로써 어려움을 간단히" 해결했다고 썼다.[1] 그리고 그 문제를 다시 다뤘을 때는 "자료"가 "특정 시기 동안 변함없다"고 가정하기 위해서였다.[2] 마치 경제가 성장하면서 생산 기구 전체가 변모하더라도 수요·공급 구조는 변함이 없을 것처럼 말이다. 심지어 마셜은 "시간은 경제학의 최대 난제들의 근원"이라고 인정했다.[3] 왜냐하면 "생산량, 생산방법, 생산비의 변화는 항상 상호작용하면서 상대방을 변화시키기 때문"이다. 그런데도 마셜은 신고전학파 이론을 가르쳤고 주류 경제학의 한 세대 전체가 그것을 시장 자본주의의 효율성을 입증하는 증거로 여겼다. 1950년대 초에 케네스 애로와 제라르 드브뢰는 시간이라는 변수를 반영해서 발라의 수리경제학 모델을 업데이트하려 했다. 그러나 애로 자신도 인정했듯이, 그 모델은 "기술 진보, 인구 증가, 그 밖의 다른 많은 변화가 일어나지 않는다는 가정" 속에서만 작동할 수 있었다.[4]

신고전학파는 자본주의가 끊임없는 변화(기존 가격 구조를 어지럽히고 안정적 균형을 방해하는)를 겪는 체제라는 아주 기본적인 사실을 거부하기 때문에, 기껏해야 현재 상태를 옹호하며 묘사할 뿐 경제의 발전과 그 동역학을 설명하지 못한다.

신고전학파는 스미스·리카도·마르크스와는 대조적으로 상품이 제공하는 효용의 측면에서 자신들의 가치론을 정립했다. 즉, 개인들이 특정 상품과 다른 상품을 어떻게 비교·평가하는가 하는 측면에서 가치를 해명한 것이다. 그러나 이런 가치론으로는 한 사람이 얻는 효용과 다른 사람이 얻는 효용을 측정하는 기준이 무엇인지가 전혀 해결되지 않는다. 사막을 헤매는 사람이 물 한 잔에서 얻는 '효용'과 공주가 다이아몬드 왕관에서 얻는 '효용'을 어떻게 비교·평가할 것인가? 여기서 할 수 있는 일은 기껏해야 개인들의 선호도를 나열하는 것뿐이다. 그러나 왜 일부 개인들의 선호도가 다른 개인들의 선호도보다 더 중요한지를 설명하려면 왜 그 일부가 다른 사람들보다 더 부유한지를 설명해야 한다. 그리고 그런 차이는 자본주의 사회의 구조나 동역학과 관계 있는 요인들에 달려 있다. '효용' 이론이 무시하는 그런 구조와 동역학 말이다.

파레토는 '효용'을 '경제적 만족'ophelimity 이라는 용어로 대체했다.[5] 왜냐하면 그와 동시대의 미국인인 어빙 피셔가 썼듯이, "정식 교육을 받지 않은 대다수 순진한 사람들은 … 외투나 목걸이가 똑같이 유용하다거나 숫돌과 룰렛 도박 기구의 유용성이 똑같다고 생각하지 않을 것"이기 때문이다.[6] 약간 더 나중의 신고전학파 이론가들은 가치라는 개념 자체를 아예 폐기해 버렸다. 비록 오늘날까지도 중고등학교와 대학 교과서에서는 '한계효용'이 노동가치론 문제의 '현대적' 해법이라고 가르치지만 말이다.

신고전학파 경제학자들은 100년 넘게 애를 썼지만 자신들이 주장한 가치론의 객관적 토대를 세우는 데 실패했다. 물론 따지고 보면, 사람들은 뭔가를 사용하고 싶기 때문에(또는 적어도 그것을 사용할 다른 누군가에게 팔고 싶어서) 돈을 주고 뭔가를 산다. 그러나 가격을 결정하는 것은 그런 용도나 용법이 아니다.

신고전학파의 '한계생산량' 개념도 해법이 될 수 없기는 마찬가지다. 그들은 생산과정에서 사용된 자본의 가치로 한계생산량을 측정한다고 주장한다. 그러나 그 자본의 가치를 정의할 때도 한계생산량이라는 용어를 써서 정의한다. 결국 그들은 사실상 "자본의 한계 가치는 자본의 한계 가치와 같다"거나 "이윤은 이윤이다" 하고 말하는 셈이다. 이런 진술은 아무것도 설명할 수 없다. 그저 "뭔가가 존재한다면 그것은 존재한다"는 말과 마찬가지다.

정설 경제학은 사실상, 왜 어떤 것은 생산되고 어떤 것은 생산되지 않는지, 왜 누구는 부유하고 누구는 가난한지, 왜 어떤 상품이 팔리지 않고 쌓여 있는데도 그것이 절실히 필요한 사람들은 그것을 가질 수 없는지, 왜 어떤 때는 호황이고 어떤 때는 불황인지를 설명하지 않은 채 그냥 지금 어떤 것이 구매되고 어떤 것이 판매되고 있다고 말할 뿐이다.

이것은 이미 80여 년 전에 오스트리아 마르크스주의자 루돌프 힐퍼딩과 러시아 혁명가 니콜라이 부하린이 한계효용학파를 비판하며 지적한 점이다. 그 후 당시 비주류 경제학자들이었던 '케임브리지학파'는 한 계효용학파의 이런 맹점들을 정교하고 치밀한 논리로 비판했다.[7] 그러나 비주류 경제학자들이 신고전학파 이론의 모순을 이렇게 날카롭게 들춰냈는데도 경제학계에서 신고전학파의 영향력은 약해지지 않았다. 단지 훨씬 더 딱딱한 수학 모델들이 사용되면서 과학적으로 엄밀한 듯한 외양만 갖추게 됐을 뿐이다. 50여 년 전에 조앤 로빈슨은 다음과 같이 지적했다.

양적 효용은 오래전에 사라졌지만, '자본'의 양이 등장하는 모델을 만들 때는 여전히 흔히 사용된다(그 자본의 양이라는 것이 무엇인지는 전혀 알려 주지 않으면서 말이다). 효용에 실천적 의미를 부여하는 문제를 회피하려고 그것을 도표에 집어넣었듯이, '자본'의 양에 의미를 부여하는 문제를 회피하려고 그것을 대수학 속에 집어넣었다.[8]

자신들의 이론에 맹점이 있음을 깨달은(그 외에는 신고전학파의 체계를 받아들인) 사람들은 가끔 노동가치론의 요소들을 이용해 자신들의 이론을 보강하려 했다. 그래서 마셜은 때로는 노동가치론을 이용하는 것도 유용하다고 암시했다. "화폐의 진정한 가치는 어떤 점에서는 상품보다는 노동으로 평가하는 것이 더 낫다." 물론 재빨리 다음과 같이 덧붙였다. "이런 어려움은 이 책에서 우리의 논의에 영향을 미치지 않을 것이다."[9] 존 메이너드 케인스도 자신이 당연하게 여겼던 신고전학파 체계의 가정들에 문제가 있음을 반쯤은 파악했다. 케인스는 자신의 가장 유명한 저작 《고용, 화폐, 이자의 일반 이론》에서 특정 시점에 끌어모은 잡다한 물리적 상품들을 나중의 다양한 상품들과 단순 비교할 수는 없다는 사실을 인정했다.[10] 그렇게 비교하면 "가치의 변화를 슬그머니 도입하는" 결과를 낳게 된다는 것이다.[11] 이 문제를 해결하려고 케인스는 신고전학파 이론의 일반적 가정들을 기각하고 노동가치론으로 반쯤 돌아가서,[12] 생산량은 "특정한 자본 설비와 결합된 고용의 양"으로 측정할 수 있다고 주장했다.[13] 그는 나중에 다음과 같이 설명했다.

> 따라서 나는 전▨고전학파의*[원문 그대로다 — 하먼] 교리, 즉 노동이 모든 것을 생산하고, 전에는 기예art라고 불렸으나 이제는 기술technique이라고 부르는 것과 천연자원과 … 각종 자산에 구현된 과거 노동의 산물 등이 생산과정에서 노동을 보조한다는 교리가 옳다고 생각한다.[14]

마셜이든 케인스든 신고전학파 체계 자체를 포기하는 데까지는 나아가지 않았다. 그러나 그들이 신고전학파 체계의 이런 문제점들에 대한 자신의 분석을 진지하게 받아들였다면, 신고전학파 체계 자체를 포기할 수밖에 없었을 것이다.

신고전학파 체계의 결함들은 마르크스의 관점이 옳았음을 부정적으로 입증하는 증거라 할 수 있다. 왜냐하면 마르크스의 가치론은 그런 주관적이고 정태적인 관점을 피할 수 있기 때문이다. 마르크스의 이론이 객관적인 이유는 상품에 대한 개인적 평가를 이론의 기초로 삼지 않고 특정 시점에 체제 전체에 존재하는 기술 수준으로 상품을 생산하는 데 필요한 노동량(노동자의 산 노동과, 생산과정에서 사용되는

---

* 케인스는 한계효용설을 주장한 마셜, 피구 등 신고전학파도 고전학파 범주에 포함시켰으므로, "전고전학파의 교리"는 스미스와 리카도 등의 노동가치론을 말한다.

생산 설비와 원료에 구현된 '죽은 노동' 둘 다)을 기초로 삼기 때문이다. 마르크스가 볼 때 중요한 것은 개인들의 평가가 아니라 서로 다른 자본들끼리 서로 가하는 압력이었다. 왜냐하면 상품을 생산하는 데 필요한 사회적 노동량보다 더 높게 가격을 매기는 자본가는 모두 머지않아 업계에서 퇴출될 것이기 때문이다. 따라서 화폐로 매개되는 상품 생산·교환 체제가 일반화하면 모든 자본가는 상호작용을 통해 가치법칙을 일종의 외부 강제력으로 받아들이게 된다. 그래서 마르크스는 다음과 같이 썼다. "개별 자본가들은 오직 상품 소유자로서만 서로 대립하기 때문에 … '내적 법칙'은 오직 그들의 경쟁과 상호 압력을 통해서만 관철되고, 이 경쟁과 압력에 의해 [자본가들 사이의] 편차는 상쇄된다."[15]

자본들 간의 관계를 고정불변의 관계로 여겨서는 안 된다. 그 관계는 서로 다른 자본들이 시간을 두고 상호작용하는 것을 바탕으로 한 동태적動態的 과정이다. 따라서 특정 시점의 평균 '사회적 필요노동'은 서로 다른 구체적 노동량(변하기 십상이다)을 사용해서 서로 독립적으로 조직되는 개별 생산과정들의 결과다. 어떤 산업부문에 신기술을 도입한 최초의 자본가는 체제 전체의 일반적 노동량보다 적은 노동량을 써서 상품을 생산할 수 있고, 그래서 다른 자본가들의 시장을 잠식할 수 있을 것이다. 그러나 다른 자본가들도 그 기술을 채택하고 나면 그런 이점은 사라지고 만다. 오직 특정 상품의 시장을 대부분 지배하는 자본가나 다른 자본가가 자신의 시장에 접근하지 못하도록 정치적 압력을 행사할 수 있는 자본가만이 사회적 필요노동량보다 더 많은 노동량을 반영하는 가격을 한동안 유지할 수 있을 것이다. 가치법칙은 이렇게 자본들끼리 시간을 두고 서로 압력을 가한 결과로만 작용한다. 자본주의의 발전이라는 영화 필름에서 한 장면만 따로 떼어 놓고 보면 가치법칙과 어굿나는(때로는 아주 크게 어긋나는) 모습을 항상 볼 수 있다. 그러나 영화 자체는 자본 간의 경쟁 압력 때문에 그런 차이가 결국 사라진다는 것을 보여 준다. 심지어 다른 차이가 나타나고 있을 때조차 말이다.

가치와 가격

이런 동태적 성격 덕분에 마르크스의 이론은 스미스와 리카도의 노동가치론이 부딪힌 문제를 해결할 수 있었다. 그것은 산업마다 투자 대비 노동의 비율이 서로 다르지만 투자 대비 잉여가치의 비율인 이윤율은 그와 똑같은 차이가 나지 않는다는 문제였다. 심지어 임금이 어느 정도 비슷한 수준이고 착취율이 거의 똑같은 수준일 때조차 그렇다. 그래서 상품의 가격은 그 상품을 생산하는 데 사회적으로 필요한 노동량에 따라 결정되는 것이 아니라 자본 투자 비용에다 수익을 더한 값에 따라 결정되는 것처럼 보인다. 자본 투자가 많을수록 수익도 많은 것처럼 보인다. 값비싼 기계로 생산한 제품을 판매하는 자본가는 값싼 기계로 생산한 제품을 파는 자본가보다 더 많은 수익을 기대할 것이다. 일부 산업이 다른 산업보다 더 '자본 집약적'이라는 사실은, 수익성이 다른 경우보다 크게 낮지 않다면 가격이 노동가치와 달라야 한다는 것을 의미한다.

그래서 애덤 스미스는 자신의 노동가치론을 희석시켜서 모순된 주장을 했다. 상품을 판매해서 얻은 대가는 서로 다른 '수입'收入, 즉 노동자에게 돌아가는 임금, 자본가에게 돌아가는 이윤, 그 자본가에게 돈을 빌려 준 은행가에게 돌아가는 이자, 지주에게 돌아가는 지대로 나뉜다는 것이다. 스미스는 자신이 처음에 주장한 노동가치론과 모순되게도, 이 각각의 수입이 가치를 증대시킨다고 주장했다. 데이비드 리카도는 스미스보다는 더 일관되고 순수한 노동가치론을 고수하려 했다. 그러나 리카도 이론에도 공백이 있었고, 후대의 경제학자들은 그 이론적 공백을 메울 수 없었다. 결국 신고전학파는 노동가치론을 버리는 길로 나아갔다.

그러나 마르크스는 흔히 '전형轉形 문제'라고 부르는 그 문제를 해결할 수 있었다. 그의 모델은 시간을 두고 작동하는 동태적 모델이었기 때문이다. 마르크스의 해결책은 기업들이 이윤율의 차이에 어떻게 대응하는지를 살펴보는 것이었다. 이윤율이 낮은 기업은 자본을 다른 데로 옮기기 시작할 것이다. 그러면 그들이 생산하는 제품이 부족해질 것이고, 그 제품의 가격은 노동가치보다 더 올라갈 것이다. 그 제품을 생산에 투입하는 다른 기업들은 (직접 투입물로 사용하든 노동력을 재충전하려고 그 제품을 구입하는 노동자들에게 지급하는 임금을 올려 줘야 하든)[16] 더 높은 가격을 치를 수밖에 없고, 그 과정에서 사실상 자신의 잉여가치 일부를 넘겨줄 수밖에 없다. 이윤율의 균등화는 자본가계급 내에서 잉여가치 재분배를 통해 이뤄진다.

그렇다고 해서 잉여가치의 원천이 노동자 착취라는 사실, 그리고 상품을 생산하는 데 사회적으로 필요한 노동시간이 변할 때마다 그 상품의 가격도 변한다는 사실이 조금이라도 바뀌는 것은 아니다. 이윤율이 균등해지는 이유는 이미 생산된 잉여가치가 시간이 흐르면 이 자본가한테서 저 자본가에게로 흘러가기 때문이다.[17] 그래서 체제 전체에서 가치의 흐름이 방해받을 때(예컨대, 기업의 막대한 투자 금액이 특정 고정자본에 묶여 있거나 국가가 국책 산업부문에서 투자가 빠져나가지 못하게 가로막을 때) 체제의 서로 다른 부문에서 이윤율이 크게 달라질 수 있는 것이다.

스미스와 리카도가 제기한 문제에 대한 마르크스의 해답은 《자본론》 3권이 출간되고 나서 2년이 채 안 돼 한계효용학자 뵘바베르크의 비판을 받았다. 그 후 뵘바베르크의 비판과 똑같은 주장들이 거듭거듭 나타났다. 이런 주장들은 흔히 마르크스주의자들을 수세로 몰아넣었고, 많은 마르크스주의자들이 그런 비판의 핵심을 받아들여 마르크스의 개념으로 자본주의의 동역학을 이해하려는 노력을 포기했다. 예컨대, 1968년의 격변 이후 마르크스주의에 대한 관심이 되살아났을 때도 그런 일이 벌어졌다. 이언 스티드먼과 제프 호지슨 같은 좌파들은 뵘바베르크와 그를 계승한 새뮤얼슨 같은 자들이 마르크스를 비판한 것과 근본적으로 똑같은 주장들을 제기했다(비록 한계효용학파의 가치론을 받아들이지는 않았지만 말이다).[18] 정치적 이유로 이미 대학 강단에서 수세에 몰려 있던 마르크스주의 경제학자들은 흔히 현실 세계와 동떨어진 주류 경제학계 동료들의 수학적 계산만큼이나 딱딱한 수리 계산 또는 텍스트를 둘러싼 학술 논쟁으로 후퇴했다. 그 전반적 결과는 벤 파인이 지적했듯이 "점차 현학적인 마르크스주의"로 전락하거나[19] "《자본론》의 세계와는 상반된 자본의 세계에 조금씩 참여"하는 것이었다.[20]

마르크스의 이론에 대한 비판은 주로 다음과 같은 논쟁을 중심으로 이뤄졌다. 즉, 생산이 끝난 뒤의 자본 간 가치 이동을 살펴보는 것만으로는 최종 가격을 설명할 수 없는데, 그렇게 해서는 생산에 들어간 투입물(생산수단과 노동력)의 가격이 설명되지 않기 때문이라는 것이었다. 투입물 자체도 가격이 매겨진 상품이며, 그 가격은 가치와 다르기 때문이다. 따라서 마르크스의 방법은 가격으로 가격을 설명하는 것이지 노동가치로 가격을 설명하는 것이 아니라는 게 비판의 요지였다.[21]

리카도주의자인 폰 보르트키에비치는 1907년에 노동가치에서 가격을 추론하는 문제를 수학적으로, 즉 연립방정식을 사용해서 해결하려 했다. 그가 사용한 모델은 한 생산순환에서 다음 순환으로 넘어갈 때 자본 투자량이 변하지 않는 모델(이른바 '단순재생산')이었다. 흔히 그의 방정식은, 노동가치를 가격으로 전형하는 데 일반적으로 적용할 수 있는 방법을 찾으려면 마르크스가 당연하게 여겼던 '총계 일치' 명제 중 하나가 틀렸음을 인정해야 한다는 사실을 입증했다고들 한다. 총가격이 총가치와 일치하지 않거나 총이윤이 총잉여가치와 일치하지 않는다는 것이다.

20세기 내내 가치에서 가격을 추론하려는 노력은 모두 똑같은 문제에 부딪혔다. 마르크스주의자들의 반응은 노동가치론의 주요 요점을 포기하거나 아니면 1942년에 폴 스위지가 그랬듯이 다음과 같은 결론을 내리는 것이었다. "마르크스의 전형 방법은 논리적으로 만족스럽지 못하지만" 가치와 가격의 "전개 양상"은 "단지 사소한 세부 내용에서만 서로 달라질 것이다."[22] 미겔 앙헬 가르시아와 안와르 셰이크도 비슷한 결론을 내렸다. 그들이 1970년대 말에 사용한 모델은 훨씬 덜 수학적이고 폰 보르트키에비치의 모델보다 이해하기도 더 쉬웠다.[23] 셰이크는 총가격이 총가치와 같을 수 있지만 총이윤이 항상 총잉여가치와 같은 것은 아니라는 점을 보여 줬다. 가르시아는 총가격 = 총가치, 총이윤 = 총잉여가치 명제가 유지될 수 있음을 입증했다고 주장했다. 그러나 그가 그럴 수 있었던 것은 한 생산순환에서 다음 순환으로 넘어갈 때 착취율의 변화를 허용했기 때문이다. 부문 간 가치 이동에 따른 가격 변화로 임금재와 자본재의 가격이 각각 달라진 것이다.[24]

그러나 그 후 많은 마르크스주의자들은 폰 보르트키에비치, 스위지, 셰이크와 그 밖의 많은 사람들이 받아들인 근본적 가정, 즉 동시성同時性에 도전함으로써 오히려 마르크스의 견해를 제대로 방어할 수 있었다.[25] 연립방정식을 사용하는 방법은 생산에 들어가는 투입물의 가격이 산출물의 가격과 같아야 한다고 가정한다.* 그러나 그것은 틀렸다. 산출물은 투입물이 먼저 생산에 들어가고 난 다음에 생산된다. 다시 말하면, A라는 생산과정에 들어가는 투입물의 가치는 나중에 B라는 생산과정에 들어가는 똑같은 투입물의 가치와 다를 것이다. 사용가치라는 물리적 구성의 측면에서 보면 둘이 똑같을지라도 말이다. 오늘 기계를 만드는 데 사용된 강철 1톤의 가치는 다음 주에 똑같은 기계를 만드는 데 사용된 강철 1톤의 가치와 똑같지 않을 것이다.[26]

그러나 마르크스를 비판하는 사람들은, 생산에 들어가는 투입물은 여전히 가치가 아니라 가격으로 표현되고 가격을 노동가치로 환원하면 한없는 회귀에 빠진다고 주장한다. 투입물을 생산하는 데 필요한 투자는 노동가치로 분석돼야 하지만, 그것은 생산에 필요한 투자 자체의 분석이 이뤄지지 않으면 불가능하고, 따라서 이런 과정은 한없이 계속될 수밖에 없다는 것이다.

문제를 이렇게 제기하는 사람들에게는 간단히 반문할 수 있다. 왜 그런가? 투입물을 생산하는 데 필요한 투자를 왜 투입물 자체가 생산됐을 때의 노동가치로 분석해야 하는가?[27]

생산순환을 살펴보는 출발점은 그 생산을 시작하는 데 필요한 투입

---

* 연립방정식을 뜻하는 영어 simultaneous equations의 simultaneous에는 '동시의'라는 뜻도 있다

물의 화폐가격이다. 생산과정에서 사용된 노동은 일정량의 가치를 새로 추가하고 이 가치가 새로운 상품의 기초가 된다. 그리고 이 상품의 가격은 자본가들 사이의 잉여가치 이동(그런 이동이 없다면 평균이윤율 수준보다 더 많은 잉여가치를 얻을 자본가들한테서 그보다 적게 얻을 자본가들에게로) 과정을 거쳐 형성된다.

새로운 가치와 잉여가치 창출이 체제의 동역학에 미친 영향을 알려고 굳이 생산순환의 초기로 거슬러 올라가서 그때 지급된 가격으로 노동가치를 분해할 필요는 없다. 그것은 마치 물리학에서 다른 물체와 충돌한 물체의 운동량을 측정하려고, 우주가 탄생한 빅뱅 시대로 거슬러 올라가 그때부터 그 물체에 작용해서 마침내 그 운동량을 만들어 낸 모든 힘으로 그 운동량을 분해할 필요가 없는 것과 마찬가지다. 또, 생물학에서 유전자 변화의 결과가 오늘날 어떻게 나타나는지를 알려고 생명체가 처음 출현한 때로 거슬러 올라가서 생물의 진화 역사 전체를 알 필요가 없는 것과도 마찬가지다.

굴리엘모 카르케디가 지적했듯이 "이런 비판이 타당하다면, 그것은 마르크스의 전형 절차뿐 아니라 모든 사회과학도 파산했다는 뜻일 것이다." 그리고 여기에는 마르크스를 비판하는 사회과학도 포함된다.

> 모든 사회현상은 과거든 현재든 다른 사회현상들에 의해 결정된다는 점을 고려하면 이런 비판은 사실 모든 사회현상에 적용돼야 할 것이다. 그렇다면 사회과학은 연구의 출발점을 끝없이 탐구해야 할 것이다.[28]

현재의 어떤 행동이 온갖 과거 행동의 누적적 결과와 어떤 연관이 있는지를 분석하는 것은 결코 가능하지 않을 것이다.

숙련노동과 미숙련노동

마르크스 모델의 이 동태적 특징을 감안하면, 뵘바베르크 이후 노동 가치론의 문제점으로 여겨져 온 또 다른 쟁점도 전혀 문제가 아니라는 사실을 알 수 있다. 그것은 숙련노동이 가치 창출에 기여한 정도를 어떻게 측정할 것인가 하는 문제다. 마르크스는 이 문제를 쉽게 해결할 수 있다고 본 듯하다. 그는 다음과 같이 썼다.

숙련노동은 그저 단순노동이 강화된 것, 다시 말해 몇 곱절로 늘어난 단순노동으로 계산하면 된다. 따라서 일정량의 숙련노동은 더 많은 양의 단순노동과 동등한 것으로 여기면 된다. … 온갖 종류의 노동을 그 표준 단위인 미숙련노동으로 환산하는 다양한 비율은 사회적 과정을 거쳐 생산자들의 배후에서 결정된다. 따라서 생산자들이 볼 때는 마치 관습으로 고정된 것처럼 보인다.[29]

이런 설명은 숙련노동자와 미숙련노동자가 똑같은 일을 하고 숙련노동자가 훨씬 더 빨리 일을 해낼 때는 딱 들어맞는다. 숙련노동 1시간은 체제 전체에서 '사회적으로 필요한' 평균 노동 1시간보다 더 가치가 있을 것이고 미숙련노동의 가치는 그보다 적을 것이다.

그러나 숙련노동을 더 많은 양의 미숙련노동으로 대체할 수 없는 경우에는 문제가 발생한다. 얼마나 많은 미숙련노동자가 자본가에게 고용돼 있는지는 중요하지 않다. 그들은 숙련된 공구 제작자나 시스템 분석가와 똑같은 일을 할 수 없을 테니까 말이다. 그렇다면 숙련노동자가 창출한 가치를 미숙련노동자의 노동시간으로 어떻게 측정할 수 있는 가? 그렇게 측정하려는 시도는 모두 자의적일 수밖에 없어서 마르크스 노동가치론의 기반을 약화시키는 것처럼 보인다. 뵘바베르크는 마르크 스가 "사회적 과정"으로 설명한 것은 마땅히 설명해야 할 것을 미리 전제한 것과 마찬가지라고 비판했다. 뵘바베르크는 따라서 상품의 가격을 결정하는 것은 그 상품에 포함된 노동량이 아니라 사람들이 그 상품을 다른 상품과 비교하고 평가하는 방식('효용')임이 입증됐으며, 이로써 노동가치론은 치명타를 맞았다고 주장했다.

그러나 가치법칙이 시간을 두고 작용한다고 보면 이 이론적 문제도 사라지고 만다. 기술이 발전하면서 특별히 숙련된 사람들만 할 수 있는 작업이 계속 나타난다. 처음에는 그런 숙련 기술을 생산하는 데 사회적으로 필요한 노동시간을 측정할 객관적 척도가 없고, 그런 기술을 가진 사람이나 그들이 생산한 제품은 노동시간과 전혀 관계 없는 보수나 대가를 받을 수 있다. 사실, 그런 기술을 독점적으로 통제하는 자들에게 흘러 들어가는 가치는 체제의 나머지 부분에서 나온 것이다. 그러나 이것은 일시적 국면일 뿐이다(때로는 그 국면이 오랫동안 지속되지만 말이다). 왜냐하면 체제의 다른 부문의 자본가들도 신기술의 혜택을 얻으려고 저마다 최선을 다할 것이기 때문이다.

그들이 신기술의 혜택을 얻을 수 있는 방법은 두 가지다. 하나는 새로운 노동자들을 훈련시켜서 신기술을 습득하게 하는 것이다. 이것은 사실상, 한 종류의 노동을 이용해서 숙련 작업을 할 수 있는 노동력을 새롭게 창출하는 것과 마찬가지다. 그러면 최종 노동은 사실은 합성 노동(실제 노동자들의 산 노동과 그들의 노동력에 숙련 기술로 체화된 죽은 노동이 합쳐진 것)이 된다. 다른 방법은 자본가들이 (수습사원 제도 등을 통해) 노동자들에게 실습 훈련을 시켜서 노동력 속에 이 추가 요소를 직접 확보하는 것이다. 자본가들은 이런 노동력 공급을 노동자들 자신에게 맡길 수도 있고(노동자들이 숙련 기술 습득 과정을 이수하는 비용을 스스로 부담하게 해서) 아니면 부분적으로 국가에 의존해서 국비 훈련 과정을 통해 국가가 이런 노동력을 공급하게 할 수도 있다. 그러나 어느 경우든 죽은 노동은 개선된 노동력에 체화되고 그런 다음에 노동 생산물로 이전된다. 생산수단과 원료에 죽은 노동이 체화되듯이 말이다.[30]

그래도 여전히 해결되지 않는 문제가 하나 있다. 훈련시키는 사람들을 누가 훈련시키는가 하는 것이다. 그들이 미숙련노동자에게 기술을 배웠을 리는 만무하다. 그들의 기술이 독점적 기술이고 그들이 생산한 제품이 미숙련노동자가 생산할 수 없는 것이라면, 그런 제품을 소유한 사람은 독점 가격을 매길 수 있을 것이고 그 가격은 노동가치를 반영하지 않고 얼마나 많은 사람이 그 가격을 치를 용의가 있는지에 따라 결정될 것이다.

이 점은 특정 시점의 특정 기술과 특정 제품에 대해서는 잘 들어맞는다. 그러나 시간이 흐르면 이런 노동도 일정 비율의 다른 노동으로 환원될 것이다. 다른 자본가도 신기술을 얻으려고 적극 노력하므로 그런 기술 독점은 무너질 것이다. 그래서 훨씬 덜 숙련된 노동자도 그런 작업을 해낼 수 있게 될 것이다. 이런 식으로, 숙련노동이 시간을 두고 미숙련노동으로 환원되는 과정은 자본주의 축적의 끊임없는 특징이다. 미숙련노동자가 충분히 훈련받아서 특정 상품을 생산하는 데 필요한 숙련노동자 수준에 이른다면, 그런 상품은 더는 희소하지 않을 것이고 그 상품의 가치는 평균적 노동력을 재생산하는 데 필요한 노동가치와 추가 훈련 비용을 합친 수준까지 떨어질 것이다.

그래서 카르케디는 다음과 같이 썼다.

노동과정에 신기술이 도입되면, 노동자에게 요구하는 기술 수준이 낮아진다. 그러면 그 노동자의 노동력 가치도 평가절하된다. 이 과정은 (기술의) **탈숙련화를 통한** (노동력의) **가치 저하**라고 말할 수 있다. 이런 과정을 통해 숙련노동은 미숙련노동으로 환원되고, 따라서 (적어도 노동력의 가치에 관한 한) 서로 다른 형태의 노동력을 투입물로 사용하는 상품 사이의 교환 관계도 바뀌게 된다. 바로 이 실제 과정을 살펴보면, 이론적으로 숙련노동을 미숙련노동으로 환원하는 것, 즉 숙련노동을 미숙련노동의 몇 곱절로 표현하는 것이 옳다는 사실을 알 수 있다. …

탈숙련화를 통한 가치 저하 과정은 자본주의 생산의 끊임없는 경향이다. 왜냐하면 자본가들은 끊임없이 임금 수준을 낮춰야 하기 때문이다. 반면에, 똑같은 기술이 숙련 직종을 새로 만들어 내지만(상쇄 경향) 이런 직종도 머지않아 탈숙련화할 수밖에 없다. … 어느 시점에서든 우리는 하나의 경향(특정 직종의 탈숙련화와 그에 따른 노동력의 가치 저하)과 그 상쇄 경향(노동력의 가치가 높은 노동자가 필요한 신규 숙련 직종의 출현)을 모두 볼 수 있다.[31]

노동은 사회적 필요노동시간으로 즉시 환원되지 못할 수 있다. 그러나 시간이 흐르면 서로 다른 자본의 맹목적 상호작용 과정을 통해 그렇게 될 수 있다. 여기서도 가치법칙은 개별 자본 간의 관계를 고정불변으로 확정하는 공식이 아니라 개별 자본들이 특정한 방식으로 행동하도록 압박하는 것으로 이해돼야 한다.

마르크스의 기본 개념들은 온갖 비판을 받았지만 살아남았다. 그것을 시차적 변화 과정을 무시하는(신고전학파 체계의 특징이다) 정태적 틀로 해석하지 않는다면 말이다.

3 체제의 동역학

착각과 현실

마르크스의 시대와 그의 직속 후계자들의 시대에 자본주의 역사는 10년에 한 번꼴로 일어난 경제 위기로 점철돼 있었다. 그래서 1810년부터 1920년까지 110년 동안 미국에서는 경제 위기가 열다섯 번 있었다. 한동안 기업들은 대규모로 투자하고 노동자들을 새로 고용했다. 공장을 신설하고 원료를 새로 구입하면 건설·철강·석탄 등의 산업 제품에 대한 수요가 창출되고, 그러면 그런 산업들에서 노동자들이 새로 고용됐다. 이 새로운 노동자들은 임금을 받았고 그 돈으로 상품을 구입할 수 있었다. 급속한 경제성장 때문에 기업들은 온갖 수를 써서 농촌(그리고 점차 다른 가난한 나라)에서 사람들을 꾀어내 도시의 임금노동자로 만들었다. 실업률은 2퍼센트 안팎까지 떨어졌다. 그러면 항상 뭔가 이상이 나타나기 시작했다. 대기업들이 갑자기 파산하면서 다른 산업의 제품에 대한 수요가 사라지고, 그러면 그 산업의 기업들도 덩달아 파산했다. 경제의 모든 부문에서 노동자(많은 경우 신규 채용된)가 해고되고, 그러면 그들의 구매력 상실 때문에 위기가 이 산업에서 저 산업으로 잇따라 확산됐다. 자본가계급은 심리적 공황 상태에 빠지고, 실업률은 순식간에 10퍼센트나 그 이상으로 치솟아서 몇 개월, 심지어 몇 년 동안 높게 유지되다가 다시 급속한 경제성장이 시작됐다.

당시의 주류 경제학은 그런 '과잉생산 위기'가 체제의 고질병이라는 사실을 부인하면서, 애덤 스미스의 사상을 대중화·속류화한 장바티스트 세의 주장을 내세웠다. 세의 '법칙'은, 누군가가 뭔가를 판매할 때마다 틀림없이 다른 누군가가 그것을 구매할 것이므로 수요와 공급은 항상 일치한다는 것이었다. 즉, 공급이 스스로 수요를 창출한다는 것이 세의 법칙이었다. 그래서 존 스튜어트 밀은 다음과 같이 주장했다.

개인이 다른 사람의 생산물을 구매하는 수단은 자신이 소유한 것[상품 — 하먼] 이다. 모든 판매자는 말 그대로 필연적으로 구매자다. … 모든 상품의 공급이 수요를 능가하는 … 전반적 공급과잉은 … 불가능하다. … 사람들은 자신의 저축을 … 생산적으로, 즉 노동을 고용해서 소비하기 마련이다.'

신고전학파의 창시자들은 경제가 실제로는 호황과 불황이라는 '경기순환'이나 '경기변동'을 겪는다는 사실을 인정해야 했다. 신고전학파의 이론과 달리, 무슨 이유에서인지 수요와 공급이 항상 균형을 유지하지는 않았던 것이다. 그들의 반응은 그 이유를 외부 요인 탓으로 돌리는 것이었다. 즉, 어쨌든 근본적으로는 건강한 체제가 외부 요인 때문에 일시적으로 왜곡됐다는 것이다. 그래서 제번스는 경기순환이 태양 흑점 탓이라고 썼다. 태양 흑점이 기후에 영향을 미치고 그래서 농업의 생산성과 상업의 수익성에 영향을 미치기 때문이라는 것이었다. 한편, 발라는 가격이 수요·공급과 맞지 않아서 경제 위기라는 혼란이 일어난다고 보면서 마치 얕은 호수 위로 폭풍이 지나가는 것과 비슷하다고 말했다.[2]

더 나중의 신고전학파 경제학자들은 경기순환 이론을 발전시키려고 노력했다. 안와르 셰이크는 그들의 견해를 다음과 같이 요약했다.

> 체제는 여전히 스스로 규제되고 있다. 다만 순조로운 조정이 아니라 주기적 조정이 일시적으로 나타날 뿐이다. … 정설 이론에서 순환은 위기가 아니다. … 순환은 처음에 언뜻 보면 무시해도 괜찮은 … '사소한 동요'로 봐야 한다. … 폭력적이거나 장기적인 성장과 수축은 외부 요인 때문에 일어난다. … 따라서 경제 위기는 여전히 정상적 자본주의 재생산 과정의 외부에 있다.[3]

이런 견해는 이른바 '실물적 경기변동 이론'에 아직도 남아 있다. 이 이론은 다음과 같이 주장한다.

> 경기변동은 경제 상황의 변화에 대한 개인들의 최적 반응이 합쳐진 결과다. … 경기순환은 하나의 추세선을 중심으로 추계적[불규칙적 ― 하먼]으로 진동하는 것이라고 생각된다.[4]

그들은 자신들이 신봉하는 확고한 법칙 체계(효율적 경제의 작동 방식을 규정하는)가 자신들이 단기적 일탈로 여기는 것 때문에 무너질 수 있다는 사실을 여전히 인정하지 않는다.

경제 위기의 가능성

반대로, 마르크스는 전반적 과잉생산 위기의 가능성이 자본주의의 본질 자체에 고유한 것이라고 주장했다. 그는 《자본론》 1권의 두어 문단에서 세의 법칙을 논파했다. 물론 마르크스는 누군가가 물건을 판매할 때마다 다른 누군가가 그것을 구매한다는 것을 인정했다. 그러나 마르크스는 일단 시장에서 상품을 교환하는 데 화폐가 사용되면, 판매자가 즉시 다른 뭔가를 구매하는 일이 당연한 것은 아니라고 주장했다. 화폐는 상품을 직접 교환할 때 쓰이는 가치척도의 구실을 할 뿐 아니라 가치 저장 수단이기도 하다. 누군가가 상품을 판매해서 얻은 돈을 즉시 소비하지 않고 저축하기로 작정했다면, 체제 전체에서는 생산된 상품을 모두 구매하는 데 쓸 돈이 모자랄 것이다.

판매는 모두 구매이고 구매는 모두 판매이므로 상품유통은 반드시 판매와 구매의 균형을 달성한다는 주장만큼 어리석은 것도 없다. 이 주장의 의미가 실제 판매 횟수는 구매 횟수와 동일하다는 것이라면 단순한 동어반복일 뿐이다. 그러나 이 주장이 실제로 입증하려는 것은 판매자가 모두 자신의 구매자를 시장에 데려온다는 것이다. 그러나 결코 그렇지 않다. 판매와 구매는 … 상품 소유자와 화폐 소유자, 자석의 양극처럼 서로 대립하는 두 사람 사이의 교환이다. …

다른 누군가가 구매하지 않으면 아무도 판매할 수 없다. 그러나 판매했다고 해서 당장 구매해야 하는 것은 아니다. 유통은 직접 물물교환의 시간적·공간적·개인적 한계를 타파하는데, 이런 타파는 물물교환에 존재하는 직접적 동일성, 즉 자기 생산물을 건네주고 다른 사람의 생산물을 건네받는 과정을 판매와 구매라는 대립적 행위로 분리함으로써 이뤄진다. 상품의 형태가 완전히 변하는 상호 보완적 두 국면 사이의 시간적 간격이 너무 길어져서 판매와 구매 사이의 분열이 너무 확연해지면, 그들 사이의 긴밀한 연관, 내적 통일성은 경제 위기를 불러일으킴으로써 자신을 드러낸다.[5]

경제 위기의 필연성

마르크스가 《자본론》 1권에서 내세운 이런 주장은 "경제 위기의 가능성을, 오직 가능성만을 의미한다."[6] 그러나 《자본론》 3권에서 마르크스는 더 나아가 경제 위기의 필연성을 주장했다. 그는 화폐로 상품을 사고파는 과정을 가장 추상적으로 고려하는 데서 그치지 않고 자본주의의 생산·교환과 관련된 구체적 과정을 살펴봄으로써 경제 위기가 필연적이라고 주장할 수 있었다. 흔한 주장과 달리, 마르크스는 단일하고 포괄적인 경제 위기 이론을 제시하지 않았다. 오히려 그는 자신의 저작들에서 경제 위기의 다양한 측면을 언급했는데, 그런 설명들은 그의 책 여기저기에 흩어져 있다.[7] 그러나 그것은 경제 위기의 다양한 측면에서 하나의 일관된 설명을 제시하는 것이 어려웠기 때문은 아니다.

출발점은 경쟁적 축적 때문에 자본가들이 상품의 생산량을 최대한 늘리려고 하면서도 그와 동시에 임금을 억제해서 이윤을 극대화하려 한다는 것이다. 그러나 임금은 상품 구매력이 있는 화폐의 중요한 일부다. 생산은 대중의 소비와 다른 방향으로 움직이는 경향이 있다.

직접적 착취의 조건과 그 착취를 실현하는 조건은 서로 같지 않다. 둘은 시간과 공간에서 다를 뿐 아니라 논리적으로도 다르다. 전자는 사회의 생산력에 의해서만 제한되고, 후자는 여러 생산 분야 간의 비례 관계와 사회의 소비 능력에 의해 제한된다. 그런데 사회의 소비 능력은 절대적 생산 능력이나 절대적 소비 능력에 의해 결정되는 것이 아니라 적대적 분배 관계(사회 대다수 사람들의 소비를 최저 수준으로 낮춰서 약간 협소한 범위 안에서만 변동할 수 있게 한다)에 근거한 소비 능력에 의해 결정된다. 또, 사회의 소비 능력은 축적 충동(자본을 확대해 더 큰 규모로 잉여가치를 생산하려는 욕구)에 의해 더욱 제한된다. … 생산력이 발달할수록 생산력은 소비 조건의 토대가 되는 협소한 기초와 더욱더 충돌하게 된다.[8]

어떤 사람들은 이 구절을 다음과 같이 해석한다. 즉, 노동자들이 착취당한다는 단순한 사실 때문에 시장의 규모가 제한되고 경제 위기가 일어난다고 말이다.[9] 그런 '과소소비론'적 마르크스주의는 1930년대에 케인스의 영향 아래 발전한 주류 경제학과 비슷한 측면이 있다. 그 결론인즉 불황이 닥칠 조짐이 보이는 순간 국가가 개입해서 소비를 늘리면 자본주의는 경제 위기를 피할 수 있다는 것이다.

그러나 마르크스 자신의 주장은 소비가 생산에 미치지 못할 가능성을 지적하는 데서 그치지 않았다. 그는 더 나아가 생산수단이 되는 상품의 이중적 성격, 즉 가치이면서 동시에 사용가치이기도 한 상품의 성격 때문에 경제 위기가 필연적이라고 주장했다. 1920년대 말에 러시아의 마르크스주의 경제학자인 파벨 V 막사코프스키는 이 이중적 성격이 어떻게 나타나는지를 자세히 설명했다.[10] 앞서 봤듯이, 상품의 교환가치는 체제 전체에서 통용되는 평균적 기술 수준과 숙련도로 그 상품을 생산하는 데 필요한 노동량에 따라 결정된다(마르크스는 이것을 '추상 노동'이라고 불렀다). 그러나 상품을 생산하려면 물건('사용가치') 을 물리적 상호작용 과정에 투입하는 구체적 인간 노동도 필요하다. 생산이 이뤄지려면 서로 다른 교환가치들과 서로 다른 사용가치들 사이에 적절한 관계가 반드시 존재해야 한다.

산업이 발전할수록 이 관계도 복잡해진다. 직물 기계는 철강이 없으면 생산될 수 없고, 철강은 철광석과 석탄이 없으면 생산될 수 없고, 석탄은 굴착기나 권양기 등이 없으면 생산될 수 없다. 그러나 물리적 상호작용의 사슬은 구매와 판매의 사슬에 달려 있어서, 석탄 회사는 철강 회사에 석탄을 판매하고 철강 회사는 직물 회사에 철강을 판매하고 직물 회사는 소비자들에게, 즉 상품을 판매할 수 있는 다른 기업들한테서 받은 임금이나 이윤으로 소비를 할 수 있는 사람들에게 직물을 판매한다.

그렇게 생산과 최종 소비를 연결해 주는 길고 복잡한 사슬은 완전히 다른 두 조건이 충족될 때만 제 구실을 할 수 있다. 다른 물건을 생산하는 데 들어가는 물건들 사이에는 적절한 물리적 관계가 존재해야 하는데, 그 관계는 물리학·화학·생물학 등의 법칙에 따라 결정된다. 그러나 그와 동시에 각각의 생산 행위는 각 기업 소유자들이 가져가는 가치의 양(즉, 평균적인 추상 노동의 양)을 증대시켜야 한다. 사용가치 생산을 물리적으로 조직하는 일은 가치가 가격을 결정하는 자본주의적 과정과 어떻게든 조응해야 하는 것이다.

이 두 조건이 서로 어긋나게 되면, 생산의 확대는 필연적으로 원료 공급에서 병목현상을 불러일으키고, 그러면 완제품과 부품을 생산하는 자본가들한테서 원료를 생산하는 자본가들에게로 잉여가치가 재분배된다. 또, 결정적으로 중요한 하나의 상품, 즉 노동력에 대한 수요가 공급을 초과하기 시작해서 임금 인상 압력이 나타나게 된다(적어도 명목임금 수준에서는 그렇다는 얘기다. 물론 원료 가격이 상승하면 인상된 임금의 구매력이 감소할 것이므로 노동자들은 그렇게 생각하지 않을 수 있다).

그것이 다가 아니다. 그게 다라면, 문제는 단지 서로 다른 경제 부문 간의 불비례 경향일 것이다.[11] 그러나 또 다른 문제들이 있다. 자본가들이 적어도 체제 전체의 평균 수준만큼 이윤을 얻어서 다른 자본가들과 경쟁할 만하다고 느끼지 않는다면 생산은 결코 이뤄지지 않을 것이다. 그 정도의 이윤을 얻으려면 자본가는 더 선진적인 기술을 사용해서 노동자의 생산성을 향상시키는 쪽으로 생산을 끊임없이 재조직해야 한다. 그러나 모든 자본가가 그렇게 하려고 애쓰기 때문에 상품을 생산하는 데 필요한 평균적 노동량은 계속 감소한다(따라서 상품의 가치도 떨어진다). 체제 전체에서 상품 생산량은 늘어나는 경향이 있는 반면, 개별 상품의 가치는 감소하는 경향이 있는 것이다. 체제가 제대로 작동하는 데 필요한 두 조건(생산을 물리적으로 조직하는 것과 체제 전체에서 가치의 흐름이 지속되는 것)은 모두 계속 변한다. 그러나 그런 변화는 결코 자동으로 조화를 이루지 않는다.

기업이 생산을 시작할 때 구매한 물리적 설비(기계·건물·컴퓨터 등)의 가격은 특정 시점에 그 설비를 생산하는 데 필요한 평균적 노동량에 따라 결정된다. 그러나 생산이 이뤄지고 있을 때조차 다른 부문에서 생산성이 향상되면 그 설비의 가치가 떨어지고 그 설비를 이용해서 생산되는 제품의 가치도 떨어진다. 기업이 수익성을 따질 때는 설비의 현재 가치가 아니라 과거에 설비를 구매하는 데 든 비용이 계산의 기초가 된다. 그러나 기업은 초기 투자와 비교해서 이윤을 남겨야 한다. 그래서 호황기의 특징인 급속한 축적률은 생산물의 단위당 가격을 떨어뜨리는 효과를 내고, 그러면 호황 초기의 투자와 비교해서 남겨야 할 이윤이 타격을 입게 된다.

상품의 가치가 계속 변할 뿐 아니라, 막사코프스키가 보여 주듯이, 이런 변화에 대처하는 자본가들의 대응 때문에 가격과 가치가 차이가 난다. 이윤이 줄어들면 일부 기업들은 한동안 신규 투자를 중단한다. 이 때문에, 이 기업들에 제품을 공급하던 다른 기업들의 상품에 대한 수요가 감소한다. 그러면 이 다른 기업들은 가격을 가치 이하로 낮춰서 매출을 유지하려 한다. 그리고 낮아진 가격으로 판매하는 상품에서 얻는 이윤을 지키려는 노력의 일환으로 노동자를 해고하는 동시에 신규 투자가 수익을 거두지 못할까 봐 투자 계획을 취소한다.

경기 수축 국면은 영원히 지속되지 않는다. 일부 기업이 파산하면 다른 기업이 파산한 기업의 공장과 설비를 헐값에 사들이고 노동자들을 압박해 임금 삭감을 받아들이게 만든다. 살아남은 기업이 평균보다 높은 이윤을 기대할 수 있는 때가 결국 찾아오고, 그러면 그 기업은 신규 투자에 착수한다. 자본가들이 더 나은 사업 조건을 이용하려고 달려들면서 새로운 확장 국면이 시작된다. 경쟁 때문에 기업들의 신규 투자 수준이 새로운 기계·부품·원료의 기존 생산량을 일시적으로 초과하게 된다. 경기하강 국면의 '과잉생산'은 상승 국면의 '과소생산'으로 바뀌고, 불황기에 가격이 가치 이하로 떨어졌듯이 이제 호황기에는 가격이 가치 이상으로 올라간다. 그러나 이런 상황도 한없이 지속되지는 않는다. 새로운 공장과 기계류가 모두 생산에 투입되면 생산량이 늘어나는 동시에 개별 상품의 가치가 떨어지고 일부 투자는 수익성이 없어진다. 시간이 흐르면 다시 하강 국면이 시작된다.

요점은 경기순환이 개별 자본가나 정부의 잘못된 결정 때문에 일어나는 것이 아니라 가치가 가격으로 표현되는 방식 자체의 결과라는 것이다. 경기순환은 모종의 지속적 균형을 통해 일어나는 것이 아니라 가격이 가치보다 높거나 낮게 끊임없이 동요하는 과정을 거치면서 일어난다.

이 점을 이해하려면, 가치 개념에 반영된 객관적 모순에서 출발해야 한다. 마르크스는 이 모순을 변증법적으로 파악했기 때문에 체제의 동역학을 통찰할 수 있었다.

신용과 금융자본

경기 확장과 수축 국면의 기간은 신용이 어떤 구실을 하는지에 따라 길어지거나 짧아진다. 그리고 신용의 발전 과정에서 특별한 구실을 하는 사람들, 즉 은행가들도 여기에 한몫한다.

자본은 생산과정을 통과하면서 서로 다른 형태를 취한다.[12] 처음에는 화폐 형태로 시작한다. 화폐는 생산도구와 원료, 노동력이라는 상품들을 구매하는 데 사용된다. 이 상품들은 생산과정에서 결합돼 다른 상품을 생산한다. 자본가는 이 상품을 판매해서 더 많은 화폐를 얻는다. 그러면 이 화폐는 다시 더 많은 생산수단과 노동력을 구매하는 데 사용된다. 이런 식으로, 하나의 생산순환이 다음 생산순환으로 이어지는 과정이 끝없이 계속된다. 그래서 생산순환의 "각각의 계기는 출발점, 통과점, 귀착점으로 나타난다."[13]

따라서 자본은 화폐, 상품, 생산수단과 노동력, 다시 상품, 마지막으로 다시 화폐라는 형태를 취한다. 체제가 제대로 작동하려면 이 형태들이 모두 동시에 존재해야 한다. 생산이 중단되지 않고 계속 이어지려면, 상품을 구매할 화폐가 공급돼야 하고 생산자본으로 구매될 상품이 공급돼야 하고 노동력이 공급돼야 한다. 따라서 자본주의 생산순환은 상호 연관된 세 가지 순환, 즉 화폐자본의 순환, 생산자본의 순환, 상품자본의 순환으로 이뤄져 있다. 각각의 순환은 자본을 축적하는 기능을 한다. 그리고 어느 정도는 자체의 동역학에 따라 그런 기능을 한다.

생산 단위가 작았던 자본주의 초기에는 생산자본가가 어느 정도 독자적으로 움직일 수 있었다. 그는 공장과 기계류를 구매하고 노동자에게 임금을 지급할 때 자기 주머니에서 나온 돈으로 비용을 충당할 수 있었다. 또, 자신의 생산물을 소비자에게 직접 판매할 수도 있었다.

그러나 개별 기업의 규모가 점점 커지자 자본가는 흔히 자신이 가진 자원만으로는 필요한 공장·기계·원료의 비용을 모두 충당하기 어렵다는 것을 알게 됐다. 다른 자본가한테 돈을 빌려야 했다. 그래서 신용에 의존하게 됐고, 사람들에게 돈을 빌려 주는 대가로 이자를 받는 은행이라는 특별한 기관에 의존하게 됐다.

그와 동시에, 시장의 규모가 커지자 자본가는 도매상과 소매상이라는 전문가들에게 의존해야만 상품을 판매할 수 있게 됐다. 도매상과 소매상도 상품을 최종 소비자에게 판매하기 전까지는 모든 상품 대금을 자본가에게 지급할 수 없었다. 생산자본가는 한편으로는 빌리고 다른 한편으로는 빌려 줬다. 신용은 자본주의 생산에 없어서는 안 되는 중요한 일부가 됐다. 그리고 특정 경제 안에서 자본주의 생산의 규모가 커질수록 신용의 사슬, 차입과 대출의 사슬은 더 길어지고 복잡해졌다.

생산자본가는 또, 거액을 대출해 주는 사람도 될 수 있었다. 그의 고정자본(공장 건물과 기계류)은 몇 년에 한 번씩만 갱신하면 됐다. 그러나 생산에서는 거의 끊임없이 이윤이 흘러나왔다. 생산자본가는 고정자본을 갱신하기 전까지는 그 이윤을 다른 자본가에게 빌려 줄 수 있었다. 그리고 그 대가로 이자를 받았다.

자본주의가 특정 경제에서 지배적 생산방식으로 완전히 발전하게 되면, 당장 재투자할 생각이 없는 생산자본가가 그동안 모은 이윤을 빌려주는 것이 당장 투자하고 싶지만 모아 둔 이윤이 별로 없어서 투자를 못하는 자본가에게 주된 자금원이 된다. 서로 다른 생산자본가(그리고 국가의 조세수입과 지출 사이에 차이가 있어서 돈을 빌리거나 빌려 준다면 그 국가)를 중개하는 기관들의 네트워크로서 금융 시스템이 출현한다.

금융기관을 운영하는 자들은 생산자본가들과 마찬가지로 이윤을 최대한 많이 얻으려 한다. 그들은 자신들의 자금(은행 경영 자금)으로 영업비를 충당하고 대출과 차입 사이에 나타날 수 있는 간극을 메운다(또는 적어도 메우려고 한다. 그러나 자본주의 체제의 역사에서는 대출과 차입의 간극을 메우지 않는 경우가 다반사였다). 또, 그 자금으로 이윤을 얻기를 기대한다. 생산자본가가 자신들의 자본으로 이윤을 얻기를 바라듯이 말이다. 그러나 둘 사이에는 차이가 있다. 금융자본가의 이윤은 생산에서 직접 나오는 것이 아니라 생산자본가에게 돈을 빌려 준 대가로 그들의 이윤 일부를 얻는 데서, 즉 이자를 받는 데서 나온다.

주류 경제학 저작들은 흔히 이자율[금리]과 이윤율을 혼동한다. 그러나 사실, 이자율과 이윤율의 수준이나 움직이는 방향은 사뭇 다르다. 앞서 봤듯이, 이윤율은 생산과정에서 투자와 잉여가치의 비율에 따라 결정된다. 반면에, 이자율은 대출 가능한 자금의 수요와 공급에 달려 있다. 경제에 대출 가능한 돈이 많으면 이자율이 하락할 것이고, 자금 차입 수요가 증가하면 이자율이 상승할 것이다.

대출 자금의 주요 원천은 생산자본가의 이윤이므로 이윤율이 높으면 이자율은 낮아질 것이다. 다른 한편으로, 이윤율이 낮으면 자금 차입을 원하는 생산자본가가 늘어날 것이고 그러면 이자율 상승 압력이 커질 것이다. 이 모순적 압력들이 이자율에 어떻게 작용하는지는 다른 요인들, 특히 국가의 차입·대출과 국경을 넘나드는 자금 흐름에 달려 있다. 그러나 이 다른 요인들은 실물 생산이 금융 부문에 가하는 압력을 제거할 수 없다.

이런 상황 때문에 다른 문제들이 생겨난다. 금융기관의 대출 규모는 그들 자신의 투자와 차입으로 얻은 가처분 자금의 크기에 국한되지 않는다. 금융기관은 차입 자금을 당장 갚아야 하는 것은 아니라고 생각할 수 있다. 그래서 당장 갖고 있는 자산보다 더 많이 대출해 줄 수 있다. 부채 상환 만기 전에 대출을 충분히 회수해서 빚을 다 갚을 수 있을 것이라고 믿고서 말이다.

생산 부문에서 생산량이 증가하는 동안에는 얼마든지 그럴 수 있다. 오늘 대출을 늘리더라도 머지않아 생산량과 잉여가치가 증가해서 대출을 회수하는 데 아무 문제가 없을 것이기 때문이다.

대출을 늘리더라도 얼마든지 회수할 수 있다는 그런 생각은 어느 정도는 자기 실현적 예언이다. 생산자본에 대한 대출이 증가하면 투자가 늘어날 것이고 그러면 이윤도 더 많이 생산돼서 그 이윤으로 은행 빚을 갚을 수 있을 것이기 때문이다. 그러나 금융 이윤을 추구하는 노력 때문에 마침내 실물 생산이 성장해도 은행 빚을 갚을 수 없게 되는 순간이 항상 찾아온다. 그러면 한편으로는 금융 위기가 시작되고 다른 한편으로는 사기 행각으로 위기의 충격을 모면하려는 노력들이 나타난다. 마르크스는 다음과 같이 썼다. "신용 제도는 생산력의 물질적 발전과 세계시장의 확립을 촉진하지만" 그와 동시에 "자본주의 생산의 동기, 즉 다른 사람의 노동을 착취해서 재산을 늘리는 일을 가장 순수한 형태의 도박과 사기로까지" 발전시킨다.[14] 금융은 "[생산 — 하먼]과정이 그 자본주의적 한계를 뛰어넘게" 만든다. 그러면 그 결과가 다시 생산 자체에 영향을 미쳐 "과잉거래, 과잉생산, 과잉신용"이 나타난다.[15]

이런 마르크스의 견해는 오늘날 유행하는 하이먼 민스키의 설명보다 100여 년 앞선 것이었다.[16] 민스키는 다음과 같이 주장했다. 금융 활동은 항상 정상적으로 수익을 내는 사업 단계('헤지' 금융)에서 투기 단계로 나아가는데, 이 투기 단계가 절정에 이르면 빌려 준 돈을 전혀 되찾을 수 없는 순간('민스키 모먼트')이 찾아온다. 그러면 폰지 금융,[17] 즉 피라미드식 자금 조달이 유행하는 단계에 이른다. 즉, 신규 투자 자금으로 기존 투자자들에게 이자만 지급하는 것도 벅찬 상황이 된다.

마지막 문제는 금융기관들이 생산자본에만 돈을 빌려 주는 것은 아니라는 점이다. 그들은 자신들에게 유리한 조건(특히 부동산 담보)으로 개인에게도 돈을 빌려 주거나 증권시장에서 기업의 주식을 매입하기도 한다. 금융기관들이 자금을 그렇게 운용하는 것은 생산자본에 대출해 줄 때와 마찬가지로 현행 금리에 따른 이익을 기대하기 때문이고, 따라서 금융기관들은 그런 자금 운용을 '자본 투자'로 여긴다. 그러나 그것은 결코 자본축적 과정에 기여하지 않는다. 그리고 그런 이익은 생산 부문의 상황에 기생적으로 의존한다. 이 때문에 마르크스는 금융자본을 "가장 물신적物神的 형태의 자본 관계"라고 설명하면서 "허구적 자본*"이라고 불렀다.[18] 왜냐하면 "자본이 이자의 신비한(그리고 자신을 창출하는) 원천으로 나타나기" 때문이다. 그리고 "가치를 창출하고 이자를 낳는 것이 화폐의 속성이 된다. 이것은 마치 배를 열매 맺는 것이 배나무의 속성인 것과 마찬가지다."[19]

금융, 투기, 경제 위기

생산자본의 이윤이 은행 대출 자금의 주요 원천이라는 것과 축적하려는 생산자본가들의 자금 수요가 은행 차입의 주요 원천이라는 것은 앞서 봤다. 따라서 신규 투자의 확대·축소 사이클은 대출의 확대·축소 사이클을 수반한다. 그러나 이 두 사이클이 서로 완전히 일치하지는 않는다.

호황이 본격적으로 시작될 때 신용은 확대된다. 일부 자본가들은 늘어난 이윤을 빌려 주는 데 열을 올리고 다른 자본가들은 돈을 빌리고 싶어 안달한다. 모두 이자 상환은 전혀 문제 없을 것이라고 확신한다. 그러나 열광적 투자가 이윤의 저수지에서 나오는 자금을 초과하기 시작하는 순간이 마침내 찾아온다. 이 이윤의 저수지를 이용하려고 기업들이 서로 아귀다툼을 벌이면, 신용을 얻는 대가로 그들이 부담해야 하는 금리 수준이 올라간다. 금리가 오르면 이윤이 잠식된다. 원료 가격과 임금이 오르면 이윤이 줄어들듯이 말이다. 그러면 체제를 확장 국면에서 위기로 몰아가는 압력이 가중된다. 이어지는 경기 수축 국

---

* 가공架空 자본 또는 의제擬制 자본이라고도 한다.

면에서 기업과 은행은 대출을 꺼리게 된다. 매출이 감소하는 상황에서 한 푼이라도 아쉽기 때문이다. 그러나 경기 수축 국면에서는 많은 기업의 차입 필요성도 커진다. 줄어든 매출 이익을 벌충하고 부도 어음 때문에 파산하는 상황을 피하고 싶다면 말이다. 빚을 갚을 이윤이 부족한데도 금리는 한동안 계속 오르고, 이것은 체제의 하강 압력을 가중시킨다.

금리 변동이 더 심각해지는 것은 호황의 절정기에 일어난 다른 일 때문이다. 호황 때 기업과 은행은 이윤을 늘리는 지름길이 대출이라고 생각한다. 그들은 온갖 종류의 '유가증권'(실제로는 돈을 지급하겠다는 약속)을 통해 현금 보유량보다 훨씬 더 많은 신용을 제공한다. 그들은 다른 사람들과 금융기관들이 그런 '증권'을 신뢰하고 그것을 상품 대금으로 인정할 것이라고, 그래서 즉시 현금화하지는 않을 것이라고 생각한다. 실제로, 은행이 창출한 신용은 일종의 화폐로 취급돼서 통화량을 측정할 때 '신용화폐'로 계산된다.

그렇게 신용을 얻기가 쉬우면 각 기업은 흔히 생산적 투자를 크게 늘려서 경쟁 업체들보다 더 높은 시장점유율을 확보하려 한다. 비록 이 때문에 그들의 생산량을 모두 합치면 시장이 흡수할 수 있는 규모를 훨씬 초과하더라도 말이다. 또, 은행과 사이가 좋은 기업들은 사치성 소비에 몰두할 수도 있다. 그리고 대출하려고 차입하고 차입하려고 대출하는 매우 수익성 높은 사업에 온갖 사기꾼과 협잡꾼이 몰려든다. 근저의 현실, 즉 생산, 착취, 잉여가치 창출 과정은 시야에서 완전히 사라진다. 그러다가 경제가 갑자기 하강하기 시작한다. 그러면 신용이 표시된 온갖 종잇조각들은 이윤에서 나오는 자금으로 결제돼야 하지만, 이윤의 양이 너무 적어서 그럴 수 없다. 이제 기업과 은행이 서로 상대방의 차입금 상환 능력을 의심하기 시작하고, 그러면 대출이 사실상 중단된다. 이것이 오늘날 '신용 경색'이라고 부르는 현상이다.

지급기일이 정해져 있는 지급 의무의 사슬이 곳곳에서 끊어진다. 이에 따른 신용 제도의 붕괴는 혼란을 더욱 가중시킨다. 그 결과 격렬하고 첨예한 경제 위기, 급격하고 강력한 가치 하락, 재생산 과정의 실질적 정체와 교란이 나타나고, 그래서 재생산이 실제로 감소한다.[20]

'허구적 자본'의 작용은 자본주의의 일반적 호황-불황 순환을 더욱 격화시키기도 한다. 허구적 자본은 비생산적이지만 그것의 화폐가치는 어느 시점의 실물 자원(현금으로 전환될 수 있고 또 현금에서 상품으로 전환될 수 있는)에 대한 청구권을 나타낸다. 예컨대, 호황기에 주가가 오르고 있을 때는 주식 소유자의 상품 구매력이 강화되고 그래서 흔히 호황이 더욱 탄탄해진다. 불황이 찾아와 주가가 떨어지면 경제 전체에서 지출이 감소해서 경기하강 압력이 더욱 가중된다. 다양한 허구적 자본의 가격은 필연적으로 불안정하고 급등락을 반복하므로 체제전체의 전반적 불안정성을 더욱 심화시킨다. 허구적 자본의 가격 변동때문에 호황과 불황의 경기순환이 더욱 격렬해지고 가치를 측정하는확실한 잣대 구실을 하는 화폐의 능력이 엉망진창이 된다.

중대한 경제 위기 때는 거의 언제나 생산 기업들이 파산하고 노동자들의 실업률이 치솟았을 뿐 아니라 은행을 비롯한 각종 금융기관들도붕괴했다. 그래서 사람들은 흔히 사태를 잘못 판단해서, 경제 위기가자본주의 생산의 토대 때문이 아니라 금융·은행·화폐 때문이라고 착각한다.

마르크스의 현대성

마르크스의 경제 위기 설명은 당대의 주류 경제학자들보다 훨씬 앞선 것이었다. 주류 경제학은 1930년대에야 경제 위기를 진지하게 연구하기 시작했다. 자유 시장 경제학의 대사제인 하이에크조차 적어도 독일에서는 경기순환을 설명할 수 있는 사상을 소개한 사람이 마르크스였던 반면 "우리가 가진 유일하게 만족스러운 자본 이론, 즉 뵘바베르크의 이론은 경기순환 문제를 다룰 때 크게 도움이 안 됐다"는 사실을 인정할 정도였다.[21]

경제 위기는 마르크스 시대와 마찬가지로 오늘날에도 되풀이되고 있다. 존 스튜어트 밀, 제번스, 뵘바베르크의 이데올로기적 상속자들 가운데 적어도 일부는 그 사실을 숨기려 하지 않는다. 적어도 〈파이낸셜 타임스〉나 〈이코노미스트〉에서 소수 상층 특권계급 독자들을 겨냥해 글을 쓸 때는 말이다(대중을 상대로 선전할 때는 그러지 않는다). 그래서 영국 보수당 정부에서 오랫동안 재무장관을 지냈고 한때 '통화주의' 학설(경제 위기는 중앙은행이 통화량 관리를 잘못해서 일어난 우발적 사고라고 보는 견해)을 받아들였던 나이절 로슨은[22] 결국 자신의 정책이 시행된 뒤에 불황이 닥친 것은 자기 책임이 아니라고 주장했다. '경기순환'은 필연적이기 때문이라는 것이었다. 그들은 경제 위기를 '창조적 파괴'로 여기지만, 창조적 요소는 한 계급에게 부를 가져다 주는 것인 반면 파괴적 요소는 다른 계급들의 생계를 파탄내는 것이라는 사실은 분명히 말하지 않는다.

21세기의 경제 위기 문제는 이 책의 뒷부분에서 다시 다룰 것이다.

여기서는 그 문제를 다룰 때 마르크스의 설명에서 시작해도 아무 문제가 없다는 사실만을 지적하겠다. 사실, 마르크스의 경제 위기 이론이 직면한 유일하게 심각한 문제는 오늘날에도 경제 위기가 일어난다는 사실에서 비롯한 것이 아니라 1939년부터 1974년까지 35년 동안 영국 같은 주요 자본주의 나라는 경제의 생산량이 감소하는 불황을 전혀 겪지 않았고 세계 최대 경제인 미국도 그런 불황을 단 한 번(1948~49년) 아주 잠깐 겪었다는 사실에서 비롯했다. 그런 경제 위기가 없었다는 사실이 1950년대와 1960년대, 1970년대 초까지 수십 년 동안 경제적 논쟁에서 중요한 쟁점이었다. 그리고 그 사실을 인정하지 않으면 오늘날 호황-불황 사이클이라는 난제를 이해할 수 없다.

그러나 마르크스가 경제 위기를 자본주의의 필연적 특징이라고 본 것은 사실이지만, 자본주의의 장기적 동역학에 대한 그의 분석에서 경제 위기 자체는 핵심 요지가 아니었다. 경제 위기는 체제의 주기적 특징인지라 《자본론》이 출판되기 전에도 이미 몇 차례 그럭저럭 극복된 전례가 있었다. 비록 그 경제 위기 때문에 대중이 엄청난 곤경에 빠지고 파산한 자본가들도 큰 고통을 겪고 때로 대중의 불만이 폭발하기도 했지만 말이다. 경제 위기 자체는 체제를 끝장내지 못했다. 마르크스가 죽고 나서 거의 40년 뒤에 러시아 혁명가 레온 트로츠키는 다음과 같이 썼다. "인간이 숨을 들이마시고 내쉬면서 살아가듯이 자본주의도 경제 위기와 호황으로 살아간다."[23] 자본주의의 장기적 동역학은 경제 위기가 아니라 다른 곳, 즉 체제에서 작동하는 두 가지 장기적 과정에서 찾아볼 수 있었다. 그 과정들은 체제가 확장과 수축 사이클을 계속 되풀이하면서 점차 노후해진 결과였다.

이윤율 저하 경향

이론

첫째 과정은 마르크스가 '이윤율 저하 경향 법칙'이라고 부른 것이었다(때때로 마르크스주의자들은 간단히 '이윤율 저하'라고 부르기도 한다. 여기서는 이 표현을 사용하겠다).

이것은 마르크스의 사상을 처음 접하는 사람들이 가장 이해하기 힘든 부분 중 하나이고, 또 마르크스의 이론에서 가장 논쟁적인 부분 중 하나다. 비마르크스주의 경제학자들은 이 이론을 받아들이지 않는다. 그래서 통찰력 있는 글을 자주 쓰는 〈옵서버〉의 경제 칼럼니스트 윌리엄 키건은 마르크스의 설명을 "자본주의가 개혁되기 전에 비틀거리던 초창기에 쓰인 진부한 경제학 교과서"에나 나올 법한 주장이라고 일축하면서 프랑스 경제학자 마졸랭의 다음과 같은 말을 인용했다. "약간의 경험과 역사 지식만 있어도, 이윤율 저하 때문에 자본주의가 필연적으로 쇠퇴할 것이라는 [마르크스주의 — 하먼] 이론을 의심하게 될 것이다."[24] 마르크스의 가치론과 경제 위기 이론을 대체로 받아들이는 마르크스주의자들 중에도 이윤율 저하를 일축하는 사람들이 많다.[25] 또 어떤 마르크스주의자들은 이윤율 저하를 지지하면서도 많은 단서를 달아서 별 의미 없는 이론으로 만들어 버린다. 체제의 장기적 발전에 대한 설명에서 이윤율 저하를 사실상 배제하는 것이다.

그러나 마르크스 자신은 이윤율 저하가 단연코 핵심이라고 봤다. 자본주의는 스스로 발전시킨 생산력 때문에 파멸할 수밖에 없다고 마르크스가 단언할 수 있었던 것도 바로 이윤율 저하 때문이었다.

총자본의 증식 비율, 즉 이윤율은 자본주의 생산의 촉진제이기 때문에, 이윤율 저하는 … 자본주의 생산과정의 발전을 위협하는 것으로 나타난다.[26]

이것은 "자본주의 생산양식이 역사적으로 일시적인 생산양식일 뿐임을 증명하는 것"이고, "일정한 단계에 이르면 모순에 빠진다는 점을 증명하는 것이다."[27] 또, "자본주의 생산의 진정한 장벽은 자본 자체"라는 것을 보여 준다.[28]

마르크스는 이윤율이 저하한다는 생각을 난데없이 꺼내지 않았다. 그 생각은 마르크스 이전의 경제학자들도 흔히 주장한 것이었다.[29] 에릭 홉스봄은 다음과 같이 썼다. "19세기 초에 기업인들과 경제학자들의 고민거리는 두 가지, 즉 이윤율과 판매 시장 성장률이었다." 애덤 스미스는 이윤율이 떨어지는 이유가 경쟁의 격화 때문이라고 생각했고 리카도는 농업의 이른바 '수확체감' 때문이라고 생각했다.[30] 마르크스의 설명은 그러한 의심스러운 가정에 의존하지 않고,[31] 자본주의 축적의 동역학 자체에 해결할 수 없는 모순이 있다는 인식을 바탕으로 하고 있었다.

개별 자본가는 노동자들의 생산성을 향상시켜서 자신의 경쟁력을 강화할 수 있다. 노동자들의 생산성을 향상시키는 방법은 노동자 1인당 점점 더 많은 '생산수단'(도구, 기계 등)을 사용해서 작업하게 하는 것이다. 그러면 생산수단이 노동자들보다 더 빠르게 증가한다. 그래서 생산수단을 사용하는 노동력의 양에 대한 생산수단의 물리적 크기의 비율(마르크스가 '자본의 기술적 구성'이라고 부른 것)이 증가한다.[32] 그러나 다른 조건들이 동일하다면, 생산수단의 물리적 크기가 증가하면 그 생산수단을 구매하는 데 필요한 투자의 규모도 증가할 것이다.

따라서 노동력 대 투자의 비율, 임금 대 생산수단 가치의 비율(마르크스의 용어로는 '가변자본'에 대한 '불변자본'의 비율)도 증가할 것이다. 이 비율이 마르크스가 말한 '자본의 유기적 구성'이다(1장에서 설명했다).[33] 마르크스가 볼 때 이 비율이 증가하는 것은 자본축적의 논리적 귀결이다.

그러나 체제 전체로 보면 가치와 잉여가치의 원천은 오직 노동뿐이다. 따라서 투자가 노동력보다 더 빠르게 증가한다면 그것은 새로 창출되는 가치보다, 그리고 그 가치에서 나오는 이윤보다도 더 빠르게 증가할 것이다. 간단히 말해, 자본 투자가 이윤의 원천보다 빠르게 증가한다는 것이다. 그 결과, 투자 대 이윤의 비율(이윤율)에 하락 압력이 나타날 것이다.

투자가 증가하는 이유는 경쟁 때문이다. 개별 자본가는 경쟁자들보다 계속 앞서 나가려면 생산성을 향상시켜야 한다. 그러나 경쟁 때문에 개별 자본가가 그렇게 하는 것이 어쩔 수 없다고 하더라도 자본가계급 전체의 관점에서 보면 그것은 재앙적이다. 왜냐하면, 앞 장에서 봤듯이, 자본가들이 사업의 성공과 실패를 가늠하는 잣대는 그들이 벌어들인 총이윤이 아니라 이윤율이기 때문이다.

마르크스의 이런 설명을 비판하는 반론은 흔히 두 가지다. 첫째는 기술이 발전한다고 해서 항상 노동자 대 생산수단의 비율이 증가하는 것은 아니라는 주장이다. 즉, 기술 발전이 '자본 집약적'으로 이뤄지는 것이 아니라 '자본 절약적'으로 이뤄질 수 있다는 것이다. 과학 지식이 발전해서 신기술에 응용되고 있다면, 이 신기술 중의 일부는 노동자 1인당 사용하는 기계와 원료를 감소시킬 수 있다. 어느 때고 일부 신기술은 자본 절약적일 것이라는 주장이다.

이것은 사실이다. 그러나 그렇다고 해서 마르크스의 주장이 논박되는 것은 아니다. 왜냐하면 '자본 절약적' 혁신보다는 '자본 집약적' 혁신이 더 많을 것이기 때문이다. 과학·기술 지식의 특정 수준에서 일부 혁신은 실제로 자본 절약적일 수 있다. 그러나 이런 혁신이 모두 사용됐을 때도, 오로지 생산수단에 대한 투자를 늘려야만 획득할 수 있는 혁신이 있을 것이다(또는 적어도 자본가들은 그런 혁신이 존재하지 않을까 의심할 것이다). 일부 기술 진보는 노동 대 자본 비율이 증가하지 않아도 일어날 수 있다는 사실이, 그 비율이 증가하지 않아도 기술 진보의 이점을 **모두** 얻을 수 있다는 뜻은 아니다. 개별 자본가가 노동 대 자본 비율을 증가시킬 수 있다면, 더 많은 자본이 필요한 혁신에도 투자할 수 있고 그런 혁신의 이점도 누릴 수 있을 것이다. 노동 대 자본 비율을 증가시킬 수 없다면 자본이 더 필요하지 않은 혁신에서만 이득을 얻을 것이고, 그러면 그 비율을 증가시킬 수 있는 자본가와의 경쟁에서 패배할 것이다. 적어도 이론적으로는, 노동자 대 생산수단 비율의 증가에는 한계가 없으므로 그런 경쟁 방식을 바탕으로 한 혁신도 이론적으로는 한계가 없다.

현실 세계에서는, 기업을 경영하는 자본가는 모두 생산수단, 즉 '죽은 노동'(과거의 연구·개발 결과에 축적된 죽은 노동도 포함해서)에 대한 투자를 늘리는 것이 선진 기술에 접근하는 방법이라는 사실을 당연하게 여긴다. 포드가 제너럴모터스나 도요타와의 경쟁에 대처하는 방법이 노동자 1인당 물리적 투자의 수준을 **낮추는** 것이라는 생각은, 오직 극소수만 이해할 수 있는 정치경제학 잡지에서나 가능한 상상일 뿐이다. 자본가들은 대개 혁신의 비용을 치르지 않으면 그 이득을 얻을 수 없다는 사실을 인정한다.

이 때문에 노동자 1인당 생산수단의 양(마르크스가 '자본의 기술적 구성'이라고 부른 것)이 높아지고, 그와 함께 '자본의 유기적 구성'도 높아진다. 이 증가 압력을 억누를 수 있는 것은 딱 하나, 어떤 이유에서인지 이윤을 노리는 투자가 부족한 경우뿐이다. 그런 경우에 자본가들은 투자를 늘려서 얻을 수 있는 혁신을 포기하고 우연히 발견할 수 있는 혁신에 만족할 수밖에 없을 것이다.

마르크스의 이론에 대한 두 번째 반론은 기술 변화만으로는 이윤율 저하가 일어날 수 없다는 것이다. 왜냐하면 자본가들은 신기술 도입으로 이윤이 늘어날 때만 그 기술을 도입할 것이기 때문이다. 그런데 신기술 도입으로 한 자본가의 이윤이 늘어나면 자본가계급 전체의 평균 이윤도 늘어나기 마련이다. 그래서 예컨대 스티드먼은 다음과 같이 썼다. "경쟁의 압력 때문에 여러 산업에서 잇따라 그런 생산방법이 채택되면 경제 전체에서 최고의 균일한 이윤율이 형성될 수 있을 것이다."[34] 지난 40여 년 동안 다양한 마르크스주의자들이 이런 주장을 받아들였다. 예컨대, 글린,[35] 히멀웨이트,[36] 브레너,[37] 뒤메닐과 레비가 그랬고,[38] 오키시오는 이 주장을 수학적으로 정교하게 발전시켰다.[39] 그들은 자본가가 이윤율을 저하시킬 수 있는 자본 집약적 기술을 채택하는 경우는 오직 실질임금 상승이나 외부 경쟁 때문에 이미 이윤율이 압박받고 있을 때뿐이라고 결론지었다. 자본의 유기적 구성이 아니라 이런 것들이 이윤율에 타격을 가한다는 것이었다.

마르크스 자신의 저작들에는 그런 비판에 대한 간단한 답변이 나와 있다. 신기술에 투자한 최초의 자본가는 다른 자본가와의 경쟁에서 우위를 차지하고 그래서 초과이윤을 얻을 수 있지만, 이 초과이윤은 신기술이 널리 확산되면 사라지고 만다는 것이었다.

자본가가 상품을 판매해서 얼마나 많은 돈을 얻느냐는 그 상품에 포함된 사회적 필요노동량에 달려 있다. 어떤 자본가는 더 생산적인 신기술을 도입하고 다른 자본가들은 그러지 않는다면, 그 자본가는 전과 똑같은 사회적 필요노동량의 가치를 지닌 상품을 생산하면서도 실제 구체적 노동력에 대한 지출을 줄일 수 있다. 그러면 그의 이윤은 늘어난다.[40] 그러나 모든 자본가가 신기술을 도입하게 되면, 상품의 가치는 신기술을 이용해 그 상품을 생산하는 데 필요한 평균 노동량에 일치하는 수준까지 떨어질 것이다. 그러면 추가 이윤은 사라질 것이다. 그리고 신기술을 얻는 데 사용되는 생산수단이 증가하면, 이윤율은 떨어진다.[41]

마르크스 주장의 함의는 훨씬 더 광범하다. 자본주의가 축적하는 데 성공하는 것 자체가 추가 축적을 방해하는 걸림돌이 된다. 결국, 다른 자본가들보다 앞서 가려는 자본가들의 경쟁 때문에, 이윤율로 감당할 수 없는 대규모 신규 투자가 이뤄진다. 일부 자본가들이 충분한 이윤을 얻는다면 그것은 오로지 퇴출당한 다른 자본가들의 희생 덕분이다. 축적 드라이브는 필연적으로 경제 위기를 낳는다. 그리고 과거의 축적 규모가 클수록 경제 위기는 더 심각할 것이다.

상쇄 경향들

마르크스의 이론은 자본주의 체제의 가장 일반적인 추세를 추상적으로 설명한 것이라는 점을 강조해야겠다. 그런 추상적 설명에서 곧바로 특정 시점과 공간의 구체적 경제 동향에 대한 결론을 끌어낼 수는 없다. 먼저 일반적 추세가 그 밖의 다양한 요인들과 어떻게 상호작용하는지를 살펴봐야 한다. 마르크스 자신은 이 점을 잘 알고 있었고, 그래서 자신이 '상쇄 경향들'이라고 부른 것을 설명에 포함시켰다. 두 가지 상쇄 경향이 핵심적으로 중요하다.

첫째, 착취율 증가다. 노동자 1인당 잉여가치를 더 많이 생산하면, 투자 단위당 노동자 수가 줄어들더라도 괜찮을 것이다. 착취율 증가는 노동시간 연장(마르크스가 '절대적 잉여가치'라고 부른 것), 실질임금 삭감, 물리적 노동강도 강화의 결과일 수도 있고, 생산성 향상에 따른 노동자 생계비 감소 때문일 수도 있다. 이렇게 되면 자본가는 노동자의 생활수준을 떨어뜨리지 않으면서도 노동시간 중에 잉여가치 생산에 들어가는 부분을 늘릴 수 있다. 이렇게 해서 **착취율**이 증가하면 이윤율 저하 압력을 어느 정도 상쇄할 수 있다. 노동자 수는 총투자만큼 빠르게 늘어나지 않을 수 있지만, 임금 삭감이나 노동강도 강화 없이도 노동자 1인당 잉여가치 생산량은 늘어날 수 있는 것이다.

그러나 이런 방법으로 이윤율 저하 압력을 상쇄하는 데는 한계가 있기 마련이다. 노동일의 길이는 한계가 있을 수밖에 없는 것이다. 하루의 노동시간 중에서 노동자를 부양하는 데 들어가는 시간이 4시간에서 3시간으로 줄어들거나 3시간에서 2시간으로 줄어들 수는 있어도 0시간 미만으로 줄어들 수는 없는 법이다! 반면에, 생산수단에 대한 투자는 한없이 늘어날 수 있다.[42]

노동자 3만 명을 고용하고 있는 기업을 예로 들어 보자. 그 공장이 노동자들에게 하루에 물리적으로 가능한 최장시간의 노동(예컨대, 16시간)을 시키고도 임금을 전혀 지급하지 않는다고 치자. 그래도 그 공장의 하루 이윤은 3만 명 곱하기 16시간 노동의 가치를 초과할 수 없을 것이다. 이것이 이윤이 증가할 수 있는 상한선이다. 그러나 투자가 증가할 수 있는 수준에는 그런 한계가 없다(그리고 착취율이 그렇게 높으면 엄청난 양의 잉여가치가 신규 투자를 확대하는 데 들어갈 것이다). 따라서 경쟁 때문에 투자 수준은 계속 높아지지만 이윤은 더는 늘어나지 않는 지점에 이를 것이다. 요컨대, 투자 대 이윤의 비율, 즉 이윤율은 저하하는 경향이 있다.

두 번째 '상쇄 요인'은 노동생산성 향상 때문에 공장이나 설비, 원료 1단위를 생산하는 데 필요한 노동시간의 양이(따라서 가치도) 계속 감소한다는 것이다. '자본의 기술적 구성'(노동자 대 공장·기계 등의 물리적 비율)은 증가한다. 그러나 공장·기계 등의 구입 비용은 감소한다. 그래서 가치 측면의 투자 증대는 물질적 측면의 투자 증대보다 더 느릴 것이다. 이것은 투자의 가치가 잉여가치 증가를 앞지르는 경향을 어느 정도 상쇄할 것이다.

이것은 단지 마르크스의 법칙에 대한 '상쇄 경향'이 아니라 사실상 그 법칙을 완전히 폐기하는 것이라는 주장도 있었다. 마르크스를 비판하는 사람들은 오키시오가 제시한 수학 방정식을 이용해서, 기술 진보 때문에 상품은 항상 전보다 더 저렴하게 생산된다고 주장한다.[43] 특정 산업에서 산 노동에 대한 죽은 노동의 비율이 높아져서 생산성이 향상되면, 그 산업의 생산물 가격은 다른 산업의 생산물 가격보다 낮아질 것이다. 그러나 그러면 이 다른 산업들에서 투자 비용과 노동 대 투자 비율이 낮아질 것이다. 투자 비용이 낮아지면 자본의 유기적 구성은 낮아지고 이윤율은 높아질 것이다.

언뜻 보면 이 주장은 그럴듯하다. 그러나 틀렸다. 이 주장은 현실 세계에서는 일어날 수 없는 일련의 논리적 단계들에 의존한다. 투자는 어느 한 시점에 이뤄지는 생산과정이다. 생산기술 향상에 따른 신규 투자의 저렴화는 그보다 나중 시점에 일어난다. 이 둘은 동시에 일어나지 않는다.[44]

"내일 만들 벽돌로 오늘 집을 지을 수는 없다"는 속담이 있다. 생산성 향상으로 1년 후 기계 구입 비용이 감소할 것이라고 해서, 어떤 자본가가 오늘 그 기계를 구입하는 데 드는 비용이 줄어드는 것은 아니다. 그리고 다른 자본가가 더 값싼 기계를 구입한다면, 앞의 자본가가 소유한 기계의 가치는 즉시 떨어질 것이다. 이 다른 자본가는 상품을 생산해서 더 많은 이익을 얻겠지만, 앞의 자본가는 자기 기계의 가치 손실분을 이윤에서 공제해야 할 것이다.[45]

자본가들이 이윤율을 계산할 때는 지금 가동 중인 공장과 기계에서 얻는 잉여가치와 전에 그 공장과 기계를 구입하는 데 지출한 비용을 서로 비교한다. 지금 그 기계와 공장을 대체하는 데 드는 비용과 비교하는 것이 아니다. 또 하나 명심해야 할 중요한 사실은, 현실의 자본주의 투자 과정에서는 똑같은 고정 불변자본(기계와 건물)이 몇 차례의 생산순환 동안 계속 사용된다는 것이다. 두 번째, 세 번째, 네 번째 생산순환으로 갈수록 투자 비용이 줄어든다고 해서 첫 번째 생산순환 전의 투자 비용이 달라지는 것은 아니라는 얘기다.

마르크스가 틀렸다는 주장은 이른바 전형 문제와 마찬가지로, 시간을 두고 일어나는 과정에 연립방정식을 적용한 데서 비롯했다. 연립방정식은 말 그대로, 시간의 경과를 배제한 채 동시성을 가정한다.

투하자본의 가치 감소는 확실히 자본가들에게 쉽지 않은 문제다. 경쟁에서 살아남으려면 과거 투자 비용을 모두 이윤으로 되찾아야 하는데, 예컨대 기술 발전 때문에 과거 투자의 가치가 절반으로 떨어지면 총이윤에서 그 가치 감소분만큼을 덜어 내야 한다. 얻는 만큼 잃는 것이다. 자본가들에게 자본의 '감가상각'은 이윤율 저하만큼 골치 아픈 두통거리다.[46]

자본주의는 가치뿐 아니라 자본에 포함된 가치들의 자기 증식도 바탕으로 하고 있다. 따라서 현재의 잉여가치는 그 원천인 과거의 자본 투자와 비교해서 평가해야 한다. 그렇게 비교하지 않으면 '자기 증식하는 가치'라는 개념 자체가 어불성설이다. 그리고 이미 대금을 치른 생산 설비와 원료의 가치 손실은 가치의 자기 증식에 해롭다.

투자 비용 감소는 새로운 자본가에게는 이로울 수 있다. 그러나 새로운 자본가도 자신을 따라서 훨씬 더 저렴한 설비에 투자한 다른 자본가들의 압력을 받게 된다. 그리고 선행先行 생산순환에서 창출돼 신기술 투자에 이용될 수 있는 잉여가치의 존재는 항상 노동력 대 투자의 비율을 끌어올리는 데 일조한다.

투자처를 모색하는 잉여가치는 계속 증가한다. 개별 자본가가 얻을 수 있는 잉여가치가 많을수록 투자 규모도 더 커지고, 경쟁자들보다 생산성 향상에 유리한 혁신을 도입할 수 있는 가능성도 커질 것이다. 자본가는 1년 전에 구입한 기계보다 2배나 생산적인 기계를 똑같은 가격으로 오늘 구입할 수 있다. 그러나 경쟁자가 그동안 더 많이 축적한 잉여가치를 이용해서 4배나 더 생산적인 기계를 구입하면 말짱 헛일이다. 개별 자본가는 최대한 많은 잉여가치를 새로운 생산수단에 지출해야만 업계에서 살아남을 수 있다. 생산수단이 저렴해지면, 경쟁에서 승리하기 위해 구입해야 하는 생산수단이 더 많아질 뿐이다. 투자에 이용할 수 있는 잉여가치가 전보다 늘어나는 한, 다른 조건이 동일하다면 자본의 유기적 구성은 증가하는 경향이 있을 것이다.[47] 생산의 물리적 수단과 원료가 더 저렴해지더라도 결과는 달라지지 않는다. 다만 구입해야 할 생산수단과 원료가 늘어날 뿐이다.

경제 위기와 이윤율 저하

그러나 생산성 향상을 통한 자본의 감가상각이 그 자체로는 이윤율 저하를 막을 수 없지만 뭔가 다른 것, 즉 경제 위기와 맞물리면 그럴 수 있다. 경제 위기 때는 일부 자본들이 파산하기 때문이다. 파산한 자본가들은 자신의 자본을 감가된 가치대로 팔지 못하고 헐값에라도 처분할 수밖에 없다. 그 이득은 경제 위기에서 살아남은 자본가들에게 돌아간다. 그들은 생산수단(가치의 축적)을 헐값에 사들여서 자신의 이윤율을 회복할 수 있게 된다.

이렇게 해서 감가상각은 자본주의 체제 전체가 받는 압력을 완화해 줄 수 있다. 그 대가는 살아남은 자본가들이 아니라 퇴출당한 자본가들이 치르게 된다. 파산한 자본가들은 체제 전체의 감가상각 부담을 대부분 떠맡아서, 살아남은 자본가들이 더 낮은 자본 비용과 결국은 더 높은 이윤율로 회생할 수 있게 해 준다. "경제 위기는 항상 기존 모순을 일시적·폭력적으로 해결하는 것일 뿐이고, 교란된 균형을 일시적으로 회복시키는 강력한 폭발이다."[48]

장기적 이윤율 저하 경향과 주기적 경제 위기 사이에는 늘 이중의 상호작용이 존재한다. 경제 성장기의 신규 투자 과정에서 노동 대 투자의 비율이 증가하면 이윤율은 하락 압력을 받게 된다(이것은 원료 가격과 임금이 상승할 때 이윤율이 압박받는 것과 마찬가지다). 이것은 직접적 효과를 낼 수 있다. 즉, 이윤율이 하락하면 기업이 투자를 중단하고, 그러면 자본재 산업이 불황에 빠지고 이 불황이 다른 부문으로 번질 수 있다. 또, 다음과 같이 간접적 효과를 낼 수도 있다. 기업이 실질임금을 삭감해서 이윤율을 일시적으로 방어하는 데 성공하면, 소비재 산업의 기업은 상품을 모두 판매할 수 없게 되고(마르크스의 표현을 빌리면, 그들이 착취한 "잉여가치를 실현"할 수 없게 되고) 그래서 이윤이 줄어들면 결국 불황이 찾아온다.[49]

그러나 이제는 경제 위기 때문에 일부 기업이 파산해서, 다른 기업들이 파산한 기업의 설비와 원료를 헐값에 사들이고 노동자의 임금을 삭감할 수 있는 기회를 얻게 된다. 충분히 많은 기업이 파산하면 경제 위기 자체가 장기적 이윤율 저하 경향을 완전히 상쇄할 수 있다. 간단히 말해, 이윤율 저하는 주기적 경제 위기 발생에 일조하지만, 주기적 경제 위기도 이윤율의 장기적 저하 문제 해결에 일조하는 것이다.

이윤율 저하에 대한 마르크스의 설명은 그가 죽은 지 11년 뒤에야 출판됐고, 그 후 20년 동안 마르크스 추종자들의 분석에 큰 영향을 미치지 않았다. 그것은 로자 룩셈부르크, 블라디미르 레닌, 니콜라이 부하린 같은 마르크스주의자들의 가장 중요한 저작들에서 거의 다뤄지지 않았다. 루돌프 힐퍼딩은 마르크스의 이윤율 저하 설명을 받아들였지만 자신의 경제 분석에서 핵심적인 것으로 삼지는 않았다.[50] 1920년대에야 폴란드계 오스트리아 마르크스주의자인 헨리크 그로스만이 이윤율 저하를 바탕으로 자본주의 체제의 장기 궤적을 분석하려고 심혈을 기울였다. 그로스만은 많은 마르크스주의자들이 자본주의가 대폭락, 즉 '붕괴'를 향해 나아가고 있음을 부인하는 데 반발했다. 그는 오스트리아 사회민주주의자인 오토 바우어의 주장을 비판의 대상으로 삼았다. 바우어는 마르크스가 《자본론》 2권에서 다양한 생산 부문 사이의 상호 관계를 설명할 때 사용한 표식을 원용해서, 자본주의가 한없이 확장될 수 있다고 주장했다.[51]

바우어를 비판하면서, 그로스만은 그런 표식을 충분히 많은 생산순환에 적용해 보면, 이윤율이 너무 낮아서 노동자의 실질임금과 자본가계급 자체의 소비까지 삭감하지 않으면 생산이 지속될 수 없는 지점에 이르게 된다는 사실을 입증할 수 있다고 주장했다. 그런 일이 일어나는 이유는 이윤율이 저하하는 경향이 있을 때조차 "축적의 규모는 … 이미 축적된 자본의 무게에 비례해 확대되기" 때문이다. 결국, 축적을 지속하는 과정에서 기존의 잉여가치가 모두 흡수돼 자본가계급의 사치성 소비를 위해 남는 것이 하나도 없게 되고 노동계급을 부양하는 데 필요한 가치조차 잠식당하는 순간이 닥친다는 것이다.[52]

그렇지 않으면, 점점 더 많은 잉여가치가 기존 투자의 이윤율을 유지하는 데 사용돼서 신규 투자에 쓰일 수 있는 잉여가치의 양이 급감할 것이다. 투자를 계속하는 산업은 제대로 돌아가지 않게 될 것이다. "절대적 과잉 축적"과 "자본 포화 상태에 이를 것이고, 그래서 과잉 축적된 자본이 투자 기회 부족에 직면하게 돼 그 포화 상태를 극복하기가 더 힘들어질 것이다."[53] 어느 경우든 체제는 자기 재생산을 할 수 없게 된다.

그로스만의 주장에 대한 비판은 많았다.[54] 그는 한 생산순환에서 다음 생산순환으로 넘어갈 때 투자 증가율이 불변이어야 하는 이유를 분명히 밝히지 않았다. 이윤율 저하에 대응해 투자 증가율이 점차 낮아지고 자본의 유기적 구성 증가 경향도 완화되는 경우를 무시한 것이다. 그럴 경우 '붕괴'는 매우 오랫동안 지연될 수 있을 것이다. 또, 그로스만의 책을 보면 그의 이론이 경제 위기의 필연성을 입증하는지 아니면 완전한 체제 붕괴의 필연성을 입증하는지가 모호하다. 그로스만은 경제 위기가 이윤율 저하 경향을 상쇄할 수 있다는 것을 인정하지만, 여전히 다음과 같이 결론짓고 있다.

[자본주의] 메커니즘 전체는 일반적 축적 과정과 함께 그 종말을 향해 가차 없이 나아가는 경향이 있다. … 이런 상쇄 경향들 자체가 완화되거나 아예 작동하지 않는다면, 붕괴 경향이 우세해져서 완벽한 형태의 최종 위기로 나타날 것이다.[55]

그러나 그로스만의 주장이 적용될 만한 가설적 상황을 떠올려 볼 수 있다. 자본들 간의 격렬한 경쟁(경쟁 자체는 이윤율 저하 때문에 격렬해진다) 때문에 개별 자본은 생존의 전제 조건인 선진 기술을 얻으려고 점점 더 값비싼 생산수단에 투자할 수밖에 없다. 따라서 경쟁에서 살아남기 위한 기술적 전제 조건과 이윤율이 유지될 수 있는 가능성이 서로 충돌한다. 즉, 자본이 특정한 사용가치 속에 구현되는 것과 그 가치의 증식 가능성이 서로 충돌하는 것이다. 노동계급의 저항은 노동력의 대가를 그 재생산 비용보다 낮게 지급해서 이윤율을 회복하려는 노력에 방해가 될 수 있다. 그리고 흔히 호황·불황 순환 때는 일부 기업이 업계에서 퇴출되면서 다른 기업의 장기적 문제가 완화되는데, 그런 과정을 방해하는 어떤 요인이 생길 수도 있다. 따라서 그로스만의 이론은 이윤율 저하를 자본주의 자동 붕괴론의 결정적 증거로 취급하지 않으면서도 이윤율 저하가 어떻게 체제에 심각한 문제를 불러일으킬 수 있는지 보여 준다.

자본의 집적과 집중

마르크스가 인식한 두 번째 장기적 과정은 그가 자본의 '집적과 집중'이라고 부른 것이었다.[56] 그것이 무엇인지를 이해하기는 어렵지 않다.

집적은 착취 덕분에 개별 자본이 축적되고 그래서 더 크게 성장하는 것을 가리킨다. 소규모 기업은 대기업이 되고 대기업은 거대 기업이 된다. 주기적 경제 위기에서 살아남는다면 말이다. 집중은 경제 위기 때마다 일부 자본이 제거돼서 살아남은 자본이 전체 체제의 더 큰 부분을 지배하게 되는 것을 가리킨다.

이 과정은 중요한 함의가 있다. 마르크스 자신도 그 함의를 온전히 깨닫지는 못했다. 개별 자본 단위가 클수록, 그리고 체제 전체에서 차지하는 비중이 클수록, 그 자본 단위가 파산할 때마다 체제의 나머지 부분이 받는 충격도 클 것이다. 소기업이 이윤을 내지 못해서 파산하더라도 그 기업에 시장을 제공하던 다른 소기업들에게는 시장의 아주 작은 부분만이 파괴될 뿐이다. 시장에 미치는 파급 효과는 아주 제한적일 것이다. 그러나 거대 기업 하나가 파산하면, 그 기업이 제공하는 시장에 의존하던 다른 대기업들이 치명적 타격을 입을 수 있다. 그리고 그 거대 기업에 돈을 빌려 준 은행이나 다른 기업도 마찬가지로 치명타를 입을 수 있다. 도미노 효과는 눈사태처럼 걷잡을 수 없을 것이다.

그러나 그와 동시에, 기업의 규모 자체가 어느 정도는 시장의 압력에 대처하는 보호막이 될 수 있다. 거대 자본주의 기업 내부의 개별 노동은 기업 외부의 개별 노동과 직접 경쟁하지 않는다. 오히려 경영진의 결정이 기업 내부의 노동이 서로 어떻게 관계 맺을지를 좌우한다. 마르크스는 다음과 같이 썼다.

집단적 노동 유기체는 … 매뉴팩처에서도 자본의 존재 형태다. 다수의 개별 부분 노동자로 구성되는 사회적 생산 메커니즘은 자본가에게 속한다. … 진정한 매뉴팩처는 전에는 독립적이었던 노동자를 자본의 지휘와 규율에 종속시킬 뿐 아니라 노동자 자신들 사이에서도 위계적 구조를 만들어 낸다. … 각각의 부분 노동이 서로 다른 개인에게 분배될 뿐 아니라 개인 자체가 분할돼 하나의 부분 노동의 자동 장치로 전환된다.[57]

거대 기업은 마치 바다 위의 섬처럼 체제 내에 존재하는데, 그곳에서 개별 노동의 상호 관계는 계획에 따라 조직되지 그들의 노동 생산물이 시장에서 맺는 관계에 따라 조직되는 것이 아니다.

매뉴팩처에서 이뤄지는 분업의 특징은 무엇인가? 부분 노동자가 생산하는 것은 상품이 아니라는 점이다. 매뉴팩처에서는 모든 부분 노동자의 공동 생산물만이 상품이 된다. 사회 안의 분업은 서로 다른 산업부문의 생산물이 매매됨으로써 이뤄지고, 매뉴팩처 안의 여러 부분 노동 사이의 연결은 서로 다른 노동력이 똑같은 자본가에게 판매돼 결합 노동력으로 사용됨으로써 이뤄진다. … 매뉴팩처 안에서는 일정한 수의 노동자를 일정한 기능에 배치할 때 일정 비율의 철칙이 작용하지만, 매뉴팩처 밖의 사회에서는 생산자와 그 생산수단을 다양한 산업부문 사이에 배분할 때 우연과 자의가 작용한다.[58]

기업 내부의 계획이라는 섬은 주변의 상품생산이라는 바다와 별개로 존재하는 것이 아니다. 이런 내부 체제는 경쟁을 위해 잉여가치를 뽑아내고 축적하도록 강요하는 외부 압력에 대한 반응이다. "사회적 분업의 무계획성과 매뉴팩처 분업의 독재 상황은 서로 상대방의 전제 조건이다."[59] 이런 독재는 자본가가 받는 압력, 즉 기업 내부의 노동생산성과 끊임없이 변하는 체제 전체의 노동생산성을 서로 연관시키게 만드는 압력에서 비롯한다. 그러나 이런 연관은 강압을 사용하지 않으면, 즉 상품들의 맹목적 상호작용으로 사회 전체에서 일어난 일을 개별 노동자가 해내도록 강력하게 압박하지 않으면 불가능하다.

가치법칙은 기업들 사이에서는 시장을 통해 작용한다. 기업 내부에서는 자본가가 의식적 규제로 가치법칙을 강요해야 한다. 자본주의 내부의 계획은 시장과 대립하지 않는다. 계획은 자본가가 시장의 요구를 노동자들에게 강요하는 방법이다.[60]

보통 자본가에게 어느 정도는 행동의 여지가 있기 마련이다. 기업은 자신이 생산한 상품의 시장이 급성장하고 있다면 자체 생산비가 체제 전체의 일반적 생산비를 크게 웃돌더라도 이윤을 남길 수 있다. 대규모 고정자본이 필요한 생산 부문에서 시장점유율이 높을 때도 사정은 마찬가지다. 그 기업의 고정자본(기업의 사용가치)이라는 물리적 구조와 관련된 생산방법은 체제 전체에서 사용 가능한 생산방법(예컨대, 많은 노동자를 고용해 낡은 기계를 가동시키는)보다 훨씬 비쌀 수 있지만, 새로운 기업이 그 산업 분야에 진입해서 경쟁하려면 막대한 비용이 든다는 사실 때문에 오랫동안 심각한 경쟁을 피할 수 있다. 특정 자본은 고정된 물리적 사용가치로 존재할 뿐 아니라 잠재적으로 유동적인 교환가치로도 존재한다는 사실 때문에 가치법칙은 그 자본에 직접 그리고 즉시 적용되지는 않는다.

그러나 이런 사정은 무한정 지속될 수 없다. 더 선진적이고 새로운 생산방법이 결국 체제 전체로 확산되면 갑자기 심각한 경쟁이 벌어질 것이다. 그러다가 경제 위기의 충격을 받게 되면 기업은 가치법칙에 따라 생산하기 위해 구조조정을 할 수밖에 없고, 아니면 파산을 감수해야 한다. 과거에 어느 정도 보호받던 기업이 많을수록(즉, 자본의 집적과 집중 수준이 높을수록) 경제 위기의 파괴력이 클 것이다.

그러나 그 사이에 거대 기업은 위기를 모면할 수 있다. 그리고 때로는 그 기간이 매우 길 수도 있다. 많은 거대 기업이 한동안 그럴 수 있다면, 사람들은 그 체제(또는 체제의 일부)가 경제 위기에서 자유로워졌다는 인상을 받을 수 있다. 그러나 체제가 경제 위기를 피하려고 대가를 치렀다는 점, 즉 이윤율의 장기적 하향 압력을 상쇄할 수 있는 구조조정이 전혀 이뤄지지 않았다는 사실을 놓치지 말아야 한다. 그래서 자본은 사소한 경제 위기는 피하지만 결국은 훨씬 더 심각한 경제 위기의 타격을 받게 된다.

자본주의의 또 다른 한계?

마지막으로, 사람들이 마르크스의 사상을 설명할 때 흔히 빠지는 함정이 있는데, 마르크스가 '생산력' 발전을 강조한 것을 경제성장 지상주의와 동일시하는 태도다. 그러나 마르크스와 엥겔스는 초기 저작에서든 후기 저작에서든 일반적으로 계급사회, 특히 자본주의 사회에서 이뤄지는 경제성장의 모순적 성격을 날카롭게 지적했다. 그들은 1845~46년에 다음과 같이 썼다.

생산력의 발전 과정에서 생산력과 소통 수단이 현존 관계들 아래서는 오직 재앙만을 낳을 뿐이고 더는 생산력이 아니라 파괴력에 불과하게 되는 단계가 등장한다.[61]

마르크스와 엥겔스는 자본주의가 일반적으로 파괴적인 체제라고 본 데서 그치지 않았다. 최근 존 벨라미 포스터 같은 저자들이 강조하듯이, 마르크스와 엥겔스는 자본주의가 가져온 특정한 생태 파괴를 개괄적으로 비판하기도 했다.[62]

마르크스는 인간이 자연 세계의 일부라고 봤다. 그는 다음과 같이 썼다.

> 노동은 무엇보다 인간과 자연 사이에서 이뤄지는 하나의 과정이다. 이 과정에서 인간은 자기 자신의 행위를 통해 인간과 자연 사이의 신진대사를 매개하고 규제하고 통제한다. 인간은 하나의 자연력으로서 자연의 소재를 상대한다. 인간은 자연의 소재를 자신의 생활에 유용한 형태로 만들기 위해 자기 신체의 자연력인 팔과 다리, 머리와 손을 움직인다.[63]

그러나 자본의 잉여가치 추구 때문에 자연의 활력이 파괴된다. 그리고 인간의 생활 조건도 파괴된다.

> [자본은] 토지를 인류 대대손손의 영원한 공동 소유물로, 양도할 수 없는 생존·재생산 조건으로서 의식적·합리적으로 취급하지 않고 지력을 착취하고 탕진한다.[64]

그래서 "생명의 자연법칙이 정해 놓은 사회적 신진대사의 상호 의존적 과정에 회복할 수 없는 균열"이 생긴다.[65] "자본주의 생산은 모든 부의 원천인 토지와 노동자를 동시에 파괴함으로써만 사회적 생산과정의 기술과 결합도를 발전시킨다."[66] "대공업이 … 노동력을 … 낭비하고 파괴하는" 것과 마찬가지로 "기계화한 대규모 농업은 … 토지의 자연력을 낭비하고 파괴한다."[67] 마르크스는 자본주의 생산이 인간의 모든 생산의 토대이자 자본주의 자체의 토대이기도 한 인간과 자연 세계의 신진대사를 서서히 파괴한다는 사실을 알고 있었다.

마르크스의 언급은 주로 자본주의 농업이 토양 비옥도에 미치는 직접 영향에 관한 것이었고, 당시 그 폐해를 극복하는 방법은 구아노(새의 배설물이 오랫동안 쌓여 굳은 광물 덩어리로 질소분이 많아 비료로 쓰인다)를 사용하는 것뿐이었다. 카를 카우츠키는 이러한 마르크스의 통찰을 받아들여, 1890년대에 머지않아 식량 생산 위기가 닥칠 수 있다고 암시했다. 그러나 그런 주장들은 제1차세계대전 당시 인공 질소비료 제조법(하버-보슈법*을 이용한)이 발명되면서 타당하지 않게 된 듯했고, 20세기 내내 세계 식량 생산은 계속 증가할 수 있었다. 그러나 인간과 자연의 관계에 대한 분석은 단지 식량 생산 문제에 그치지 않고 훨씬 더 광범한 함의가 있었다. 이 점을 엥겔스는 《자연의 변증법》 원고(엥겔스 사후 30년이 지난 1920년대 중반에야 출판됐다)에서 간명하게 설명했다.

이 글에서 엥겔스는 인간이 자연을 '정복'할 수 있다는 점에서 다른 동물과 차이가 있지만, 인간의 자연 정복은 역사적으로 흔히 뜻밖의 부정적 결과를 불러와서 기존의 성과를 상쇄한다고 지적했다. 그리고 그리스·메소포타미아·소아시아에서 삼림 파괴가 재앙을 가져온 것을 사례로 들었다.

---

* 독일의 화학자 하버와 보슈가 개발한 암모니아 합성법.

따라서 외국의 민중을 지배하듯이 우리가 자연의 외부에 서 있는 사람처럼 자연을 지배하는 것이 결코 아니라는 점, 오히려 살과 피와 두뇌를 가진 우리는 자연에 속하고 자연의 한가운데에 존재한다는 점을 항상 명심해야 한다.[68]

과학의 발전은 "생산 활동"을 통제하고 규제해서 생태 재앙을 피할 수 있는 수단을 서서히 제공하고 있었다. 그러나 "이런 통제"에는 "단순한 지식 이상의 것"이 필요하다. "지금까지 존재하는 우리 생산양식의 철저한 혁명, 그와 동시에 현대 사회질서 전체의 혁명"이 필요하다.[69] 이것이 꼭 필요한 이유는

생산과 교환을 지배하는 개별 자본가는 자기 행동의 가장 직접적이고 유용한 결과에만 관심을 둘 수 있다. … 사회에 대해 말하자면, 자연과의 관계에서 현재의 생산양식은 오직 직접적이고 눈에 보이는 결과에만 주로 관심이 있다. 따라서 이런 목적으로 한 행동들이 장기적으로는 사뭇 다른, 심지어 정반대의 효과를 낸다는 사실은 놀라운 일이다.[70]

그 함의는 경제 위기라는 자본주의 고유의 경향 말고도 자본주의에 또 다른 고유한 한계가 있다는 것이다. 그것은 자본주의를 가만히 놔두면 결국 인간의 생존을 포함해서 인간 존재의 온갖 형태에 필요한 환경적 조건 자체를 파괴할 수 있다는 것이다. 마르크스도 엥겔스도 이 함의를 충분히 깨닫지 못했지만, 그것은 100여 년 뒤 매우 중요해진다.

역동적이지만 모순된 체제

자본주의는 소외된 노동이 계속 확대되는 체제라는 인식이 마르크스의 경제 저작을 관통하고 있다. 자본주의라는 체제는 사람들의 활력을 빼앗고 사물들의 체계로 변모해 사람들을 지배한다. 자본은 노동이 괴물로 변한 것이고, 자본의 목표는 오로지 자기 증식뿐이다. "자본은 죽은 노동인데, 이 죽은 노동은 흡혈귀처럼 산 노동을 흡수해야만 활기를 띠고, 산 노동을 많이 흡수할수록 더욱더 활기를 띤다."[71] 바로 이것이 이전 사회들에서는 결코 찾아볼 수 없었던 성장의 동력을 자본주의에 제공한다.

더 많은 잉여가치를 창출하기 위해 잉여가치를 창출하는 끝없는 충동, 즉 축적을 위한 축적 드라이브에는 한계가 없다. 자본주의는 유럽 북서부 지역에서 출현한 이후 계속 촉수를 뻗쳐서 전 세계를 집어삼켰고, 그 과정에서 산 노동을 점점 더 많이 지배하게 됐다.

> 부르주아지는 끊임없이 확대되는 생산물 시장이 필요하기 때문에 지구 표면을 샅샅이 훑어야 한다. 부르주아지는 어디서나 둥지를 틀어야 하고, 정착해야 하며, 연고를 맺어야 한다.
>
> 부르주아지는 세계시장을 개척해서 모든 나라의 생산과 소비에 세계적 성격을 부여했다. 반동주의자들은 대단히 억울하겠지만, 부르주아지는 공업의 일국적 기반을 제거해 버렸다. 기존에 확립된 낡은 일국적 공업은 이미 파괴됐거나 날마다 파괴되고 있다. 이 낡은 공업은 새로운 공업에 밀려나고 있다. 새로운 공업은 더는 토착 원료를 가공하지 않고 가장 먼 곳에

서 끌어온 원료를 가공하면서도, 그 생산물이 국내에서뿐 아니라 지구상의 모든 곳에서 소비된다. 이 새로운 공업을 도입하는 것이 모든 문명국에게 생사가 걸린 문제가 되고 있다. 국내 생산물로 충족되던 낡은 필요 대신에, 아주 멀리 떨어져 있으며 풍토도 아주 다른 여러 나라에서 온 생산물이 아니면 충족될 수 없는 새로운 필요가 생겨났다. 낡은 지역적·민족적 단절과 자급자족 대신에, 민족들 간의 전면적 교류와 보편적 상호 의존이 나타났다.[72]

마르크스의 분석에서 두드러진 것은 당시 이후 주류 경제학에서 사라진 것, 즉 자본주의는 대거 돌진하는 경향이 있다는 인식이다.[73] 여느 경제 모델과 달리 마르크스의 모델은, 1883년 그가 죽을 무렵 서유럽과 북아메리카를 대부분 석권하고 20세기에는 세계 전체로 뻗어 나간 체제를 설명해 줄 수 있다. 그러나 그것이 다가 아니다. 그의 모델이 보여 주는 체제는 스스로 팽창하는 체제일 뿐 아니라 경제 위기와 이윤율 저하 압력에서 드러나는 모순된 힘의 상호작용을 바탕으로 팽창하는 체제다. 체제의 팽창과 동시에 생산력(생계 수단을 생산할 수 있는 인간의 능력)이 크게 성장할 뿐 아니라 이런 생산력은 파괴력으로 변모해 사람들의 삶을 파탄 내기도 한다.

과거의 어떤 생산양식과도 달리 자본주의는 전체화하는totalising 체제로서('전체주의' 체제라고 쓰고 싶을 정도다), 전 세계를 경쟁과 축적이라는 광란의 리듬에 맞춰 춤추게 만든다. 그 과정에서 체제 전체는 개별적 과정들(그 체제를 떠받치는)에 끊임없이 반작용한다. 자본주의 때문에 개별 자본은 노동자가 계속 일하려는 의지와 능력을 유지할 수 있는 수준까지 노동력의 가격을 최대한 낮출 수밖에 없다.[74] 자본들 간의 충돌 때문에 개별 자본은 끊임없이 축적할 수밖에 없고, 그 결과인 이윤율 저하 압력에 짓눌린다. 그래서 어떤 자본도 가만히 앉아서 현상을 유지할 수 없다. 때로는 자신들이 대대적인 파괴를 불러일으키고 있다는 사실을 알아채더라도 말이다. 자본주의는 모든 사람을 주기적으로 큰 혼란에 빠뜨리는 체제이고, 프랑켄슈타인의 괴물과 드라큘라가 뒤섞인 끔찍한 잡종이다. 그것은 인간의 창조물이지만, 자신을 창조한 사람들의 통제를 벗어나서 그 창조자의 피를 빨아먹고 살아간다.

바로 이런 통찰이야말로 마르크스와 다른 모든 주류 경제학파(정설파든 이설파든)의 차이점이다. 그리고 이런 통찰이 뜻하는 바는 오직 마르크스의 이론만이 21세기의 자본주의를 분석하는 지침이 될 수 있다는 것이다. 그러나 21세기의 자본주의를 분석하려면 마르크스의 개념들을 이용해서 마르크스를 넘어서야 한다.

4 chapter 마르크스 사후:
독점, 전쟁, 국가

새로운 국면

마르크스는 매우 역동적이지만 극복할 수 없는 듯한 모순에 빠진 체제를 묘사했다. 그런 역동성 때문에 자본은 산 노동이 감당할 수 없을 만큼 빠르게 확장하려 한다. 그런데 자본은 궁극적으로 산 노동에 의존한다. 그래서 자본주의 생산의 한계는 자본 자체라고 마르크스는 썼다. 그 말은 자본주의가 전 세계를 집어삼키게 되면 호황은 더 짧고 얕아지는 반면 불황은 더 길고 심각해진다는 뜻이었다. 그와 동시에 자본의 집적과 집중 때문에, 자본가계급의 수는 줄어드는 반면 노동계급은 다른 사회집단을 흡수하게 돼 양대 계급 사이의 양극화가 훨씬 더 심해질 터였다.

마르크스는 일부러 추상적 모델을 만들었다. 그는 자본주의 생산양식의 근본적 경향, 즉 자본주의의 '일반 법칙'을 파악하려 하면서 시장의 일상적 기능이나 특정 자본주의 사회의 특징을 대부분 의도적으로 무시했다. 《자본론》 1~3권은 각각 추상 수준이 다르기 때문에, 1권보다는 생산과 유통을 종합한 3권의 분석이 실제로 존재하는 자본주의 사회의 작동 방식에 더 가깝다(물론 3권의 분석은 1권에서 발전시킨 기본 개념에 의존하고 있지만 말이다). 3권은 이윤율 균등화, 가치와 가격의 편차, 경제 위기, 이윤율 저하 경향을 다룰 뿐 아니라 신용과 은행 제도, 상업이윤, 대출이자 상환, 지주에게 지급되는 지대 등도 다룬다. 그러나 심지어 3권에서도 많은 중요한 문제들을 의도적으로 무시하다시피 했다. 예컨대, 해외무역 문제나 광대한 전前자본주의 지역을 흡수한 것이 자본주의 체제에 미친 영향, 국가의 구실 등의 문제가 그렇다. 《자본론》 원고를 집필할 때 마르크스의 애초 계획은 책의 분량을 더 늘려서 그런 문제들도 다루겠다는 것이었다. 그러나 마르크스에게는 그럴 만한 시간이 없었다. 그는 일상의 혁명적 정치 활동에 몰두했고, 생계를 위해 언론에 기고할 글도 써야 했고, 생애 말년에는 질병에 시달렸다. 물론 그가 완전히 또는 부분적으로 완성한 세 권짜리 《자본론》 자체도 놀라운 업적이다.

마르크스가 제시한 모델과 현실 사이의 간극 때문에 자본주의의 경로에 대한 많은 물음들이 대답되지 않은 채로 남겨졌다. 마르크스와 엥겔스, 또 1870년대와 1880년대의 새로운 노동자 운동 활동가들은 이런 물음들을 그리 중요하게 여기지 않은 듯하다. 당시는 대공황Great Depression으로 알려진 경제 위기가 오랫동안 계속된 시기였다. 1889년에 미국 철강 업계의 거물인 앤드루 카네기는 심지어 자본가들 사이의 분위기도 다음과 같다고 묘사했다.

기업들은 … 오랫동안 저축해 놓은 돈이 … 점차 사라지는 것을 보면서, 상황이 나아질 것이라는 희망을 포기하고 있다. 그래서 조금이라도 위안 거리가 있으면 크게 환영하는 분위기다. 기업들의 처지는 오랫동안 정식 병원의 의사들을 찾아다녔지만 결국 헛수고를 한 환자들이 이제는 아무 돌팔이 의사에게나 혹하기 쉬운 것과 마찬가지다.[1]

25년 동안 이윤율이 저하하자[2] 런던과 그 밖의 도시에 대규모 빈곤층이 형성됐고, 1880년대 중반에는 대량 실업이 나타났다.[3] 프리드리히 엥겔스가 눈앞의 영국에서 마르크스 모델의 논리가 완전히 입증되고 있다고 생각한 것도 놀라운 일은 아니었다. "10년을 주기로 정체, 번영, 과잉생산, 경제 위기가 반복되는 사이클"이 사라지고 "상시적이고 만성적인 불황"이 계속되는 것처럼 보였다.[4]

그러나 자본주의의 궤도는 1880년대의 경험보다는 더 복잡하다는 사실이 머지않아 드러났다. 1890년대에 영국에서는 이윤율이 회복됐고, 미국과 독일에서는 새로운 경제성장 물결이 일었다.[5] 노동자들에게 유리한 약간의 개혁 조처가 실시됐고, 이것은 마르크스의 설명과 모순되는 것처럼 보였다. 예컨대, 1889년 비스마르크는 독일 노동자들에게 연금을 지급했고, 20년 뒤 영국의 자유당 정부도 비슷한 제도를 만들었다. 19세기의 마지막 20년 동안 실질임금은 인상됐다(비록 그 후에는 정체하는 경향을 보였지만 말이다).[6] 도처에서 노동시간이 줄어드는 경향이 있었다. 하루 노동시간은 12~14시간에서 8시간으로, 주 6일 근무는 주 5일과 반나절 근무로 단축됐다.[7]

마르크스의 모델을 바탕으로 한 예측이 현실에서 논박되는 듯하자 마르크스주의 진영은 위기에 빠졌다. 이른바 수정주의 논쟁이 벌어진 것이다. 이 논쟁에서 자본주의를 분석하는 매우 다른 두 흐름이 출현했고, 이 둘은 20세기 내내 거듭거듭 충돌했다.

몇 년 전까지만 해도 엥겔스의 긴밀한 협력자였던 에두아르트 베른슈타인은 이제 마르크스의 방법과 결론을 철저하게 비판했다. 베른슈타인은 "세계경제가 미증유의 폭력적 붕괴를 겪을 조짐은 보이지 않는다"고 썼다. "단일 산업의 과잉생산이 전반적 경제 위기를 뜻하지는 않는다."[8] 그는 다음과 같이 결론지었다. 《공산당 선언》의 주장과 달리 노동자들은 대부분 빈곤층으로 전락"하지 않았다.[9] 베른슈타인의 주장인즉 이런 변화가 일어난 이유는 "세계시장이 엄청나게 성장"했고, "산업 카르텔의 출현"과 함께 생산이 규제됐고, 그래서 "전반적 상업 위기"가 "드물어졌기" 때문이라는 것이었다.

엥겔스의 또 다른 협력자였던 카를 카우츠키는 마르크스를 '수정'한 베른슈타인의 주장을 비판했다. 그러나 많은 사회주의 활동가들은 자본주의가 앞으로 한없이 안정을 유지할 수 있게 됐다는 주장을 사실상 받아들였다. 그런 견해에 도전한다는 것은 카우츠키보다 더 나아가서 마르크스의 분석을 더욱 발전시킨다는 것을 뜻했다. 바로 이것이 루돌프 힐퍼딩, 블라디미르 레닌, 니콜라이 부하린, 로자 룩셈부르크가 저마다 나름대로 시도한 것이었다.

마르크스가 제시한 기본 설명 이상이 필요해진 것은 체제의 순전히 경제적인 기능 때문만은 아니었다. 서유럽에서 44년 동안 지속된 평화가 사라지고 전대미문의 끔찍한 전쟁이 벌어지면서 시작된 엄청난 정치적 격변의 시대도 새로운 설명을 요구했다.

힐퍼딩: 금융자본과 제국주의

이런 변화를 자세히 분석한 최초의 마르크스주의 경제학자는 1911년 오스트리아에서 《금융자본론》을 펴낸 루돌프 힐퍼딩이었다. 그는 독일 자본주의의 발전을 분석한 결과를 바탕으로 은행자본과 산업자본이 융합해서 둘의 종합이 나타났다고 주장했다. 힐퍼딩은 그것을 '금융자본'이라고 불렀다. 이런 바탕 위에서 거대 트러스트와 카르텔이 나타나 모든 산업부문을 지배하게 됐다.

카르텔화는 계속 확대되는 경향이 있다. 독립적 산업은 점차 카르텔화한 산업에 의존하게 되고 결국은 그 카르텔에 합병된다. 이 과정의 최종 결과는 총카르텔의 형성이다. 그러면 자본주의 생산 전체는 모든 산업부문의 생산량을 결정하는 단일 기구에 의해 의식적으로 규제될 것이다.[10]

힐퍼딩은 경쟁이 완전히 사라지고 있다고 생각하지는 않았다. 그는 국제 경쟁의 중요성을 강조하면서, 일국 내에서 금융과 산업이 융합되면 국가는 자국 자본가들의 국제경쟁력을 지원하기 위한 보호관세 정책을 추진하도록 압력을 받게 된다는 사실을 지적했다. 힐퍼딩은 "이제 자본주의 발전의 모델이 되고 있는 것은 자유무역 국가인 영국이 아니라 보호무역 국가인 독일과 미국"이라고 썼다.[11] 거대 트러스트들은 국가가 최소한의 기능만 하는 '야경국가'라는 전통적 자유주의 개념을 버리고, 자신들의 독점이윤이 보장되는 시장을 확대하기 위해 국가가 영토를 확장할 수 있는 능력을 갖기를 원했다. 힐퍼딩은 "자유무역은 식민지에 관심이 없었지만, 보호무역주의는 더 적극적인 식민지 정책과 국가 간 이해관계 충돌로 직결된다"고 주장했다.[12] "금융자본의 정책은 전쟁을 불러일으킬 수밖에 없다."[13]

이런 분석은 마르크스를 넘어선 것이었다. 마르크스는 살아 생전에 영국과 중국의 아편전쟁, [러시아와 영국·프랑스·터키 연합군이 맞붙은] 크림전쟁, 미국의 남북전쟁, 프로이센·프랑스 전쟁 등을 목격했고 관련 글을 썼다. 그러나 이 전쟁들은 마르크스 자신도 말했듯이 자본주의가 주변의 전자본주의 사회에 자본주의를 강요했기 때문에 일어난 전쟁이었다. 자본주의는 "머리끝에서 발끝까지 피를 뒤집어쓴 채" 세상에 태어났지만, 마르크스의 모델에는 완전히 발전한 자본주의 나라들이 서로 전쟁을 벌이는 이유에 관해서는 힌트만 몇 개 있었을 뿐이다. 힐퍼딩은 이 지극히 중요한 문제와 관련해서 마르크스 시대 이후 무엇이 변했는지를 설명하면서 20세기 마르크스주의를 향한 첫걸음을 내디뎠다.

그러나 힐퍼딩의 주장에는 모호한 구석이 있었다. 그의 책 《금융자본론》의 주된 내용은 독점기업들이 성장했지만 자본주의가 위기에 빠지는 경향은 없어지지 않았고, 그들이 국가에 의존하는 경향이 커지자 국제 경쟁과 제국주의 전쟁 몰이가 격화했다는 것이었다. 그러나 사뭇 다른 결론, 즉 독점기업들과 국가가 서로 협력해서 경제 위기 경향을 완화할 수 있다는 결론을 암시하는 구절도 몇 군데 나온다. 예컨대 "사회적 경제의 조직화 문제를 더 성공적으로" 해결할 수 있는 "금융자본의 시대에는 자본의 특성이 사라진다"고 썼다(그래도 그 사회는 여전히 "재산이 소수의 거대 자본가 집단 수중에 집중된" 계급사회라고 덧붙이긴 했지만 말이다).[14] 이것이 뜻하는 바는 옛날 방식의 경제 위기는 완화된다는 것이다.

자본주의 생산이 발전할수록 … 어떤 상황에서도 생산이 계속될 수 있는 부문의 규모가 커진다. … 따라서 신용도 자본주의 초기의 경제 위기 때처럼 완전히 붕괴할 이유가 없다. 더욱이, 신용 위기가 한편에서는 은행 위기로, 다른 한편에서는 통화 위기로 발전하는 것도 더 어려워진다. … [15]

자본주의 초창기에 투기가 만들어 냈던 군중심리는 … 영원히 사라진 듯하다.[16]

《금융자본론》에서 힐퍼딩은 이런 주장을 그 논리적 결론까지 밀고 나아가지 않았고, 여전히 체제는 "호황과 불황의 주기적 반복"을 없애지 못했다고 썼다.[17] 그러나 1920년대에 바이마르공화국에서 두 차례 재무장관을 지낼 때는 베른슈타인이 주장한 '조직 자본주의' 이론을 받아들였다. 그래서 이제 시장의 무계획성과 경제 위기 경향은 사라졌다고 주장했다.[18] 그 필연적 결과 하나는 자본주의에서 전쟁이 불가피하다는 사실을 부인하게 됐다는 것이다. 왜냐하면 각국의 '조직 자본주의'가 서로 협력하기를 원하기 때문이라는 것이었다.

이미 1914년에 카를 카우츠키도 비슷한 결론을 내린 바 있었다. 카우츠키의 견해도 사실상 베른슈타인과 거의 다르지 않았던 것이다. 그러나 힐퍼딩은 금융과 생산적 자본주의의 융합을 지적한 반면, 카우츠키의 주장은 둘 사이에 근본적 차이와 적대적 이해관계가 있다는 인식을 바탕에 깔고 있었다.

금융자본가들은 … 자국 국민국가를 자신들만의 확장을 지원하는 도구로 변모시키는 데 직접적 이해관계가 있다. 따라서 제국주의는 금융자본주의와 직접 연관이 있다. 그러나 산업자본의 이해관계는 금융자본의 이해관계와 똑같지 않다. 산업자본은 자유무역을 통한 시장 확대로만 성장할 수 있기 때문이다. 부르주아 진영의 국제적 화합을 위한 추진력은 바로 이 산업부문에서 나왔다. … 자본주의 발전 단계의 한 표현이자 무장 충돌의 원인인 제국주의는 자본주의 발전의 유일한 형태는 아니다.[19]

카우츠키는 특히 군수 기업들이 제국주의나 전쟁과 이해관계가 있다고 강조했다. 그러나 그는 재무장의 경제적 비용이 일부 산업부문의 발전에는 유리하겠지만 다른 부문에는 해로울 것이라고 주장했다. 공업국들의 자본은 원료를 얻으려고 '농업'국들을 지배해야 했다. 그러나 자본가들이 "모종의 초제국주의"를 통해 서로 협력해서 농업국들을 지배하지 말아야 할 이유는 없다는 것이었다.[20]

힐퍼딩과 카우츠키는 전쟁 몰이가 대다수 자본가들의 이익을 거스르는 것이라고 주장하면서, 일부 자유주의자들과 흡사한 견해를 밝혔다. 그런 자유주의자들 가운데 한 명이 영향력 있는 경제학자 홉슨이었다. 홉슨은 힐퍼딩보다 약 9년 먼저 제국주의 이론을 내놓았다. 홉슨은 제국주의를 한 이익집단, 즉 특정 금융기관들과 연계된 집단의 산물로 봤다.[21] 그들은 국내에서 산업투자라는 모험을 하기보다는 해외에서 돈을 빌려 주고 이자를 확실히 챙기는 것을 선호했다. 그리고 자국 국가가 자신들의 투자를 안전하게 보장해 주는 방안의 일환으로 식민지 확대 정책을 환영했다. 그래서 홉슨은 제국주의의 뿌리가 자본주의 자체가 아니라 금융자본과, 자신이 보기에 금융자본에서 직접 이득을 얻는 자들(생산 활동이나 상업 활동을 전혀 고민하지 않은 채 주기적으로 배당금을 받는 **금리생활자**들)에게 닿아 있다고 생각했다.

영국의 또 다른 자유주의자 노먼 에인절도 비슷한 견해를 밝히면서, 자본주의의 동역학은 근본적으로 평화적이고 금융은 유익한 구실을 한다고 주장했다. 분명히 1907년의 심각한 금융 위기 때 프랑스와 독일의 중앙은행들이 선뜻 영국에 금을 지원하고 러시아가 독일에 금을 지원한 것이 에인절의 주장에 영향을 미쳤을 것이다.[22] 그는 다음과 같이 썼다. "인간의 다양한 활동 분야 중에서 금융만큼 완전히 국제화한 분야는 없다. 자본가에게는 조국이 없다. 그리고 모름지기 현대적 자본가라면 무기와 정복과 국경선 조작은 자신의 목표에 결코 도움이 되지 않는다는 사실을 잘 알고 있다."[23]

그런 주장은 오늘날에도 계속되고 있다. 그래서 한때 혁명적 마르크스주의자였던 나이절 해리스는 "정부를 지배하는 힘은 대체로 기업보다 국민이 더 강력하다"고 말하면서, 고삐 풀린 자본주의 때문이 아니라 국가들이 자신의 이익을 지키려고 하기 때문에 세계가 위험해진다고 주장했다.[24] 엘런 우드는 여전히 전투적 마르크스주의자이지만, 그녀의 주장도 별로 다르지 않다. 우드는 제1차세계대전 때의 이른바 "고전적 마르크스주의 제국주의론"이 "'정치적' 형태의 제국주의는 전(前)자본주의 제국들의 본질"이라는 사실을 이해하지 못했다고 비판했다. 왜냐하면 "정치적 형태의 제국주의에서는 식민지 주민과 원료를 착취하는 것이 정치적 지배와 영토 통제에 달려 있기 때문"이라는 것이다.[25] 우드는 "자본주의의 계급 관계와 마찬가지로 자본주의의 계급 착취도 상품 시장과 관련된 순전히 경제적인 과정"이라고 주장했다.[26] 여기서 나오는 결론은, 자본주의에 필요한 것은 사회를 통제할 국가이지 서로 충돌하는 국가가 아니라는 것이다. 마이클 하트와 토니 네그리도 둘이 함께 쓴 책 《제국》에서 똑같은 주장을 했다. 하트는 미국이 이라크를 침략하기 직전에 쓴 글에서, 이라크 전쟁을 결정한 "엘리트들"은 "자신들의 이해관계를 제대로 깨닫지 못하고 있다"고 주장했다.[27]

고전적 제국주의론

니콜라이 부하린과[28] 블라디미르 레닌은[29] 제1차세계대전 와중에 쓴 글에서 [앞의 주장들과] 사뭇 다른 결론을 내렸다. 그들은 힐퍼딩이 묘사한 은행자본·산업자본·국가의 융합에서 논의를 시작했지만, 국제 무대에서 국가가 하는 구실 때문에 전쟁이 일어난다는 사실을 강조하면서 그런 융합이 모종의 조화로운 결과를 가져다줄 것이라는 생각을 강력하게 비판했다.

이것이 바로 레닌이 쓴 소책자 《제국주의론》의 가장 중요한 주제다. 《제국주의론》은 전쟁에 의존하는 것이 왜 "자본주의의 최근 단계"(그 소책자의 원래 부제목이었다)의 산물인지를 보여 주는 "대중적 개설서"로 쓰인 책이었다.

50여 년 전 마르크스가 《자본론》을 썼을 때 경제학자들의 압도 다수는 자유경쟁을 '자연법칙'으로 받아들였다. … 마르크스는 자유경쟁이 생산집중을 낳고, 이것이 이번에는 특정 발전 단계에서 독점을 낳는다는 것을 입증했다. …

이것은 옛 자유경쟁과는 분명히 다르다. 옛 자유경쟁에서는 제조업체들이 … 미지의 시장을 위해 생산했다. 그런데 이제 한 나라, 심지어 … 전 세계의 모든 원료 산지(예를 들어 철광석 산지)에 대한 근사치 계산이 가능할 만큼 [생산의] 집중이 진전됐다. … 그런 원료 산지들을 독점 대기업들이 장악하고 있다. … 이 대기업들은 서로 협정을 맺고 자기들끼리 시장을 '분할'한다.[30]

일단 이 단계에 도달하면 대기업들 간의 경쟁은 더는 과거처럼 순수한 시장 경쟁 방식만 따르지 않게 된다. 원료를 지배해서 경쟁자들이 원료를 얻지 못하게 만들고, 그들이 운송 시설을 확보하지 못하도록 차단하고, 그들을 업계에서 몰아내려고 손해를 감수하면서까지 제품을 판매하고, 그들이 대출을 받지 못하도록 방해하는 등 온갖 방법을 사용한다. "독점기업들은 모든 곳에서 독점의 원칙을 제시했다. 즉, 수지맞는 거래를 위해 '연줄'을 이용한다는 원칙이 공개적 시장 경쟁을 대체한 것이다."[31]

자본주의 열강들은 자기들끼리 세계를 분할해서 경쟁적으로 식민지 제국을 건설했다. 그 밑바탕에는 "[분할] 참가국들의 힘, 즉 경제력·금융력·군사력 등 총체적 힘에 대한 계산"이 깔려 있었다. 그러나 "이 참가국들의 상대적 힘이 일률적으로 변하는 것은 아니다. 자본주의 체제에서는 다양한 기업, 트러스트, 산업부문, 나라가 균등하게 발전할 수 없기 때문이다." 한때 열강들의 상대적 힘의 차이에 조응했던 세계 분할이 20~30년 뒤에는 맞지 않게 된다. 세계 분할은 재분할을 위한 투쟁으로 이어진다.

평화적 동맹은 전쟁을 위한 기초를 놓고, 또 전쟁에서 평화적 동맹이 성장해 나온다. 전자는 후자의 조건이며, 세계 경제와 세계 정치의 제국주의적

연관과 상호 관계라는 똑같은 기초 위에서 평화적 투쟁과 비평화적 투쟁의 형태 전환이 일어난다.[32]

자본주의의 최근 단계인 이 시대에는 경제적 세계 분할에 기초한 특정 관계들이 자본가 동맹들 사이에서 발전하고, 이와 나란히, 그리고 이와 관련해서, 세계의 영토 분할, 식민지 획득 투쟁, '세력권' 확보 투쟁에 기초한 정치적 동맹들, 즉 국가 간 특정 관계들도 발전한다.[33]

영국과 프랑스는 아프리카와 아시아의 대부분 지역을 자기들끼리 분할해서 거대 제국을 건설할 수 있었다. 네덜란드와 벨기에는 더 작지만 그래도 여전히 방대한 제국을 인도네시아와 콩고에 건설했다. 반면에, 독일은 경제적으로 영국을 따라잡기 시작했는데도 비교적 작은 식민지 몇 개만을 거느리고 있었다. 바로 이런 불일치가 서로 경쟁하는 거대 열강 동맹들 간의 거듭된 충돌 이면에 놓여 있었고, 그 충돌이 절정에 달한 것이 제1차세계대전이었다.

마지막으로, 카우츠키는 제국주의가 (오늘날 제3세계나 남반구라고 부르는) 세계의 '농업' 지역을 지배하는 문제에만 초점을 맞춘 반면, 레닌은 제국주의의 세계 분할이 점차 공업 지역에 집중된다는 사실을 강조했다. "제국주의의 특징은 단지 농업 지역뿐 아니라 심지어 공업이 가장 발달한 지역조차 병합하려고 애쓴다는 점이다(독일은 벨기에를 탐내고 프랑스는 로렌을 탐낸다)."[34]

부하린의 《제국주의와 세계경제》는 레닌의 책이 나오기 직전에 쓰였지만 더 나중에 출판됐고 레닌의 서문이 실려 있다. 부하린도 힐퍼딩이 설명한 경향들을 분석해서 얻은 결론을 강력하게 주장한다.

기업집단들은 … 산업과 금융에서 … '국민'생산 전체를 통합하는데, 그것은 기업들의 기업이라는 형태를 취하고, 그래서 국가자본주의 트러스트가 되고 있다. 이제 경쟁은 … 세계시장에서 국가자본주의 트러스트들이 벌이는 경쟁이 됐다. … 경쟁은 '국민'경제라는 경계 안에서는 최소한으로 축소되지만, 과거의 역사적 시기에는 불가능했을 만큼 엄청나게 격렬해졌을 뿐이다. … 이제 무게중심은 '국민'들의 세계적 대결 무대에서 싸울 능력이 엄청나게 큰, 통합되고 조직적인 거대 경제기구들의 경쟁으로 이동한다.[35]

제1차세계대전이 끝난 지 3년 후에 쓴 글에서 부하린은 그 함의를 훨씬 더 날카롭게 지적했다.

부르주아지의 국가기구는 자체 내에 부르주아 계급의 힘을 모두 집중시켰다. 따라서 남아 있는 기구들은 모두 … 국가에 복종해야 한다. 모든 것은 '군사화'한다. … 그래서 새로운 국가권력 모델, 제국주의 국가의 고전적 모델이 나타나고, 이것은 국가자본주의 생산관계에 의존한다. 여기서 '경제'는 '정치'와 유기적으로 융합된다. 부르주아지의 경제권력은 정치권력과 통합된다. 이제 국가는 착취 과정의 단순한 보호자가 아니라 직접적이고 집단적인 자본주의적 착취자가 된다.[36]

이제 전쟁이 체제의 핵심이 되는데, 그것은 '국가자본주의 트러스트' 간의 경쟁에서 비롯하지만 그들의 내부 조직으로 되돌아오고 이를 좌우하기도 한다.

국가자본주의 트러스트의 형성과 함께 경쟁은 거의 완전히 해외로 이동하고 있다. 그러므로 해외에서 벌어질 투쟁의 기관들, 주로 국가권력이 엄청나게 증대해야 한다는 것은 분명하다. … 국가의 군사 기구는 '평화적' 시기에는 전면에 드러나지 않지만 기능을 멈춘 것은 아니고, 전시에는 아주 직접적으로 전면에 등장한다. … 국가자본주의 트러스트 간의 투쟁이 무엇보다도 군사력 관계에 따라 결정되는 이유는 군사력이야말로 서로 투쟁하는 '국민' 자본가 집단들의 최후 수단이기 때문이다. … 군사 기술이 개선될 때마다 군사 기구는 재편되고 재건된다. 한 국가의 군사력이 혁신되고 확장될 때마다 다른 모든 국가가 자극받는다.[37]

레닌과 부하린이 주장한 논리대로라면 제1차세계대전 뒤의 평화적 시기는 자본주의가 전복되지 않는다면 조만간 새로운 세계대전으로 바뀌게 될 터였다. 부하린은 "제국주의 전쟁의 '2차전'이 일어날 가능성이 … 꽤나 높다"고 썼다.[38] 나중에 보게 되듯이, 1929년에 시작된 경제 위기에 대한 거대 제국주의 열강들의 대응은 부하린의 예측이 옳았음을 확실히 보여 줬다. 그렇다고 해서 레닌과 부하린의 설명을 비판하는 주장이 사라진 것은 아니었다.

제국의 경제학

레닌과 부하린을 비판하는 사람들은 영토를 차지하려는 군사적 투쟁이 아니라 평화적 자유무역이야말로 대다수 자본가들의 이윤 추구에 가장 적합한 노선이라고 생각했다(지금도 그렇게 생각한다).[39] 이 주장을 논박하기는 쉽다. 서방 제국들이 크게 성장한 시기는 19세기의 마지막 25년이었다. 1876년에는 아프리카의 10퍼센트만이 유럽의 지배를 받았다. 1900년에는 90퍼센트 이상이 유럽의 식민지였다. 같은 기간에 영국·프랑스·러시아·독일은 각각 중국에서 식민지나 다름없는 조차지_{租借地}와 광범한 세력권을 구축했다. 일본은 조선과 대만을 차지했다. 프랑스는 인도차이나 전역을 점령했다. 미국은 스페인한테서 푸에르토리코와 필리핀을 빼앗았다. 영국과 러시아는 이란을 비공식 분할하기로 합의했다.

같은 시기에 영국의 자본수출이 크게 늘었다. 영국은 여전히 세계 최대 자본주의 경제였고 세계 금융의 중심이었다. 비록 미국과 독일의 공업 생산량이 급속히 영국을 따라잡고 있었지만 말이다. 영국이 해외 채권에 투자한 총액은 1883년 9500만 파운드에서 1889년 3억 9300만 파운드로 증가했다. 그것은 곧 영국 GNP의 8퍼센트와 맞먹게 됐고 영국 저축의 50퍼센트를 흡수했다.[40] 상품수출은 말할 것도 없고 자본수출도 모두 식민지로 간 것은 아니었다. 많은 자본수출이 미국으로 갔고, 아르헨티나 같은 라틴아메리카 나라로 간 자본수출도 꽤 많았다. 그러나 식민지는 중요했다. 영국의 가장 큰 식민지인 인도 혼자서만 영국 상품수출의 12퍼센트와 자본수출의 11퍼센트를 차지했다. 인도는 영국의 국제수지도 흑자로 만들어 줬고, 그 덕분에 영국은 세계의 다른 지역에 투자할 수 있었다. 또, 영국은 인도에서 공짜로 얻은 군대를 이용해 다른 지역을 점령할 수도 있었다.[41] 당시의 첨단 기술 산업에 필요한 원료들은 식민지에서 생산됐다(마가린과 비누를 만드는 데 필요한 식물성 기름, 전기 산업에 필요한 구리, 당시 초보 단계였던 자동차 산업에 필요한 고무와 석유, 비료와 폭탄 제조에 쓰인 질산염 등이 그랬다). [영국] 정치인들과 자본가들에게 중요한 것은 "영국이 바다를 지배한다"는 것과, 영국의 이익을 위협하는 국가들을 식민지의 영국 기지들을 이용해서 혼내 줄 수 있어야 한다는 것이었다.

제국주의 이론가들은 이렇게 수십 년 동안 식민지가 급격하게 확장되고 자본수출과 원료 수탈이 급증한 바로 그 시기에 수익성과 시장도 회복돼서 대공황의 암울한 상황에서 벗어날 수 있었다는 사실을 결코 우연의 일치라고 생각하지 않았다. 그들이 항상 이 사실을 분명하게 이론화하지는 못했을 수 있지만, 자본주의의 호황과 제국이 일치한 것은 분명한 현실이었다.

따라서 레닌과 부하린의 이론은 제1차세계대전 이전의 수십 년 동안을(그리고 전쟁 몰이도) 설명하는 이론으로서 여전히 유효하다. 그렇지만 레닌의 제국주의 이론에는 약점이 있었다. 레닌의 이론은 19세기 말 영국 제국주의의 경험을 모든 제국주의로 일반화한 것이었고, 금융자본을 수출하는 은행들의 핵심 구실에 이론 전체가 의존하는 경향이 있었다. 그러나 이것은 심지어 레닌이 글을 쓰던 당시의 상황과도 맞지 않았고, 그 후 수십 년의 상황은 더 말할 나위도 없다. 자본수출은 영국 제국주의의 주요 특징이었을 뿐, 영국과 경쟁하는 후발 제국들의 상황은 약간 달랐다. 독일에서는 금융이 아니라 산업 카르텔, 특히 중공업 카르텔이 국경 밖으로 뻗어 나가서 식민지를 건설하고 세력권을 구축하려 했다. 그리고 제1차세계대전 이전 수십 년 동안 미국과 러시아 경제의 특징은 자본수출이 아니라 다른 자본주의 나라에서 자금이 유입됐다는 것이었다(그중에서 일부 자금은 다시 수출됐지만 말이다). 금융자본 이론의 문제점은 레닌이 글을 쓰고 난 후 25년 사이에 훨씬 더 많이 드러났다. 해외에 투자된 자본의 규모는 결코 1914년 수준을 넘지 못했고, 그 후에는 더 낮아졌다.[42] 그러나 거대 자본주의 열강들은 양차 대전 사이에도 여전히 제국주의적 확장에 몰두했다. 그래서 영국과 프랑스는 중동 지역과 옛 독일 식민지를 대부분 차지했고, 일본은 중국으로 진출했고, 독일의 중공업은 유럽을 재분할해서 제국을 새로 건설하려 했다.

레닌이 쓴 소책자의 어떤 표현은 홉슨이나 카우츠키의 주장과 마찬가지로 금융자본이 제국주의의 주된 원인인 것처럼 해석될 여지가 있었다. 이 점은 특히 레닌이 홉슨의 이론을 바탕으로 금융자본의 "기생적" 성격을 강조하면서 쓴 다음과 같은 부분에서 잘 드러난다.

금리생활자라는 사회계층, 즉 게으름을 직업으로 삼고 어떠한 기업 활동에도 참가하지 않고 '이자'로 먹고사는 사람들이 … 비정상적으로 늘어난다.[43]

이렇게 금융자본의 기생성을 강조하다 보니 심지어 일부 좌파조차 금융자본에 맞서 산업자본과 반제국주의 동맹을 맺는 전략을 받아들였다. 레닌이 그토록 격렬히 비판한 카우츠키의 정책을 받아들인 것이다.

부하린의 제국주의 이론은 대체로 이런 결함들을 피할 수 있었다. 부하린도 '금융자본'이라는 범주를 거듭 사용했다. 그러나 그는 금융자본을 산업자본과 다른 것으로 보면 안 된다고 분명히 경고했다. "금융자본을 … 화폐자본과 혼동해서는 안 된다. 왜냐하면 은행자본이면서 동시에 산업자본이기도 하다는 점이 금융자본의 특징이기 때문이다."[44] 부하린이 보기에 그것은 '국가자본주의 트러스트'들이 세계 무대에서 다른 '국가자본주의 트러스트'들과 경쟁하면서 자국의 국민경제 전체를 지배하는 추세와 아주 밀접한 연관이 있었다.

그런 경쟁은 굳이 해외 투자에 집중할 필요가 없었다. 뭔가 다른 것,

즉 다른 나라에 있는 기존 공업지대나 주요 원료 산지를 무력으로 빼앗으려는 노력에 집중할 수도 있었다. 그래서 부하린은 다음과 같이 썼다. "제국주의가 발전할수록 자본주의의 중심지를 차지하려는 투쟁도 격렬해질 것이다."[45]

다시 말해, 더 많은 가치를 얻기 위해서만이 아니라 이미 소유한 것을 지키기 위해서도 막대한 양의 잉여가치를 파괴 수단으로 바꾸는 일이 필요했다. 이것은 자본주의 시장 논리가 국가 간 관계에 적용된 것이었다. 모든 국가는 전쟁 준비를 위해 투자해야 했다. 군비에 더 많이 투자한 다른 국가에 패배하지 않으려면 말이다. 이것은 마치 모든 자본이 시장 경쟁에서 살아남기 위해 새로운 생산수단에 투자해야 하는 것과 마찬가지였다. "제국주의 정책"은 "경쟁적 투쟁이 세계 수준에서 재생산된 것일 뿐"이었다. 물론 그 "경쟁의 주체"는 개별 기업들이 아니라 "국가자본주의 트러스트들"이었다. "전쟁"은 "세계경제의 생산력과, 개별 국민국가로 분열된 부르주아지의 제한된 소유 방식 사이의 모순"이 "폭발"한 결과였다.[46] 다시 말해, 자본들 간의 경쟁(그리고 그와 함께 가치 법칙의 자유로운 작용)이 국민국가 내부에서 축소되는 만큼 오히려 국가 간 경쟁은 훨씬 더 격렬해진 것이다.

로자 룩셈부르크: 자본주의의 붕괴와 제국주의

제국주의를 비판하면서 제국주의가 자본주의의 필수적 단계임을 입증하려고 노력한 마르크스주의자는 레닌과 부하린만이 아니었다. 이론적 분석은 약간 달랐지만 로자 룩셈부르크도 그런 노력을 기울였다.

1913년 출판된 《자본축적론》에서[47] 룩셈부르크가 제시한 분석은, 마르크스는 주목하지 않았으나 룩셈부르크 자신은 자본주의의 핵심 모순이라고 생각한 것에 기초를 두고 있었다.

마르크스는 《자본론》 2권에서 축적과 소비의 관계를 보여 주는 표식들을 제시했다. 올해 생산에서는 지난해 생산물이 물질적 투입물(기계, 원료 등)이나 노동자의 소비재로 사용된다. 따라서 올해의 물질적 생산물은 다음 해의 생산에 필요한 것과 일치해야 한다. 그것은 올해의 생산에서 다음 해의 생산으로 가치의 양이 정확히 이전되는 문제일 뿐아니라 사용가치의 종류가 정확히 이전되는 문제이기도 하다. 즉, 이러저러한 분량의 원료, 새 기계, 공장 건물 등과 노동자에게 필요한 이러저러한 분량의 식량, 의복 등(과 자본가를 위한 사치재)이 이전되는 문제이기도 한 것이다. 마르크스의 표식들을 검토하면서 로자 룩셈부르크는 생산 년도가 바뀔 때 확대재생산에 필요한 사용가치 분배와 가치의 분배는 차이가 날 수밖에 없다고 결론지었다. [룩셈부르크는 다음과 같이 주장했다.] 노동자가 받은 임금으로 구매할 수 있는 것보다 더 많은 소비재가 생산되거나 자본가의 이윤으로 구매할 수 있는 것보다 더 많은 자본재가 생산된다. 다시 말해, 자본주의 체제는 필연적으로 시장이 흡수할 수 있는 것보다 더 많은 상품을 생산할 수밖에 없다. 과잉생산은 단지 호황-불황 순환의 한 국면에 불과한 것이 아니라 고질병 같은 것이다. 그런데 한 해의 생산물이 모두 다음 해의 투입물로 흡수돼야 하는 폐쇄적 체제가 된 자본주의는 완전한 붕괴라는 운명을 피할 수 없다.

자본주의 초창기에는 이런 문제가 없었다. 당시 자본주의는 폐쇄적 체제가 아니었다. 그것은 전자본주의 세계 안에서 성장했다는 바로 그 이유 때문에 자본주의의 구성 요소가 아닌 사람들(장인, 봉건 지배계급의 잔존 세력, 엄청나게 많은 자작농)로 둘러싸여 있었다. 그들은 잉여생산물을 흡수하고 그 대가로 원료를 공급했다. 그러나 자본주의가 특정 나라에서 지배적 체제가 될수록 이런 모순에 직면할 가능성도 커졌다. 외국으로 나가서 다른 전자본주의 사회들을 지배하지 못한다면 말이다. 그래서 식민주의가 체제의 지속적 정상 가동에 꼭 필요한 요소가 된 것이다. 식민주의가 없었다면 자본주의는 이미 붕괴했을 것이다.

룩셈부르크는 이런 주장을 순전히 분석적으로만 제기하지는 않았다. 《자본축적론》 여기저기서 자본주의가 유럽과 북아메리카에서 발전할 때 어떻게 나머지 세계를 정복하고 착취했는지를 아주 자세히 설명하면서 자신의 분석적 주장을 보완했다. 레닌이나 부하린과 마찬가지로 룩셈부르크의 결론도 제국주의와 전쟁의 대안은 오직 사회주의 혁명뿐이라는 것이었다.

그러나 룩셈부르크의 분석은 예리하고 통렬한 비판을 받았다. 특히, 오스트리아의 개혁주의적 마르크스주의자인 오토 바우어, 그리고 부하린의 비판이 날카로웠다. 바우어는 독자적으로 재생산 표식을 만들어서, 몇 해 동안 생산이 거듭되더라도 투입물과 산출물이 적절히 균형을 유지하는 데 아무 문제가 없음을 보였다. 부하린은 룩셈부르크가 바우어의 비판을 '반비판'하면서 제기한 논점을 집중적으로 비판했다. 룩셈부르크는 자본가들이 투자를 지속하려면 자본주의 외부에 모종의 인센티브가 있어야 한다고 주장했다. 투자량의 증가만으로는 사회적 생산량의 증가를 감당할 수 없다는 것이었다. 그렇게 해서는 자본가들이 투자를 정당화할 이득을 얻지 못하기 때문이라고 룩셈부르크는 주장했다.

자본가의 관점에서 보면, 생산을 위한 생산은 불합리한 짓이다. 그렇게 해서는 자본가계급 전체가 이윤을 실현할 수는 없을 것이고 따라서 축적이 이뤄질 수도 없을 것이기 때문이다.[48]

부하린의 반박은, 그렇게 언뜻 불합리해 보이는 축적을 위한 축적이야말로 자본주의의 특징이라고 마르크스가 지적했다는 것이었다.[49] 자본주의는 외부의 목표가 필요 없다. 게다가 바로 이것이야말로 자본주의 체제에서 인간의 활동이 극단적으로 소외된다는 사실을 전형적으로 보여 준다. 즉, 이 체제의 원동력은 인간의 필요 충족, 심지어 자본가의 인간적 욕구 충족도 아니고 오직 체제 자체의 동역학이라는 사실을 말이다.

부하린은 자본주의 생산과정에서 생산과 소비가 어긋난다는 것을 부정하지 않았다. 그는 룩셈부르크에 대한 논평에서 그런 불일치는 필연적이라고 강조했다. 그러나 자본주의 경제 위기가 그런 불일치를 극복하는 계기가 된다고 부하린은 주장했다. 과잉축적과 과잉생산은 일어나지만 항상 일어나지는 않는다. 그것들은 경제 위기 과정에서 나타나고 경제 위기가 더 심각해지면 해소된다. 부하린은 다음과 같은 마르크스의 말을 인용했다. "영원한 경제 위기 따위는 없다."[50] 부하린이 보기에 제국주의는 과잉생산의 문제로 설명할 수 없고 자본가의 이윤 추구에 제국주의가 도움이 된다는 것으로 설명할 수 있었다.

룩셈부르크를 비판한 부하린의 주장은 틀리지 않았다. 그러나 부하린과 레닌은 해명되지 않은 문제를 남겨 놓았다. 즉, 왜 자본수출이 제국주의 확장의 절정기에 자본주의를 대공황에서 벗어나게 할 수 있었는가 하는 점이다. 로자 룩셈부르크의 이론에 아무리 문제가 많아도 그것은 제국주의가 경제 위기의 일시적 완화와 어떤 연관이 있는지를 파악하려는 노력이었다. 그러나 레닌과 부하린의 이론은 이 문제를 제대로 해명하지 못했다.

1920년대에 헨리크 그로스만은 로자 룩셈부르크와 룩셈부르크를 비난한 사람들을 모두 비판하는 글에서,[51] 그 연결 고리를 지적했다. 기존의 축적 중심지에서 새로운 축적 중심지로 자본이 유입되면, 자본의 유기적 구성을 높이고 이윤율을 떨어뜨리려는 압력이 완화될 수 있다. 물론 그런 해결책은 "단기적 효과"만 있을 것이다.[52]

이런 통찰은 19세기 말 제국주의의 전성기에 이뤄진 경제 발전의 실제 패턴을 이해할 수 있게 해 준다. 만약 영국 해외투자의 절반이 국내에 투자됐다면 노동 대 투자의 비율(자본의 유기적 구성)이 증가했을 것이고, 그러면 이윤율은 떨어졌을 것이다. 통계 수치를 보면 실제로 1875~83년(첫 번째 '대공황' 시기)에 2.16이었던 자본-산출 비율*이 1891~1901년에 1.82까지 떨어졌고,[53] 1860년대부터 1880년대까지는 떨어지던 이윤율이 1890년대 초에는 상승했다.[54] 그리고 이 시기에 영국 자본주의에서 일어난 일은 여전히 세계 전체에 중대한 영향을 미쳤다.

이 점은 20세기와 21세기 자본주의의 동역학에 대한 더 광범하고 매우 중요한 통찰을 보여 주는데, 이 문제는 나중에 다시 살펴보겠다. 여기서는, 제국주의가 자본이 국경을 넘어서 확장하려는 경쟁 과정에서 출현했으며, 제국주의가 없었다면 자본의 유기적 구성을 높이고 그래서 이윤율을 떨어뜨렸을 압력을 완화하는 일시적 부수 효과를 냈다는

---

* 생산량 한 단위에 소요된 자본의 수량으로, 낮을수록 자본의 효율(자본의 생산성)이 높음을 나타낸다. 자본-산출 계수라고도 한다.

점만 이해하고 넘어가자. 그러나 그것은 일시적 효과일 뿐이다. 왜냐하면 결국 새로운 축적 중심지에 대한 투자는 새로운 잉여가치를 창출할 것이고, 그 잉여가치는 새로운 곳에 투자돼야 하고 그래서 이윤율에 저하 압력을 가할 것이기 때문이다. 그러면 체제의 오래된 모순이 격렬하게 되살아나서 경제적 불안정기가 다시 시작되고, 따라서 경제적 경쟁뿐 아니라 군사적 경쟁도 더 격렬해진다. 이것이 20세기 초 수십 년 동안 실제로 일어난 일이다. 당시 국제적으로 이윤율 저하 경향이 나타났고 국가 간 긴장이 고조됐다. 자본주의와 전쟁의 연관성을 강조한 레닌·부하린·룩셈부르크의 주장을 이렇게 수정하면, 이론적으로 빈틈없는 주장이 될 수 있다.

마르크스가 남긴 문제

고전적 제국주의론은 한 가지 중요한 함의가 있는데, 국가와 자본의 관계라는 문제를 제기한다는 것이다. 마르크스는 이 문제에 답하지 않았다. 그는 이 문제의 몇몇 측면을 비非경제학 저작들에서 다뤘지만,[55] 그것을 자본주의 체제 전체에 대한 자신의 분석으로 통합하는 데까지 나아가지는 않았다. 그러나 마르크스 사후의 자본주의를 진지하게 분석하는 논의라면 그 문제를 결코 피해 갈 수 없다. 그 이유는 국가지출의 증가 추세를 대충 훑어보기만 해도 알 수 있다(미국의 추세를 나타낸 그림 4-1을 보라). 미국의 국민생산에서 국가지출이 차지하는 비중은 19세기 내내(남북전쟁이 벌어진 때를 제외하면) 거의 변하지 않다가 20세기 후반부터 증가하기 시작했고 그 추세는 결코 중단되지 않았다.

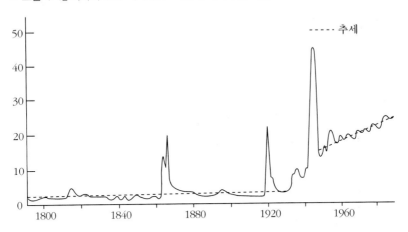

마르크스주의자들이든 아니든 국가를 보는 가장 흔한 관점은 국가를 자본주의 경제체제 외부에 있는 존재로 보는 것이다. 학계의 주류인 '현실주의' 국제관계학파가 이런 견해를 오랫동안 받아들여 왔다. 그들이 보기에 국가는 자국 내에 존재하는 경제적 조직 형태와 무관한 논리에 따라 국제적으로 서로 충돌하는 독립적 실체다.[57] 이와 약간 비슷한 견해를 일부 마르크스주의 저작에서도 찾아볼 수 있다.

이런 관점으로 보면 자본주의는 이윤을 추구하는 기업들(더 정확히 말하면 자기 증식하는 자본들)로 이뤄지는데, 이때 이 기업들의 지리적 기반이 어디인지는 전혀 중요하지 않다. 반면에, 국가는 지리적 기반이 있는 정치적 실체이고 개별 자본의 활동은 국가의 경계를 가로지른다. 국가는 자본주의 생산의 정치적 전제 조건들을 창출하기 위해(즉, 자본가의 재산을 보호하고, 지배계급 성원들 사이의 거래를 감독하고, 체제의 재생산에 필수적인 특정 서비스들을 제공하고, 사회 성원들이 자본주의 질서를 받아들이게 하는 데 필요한 개혁 조처들을 실행하기 위해) 역사적으로 발전한 구조일 수 있지만 그 국가 안에서 활동하는 자본들과 국가 자체를 동일시해서는 안 된다고 한다.

국가를 자본주의에 외적인 것으로만 보는 사람들은 '국가'를 단수 취급하는 경향이 있다(그리고 흔히 '자본'도 단수 취급하는 경향이 있다). 이런 시각은 자본주의를 가장 추상적인 수준에서 설명할 때는 타당하다. 즉, 국가가 제공하는 공정한 경쟁의 장에서 서로 다른 자본들이 대등하게 경쟁하는 자본주의 말이다. 그러나 실제로 존재하는 자본주의 체제는 다수의 국가와[58] 다수의 자본으로[59] 이뤄져 있다.

그러나 엘런 우드처럼 국가가 복수로 존재한다고 보는 사람들조차 흔히 국가가 자국 내에 기반을 둔 특정 자본가들의 이익이 아니라 자본 일반의 이익에 봉사한다고 결론짓는다. 우드는 다음과 같이 주장한다.

> 자본주의에서 국가의 핵심 구실은 전유專有의 도구나 일종의 "정치적으로 구성된 재산"의 구실을 하는 것이 아니라 공정하게 축적의 조건을 창출하고 유지하는 수단, 축적에 필요한 사회적·법률적·행정적 질서를 유지하는 수단 노릇을 한다.[60]

이런 견해들을 비판하면서 고전적 제국주의론을 분석의 출발점으로 삼는 사람들도 있다. 그들은 국가가 자본과 '융합'해서 '국가독점자본주의' 또는 간단히 '국가자본주의'가 됐다고 말한다. 그리고 국가 간 충돌은 국가 내에서 활동하는 자본들의 국제적 경쟁이 표현된 것이라고 본다.

이런 견해의 수정판이 1930년대부터 1970년대까지 스탈린주의적 정설 마르크스주의의 일부가 됐는데, 이른바 '국독자'론이 그것이다. 제2차 세계대전 후 수십 년간의 세계 체제를 국가자본들로 이뤄진 것으로 설명하려고 더 진지하게 노력한 사람은 키드런이었다.[61] 그는 개별 자본과 개별 국가가 완전히 융합됐다고 설명했다. 모든 국가는 자국 자본들의 명령에 따라 움직였고, 중요한 자본은 모두 특정 국가에 통합됐다는 것이었다. 예외적 사례들은 과거의 잔재일 뿐 체제가 더 발전하면 사라지고 말 것이라고 키드런은 생각했다.

이와 비슷하게 국가가 자본을 대표한다는 관점으로 세계를 이해하려는 노력은 1970년대 초 독일 마르크스주의자들이 벌인 논쟁에서도 나타났다.[62] 예컨대, 클라우디아 폰 브라운뮐은 다음과 같이 썼다.

> 국가 일반이 아니라 "세계시장의 특정한 정치적 조직화인 다수의 국가들"을 분석해야 한다. … 그 국가가 세계시장이나 다른 국가들과의 관계 속에서 어떤 구실을 하는지가 처음부터 항상 분석에 포함돼야 한다.[63]

그런 통찰을 엄밀한 세계 체제 해석으로 발전시키려고 노력한 사람은 많지 않았다. 그러나 그들의 일부 가정들은 세계에 대한 일상적 대화나 저작에서 당연하게 여겨지는 것들이다. 사람들은 습관적으로 이런저런 국가의 '경제적 이해관계'나 국가별 비교 우위나 이런저런 나라의 '이익' 등등을 이야기한다. 그래서 최근 로버트 브레너는 제2차세계대전 이후의 자본주의를 설명한 아주 유익한 발제에서 '미국 자본주의', '일본 자본주의', '독일 자본주의'가 상호작용할 때 국가 간 협상이 핵심 구실을 한다고 강조했다.[64] 특정 국민국가와 국제 자본주의 체제의 특정 부문은 서로 이해관계가 딱 맞는다는 것이다.

그러나 국민국가가 '국민'자본과 완전히 융합됐다는 견해는 지나친 단순화다. 특히 오늘날의 세계에서는 더욱 그렇다. 오늘날 다국적기업들은 수십 개 나라에서 활동한다(이 문제는 나중에 다시 살펴보겠다). 그러나 그렇다고 해서 국가가 단지 특정 자본과 "거리를 둔다"거나 특정 국적 자본 집단의 요구에 따라 움직이지 않는다는 말은 아니다. 국가와 자본은 여전히 복잡하게 얽혀 있다.

자본주의 국가의 기원

이 문제를 이해하는 출발점은 현대 국가의 발전과 자본주의 사이의 관계에서 찾아볼 수 있다. 마르크스는 이 문제를 명시적으로 다루지 않았고, 엥겔스가 마르크스 사후 집필했으나 1935년에야 출판된 원고에서 처음으로 이 문제를 다뤘다. 엥겔스가 연구 끝에 내린 결론은 중세 말기에 점차 중요해진 도시 상인들(이른바 '시민')이 왕과 동맹해서 다른 봉건 지배계급에 대항했다는 것이다. 즉, "중세 초기의 특징인 민중의 혼란 속에서 점차 새로운 민족주의들이 성장해 나왔고" 국민국가의 시작은 그 전의 정치 구조들과 사뭇 달랐다는 것이다.[65] 레닌은 더나아가 엥겔스와 비슷한 통찰을 이론적으로 정교하게 다듬었다. 당시 러시아의 혁명운동은 차르 제국의 남동부 유럽 접경지대에 거주하는 소수민족들과 서유럽 열강의 식민지 주민들이 내건 독립국가 요구를 받아들이려고 노력했다.

레닌은 국민국가를 건설하려는 투쟁과, 전자본주의 세계에서 스스로 자본주의적 경제 토대를 구축하기를 원하는 집단들의 출현 사이에는 밀접한 연관이 있다는 점을 자세히 설명했다.

> 세계 전역에서 자본주의가 봉건제에 최종 승리를 거두는 시기는 민족운동과 연관돼 있다. 상품생산의 완전한 승리를 위해서는 부르주아지가 국내시장을 장악해야 하고, 정치적으로 통일된 영토에서 주민들이 단일한 언어를 사용해야 하고, 그 언어가 발전하고 문헌으로 정착되는 것을 방해하는 장애물이 모두 일소돼야 한다. … 따라서 모든 민족운동은 **국민국가** 건설을 추구하는 경향이 있다. 현대 자본주의에 필요한 이런 조건들은 국민국가에서 가장 잘 충족되기 때문이다. … 국민국가야말로 자본주의 시대에 **전형적이고 정상적인** 국가다.[66]

이렇게 보면 근대 국가는 그 국가 내부에 기반을 둔 자본들(또는 적어도 대다수 자본들)에 외적인 존재로서 발전한 것이 아니었다. 역사적으로 근대 국가는 부를 축적하는 자본주의적 방식이 처음에는 유럽 일부 지역에서, 나중에는 세계 전역에서 뿌리를 내리기 시작하는 과정에서 형성됐다. 그런 방식을 지지하는 집단들은 자신들이 속한 전자본주의 사회와 연결된 다양한 사회 세력에 맞서 자기방어를 해야 했다. 그리고 머지않아 다른 지역에 기반을 둔 다른 자본가와도 맞서야 했다. 이 때문에 그들은 적대적일 수도 있는 세계에서 필요하다면 무력을 써서라도 자신들의 공동 이익을 지키기 위한 정치 구조를 만들어 냈다. 낡은 자본주의 국가형태가 존재하는 곳에서는 그 국가를 장악해서 자신들의 이해관계에 맞게 재편했고(영국이나 프랑스에서 그랬다) 아니면 그 국가와 결별하고 새로운 국가를 건설했다(네덜란드, 미국, 20세기 후반의 식민지 독립국들에서 그랬다). 19세기 말에는 국민국가 건설에 나선 것이 기존의 자본가 집단만이 아니었다. 한편으로는 독일, 차르 치하 러시아, 일본 같은 나라의 옛 착취 계급 출신들(점차 자본주의 열강들이 지배하는 세계에서 자신들도 살아남기를 원했다)과 다른 한편으로는 중간계급 지식인들(식민지 세계의 많은 민족운동에서 주도적 구실을 하게 된다)도 국민국가를 건설하려 했다.

이런 설명을 거부하는 일부 마르크스주의자들은 자본주의가 등장하기 전에도 국가가 존재했다는 근거를 내세운다. 그들은 '국가들의 체제'를 자본주의 체제와 전혀 다른 것으로 보고, '자본의 논리'와 다른 '국가들의 논리'가 있다고 주장한다. 그러나 낡은 국가들은 자본주의의 성장과 무관하게 유지되지 않았다. 그 국가들은 근본적으로 재구성됐고, 국경선이 다시 그어졌으며, 모든 주민의 삶에 직접 영향을 미치는 중앙집권적 구조가 처음으로 수립됐다(처음으로 모든 주민이 '시민'이 된 것이다).[67] 이 새로운 구조는 상품생산이 아니라 무력 동원을 통해 작동했지만, 그럼에도 자본주의의 성장에 따른 생산·착취 관계의 변화에 크게 영향받은 것도 사실이다. 그리고 그 구조는 처음부터 자본이 생산을 조직하는 것에 반작용하면서 자본의 축적 속도와 방향에 영향을 미쳤(고 지금도 여전히 그런)다. 국가들의 논리는 더 광범한 자본주의의 논리에서 비롯한 결과였다. 비록 그 논리가 체제의 다른 요소들과 빈번하게 충돌했지만 말이다.[68]

자본은 세 가지 형태, 즉 생산자본, 상품(또는 상인)자본, 화폐자본으로 존재한다.[69] 충분히 발전한 자본주의에서는 자본축적의 모든 과정에서 자본의 형태 변화가 거듭거듭 일어난다. 즉, 화폐자본은 생산수단과 원료와 노동력을 구매하는 데 사용되고, 이것들은 모두 생산과정에 투입돼서 상품을 생산한다. 그러면 이 상품은 화폐와 교환되고, 이 화폐는 다시 더 많은 생산수단과 원료와 노동력을 구매하는 데 사용된다. 자본의 형태는 한 형태가 다른 형태로 바뀌면서 끊임없이 상호작용한다. 그러나 이 세 형태는 부분적으로 분리될 수도 있다. 직접 생산을 조직하는 일, 상품을 판매하는 일, 자금을 조달하는 일을 서로 다른 자본가 집단이 맡을 수 있는 것이다.

화폐자본과 상품자본은 국가 등의 무력 사용 기구들이 방해하지만 않는다면, 이곳에서 저곳으로 국경을 넘나들며 끊임없이 이동할 수 있다. 생산자본은 사정이 약간 다르다. 단지 가치의 축적으로만 보면 생산자본과 다른 자본 형태의 차이는 규모의 차이일 뿐이다. 그러나 각각의 개별 자본은 개별 상품과 마찬가지로 이중의 성격을 띠고 있다. 자본은 교환가치로 측정될 수 있을 뿐 아니라 구체적 사용가치이기도 하다. 즉, 생산과정에서 사람들과 사물이 맺게 되는 구체적 관계를 나타내기도 하는 것이다. 각각의 특정 자본은 노동력·원료·생산수단을 결합하고, 자금을 조달하거나 신용을 얻고, 생산물의 유통망과 판매망을 관리하는 구체적 방식들이 있다. 이 모든 것에는 다른 사람이나 자연과의 상호작용이 포함된다. 이 물리적 상호작용은 고정된 지리적 위치에서 날마다 일어난다.

어떤 생산자본도 생산수단을 확실히 통제할 수 없거나(생산수단을 확실히 통제하는 최후의 수단은 '무장 집단'이다) 이중의 의미에서 자유로운(비자본주의적 착취자의 강압에서 자유로울 뿐 아니라 자신의 노동력을 파는 것 말고는 생계 유지 수단에서도 자유로운) 노동력이 없으면 제 기능을 할 수 없다. 특정 지역의 생산자본가들은 반드시 국가에 영향을 미칠 수 있는 사회적·정치적 조건을 형성하려고 함께 노력한다. 닐 브레너는 다음과 같이 썼다.

잉여가치를 축적하려고 노력하는 자본은 … 자신의 순환과정을 가로막는 지리적 장벽을 모두 뛰어넘으려고 … 고군분투한다. 그러나 이 끊임없는 동역학 속에서 자본은 상대적으로 고정되고 이동 불가능한 지리적 사회 기반 시설, 즉 도시-농어촌 복합체와 영토 국가에 반드시 의존한다. 자본의 고유한 운동은 … 근본적으로 생산과 재생산, 그리고 상대적으로 고정되고 이동 불가능한 지리적 기구(도시-농어촌 복합체, 교통망, 통신망, 국가의 규제 기관 등을 포함하는)를 전제로 한다.[70]

대다수 자본주의 기업은 단지 시장의 이해득실뿐 아니라 다른 기업과 맺은 장기적 관계도 감안해서 활동한다. 그러지 않으면 끊임없는 두려움 속에서 지내야 할 것이다. 시장 상황이 조금만 변해도, 부품 공급 업체가 거래처를 바꿔 버리지 않을지 또는 운송·판매 업체가 갑자기 거래를 중단하지 않을지 두려워하면서 지내야 할 것이다. 그래서 각종 금융 인센티브, 사업 특혜, 개인적 연줄을 이용해 다른 기업들을 "붙잡아 두려고" 한다. 이렇듯, 생산은 개별 기업에서 이뤄지는 것이 아니라 시간이 흐르면서 성장해 온 "산업 단지"에서 이뤄진다.[71]

고전학파와 신고전학파의 시장 모델이 묘사하는 자본은 다른 자본과 맹목적으로 경쟁하는 고립된 원자들이다. 현실 세계에서 자본가들은 항상 서로 또는 야심에 찬 정치인들과 동맹해서 경쟁력을 강화하려고 애쓴다. 그 동맹을 굳건히 하는 데는 돈뿐 아니라 혼맥, 학연, 사교 모임도 이용된다.[72]

심지어 화폐자본이 아무리 쉽게 이동할 수 있다 해도 특정 금융기관에게 특정 국민국가가 중요하다는 사실은 무시할 수 없다. 코스타스 라파비차스가 자본주의 사회의 화폐를 분석하면서 지적했듯이 "상업신용은 개별 자본주의 기업들 사이의 주관적이고 사적인 신뢰에 달려 있다. 왜냐하면 그런 신뢰는 기업들이 그동안 상거래 관계에서 축적한 지식을 이용하기 때문이다."[73] 그리고 그런 지식을 제공하는 네트워크들은 국민국가별로 발달해 있는데, 국가가 중앙은행을 통해 핵심 구실을 하기 때문이다. "중앙은행이 규제하고 관리하는 신용기관과 신용시장은 사회적 권력과 신뢰를 자본주의적 축적에 종속시킨다."[74]

국가와 자본의 관계는 사람들 간의 관계, 즉 대중을 착취하는 데 관여하는 사람들과 무장 집단을 통제하는 사람들 사이의 관계다. 국가의 주요 인사들과 개인적 인연을 맺는 것은 모든 자본가의 목표다. 그것은 모든 자본가가 다른 특정 자본가와 신뢰의 끈을 구축하고 상호 지원 관계를 맺으려고 애쓰는 것과 꼭 마찬가지다. 레닌이 말한 "연줄"은 엄청나게 중요하다.[75]

그런 상호작용은 모든 자본의 내부 구조에 흔적을 남긴다. 그래서 특정 자본이 그동안 잘 지내던 다른 자본이나 국가와 갑자기 사이가 틀어지면 그 자본은 매우 힘들어진다. 국민국가와 다국적 자본은 한 가족의 자녀처럼 함께 성장한다. 국민국가의 발전은 필연적으로 다국적 자본의 발전에 큰 영향을 미친다.

국가와 연결된 자본들과 그 국가는 하나의 체제를 형성해서 서로 상대방에게 영향을 미친다. 개별 자본의 구체적 성격은 다른 자본이나 국가와 주고받는 상호작용의 영향을 받는다. 그것은 가치를 증식하고 축적하려는 일반적 충동을 반영할 뿐 아니라 그 자본이 성장해 온 구체적 환경도 반영한다. 국가와 개별 자본은 얽히고설켜 있고 서로 상대방을 이용한다.

국가든 특정 자본이든 이 **구조적 상호의존** 관계에서 쉽게 벗어날 수 없다. 특정 자본은 특정 국가에서 활동하는 것이 더 낫다고 생각할 수 있다. 활동 기반을 다른 나라로 옮기면 내부 조직이나 다른 자본과의 관계를 모두 바꿔야 할지도 모르기 때문이다. 국가는 특정 자본들의 필요에 부응해야 한다. 국가가 정상적으로 기능하는 데 필요한 자원(특히 조세수입)을 그들에게 의존하기 때문이다. 만약 국가가 그들의 이해관계를 거스르면 그들은 유동자산을 해외로 빼돌릴 것이다. 국가들이 서로 다른 국가들에 가하는 압력은 각국 자본이 다른 나라에서 활동할 때 자신의 이익을 확실히 보장받는 데서 꼭 필요하다. 서로 경쟁하는 국가들의 존재는 자본주의 외부에서 만들어진 것도 아니고 자본가들의 선택 사항도 아니다. 그것은 자본주의 체제와 체제의 동역학에 필수적 일부다. 이 점을 깨닫지 못하면, 20세기의 자본주의를 이해하려는 노력에 큰 허점이 생기게 된다. 나이절 해리스가 그랬듯이 말이다.

국가의 '자율성'과 국가 관료의 계급적 성격

그러나 국가와 자본이 상호의존 관계라고 해서 국가를 그 국가 내에서 활동하는 경제적 실체로 환원할 수 있다는 말은 아니다. 국가를 실제로 운영하는 자들은 기업이 경쟁 때문에 스스로 할 수 없는 기능을 떠맡는다. 그들은 서로 경쟁하는 자본들을 중재해야 하고, 사법제도를 운영해야 하고, 중앙은행을 통해 금융 시스템과 국내 통화를 관리·감독해야 한다. 클라우스 오페가 지적했듯이 "'총자본'은 오직 관념적으로만 존재하기 때문에 … 완전히 다른 정치·행정 시스템의 특별한 지도와 감독이 필요하다."[76]

국가는 또, 국민 대중을 체제 내로 통합하는 메커니즘도 제공해야 한다. 한편으로는 사람들을 두들겨 패서 굴복시키는 강압 기구(경찰, 보안경찰, 감옥 등)와 다른 한편으로는 사람들의 불만을 체제와 조화될 수 있는 통로로 돌리는 통합 메커니즘(의회 기구, 단체교섭 체계, 개혁주의·보수주의·파시스트 정당들)이 그것이다. 두 메커니즘의 작동 비중은 상황에 따라 다르지만, 어디서든 상호 보완하면서 존재한다. 강압적 메커니즘은 사람들로 하여금 체제에 통합되는 더 쉬운 길을 선택하도록 타이르는 구실을 하고, 통합적 메커니즘은 강압적 국가권력이라는 무쇠 주먹을 은폐하는 부드러운 장갑이 되어 강압적 권력을 정당화한다. 이탈리아의 혁명적 마르크스주의자인 안토니오 그람시는 옳게도 마키아벨리의 켄타우로스(상반신은 인간이고 하반신은 말인 괴물) 비유를 이용해서 강압과 동의가 국가 속에서 결합되는 것을 표현했다.[77]

강압 메커니즘과 통합 메커니즘은 자본주의적 착취와 축적이 이뤄지는 영역 밖에 존재하는 조직과 지도력에 의존한다. 즉, 한편으로는 군대와 경찰, 다른 한편으로는 어느 정도 사회적 지지를 동원할 수 있는 정치 지도자들 말이다. 모름지기 효과적인 국가에는 그런 집단들의 지원(이나 적어도 묵종)을 얻어 내면서도 그들이 어느 정도 독자적 이익을 추구할 수 있도록 허용하는 연합이 구축돼야 한다.[78] 따라서 국가는 자본 일반의 이해관계뿐 아니라 다른 사회집단과 계급을 포섭하려고 제공하는 양보도 반영할 수밖에 없다. 그래서 상당한 정도의 자율성이 반드시 나타나게 된다.

마르크스는 1871년에 다음과 같이 썼다. "도처에 존재하는 복잡한 군사·관료·교회·사법 기구들을 거느린 … 복잡한 국가기구가 보아 뱀처럼 사회를 휘감고 있다." 국가 관료는 기존 지배계급의 지배를 보장하

려고 등장하지만, 그 과정에서 "지배계급의 이익조차 지배"할 수 있는 "기생충"이 된다.[79]

이런 자율성은 노동자와 농민, 프티부르주아지 사이에 강력한 지지 기반이 있는 개혁주의 정당이나 포퓰리스트 정당, 파시스트 정당이 집권했을 때 절정에 달한다. 그런 자율성을 누리는 정부가 자국 영토 내에 있는 주요 자본가 집단과 결별하거나 심지어 그들의 재산을 몰수할 때도 있다. 20세기 내내 그런 사례는 수없이 많았다. 독일의 나치, 아르헨티나의 페론, 이집트의 나세르, 시리아와 이라크의 바트당 정부들이 모두 그랬다. 또, 개별 자본이 '자국' 국가의 이익을 해치는 짓을 저지르는 경우도 수없이 많았다. 자금과 투자를 해외로 빼돌리거나, 자국의 다른 자본들을 약화시키는 외국 자본가들과 거래하거나, 심지어 자국 국가와 교전 중인 국가에 무기를 판매하기도 한다.

그러나 국가가 자국 자본으로부터 자유롭게 행동할 수 있는 정도와 자본이 자국 국가로부터 자유롭게 행동할 수 있는 정도에는 한계가 있다. 국가는 특정 자본가의 이익을 무시할 수 있지만, 자신의 조세수입과 다른 국가에 맞서 자신을 방어할 수 있는 능력이 결국은 자본축적의 지속에 달려 있다는 사실을 잊어버릴 수는 없다. 역으로, 개별 자본은 상당한 어려움을 겪으면서 한 국민국가에서 다른 국민국가로 자신의 기반을 옮길 수 있지만, 과거 미국의 서부 같은 상황에서 자신을 보호해 줄 효과적 국가가 없으면 결코 오랫동안 활동할 수 없다. 자신의 정상적 착취 리듬을 깨뜨릴 수 있는 하층 세력뿐 아니라 다른 자본이나 국가에 맞서 싸우면서 자신을 보호해 줄 국가가 필요한 것이다.

국가가 자국 자본과 결별하거나 자본이 자국 국가와 결별하는 것은 어렵고 위험한 일이다. 국가가 사적 자본을 공격하면, 사람들이 사적 자본뿐 아니라 자본축적 자체에 도전하기 시작하고 그와 함께 국가의 위계질서에도 도전하는 상황이 벌어질 수 있다. 사적 자본이 '자국' 국가와 결별하면, 적대적이고 위험한 세계에서 혼자서 버티는 위험을 무릅써야 한다.

국가와 자본의 이 상호의존은 많은 분석가들이 결코 다루지 않은 문제, 즉 국가 관료 자체의 계급적 성격이라는 문제와 관련해서 함의가 있다. 흔히 사람들은 국가 관료가 사적 자본가계급의 수동적 창조물일 뿐이라거나 어떤 형태의 자본과도 이해관계가 사뭇 다른 별개의 정치 집단이라고 생각한다. 그런 견해는 계급이 재산의 소유 여부에 달려 있으며, 따라서 국가 관료는 착취 계급이나 착취 계급의 일부일 수 없다고 주장한다. 예컨대, 엘런 우드와 데이비드 하비의 견해가 그런 주장을 함축하고 있다. 그들은 국가의 경제활동을 자본주의 생산 체제의 '외부'에 있는 것으로 여긴다.[80]

그런 관점으로는 마르크스 사후 125년간의 자본주의를 분석할 때 큰 허점이 생길 수밖에 없다. 사회의 총소득 가운데 국가의 손을 거쳐 가는 몫은 이윤·이자·지대의 형태로 사적 자본에게 직접 돌아가는 소득보다 훨씬 더 많다. 국가의 직접투자가 총투자의 절반이 넘는 경우도 흔하고,[81] 국가 관료는 착취의 과실 가운데 매우 큰 몫을 직접 처분한다.

그런 상황에서는 계급을 분석할 때, 사회의 일반적 '상식'과 달리, 법률적 소유 개념에 따른 구분으로 그쳐서는 안 된다. 마르크스는 계급이 그런 형식적 개념에 따라 규정되는 것이 아니라 사람들이 실제 사회적 생산관계에서 처한 위치에 따라 결정되는 것이라고 봤다. 계급은 물질적 생산과 착취에 대한 관계 때문에 다른 인간 집단에 맞서 함께 집단적으로 행동할 수밖에 없는 사람들의 집단이다. 《자본론》 3권의 마지막 미완의 장에서 마르크스는 계급을 단지 "수입의 원천"으로 규정할 수는 없다고 주장한다. 그랬다가는 계급이 한없이 분할될 것이기 때문이다. 즉, "사회적 분업 때문에 자본가와 지주뿐 아니라 노동자도 각종 이해관계와 지위로 한없이 세분된다"는 것이다.[82] 다른 곳에서 마르크스는 다양한 집단을 근대 사회의 주요 계급으로 묶어 주는 것은 한 집단의 수입이 다른 집단을 착취하는 데서 나오는 방식 자체라고 주장한다. 그는 《자본론》 초고에서 다음과 같이 썼다. "자본과 임금노동은 동일한 관계의 양면을 표현할 뿐이다."[83] 자본가는 오직 가치의 자기 증식을 구현하는 한에서만, 즉 축적의 의인화인 한에서만 자본가일 수 있고, 노동자는 오직 "객관적 노동조건"이 자본으로서 그와 대면하는 한에서만 노동자일 수 있다.

지도적 국가 관료 계층은 싫든 좋든 자본축적의 대리인 노릇을 할 수밖에 없기 때문에, 외국자본의 이익이나 노동계급의 이익과 대립되는 국내 자본가계급의 이익을 자신들의 이익과 동일시하게 된다. 개별 자본가가 어떤 사업에 뛰어들지를 선택할 수는 있지만 어떤 사업을 하든 그가 착취하고 축적하려면 강제력 사용을 피할 수 없는 것과 마찬가지로, 국가 관료도 이런저런 방향으로 움직일 수는 있지만 국내 자본의 축적 요구를 무시할 수는 없다. 그랬다가는 자신들의 장기적 미래가 위험해질 것이다. 국가 관료의 '자율성'은 국내 자본의 축적 요구를 어떻게 실행할 것인가 하는 제한된 수준의 자유일 뿐, 그런 요구를 실행할지 말지를 선택할 수 있는 자유는 결코 아니다.

국가 관료가 자본주의적 축적에 의존한다는 사실은 흔히 그들이 수입을 얻는 방식(소득과 지출에 세금 부과하기, 정부 차입, '통화 발행') 때문에 은폐된다. 겉보기에 이런 활동은 모두 생산 현장의 자본주의적 착취와 매우 다른 것처럼 보인다. 그래서 국가는 모든 사회계급에게 세금을 부과해서 국가에 필요한 재원을 조달할 수 있는 독립적 실체처럼 보인다. 그러나 이 외관상의 독립성은 더 넓은 맥락에서 국가의 활동을 살펴보면 사라진다. 국가의 수입은 개인들에게 과세해서 얻는다. 그러나 개인들은 [세금으로] 잃은 구매력을 생산 현장의 투쟁으로 만회하려 할 것이다. 즉, 자본가들은 더 높은 착취율을 강요해서, 노동자들은 임금 인상을 쟁취해서 구매력 손실을 만회하려 한다. 따라서 국가가 자신의 수입을 늘릴 수 있는 여지는 계급 세력 관계에 달려 있다. 국가의 수입은 사회의 총잉여가치 가운데 일부, 즉 노동자들이 생산한 생산물의 가치가 노동력 재생산 비용을 초과하는 총액 가운데 일부다.

이런 의미에서 국가의 수입은 서로 다른 자본 부문이 얻는 수입, 즉 지주가 얻는 지대, 화폐자본이 얻는 이자, 상품자본이 얻는 판매 수익, 생산자본이 얻는 이윤에 비유할 수 있다. 이 서로 다른 수입의 크기를 둘러싸고 서로 다른 자본 부문이 끊임없이 충돌하듯이, 국가 관료와 나머지 자본가계급도 총잉여가치 가운데 자신들이 차지할 몫을 둘러싸고 끊임없이 충돌한다. 때때로 국가 관료는 자신들의 특별한 지위, 즉 무력 독점권을 이용해서 다른 자본가들을 희생시키고 자기 잇속만 챙기기도 한다. 그러면 다른 부문의 자본가들도 나름대로 특별한 지위를 이용해서, 즉 산업자본은 투자를 지연시키는 능력을 이용하고 화폐자본은 돈을 해외로 빼돌리는 능력을 이용해서 반격할 것이다.

그러나 이 모든 충돌에서 서로 다른 자본 부문들은 오직 일시적으로만 상호의존 관계에서 벗어날 수 있다. 이 상호의존 관계는 결국 경제 위기(신용 제도의 갑작스런 붕괴, 상품 판매 능력의 갑작스런 상실, 갑작스런 국제수지 위기, 심지어 국가 파산의 위험)라는 가장 극적인 방식으로 표출되기 마련이다. 국가 관료제를 이끌어 가는 자들이 개인적으로는 자본을 소유하지 않을 수 있지만 그들은 자본축적의 대리인 노릇을 할 수밖에 없고, 따라서 마르크스의 정의대로라면 그들은 자본가계급의 일부일 수밖에 없다.

마르크스는 《자본론》에서 자본주의 생산이 발전하면 자본가계급 내부에서 기능 분화가 일어난다고 지적한다. 자본 소유자들은 생산과 착취를 실제로 조직하는 직접적 구실을 덜 하는 반면, 이 구실은 고액의 보수를 받는 경영자들에게 넘어가는 경향이 나타난다. 그러나 이 관리자들이 자본축적의 대리인으로 남아 있는 한 그들은 여전히 자본가다. 힐퍼딩은 이 주장을 더욱 발전시켜서, 단일한 자본가계급이 다수의 금리생활자 자본가계급(자기 주식 지분에서 나오는 거의 고정된 수익에 의존하는)과 '창업자' 자본가계급(거대 기업에 필요한 자본을 끌어모아 초과 잉여가치를 얻는)으로 분화된다고 지적했다.[84] 우리는 여기에 덧붙여, 개별 자본의 축적을 담당하는 자본가와, 국가를 통해 개별 국가 안에서 활동하는 형제자매 자본들의 발전을 촉진하려는 자본가(이들을 '정치적 자본가'라고 부를 수 있을 것이다)로 분화된다는 것도 지적할 수 있겠다.

국가자본주의와 국가자본가

20세기의 가장 중요한 발전 중 하나는 대규모 국가 소유 경제 부문의 출현이다. 국가는 제1차세계대전 말에 독일 국내 생산 전체를 계획했고, 제2차세계대전의 대부분 기간에는 독일뿐 아니라 미국과 영국의 국내 생산도 모두 계획했다. 물론 스탈린 시대부터 고르바초프 시대까지의 소련과 마오쩌둥 시대의 중국도 마찬가지였다.

많은 분석가들은 국가가 자본주의에 외적인 것이라는 '상식'적 견해를 받아들이듯이 국가가 운영하는 산업과 경제가 자본주의적일 수 있다는 생각을 거부한다.[85] 그러나 고전적 마르크스주의자들의 관점은 상당히 달랐다. 이미 마르크스는 《자본론》 2권에서 "정부가 광산·철도 등에 생산적 임금노동자를 고용해서 산업자본가의 기능을 하는 경우에는 국가자본도 … 개별 자본의 총합에 포함"시켰다.[86] 엥겔스는 비스마르크가 독일 철도 체계를 국유화한 조처를 거론하며 이 점을 훨씬 더 자세히 설명했다.

> 형태가 어떻든 간에 근대 국가는 본질이 자본주의의 장치, 즉 자본가들의 국가로, 일국 총자본의 관념적 의인화다. 근대 국가가 생산력을 더 많이 장악할수록 그것은 그만큼 더 국가자본가가 되며, 그만큼 더 많은 주민을 착취한다. 노동자는 여전히 임금노동자, 즉 프롤레타리아로 남아 있다. 자본주의적 관계는 폐지되지 않는다. 오히려 그것은 그냥 내버려 둘 수 없을 만큼 악화한다.[87]

카우츠키는 1890년대에 '맨체스터학파'의 원조 경제적 자유주의(오늘날의 경제적 자유주의를 신자유주의라고 부르는 것은 여기서 유래했다)가 "더는 자본가계급에게 영향을 미치지 못한다"고 주장할 수 있었다. 왜냐하면 "경제적·정치적 발전으로 말미암아 국가의 기능 확대가 더 절실해져서" 국가가 "점점 더 많은 기능이나 산업을 직접 장악할" 수밖에 없기 때문이다.[88]

트로츠키도 25년 후에 《전 세계 노동자에게 보내는 공산주의인터내셔널의 선언》에서 다음과 같이 썼다.

> 자본주의적 자유주의자들이 온갖 비판과 항의를 했지만 경제 생활의 국
> 가화는 기정사실이 됐다. … 이제는 자유경쟁으로 돌아갈 수 없을 뿐 아
> 니라 심지어 트러스트와 신디케이트, 그 밖의 거대 독점기업들의 지배로도
> 돌아갈 수 없다. 오늘날 제기되는 쟁점은 단 하나다. 앞으로 국가화한 생
> 산의 주인은 누가 될 것인가? 제국주의 국가인가 아니면 승리한 프롤레타
> 리아인가?[89]

이들이 모두 인정한 사실은 생산수단의 사적 소유가 국가 소유로 바
뀌었어도 근본적 생산관계나 자본주의적 축적의 동역학은 바뀌지 않
았다는 것이다. 국가에게 국유 산업의 목적은 국내의 축적이 외국자본
들의 축적에 필적할 수 있게 해서 경제적·군사적 경쟁에서 살아남는
것이었다. 이를 위해 노동자는 여전히 임금노동자여야 했고 노동자의
임금은 노동력을 유지하고 재생산하는 데 필요한 최저 수준으로 낮춰
야 했다. 국가는 자신이 소유한 기업 내부의 생산을 계획할 수 있었지
만, 그 계획 자체는 사기업 내부의 계획과 마찬가지로 외부 경쟁에 종
속됐다. 국유 기업의 목표는 여전히 자본의 자기 증식이었고, 이 때문
에 기업 내부 활동에서 가치법칙이 작용하고 관철됐다.

따라서 국유 기업 관리들은 마치 자본가처럼 행동했다. 즉, 민간 기
업의 기업주나 주주가 하듯이 노동자를 희생시키는 자본축적의 화신
이 됐다.

이 점을 인식하지 못했기 때문에, 1920년대에 힐퍼딩은 마르크스가
분석한 자본주의의 모순들이 '조직' 자본주의에서 극복됐다는 결론을

내렸다. 1930년대 말 나치의 국가계획을 보면서 힐퍼딩은 이제 독일에 존재하는 것은 자본주의가 아니라 새로운 종류의 계급사회라고 결론지 었다. 즉, '조직'이 '자본주의'를 대체했고, 이 신종 계급사회의 원동력은 서로 다른 자본의 경쟁적 축적에 원료 구실을 하는 이윤 창출이 아니라는 것이었다.

힐퍼딩(과 지금도 여전히 자유 시장에서 경쟁하는 기업들의 사적 소유를 자본주의와 동일시하는 사람들)이 깨닫지 못한 것은 체제가 여전히 서로 다른 자본들 사이의 경쟁적 축적을 바탕으로 하고 있었다는 사실이다. 비록 이 자본이 이제는 군사적 국가자본주의들이었지만 말이다. 이 체제 역시 마르크스가 분석한 것과 똑같은 동역학에 따라 움직였고 똑같은 모순을 안고 있었다. 이 점은 총력전의 시대에 분명히 드러났다. 당시 서로 경쟁하는 국가들은 직접 교역하지 않았고, 해상봉쇄 때문에 해외시장 경쟁이 크게 제한됐다. 한 국가가 군사적 하드웨어를 축적하는 데 성공할 때마다 경쟁국들도 비슷한 수준의 군사적 하드웨어를 축적하려고 노력해야 했다. 서로 다른 자동차 공장의 구체 노동들이 자동차 업체 간 판매 경쟁 때문에 동질적인 추상 노동으로 변모해서 계획되지 않았던 연관성이 생기듯이, 탱크를 생산하는 국가들의 군사적 경쟁도 똑같은 결과를 낳는다.

마르크스는 당대의 시장 자본주의에서 다음과 같은 일이 일어났다고 설명했다.

교환을 통해 노동생산물 사이에 형성되는 관계, 그리고 노동생산물을 매개로 해서 생산자들 사이에 형성되는 관계를 통해서만 개인의 사적 노동은 비로소 사회적 총노동의 일부가 된다.[90]

마르크스 사후 발전한 세계 체제에서는 군사적 경쟁이 똑같은 구실을 하면서, 서로 다른 국가들(폐쇄적인 듯했던)에서 이뤄지는 개별적 노동 행위들을 서로 연결했다.

전쟁에서 승리하는 데 필요한 만큼 파괴 수단을 획득하는 것은 시장 경쟁에서 승리하는 데 필요한 만큼 생산수단을 축적하려는 것과 똑같은 충동에 달려 있었다. 즉, 임금을 노동력 재생산 비용까지 낮추고, 노동생산성을 세계 수준으로 끌어올리고, 축적을 위해 잉여가치를 사용하려는 충동 말이다. 60여 년 전에 토니 클리프가 지적했듯이, 이 점에서 군사적 경쟁과 경제적 경쟁의 유일한 차이는 축적의 형태뿐이었다. 즉, 새로운 상품을 생산하는 데 사용될 수 있는 사용가치의 축적인지 아니면 전쟁을 벌이는 데 사용될 수 있는 사용가치의 축적인지만 달랐다. 어느 경우든 이런 사용가치들이 그것을 통제하는 자들에게 얼마나 중요한지를 좌우한 것은 그 체제 외부의 사용가치들과의 비교, 즉 그것들을 교환가치로 환산한 결과였다.

이것은 또, 이윤율이 여전히 결정적 구실을 했다는 뜻이다. 이윤율은 더는 국내 경제의 서로 다른 부문으로 투자를 배분하는 잣대 구실을 하지 않았다. 군대의 필요가 그런 구실을 했다. 그러나 이윤율은 경제 전체를 제약하는 구실을 했다. 일국의 군대-산업 기구에서 총투자 대비 총잉여가치의 비중이 낮아지면 그 국가자본주의가 경쟁 국가들과의 전쟁에서 이길 수 있는 능력도 약해졌다. 이윤율 저하가 경제 불황으로 이어지지 않을 수는 있었다. 남아 있는 잉여가치의 양이 아무리 적더라도 그것이 계속 사용될 수 있는 한 전쟁 기구는 계속 성장할 터였기 때문이다. 그러나 그러면 군사적 패배를 부를 수 있었다.

신흥 관료 집단이 생산을 통제한 국가들(1920년대 말 이후의 소련,[91]

제2차세계대전 후의 동유럽과 중국, 1950년대 말과 1960년대의 다양한 옛 식민지 국가들)에서도 똑같은 자본주의 논리가 작용했다. 그런 국가들은 '사회주의'를 자처했지만, 그들의 경제적 동역학은 더 광범한 자본주의 세계와의 상호 관계에 의존하고 있었다. 그들은 국경선 밖의 자본주의 나라들과 거래할 때 상품생산의 논리에 끌려 들어갔다(그리고 근본적으로 자본주의적 축적을 시작해서 시장 경쟁력을 유지해야 할 필요에도 종속됐다). 그러나 경제적으로 외부와 단절되는 자급자족 정책을 채택했더라도 약탈적 외부 제국주의 국가들에 맞서 자기방어를 해야 했다. 어느 경우라도 그들은 부하린이 1920년대 초에 묘사한 방식으로 20세기 자본주의 세계 체제의 논리에 종속됐다. 그리고 그런 사회를 지배한 자들도 마르크스 당대의 사적 자본가들과 마찬가지로 축적의 '의인화'였고, 그 때문에 생산수단을 이용해 힘들게 일하는 임금노동자들과 대립할 수밖에 없었다. 다시 말해, 그들은 자본가계급의 일원이었다. 비록 개인적으로가 아니라 집단적으로 착취하고 축적하는 계급의 일원이었지만 말이다.

언뜻 보면 국가는 시장 관계라는 세계 속에 있는 거대한 계획의 섬 같았다(한때는 대륙의 절반에서 계획이 실시됐다). 그러나 국가들끼리 국내 생산력을 더 급속하게 발전시키려고 서로 경쟁하는 한, 그 계획은 마르크스 당대의 개별 자본주의 기업 내부에서 이뤄진 계획의 섬처럼 세계 수준과 비슷한 노동생산성을 유지하려는 계획이었을 뿐이다. 가치법칙은 그런 경쟁을 통해 세계 체제의 모든 단위에서 관철됐다. 국가 전체를 운영하는 자들, 특정 국가 부문을 운영하는 자들, 개별 기업을 운영하는 자들은 모두 노동력의 가격을 체제 전체의 노동력 가치 수준으로 낮추라는 압력을 받았다.

한동안 개별 자본주의 기업의 경영자들과 개별 국가의 운영자들은 순전히 자신들이 처분할 수 있는 자원의 규모에 의존해서 그런 압력을 무시할 수 있었다. 그러나 무한정 그럴 수는 없었다. 붕괴의 위험을 무릅쓰고 싶지 않다면 언젠가는 어려운 선택에 직면해야 했다. 고통스럽고 위험할 수 있는 내부 구조조정 과정을 통해 노동자들에게 가치법칙을 강요하거나 아니면 세계의 세력 관계를 자신들에게 유리하게 바꾸려고 필사적 도박을 감행해야 했다. 민간 기업에게는 이것이 사기성이 농후한 최후의 마케팅 전략에 자원을 쏟아붓는 것을 뜻했고, 국가를 운영하는 자들에게는 군사력을 사용해서 경제적 약점을 보완하려고 노력하는 것을 뜻했다. 그래서 20세기 자본주의의 실제 역사는 평화적이고 정직한 경쟁이라는 경제학 교과서의 설명과 사뭇 달랐던 것이다. 그리고 표면적 현상 이면의 실제 사회관계를 살펴볼 필요를 이해하지 못한 일부 마르크스주의자들이 받아들인 설명과도 사뭇 달랐던 것이다.

chapter 5 국가지출과 자본주의 체제

중요한 구별

국가의 경제적 중요성이 엄청나게 증가한 것이 마르크스 시대의 자본주의와 20세기 자본주의를 구별하는 하나의 특징이라면, 또 다른 특징은 딱히 생산적이지 않은 다양한 지출이 늘었다는 점이다.

마르크스는 애덤 스미스가 구별한 '생산적'인 것과 '비생산적'인 것의 차이를 받아들였다. 스미스는 자본주의 초창기에 저술 활동을 했고, 자본주의의 발전을 가로막는 장애물을 극복하는 데 필요한 것이 무엇인지 알아내려 했다. 따라서 그는 자본가가 이윤을 창출해 생산을 더욱 발전시키려고 노동자를 고용하는 것과, 단순히 기존 자원을 소모하려고 노동자를 고용하는 것을 구별했다. 누군가를 고용해 판매할 물건을 만드는 일은 생산적이고, 누군가를 고용해 개인의 욕망을 충족하는 일은 생산적이지 않다는 것이다. 다른 식으로 표현하면, 누군가를 공장에 고용하면 부를 창출하는 것이고 개인의 하인으로 고용하면 부를 소비할 뿐이라는 것이다. 스미스는 이런 의미에서 비생산적·낭비적 존재는 하인만이 아니라고 봤다. 그는 국가(자본주의 생산의 필요에 맞게 완전히 개조되지 않은)의 세입으로 생활하는 공무원도 비생산적·낭비적이라고 봤다.[1]

마르크스는 《자본론》의 다양한 초고들을 준비할 때 스미스의 구별법을 받아들였고, 생산적인 것과 비생산적인 것에 대한 자신만의 이해를 발전시켰다. 스미스와 마찬가지로 마르크스도 자본주의가 어떻게 작동하는지 알고 싶어 했다. 물론 자본주의 체제를 지지해서가 아니라 반대해서 그랬지만 말이다. 그래서 마르크스의 관심사는 자본가의 관점에서 무엇이 '생산적'인가였다.[2] 마르크스는 생산적인 것은 잉여가치를 생산하는 것이라고 주장했다. 잉여가치를 생산하는 노동 덕분에 자본가가 축적할 수 있는 반면, 잉여가치를 생산하지 않는 노동은 축적에 도움이 되지 않기 때문에 '비생산적'이라는 것이었다.

이 모든 논의에서 마르크스는 노동이 '생산적'인지 아닌지는 노동의 물리적 형태[육체노동인지 정신노동인지]나 생산물이 사회적으로 얼마나 유용한지에 달려 있지 않다고 강조했다. 문제는 그 노동이 잉여가치를 창출할 수 있는가 하는 것뿐이었다. 마르크스는 한 저작에서 "생산적 노동과 비생산적 노동의 이러한 구별은 노동의 구체적 특징이나 그 노동에 포함된 특정한 사용가치와는 전혀 관계 없다"고 썼다.[3]

마르크스의 구별은 물질 생산과 오늘날 '서비스'로 분류되는 것 사이의 구별이 아니었다. 어떤 '서비스'는 시장에서 상품으로 사고팔릴 수 있는 사용가치를 가지고 있다. 또는 다른 상품에 유용성을 더해 주기도 한다. 이런 서비스는 그 서비스를 생산하는 데 드는 사회적 필요노동시간으로 결정되는 교환가치를 가지고 있어서 자본가에게 새로운 잉여가치를 가져다준다. 따라서 이런 서비스는 생산적이다. 예를 들어 영화배우가 사용가치를 창출하고(사람들에게 즐거움을 줘서 생활수준을 높인다) 그를 고용한 자본가가 영화를 판매한다면 그 배우의 연기는 생산적이다. 운수 노동자가 물건을 생산지에서 소비지로 운반하는 일도 사실상 생산을 완성하는 과정의 일부이므로 생산적이다. 반면에 영화배우가 특정 재화를 홍보하는 텔레비전 광고에 출연하는 것은, 그 노동이 새로운 사용가치와 교환가치를 창출하지 않기 때문에 비생산적이다. 광고는 이미 생산된 재화의 판매를 도울 뿐이다.

굴리엘모 카르케디는 올바르게도 다음과 같이 주장했다.

'서비스'라는 범주는 혼란만 초래하기 때문에 사용하지 말아야 한다. [마르크스에 따르면 — 하먼] "서비스는 상품이든 노동이든 사용가치의 유용한 작용일 뿐이다".[4] 따라서 '서비스'는 생산적 노동(호텔, 연극·영화 등의 오락)과 비생산적 노동(광고, 시장조사)을 모두 포함한다.[5]

이 쟁점을 처음 논의한 1860년대 초에 마르크스는 스미스와 마찬가지로, 비생산적 노동이란 상류계급을 위해 개인이 제공하는 서비스와 관계 있다고 여겼다.[6] 여기에는 "오락"을 제공하는 일, "육체적 질병"과 "정신적 허약함"을 치료하는 일(의사와 사제), "사적 이익과 국가적 이익 사이의 갈등"을 조정하는 일(정치인, 변호사, 경찰, 군인) 등이 포함됐다. 이 중 마지막 부류는 "산업자본가들 스스로"도 부수적 생산 경비로 여겼고, 그래서 꼭 필요한 최소한만 유지되고 최대한 싸게 공급돼야 한다고 봤다.[7]

마르크스는 지배계급에게 개인적 서비스를 제공하는 사람이 때로는 지배계급 자신이 개인적으로 고용한 사람이 아니라 다른 자본가에게 고용된 노동자라는 사실을 알고 있었다. 이런 경우에는 그 노동이 잉여가치를 창출하므로 생산적이라고 마르크스는 주장했다. 어쨌든, 노동자를 고용한 자본가는 노동 생산물을 노동력의 대가보다 비싸게 팔아 이윤을 챙기기 때문이다. 따라서 누군가의 집에 개인적으로 고용돼 그 집 자녀를 가르치는 교사는 이윤을 창출하지 않는 서비스를 제공하므로 비생산적이다. 반면에 학교를 운영해 이윤을 내는 기업에 고용된 교사는 생산적이다. 전자의 교사는 자본가들이 가치를 축적하는 데 도움을 주지 않지만, 후자는 도움을 준다. 차이는 자본주의 생산과 축적에 필수적 노동인지 아닌지다.

그러나 《자본론》에서 마르크스는 생산적 노동과 비생산적 노동의 구별을 다른 맥락, 즉 자본주의 생산 전체에 우연적인가 필수적인가 하는 맥락에서 다시 논의해야만 했다. 자본주의가 발전함에 따라 아무것도 생산하지 않는 다양한 노동 형태에 점차 의존하게 됐기 때문이다.

자본주의 기업에는 관리자, 현장감독, 작업반장의 '노동'처럼 규율을 유지하는 노동이 존재한다. 또, 이미 생산된 상품이 다양한 판매와 구매 사슬을 거쳐 최종 소비자에게 도달할 때까지 상품의 교환에 관여하는 상업노동도 존재한다. 또, 이윤과 손실을 계산하고, 신용을 제공하며, 자본가계급의 다양한 부문들 사이에 잉여가치를 배분하는 데 관여하는 금융노동도 존재한다. 마르크스는 자본주의가 성장함에 따라 이런 종류의 노동이 늘어날 것이라고 봤다.

생산 규모가 확대됨에 따라 산업자본의 재순환에 끊임없이 필요한 상업 활동도 … 증대한다는 것은 명백하다. … 생산 규모가 커질수록 산업자본의 상업 활동도 … 증대한다.[8]

자본가들이 이런 식으로 고용한 노동은 하인의 노동과 마찬가지로 생산적이지 않다. 규율 유지, 상품 판매, 회계 처리는 잉여가치를 새로 창출하는 노동이 아니라 잉여가치의 일부를 떼어 보수를 지급해야 할 필수 기능이다. 이러한 노동은 새로운 것을 생산하지 않는다. 단지 다른 사람이 가치를 생산하는 과정을 통제하고, 그 가치를 한 형태(상품)에서 다른 형태(화폐)로 전환하고, 사람들 사이에 가치를 분배한다. 하인의 행동이 가치를 창출하지 못하듯이 현장감독, 은행원, 점원의 행위도 가치(따라서 잉여가치)를 창출할 수 없다.

그런데 만약 생산자본가가 다른 자본가로 하여금 이런 기능의 일부를 맡게 하면 어떻게 될까? 마르크스의 기존 정의에 따르면 그 다른 자본가에게 고용된 노동은 생산적이라고 해야 한다. 그 자본가가 이윤을 얻을 수 있게 해 주기 때문이다. 그러나 이런 식으로 보게 되면 문제가 생긴다. 그 이윤은 생산자본가가 그런 기능을 맡을 사람을 직접 고용했을 때와 마찬가지로 총생산량이 증가해 생겨난 것이 아니다. 원래 첫 번째 자본가의 수중에 있던 잉여가치의 일부를 두 번째 자본가가 얻은 것일 뿐이다. 마르크스는 자본주의 생산의 관점에서 보면 그런 노동은 비생산적이라고 결론 내렸다. 이것은 다른 곳에서 정의한 생산적 노동의 기준과 다른 것처럼 보인다. 그래서 자크 비데 같은 사람은 마르크스가 일관성이 없다고 주장했다.[9] 그러나 애덤 스미스와 카를 마르크스의 공통된 관심사, 즉 자본주의 발전을 촉진하는 것과 지연시키는 것을 구별하는 문제의 관점에서 보면, 이런 분석은 일리가 있다.

자본주의 생산이 아직 지배적이지 않았을 때, 개인 서비스를 제공하려고 노동자를 고용한 자본가는 주로 자본주의 체제 외부에서 부를 쌓은 자들에게 그런 서비스를 제공했다. 예를 들어 학교 소유자가 받는 보수는 전前자본주의 착취자의 주머니에서 자본주의 부문으로 이전된 자원이었고, 따라서 그 자원은 이제 생산적 축적에 쓰일 수 있게 됐다. 반면, 생산자본의 상품을 취급하는 상인이나 가게 주인은 이미 생산자본이 창출한 잉여가치에서 이윤을 가져갔다. 이들은 총잉여가치를 늘리지 않았고, 따라서 자본축적에 기여하지도 않았다.

마르크스는 이 점을 다음과 같이 지적했다.

산업자본가에게 유통비용은 비생산적 비용으로 나타나며 실제로도 그렇다. 그러나 상인에게 유통비용은 이윤의 원천으로 나타나며, 이 이윤은 일반 이윤율이 일정하다면 유통비용의 크기에 비례한다. 그러므로 상인자본에게 유통비용 지출은 생산적 투자다. … 그리고 상인자본이 구매하는 상업노동도 상인자본에게는 직접적으로 생산적이다.[10]

상업자본가들 사이의 경쟁 때문에, 생산자본가와 마찬가지로 개별 상업자본가도 노동력의 가치 이하로 임금을 낮춰야 한다는 압력을 받는다. 따라서 상업노동자도 생산자본을 위해 일하는 노동자와 똑같은 방식으로 착취당한다. 상업자본가가 임금을 낮추고 노동자의 작업량을 늘릴수록 생산자본가에게 서비스를 제공한 대가로 받는 보수에서 자신이 차지하는 몫이 커진다. 예컨대, 어떤 판매 업무에 들어가는 사회적 필요노동시간이 8시간이고 판매하는 노동자의 임금으로 4시간만큼의 비용만 지급한다면, 그 가게를 운영하는 자본가는 자본주의 체제의 다른 부문에서 제공된 4시간만큼의 잉여가치를 가져갈 수 있다.

하지만 그렇다고 해서 자본주의 체제 전체의 동역학을 이해할 때 상업노동과 생산노동을 동등하게 여길 수 있다는 말은 아니다. 생산노동은 더 많은 축적을 위해 사용될 수 있는 자원을 창출하지만 상업노동은 그렇지 않다. 그래서 마르크스는 다음과 같이 주장했다.

상품의 사용가치를 증가시키지 않으면서 상품 가격을 인상시키는 비용은 사회적으로 보면 비생산적 비용이지만 개별 자본가에게는 치부의 원천이 될 수 있다. 반면에 이런 상품 가격의 인상이 이 유통비용을 균등하게 배분한 것에 불과하다면, 그 때문에 유통비용의 비생산적 성격이 사라지지는 않는다. 예컨대 보험회사는 개별 자본가의 손실을 자본가계급 사이에 배분한다. 그러나 사회적 총자본의 관점에서 보면 손해가 균등해진다고 해서 손해가 없어지는 것은 아니다.[11]

때때로 생산적 노동과 비생산적 노동을 구별하는 것은 순전히 학술적 문제처럼 취급되기도 한다. 그러나 무엇이 축적에 기여하고 무엇이 기여하지 않는지의 관점에서 보면, 이 구별은 엄청난 함의가 있고, 그중에는 마르크스 자신이 결코 발전시키지 못한 것도 있다. 개별 자본가에게는 "잉여가치를 생산"하는(《잉여가치학설사》에서 마르크스가 정의한 생산적 노동의 의미) 것이, 자본 일반의 축적에 이용될 수 있는 잉여가치 창출이라는 관점에서 보면 생산적이지 않을 수도 있다. 바로 이 점이 자본주의 체제 동역학의 핵심이다.

비생산적 노동의 규모

판매와 금융에 관여하는 비생산적 지출의 수준은 20세기 동안 증가했다. 셰이크와 토낙은 미국에서 상업에 고용된 노동자의 수가 1948년 1069만 명에서 1989년 2437만 5000명으로 증가했고, 금융·보험에 고용된 노동자의 수는 같은 기간 125만 1000명에서 712만 3000명으로 증가했다고 계산했다. 반면에, 생산적 노동자의 수는 3299만 4000명에서 4114만 8000명으로 늘었을 뿐이다.[12] 프레드 모즐리는 1950~80년에 상업에 고용된 수가 890만 명에서 2100만 명으로, 금융에 고용된 수가 190만 명에서 520만 명으로 늘어나는 동안 생산적 노동자 수는 2800만 명에서 4030만 명으로 늘었을 뿐이라고 추산한다.[13]

실제로 가치를 생산하는 노동자를 감시하는 일만 하기 때문에 마르크스가 비생산적이라고 여긴 수많은 관리자는 이 수치에서 빠져 있다. 사이먼 모훈은 고용된 관리자의 규모와 보수가 증가해, 미국의 '물질적 부가가치'에서 '비생산적' 임금이 차지하는 비중이 1964년 35퍼센트에서 2000년에는 50퍼센트 이상으로 상승했다고 계산했다.[14] 이 수치도 군대와 사법제도 같은 비생산적 국가 기능에 고용된 사람들을 포함하지 않기 때문에, 비생산적 노동의 증가 규모를 과소평가한 것이다.

비생산적 지출과 낭비적 생산

20세기와 21세기의 자본주의를 분석할 때 고려해야 하는 또 다른 종류의 노동이 있다. 이 노동이 생산하는 상품은 다른 상품과 마찬가지로 사고팔리지만, 생산의 다음 단계에는 생산수단으로도 임금재로도 사용되지 않는다. 자본가계급이 사용하는 사치품을 생산하는 노동이 이 범주에 들어간다. 군대에서 쓰는 무기를 생산하는 노동도 여기에 해당된다. 마르크스주의자들은 이런 노동을 보통 '생산적'이라고 생각하지만, 자본주의 축적을 증가시키지 않는다는 점에서 비생산적 노동과 같다. 그래서 1970년대 초에 키드런은 이런 노동을 비생산적 노동으로 봐야 한다고 주장했다.

> 자본주의가 노화하면서 … 생산적이라는 것의 두 기준(마르크스는 이 둘을 혼용했다), 즉 자본에 고용되는 것과 자본을 증가시키는 것 사이의 차이가 벌어졌다. … 이제는 자본이 세상을 지배하고 있고 … 두 기준은 더는 서로 일치하지 않는다. 결코 자본의 자기 증식에 사용될 수 없는 재화와 서비스를 생산하는 수많은 노동자들이 자본에 직접 고용돼 있다. 이들은 한 기준에 의하면 생산적이고 다른 기준에 의하면 비생산적이다. … 선택의 필요성을 감안하면, 오늘날 생산적 노동은 그 최종 생산물이 다음번 생산의 투입물이거나 투입물이 될 수 있는 노동으로 정의해야 한다. 오직 이런 노동만이 자본의 자기 증식에 기여할 수 있다. … 간단히 말하면, 후기 자본주의에서는 잉여가치의 일부만이 자본의 증식을 위해 사용될 수 있다. 나머지는 낭비적 생산이다.[15]

최근에 앨런 프리먼은 비생산적 노동 개념을 확대해서, 비생산적으로 사용되는 것을 생산하는 노동도 여기에 포함해야 한다고 주장했다. "유럽부흥개발은행 건물을 대리석으로 치장하는 노동자는 그 건물에서 일하는 직원과 똑같이 비생산적이다."[16] 반면에 굴리엘모 카르케디는 새로운 가치를 창출하는 노동은 비록 그것이 다음 축적 단계에 기여하지 않더라도 생산적 노동이라고 주장한다.[17] 이런 노동을 어떻게 분류하든지 간에, 자본축적이라는 관점에서 볼 때 낭비되는 노동의 비중은 매우 커졌다. 키드런은 "자본의 관점에서 보면 1970년대 미국에서 실제로 수행된 노동의 5분의 3은 낭비적이었다"고 추산한다.[18]

국가 부문과 비생산적 노동

개별 자본의 지출 중에서 자본 투자나 생산적 노동자의 임금으로 가지 않는 부분은 다음과 같은 범주로 나눌 수 있다.

(1) 작업 속도를 높이기 위해 노동자에게 규율을 부과하는 데 쓰이는 지출. 즉, 내부 안전, 감독 업무, 시간과 동작 측정, 작업 속도 점검에 대한 지출.

(2) 노동자의 충성을 유지하는 데 쓰이는 지출. 예를 들면 내부 홍보, 작업장 소식지, 경영진이 운영하는 노사협의회, 노동자 체육 동아리에 대한 지원 등.

(3) 금융거래, 신용 확보, 은행 수수료 등에 대한 지출.

(4) 판매와 광고 등에 대한 지출.

(5) 노동자의 건강을 유지해 작업을 계속할 수 있게 하는 지출. 즉, 사내 의료 시설, 구내식당 등. 일부 기업은 노동자에게 숙소도 제공한다.

(6) 주류 경제학자들이 흔히 '인적 자본'이라고 부르는 노동자 교육 훈련에 대한 지출.

(7) 연구 개발에 대한 지출.

(1), (2)의 지출은 확실히 비생산적이다. 아무것도 창출하지 않은 채 이미 창출된 가치의 최대치를 노동자한테서 뽑아내는 데 쓰이는 지출이다. 지출 (3), (4)는 자본 일반의 관점에서 보면 비생산적이다. 체제 전체의 축적 능력을 더해 주지는 않는다. 그러나 마르크스가 개별 상인 자본은 그런 지출을 생산적이라고 여긴다고 썼듯이, 개별 기업도 그런 지출을 생산적이라고 여길 수 있다. 자칫 경쟁 기업으로 흘러갈 수 있는 잉여가치를 그런 지출 덕분에 차지할 수 있게 됐으니 말이다. 그래서 기업은 예컨대, 광고 지출을 신규 설비에 대한 지출처럼 시장에서 기업의 지위를 강화하고 다른 자본가가 그 시장에 진입하지 못하게 가로막는 방법으로 여길 수 있다. 마찬가지로, 특허권과 특허권 보호를 위한 지출도 시장 지배력을 강화하는 방법으로 보일 수 있다(다른 형태의 지출 (5)~(7)은 나중에 다루겠다).

지난 세기에 증대한 국가지출에는, 전에 국내의 사적 자본이 맡았던 이런 다양한 지출의 책임 일부를 국가가 떠맡은 것도 포함돼 있다. 따라서 국가지출도 기업의 지출과 같거나 비슷한 기능을 하는 범주로 분류할 수 있다.

체제 전체의 축적이라는 관점에서 보면 명백히 비생산적인 지출이 있다. 이러한 지출 중에는 재산을 보호하고, 사회 기강을 유지하고, 계급 관계를 원활히 재생산하고, 대중이 체제에 계속 충성하도록 만들기 위해 국가가 운영하거나 자금을 지원하는 기구들을 유지하고(예를 들면 국가가 선전물을 제작한다거나 종교 단체에 지원금을 주는 것), 교육제도를 통해 지배 이데올로기를 영속화하고, 화폐 발행과 중앙은행 운영을 통해 금융 기반을 유지하는 것 등이 있다.

외국자본과 경쟁하는 국내 자본에게 이득을 가져다주기 위한 지출도 있다. 그러나 이런 지출은 마치 개별 자본가가 마케팅이나 광고에 돈을 쓰는 것처럼 체제 전체로 보면 축적을 확대하지 못한다. 군비 지출, 수출 진흥을 위한 지출, 국제무역과 투자 규제를 두고 다른 정부들과 협상하는 데 드는 지출 등이 바로 그렇다.

이러한 비생산적 지출에 대해 마르크스는 다음과 같이 지적했다.

고전적 시기의 정치경제학은 부르주아지가 벼락부자가 되던 시기에 그랬듯이 국가기구 등에 매우 비판적인 태도를 취했다. 나중이 돼서야 부르주아지는 자체 조직화를 위해서는 완전히 비생산적인 계급들도 필요하다는 것을 경험을 통해 배우고 깨닫게 됐다.[19]

이런 비생산적 지출의 증가는 마르크스 사후에 자본주의 체제의 동역학에 큰 영향을 미치게 됐다.

낭비적 생산과 체제의 동역학

마르크스는 《자본론》의 초고인 《정치경제학 비판 요강》에서 비생산적 노동에 관해 중요한 점을 암시했다. 마르크스는 자본의 유기적 구성 상승과 이윤율 저하를 지연시킬 수 있는 '계기들'에 다음과 같은 것들을 포함시켰다.

자본의 많은 부분이 직접적 생산의 동인 구실을 하지 않는 고정자본으로 변모하는 것, 자본의 많은 부분이 비생산적으로 낭비되는 것 등이 그런 경우다.(생산적으로 사용되는 자본은 생산적 자본의 사용이 대응 가치를 전제로 한다는 점에서 항상 두 가지 방식으로 대체된다. 자본의 비생산적 소비는 한편으로는 자본을 대체하고 다른 한편으로는 자본을 소멸시킨다.)[20]

마르크스는 만약 투자 가능한 잉여가치의 일부가 어떤 이유로 다른 곳에 사용된다면, 비용 절감형 기술혁신을 추구하는 기업들이 이용할 수 있는 신규 자본이 줄어들 것이고 자본 집약적 투자 경향도 완화될 것이라고 말했다. 키드런은 1960년대에 똑같은 논점을 훨씬 더 분명히 지적했다(그는 마르크스가 이런 주장을 했다는 사실을 몰랐던 듯하다).[21] 키드런은 마르크스의 이윤율 저하 주장에 대해 다음과 같이 지적했다.

[마르크스의 주장은] 두 가지 가정에 의존하는데 둘 다 현실성이 있다. 첫째, 모든 생산물은 노동자나 자본가의 생산적 소비를 통해 체제로 다시 유입된다. 그래서 이상적으로 말하면 체제에서 어떤 누출도 일어나지 않고, 총생산물은 오늘날 투자라고 부르는 것과 노동계급의 소비로만 분배된다. 둘째, 이런 폐쇄경제에서 그 분배는 점차 투자 쪽으로 기울 것이다.

만약 모든 생산물이 체제로 다시 유입된다는 첫째 가정을 기각하면, 즉 생산물의 일부가 생산순환에서 사라져 버리면, 고용된 노동자보다 투자가 더 빠르게 증가하지 않아도 될 것이다. 그러면 이윤율 저하 법칙이 작용하지 않을 것이다. 생산-투자-생산이라는 폐쇄적 순환에서 잉여가치가 '누출'돼 이윤율 저하 경향을 상쇄할 것이기 때문이다.[22]

키드런은 나중의 저작에서 다음과 같이 썼다.

마르크스는 모든 생산물이 투자재와 임금재 형태의 투입물로 다시 유입되는 폐쇄적 경제모델을 가정했다. 여기에서는 누출이 일어나지 않는다. 그러나 원리상으로 누출은 성장 충동의 가장 중요한 결과로부터 성장 충동 자체를 보호할 수 있다. … 그러면 평균이윤율은 하락하지 않을 것이고, 따라서 점점 심각해지는 불황 등을 예상할 이유도 없게 된다.[23]

이 주장은 흠잡을 데 없이 올바르다. 더 나아가 키드런은 그런 누출의 형태를 분석한다.

실제로는 자본주의가 폐쇄 체제인 적이 결코 없었다. 전쟁과 불황으로, 엄청나게 축적된 가치를 포함해 막대한 양의 생산물이 파괴됐고 생산 확대가 힘들어졌다. 자본수출로 말미암아 오래 전부터 축적물이 빠져나가고 동결됐다.[24]

4장에서 다뤘듯이 헨리크 그로스만은 제국주의가 잉여가치를 해외로 이전해서 일시적으로 국내에서 자본의 유기적 구성 상승 압력을 완화할 수 있고, 따라서 위기로 가는 경향을 누그러뜨릴 수 있다는 사실을 깨닫고 있었다. 또, 키드런이 지적한 군비 지출의 효과도 어느 정도는 예견했다. 그로스만은 전쟁이 엄청난 사용가치를 파괴하지만 "가치를 파괴"하고 "축적을 늦추기" 때문에 자본주의의 경제적 모순을 해결하는 효과도 낸다고 썼다. 전쟁은 고용된 노동력보다 축적이 빨리 늘어나는 경향을 완화해서 이윤율 저하를 막을 수 있다.

전쟁으로 말미암은 파괴와 가치 저하는 [자본주의가 — 하먼] 금방 붕괴하지 않도록 막아 주는 수단이고, 자본축적의 숨통을 틔워 주는 방편이다. … 전쟁과 이에 따른 자본 가치 파괴는 [자본주의의 — 하먼] 붕괴 정도를 완화하고, 따라서 새로운 자본축적을 자극한다. … 군국주의는 비생산적 소비의 영역이다. 가치가 쌓이지 않고 파괴된다.[25]

군비 지출은 특정 국가와 결탁한 자본가들에게 매력적인 특별한 낭비 형태다. 군비 지출 덕분에 이 자본가들은 전 세계의 잉여가치 지배권을 차지하려고 다른 자본가들과 싸울 때 더 강력한 힘을 발휘할 수 있다. 군비 지출은 체제 전체로 보면 자원 낭비지만, 일국에 기반을 둔 자본가들에게는 개별 기업에서 광고가 하는 기능과 똑같은 구실을 한다. 따라서 군비 지출은 제1차세계대전을 낳은 고전적 제국주의의 특징적 현상이었으며, 오늘날에도 살아남아 특히 미국의 엄청난 군비 지출에서 두드러진다.

많은 마르크스주의 경제학자들은 군비를 바탕으로 경제가 성장한다는 논리를 받아들이지 않았다. 이들은 총잉여가치에서 국가가 가져간 몫 때문에 총투자비보다 잉여가치가 느리게 증가하는 경향이 완화되고 그래서 이윤율 저하가 극복된다고 보는 견해는 불합리하다고 주장한다. 그들이 이해하지 못하는 것은 이 '불합리성'이 자본주의 체제 전체의 더 큰 불합리성, 체제의 모순적 성격의 일부일 뿐이라는 점이다. 그들은 자본가들이 군사 경쟁에 참가하는 일이 시장을 차지하기 위한 경제적 경쟁에 참가하는 것만큼이나 '정당한' 목표가 될 수 있다는 사실을 깨닫지 못했다.

4장에서 봤듯이, 마르크스의 위대한 제자 중 한 사람인 로자 룩셈부르크는 자본주의가 소비재를 더 많이 생산하지 않으면서도 생산수단에 구현된 가치를 계속 증식할 수 있다는 것을 이해하지 못했다. 마찬가지로, 이 마르크스주의자들도 자본주의가 파괴 수단의 끊임없는 증대에서 이익을 얻을 수 있다는 사실을 이해할 수 없었다. 이들은 자본가들이 저지르는 터무니없는 짓에 어리둥절해져서 그것이 바로 체제의 작동 방식이라는 사실을 애써 부인하려 한다.

그렇지만 이런 지출은 20세기 후반 자본주의에 엄청난 영향을 미쳤다. 낭비 지출은 모순적 구실을 했다. 생산적 투자로 쓰일 수 있는 잉여가치 양을 줄였고, 그래서 너무 급속한 축적과 위기를 낳는 경향을 완화했다. 그러나 축적 둔화의 궁극적 효과로 말미암아 자본주의 체제에 완전히 새로운 문제가 잇따라 나타났는데, 이 점은 9장에서 살펴볼 것이다.

복지와 노동력 공급

앞서 열거한 국가지출이 모두 비생산적 지출(협의의 낭비든 광의의 낭비든)은 아니다. 국가가 자금을 대는 연구 개발(지출 (7))은 경제 전반에서 축적을 지원하는 구실을 하고, 따라서 그 연구 개발에서 이익을 얻는 자본의 관점에서 보면 생산수단에 체현된 죽은 노동이 하는 것과 비슷한 구실을 한다. 그런데 의료, 교육, 복지 서비스에 대한 지출(개별 자본가가 하는 지출 (5), (6))은 어떤가? 이 점에 대해서는 마르크스가 지나가듯이 짧게 논의했던 문제, 즉 자본주의 착취에 필요한 노동계급의 재생산 문제를 살펴볼 필요가 있다.

18세기 말과 19세기 초 영국에서 처음 등장한 산업자본가들은 노동력이 부족할까 봐 걱정할 필요가 없었다. '시초 축적'으로 수많은 농민이 토지에서 쫓겨났기 때문에 노동력은 풍부했다. 초기 자본가들은 옛 농민과 그 자녀는 기계를 다루는 미숙련직의 규율에 복종시킬 수 있고,[26] 장인으로 훈련받은 성인 남성은 숙련직으로 끌어들일 수 있다고 생각했다. 그래서 마르크스는 시초 축적과 공장노동자의 처우는 길게 다뤘지만, 자본가가 신체 건장하고 기술이 좋은 노동자를 구할 때 겪는 문제는 사실상 무시했다. 그러나 마르크스가 사망할 때쯤 자본주의 공업이 새로운 생산 부문으로 확산되면서, 자본축적을 촉진하는 사람들에게는 공장 안팎에서 노동력을 공급하고 관리하는 문제가 점점 중요해졌다.

개별 자본가는 개별 노동자가 체력을 유지하고 일할 의욕을 낼 수 있을 만큼만 보수를 지급하려 했다. 그러나 이런 임금으로는 적절한 양과 질의 노동력을 자본가계급 전체에게 지속적으로 공급할 수 없었다. 이런 임금 체계는 노동자가 필요한 기술을 익힐 필요나 경제 위기가 끝났을 때 실업자의 노동력을 다시 공급받을 수 있도록 실업 기간에도 노동자들을 부양할 필요를 고려하지 않았다. 또, 질병이나 부상 때문에 노동자가 생산적으로 착취당할 수 있는 능력을 일시적으로 잃었을 때의 문제도 다루지 않았다. 그리고 다음 세대에 노동력이 될 노동계급 자녀를 양육하지도 못했다.[27]

19세기에 이런 문제들을 해결하고자 다양한 임시방편들이 생겨났다. 종교단체와 자선단체가 실업자와 병자를 어느 정도 구제했다. 남성이 임금 소득자이고 남성의 임금은 '가족 임금'이라는 이데올로기 선전을 통해 노동계급 여성은 자녀 양육 부담을 떠맡도록 압력을 받았다(비록 노동계급 여성도 항상 어느 정도는 일을 했고, 남성의 임금으로는 가족을 부양하기 힘들었지만 말이다).[28] 일부 기업은 노동자들에게 기숙사를(때로는 최소한의 의료 시설도) 제공했다. 숙련 노동자 단체들이 기금을 조성해 실업자나 병에 걸린 노동자를 돌봐 주기도 했다. 기업들은 전前자본주의 시대 장인 제도의 도제 시스템을 공장에 도입해, 청년들로 하여금 5년이나 7년 동안 최저임금을 받고 숙련 노동자들과 함께 일하면서 기술을 배우게 하기도 했다.

그러나 시간이 지나면서 이런 임시방편들로는 부족하다는 것이 분명해졌고, 사적 자본가와 자선단체가 하던 임무를 국가가 떠맡아야 했다. 영국에서는 일찍이 1834년에 국가가 나서서 구빈법을 제정해 실업자와 병자가 빈곤 수당을 받을 수 있게 했지만, 그 조건이 너무 엄혹해서 사람들은 임금이 아무리 낮더라도 일할 수만 있다면 일을 했다. 1848년에는 국가보건국이 설립돼 노동계급 거주지의 질병 확산(이는 부유층 거주지에도 영향을 미쳤다)에 대처했다. 그 후 수십 년 동안 국가는 아동의 노동시간을 제한하고 출산에 해로운 직종에서 여성이 일하는 것을 금지해 다음 세대의 출산과 양육에 관심을 보이기도 했다. 1870년대에는 국가 초등교육 체계가 수립되고 숙련 노동자를 위한 주택 건설이 장려됐다. 그리고 20세기 첫 10년 동안 국가는 지난 70년간의 다양한 임시방편들을 연결해 실업자, 노인, 병자에게 최소한의 사회보장 혜택을 제공하는 전국적 체계를 구축하기 시작했다.[29] 그렇게 하도록 자극한 계기는 보어전쟁에 내보낼 병사를 모집하는 과정에서 병역을 감당할 만큼 건강한 노동자가 별로 없다는 사실을 깨달은 것이었다. 앤 로저스는 중상층계급의 반응을 다음과 같이 요약했다.

영국이 독일·미국과 경쟁해서 성공하려면 변화가 필요하다는 것이 요점이었다. 페이비언주의자들의 주장이든 자유당의 제국주의자들이 공식화한 주장이든 핵심은 빈곤이 사회에 끼친 폐해이지 빈곤 때문에 개별 노동자가 겪는 비극이 아니었다. ⋯ 노동계급의 건강 증진을 바라는 근본적 이유는 공장과 군대에 더 건강한 노동력이 필요하다는 것이었다.[30]

이런 조처들은 단순히 자본가들이 모여서 체제를 위해 무엇이 합리적인지를 논의하고 결정한 결과가 아니었다. 돈만 좇는 자본주의의 천박함을 경멸하는 보수적 상층계급 박애주의자들, 노동계급을 교화하려는 중간계급 도덕주의자들, 노동계급의 표를 얻으려는 정치적 기회주의자들, 사람들의 안전과 건강을 살피는 것이 직업인 공장 감독관들과 의사들, (그리고 이들과 함께, 흔히 이들로부터 독립해서) 노동조합과 사회주의 단체 활동가들이 끊임없이 투쟁한 후에야 이런 조처들이 취해졌다. 그러나 이 연합 세력은 자본주의에 합리적인 것이 무엇인가 하는 관점에서 그런 사업들을 바라봤다. 이것이 의미하는 바는 충분히 건강하고 숙련된 노동력을 체제에 공급해야 한다는 것이었다. 이 점은 20세기 초 개혁의 특징이 19세기 초의 자선 활동과 똑같다는 사실에서 분명하게 드러난다. 즉, 건강하고 일할 능력이 있는 사람은 모두 일하도록 강제하는 방식으로 모든 혜택이 제공됐다는 것이다. 혜택을 받는 사람은 최저임금을 받는 사람보다 사정이 더 열악해야 한다는 열등 처우의 원칙이 적용됐다. 더욱이 이런 혜택은 자본에서 노동으로 가치가 이전되도록 하려는 것이 아니었고, 오히려 '보험원리'를 통해 노동계급 내에서 소득이 재분배되도록 하는 것이었다. 일할 수 있는 노동자의 주급이 질병과 실업으로 일할 수 없는 사람을 부양하는 데 쓰였다.

노동력을 공급하고 훈련하고 재생산하는 국가의 구실은 20세기 내내 강화돼 1940년대 중반부터 1970년대 중반까지 지속된 장기 호황 때 정점에 달했다가 그 후의 새로운 경제 위기 시대에도 유지됐다. 이 기간 내내 '복지국가'는 국민적 자본들의 이익에 맞게 짜였다. 비록 영국 보수당 정치인 퀸틴 호그가 제2차세계대전 중에 [의회에서] "여러분이 사회 개혁을 국민에게 선사하지 않으면, 국민이 여러분에게 사회혁명을 선사할 것입니다"[31] 하고 유명한 연설을 한 데서 드러나듯이 '복지국가'의 구실을 확대하는 추진력은 아래에서 나왔지만, 1940년대 영국의 노동당 소속 장관 어나이린 베번이 주장했듯이 공공 보건 정책은 체제의 일부가 됐다. "그러나 공공 보건 정책은 자본주의에서 나온 것이 아니다. 이런 정책을 내세울 때 자본주의는 패배한 전투에서 얻은 훈장을 자랑스럽게 과시한다."[32] 그렇지만 공공 보건 정책을 기획한 사람들(베번을 포함해)은 체제의 필요에 맞는 방식으로 정책을 기획했다.

이 점은 그런 서비스를 제공하는 노동력과 이를 공급하는 노동자들에게 중요한 함의가 있다. 이런 노동은 상품을 직접 생산하지 않기 때문에 생산적일 수 없다는 주장이 마르크스주의자들과 일부 비마르크스주의자들[33] 사이에 널리 퍼져 있다. 그러나 이런 주장은 모든 자본주의 기업 내부에서 최종 생산물을 생산하는 다른 노동의 전제 조건이 되는 많은 노동에도 적용할 수 있다. 그런 다양한 노동은 기업 내에서 '집단적 노동자'가[34] 하는 노동의 일부로서 생산적 노동이다. 완전히 숙련된 목수나 벽돌공은 미숙련 노동자보다 몇 배나 더 생산적일 수 있고, 완전히 숙련된 기계공은 미숙련 노동자가 못하는 일을 할 수 있다. 이들을 훈련시킨 노동은 집단적 노동자가 가치를 생산하는 능력을 키워 준다. 그리고 자신이 제공한 훈련이 아니라 자신의 노동력 가치에 따라 임금을 받으므로 이들도 착취당한다. 이들의 노동을 통해 부가된 기술이 마르크스의 어느 범주에 해당하는지를 놓고 논쟁이 벌어질 수 있다. 즉, 이 기술은 공장이나 설비 같은 불변자본에 해당하는가? 아니면 향상된 노동력일 뿐이므로 가변자본에 해당하는가?[35] 개별 기업이 이런 훈련 프로그램을 떠맡는 것의 이점에 대한 논쟁도 있다. 단기적으로는 이득을 얻을 수 있겠지만, 다른 기업이 훈련의 대가도 지급하지 않고 숙련 노동자를 '가로채 가는 것'을 어떻게 막을 것인가?[36] 마지막으로, 다른 노동자를 훈련시키는 노동의 성격을 어떻게 규정할지에 대한 논쟁도 있다. 즉, '생산적' 노동인가? 아니면 '간접적으로 생산적인' 노동인가? 그러나 이 노동이 잠재적 생산량과 생산성을 증가시키는 구실을 한다는 데는 의심의 여지가 없다. 즉, 기업과 체제 전체의 총생산적 노동의 일부인 것이다.[37]

교육체계에 포함되는 노동의 많은 부분도 자본에 필요한 기술을 제공하는 것과 동일한 구실을 한다. 비록 이 경우에 기술은 단지 개별 자본가만이 아니라 이 노동을 제공하는 국가 내에서 활동하는 모든 자본가가 이용할 수 있는 기술이지만 말이다. 미래의 노동자가 교육기관의 교사에게 받는 기술 교육은 기업 내부에서 받는 기술 교육과 똑같이 한 시간 동안 사회적 필요노동을 통해 생산할 수 있는 양을 늘린다. 그리고 훈련 비용은 노동자가 원하는 음식, 의복, 주택을 구입하는 데 쓰는 임금과 마찬가지로 노동력 공급 비용의 일부다. 현대 자본주의에서 기업은 적어도 최소한의 읽기, 쓰기, 셈하기 능력이 있는 노동력이 필요하다. 이런 능력을 가르치는 교사는 집단적 노동자의 일부로 봐야 한다. 따지고 보면, 교육 서비스를 제공하는 국가의 지원을 받는 국민적 자본들을 위해 일하는 셈이기 때문이다. 자본주의 옹호자들은 교육이 "사회적 자본을 증대"하는 일이라면서 학교에서 "부가가치 실현"을 요구함으로써 무의식적으로 이 점을 인정하고 있다.

똑같은 일반 원칙이 실제적·잠재적·미래 노동자를 보살피는 보건 서비스에도 적용된다. 노동자가 건강을 유지하고 계속 일할 수 있게 하는데 쓰이는 지출은 실제로는 임금의 일부다. 비록 그 임금이 현금이 아니라 현물로 지급되고 개별적으로가 아니라 집단적으로 지급되더라도 말이다. 마르크스의 용어로는 '가변자본'의 일부다. 대다수 노동자가 고용주가 돈을 내는 의료보험 제도에 의해 보건 의료 서비스를 받는 미국 같은 나라에서 이 점은 아주 분명하다. 영국처럼 정부가 국민적 자본을 대신해 보건 의료 서비스를 제공하는 나라에서도 마찬가지다. 널리 사용되는 '사회적 임금'이라는 용어가 정확한 표현이다. 일할 수 있고 일하고자 하는 사람만이 실업급여를 받고, 근속 기간에 따라 연금이 결정되는 것에서도 이 점이 정확히 드러난다. 농부가 온순한 젖소를 원하듯이 자본가는 온순한 노동자를 착취하고 싶어 한다. 나이 들어 은퇴해도 굶어 죽지 않을 것이라는 보장이 없다면, 노동자는 자신이 맡은 일에 전념하지 않을 것이다. 그래서 마르크스는 노동력 재생산 비용을 좌우하는 요인에는 생리적 요인뿐 아니라 역사적·사회적 요인도 있다고 했다.

그러나 노동력은 다른 상품과 달리 수동적으로 사고팔리는 물건이 아니다. 노동력은 살아 있는 인간의 표현이다. 자본가의 관점에서 본 '노동력의 회복'은 노동자에게는 휴식과 즐거움, 창작의 기회다. 명목임금을 두고 투쟁이 벌어지는 것과 마찬가지로 사회적 임금을 두고도 투쟁이 벌어진다. 비록 두 임금 모두 어느 정도는 자본에 필요하지만 말이다.

자본의 관점에서 보면 모든 복지가 완전히 생산적이지는 않다는 데 문제가 있다. 복지의 많은 부분은 단지 기존의 착취 관계를 유지하는 것과 관계 있다. 19세기 노동계급 자녀의 학교교육을 연구한 자료를 보면, 당시 학생들에게 기술 훈련보다 규율과 권위에 대한 존중을 가르치는 데 열을 올렸음을 알 수 있다.[38] 19세기 말 외국과의 경쟁에 직면한 후에야 노동자들에게 기본적 기술을 가르치는 문제가 영국 자본주의의 주된 관심사가 됐다.[39] 오늘날 경제학이나 사회학 같은 과목들은 부르주아 이데올로기의 재생산을 위한 것이고, 회계학 같은 것은 자본가 계급 사이에 잉여가치를 비생산적으로 재분배하는 방법을 다룬다.

자본은 이런 비생산적 '생산 경비'를 용인하는 수밖에 없다면, 복지 지출 중에서 다른 요소는 되도록 없애거나 어떻게든 최소화하고 싶어 한다. 노동력으로서 가치가 없는 사람들(필요한 기술이 없는 장기 실업자)이나 노동력을 제공할 수 없는 사람들(만성질환자와 장애인)에게 쓰이는 지출이 그런 요소들이다. 자본은 노인복지에 대해서도 비슷한 태도를 취하지만, 현재 고용된 노동자들에게 노후가 보장돼 있다는 인상을 줘야 하므로 이런 태도는 어느 정도 제한된다. 마르크스는 자본주의가 성장할 때 현역 노동자로 전환될 수 있는(그리고 경기 침체 때는 임금 하락 압력으로 작용하는) '산업예비군'과 나란히 잉여 인구가 존재한다고 지적했다. 자본은 취업 노동자들의 반란을 진압하고 사기 저하를 방지하는 데 이용하는 것 말고는 이 잉여 인구의 생존에 아무 관심도 없다.

지난 180여 년의 복지 입법 역사는 임금제도처럼 자본에 필요한 복지와 자본에 불필요하지만 대중의 불만을 잠재우기 위해 [자본에] 강요된 복지를 서로 분리하려는 노력의 역사였다. 이 점은 일국의 자본주의를 운영하는 자들이 복지정책이 어떻게 노동정책에 영향을 미치는지를 놓고 벌이는 논쟁, 주류 경제학자들이 '자연 실업률', 즉 "인플레이션을 유발하지 않는 실업률" 수준을 놓고 벌이는 논쟁, 그리고 사회학자와 사회복지 이론가들의 '최하층계급'underclass 논쟁에서 드러난다.

자본에 생산적인 사회적 지출과 비생산적인 사회적 지출의 구분은 보통의 국가 예산 분류 방식과 일치하지 않는다. 그래서 교육은 생산적 노동과 비생산적 노동(예를 들면 판촉이나 금융)을 모두 훈련시키고, 부르주아 이데올로기의 가치를 주입한다. 보건 서비스와 실업급여는 노동자가 노동력을 제공할 수 있도록 준비시키는 것인 동시에 노인, 병자, 장기 실업자에게 최소한의 복지를 제공해 사회 통합을 유지하는 메커니즘이기도 하다. 이러한 양면성은 자본이 국가의 복지 비용 때문에 이윤율이 떨어지기 시작했음을 발견할 때마다 중요한 문제로 떠오른다.

이런 지점에 도달하면 국가는 대자본이 갑자기 경쟁에 직면했을 때와 똑같은 압력을 받게 된다. 즉, 가치법칙에 맞게 사업을 구조조정하고 조직을 개편해야 한다는 압력에 직면한다. 이 때문에 국가는 한편으로는 가장 경쟁력 있는 기업들이 자기 노동자들을 공격하는 것처럼 국가의 복지 부문 노동자의 노동조건과 임금을 공격한다. 다른 한편으로는 자본축적에 필요한 노동력 공급이 원활해지도록 복지를 최대한 억제하고 삭감한다. 그래서 이 노동력을 제공하는 사람들이 자본가가 주는 임금을 군소리 없이 받아들이게 한다.

이런 압력은 노동력을 관리하는 문제가 국가에게 중요해질수록 더 커진다. 이 과정에서 복지·보건·교육 부문의 노동자들(과거 자본주의 발전의 한 단계에서는 임금과 노동조건이 변호사나 회계사와 비슷한 전문직 중간계급이라고 스스로 생각했던)은 자신들이 프롤레타리아화하는 충격적 과정을 겪고 있음을 깨닫게 된다. 앞으로 보겠지만 이 때문에 자본주의 국민국가들이 갑작스런 경제 위기에 대처하려고 노력할 때 더 큰 어려움을 겪게 된다. 공공 지출은 마르크스가 살던 시대와는 달리 계급투쟁의 핵심 쟁점이 됐다.

ZOMBIE
CAPITALISM

20세기의 자본주의

6 대공황

전례 없는 경제 위기

자본주의 역사상 가장 심각한 불황과 가장 오래 지속된 호황 사이에 인류 역사상 가장 유혈 낭자한 전쟁이 벌어졌다. 이것이 20세기 중반 50년 동안 자본주의의 궤적이었다.

불황의 진앙지는 미국이었다. 미국은 제1차세계대전 직후 세계 최대의 경제 대국으로 부상했고, 전 세계 공업 생산의 50퍼센트를 생산하면서 승전국 영국과 패전국 독일을 모두 추월했다. 흔히 1929년 10월 29일 월가의 붕괴, 즉 뉴욕 주가가 3분의 1가량 폭락하면서 공황이 시작됐다고 생각한다. 그러나 "기업체들은 주가 폭락 전부터 이미 어려움에 처해 있었다." 1929년 3월과 비교해 같은 해 9월에 자동차 생산량은 3분의 1이 줄어들었다.[1] 1929년 이후 3년 동안 미국의 공업 생산은 절반 가까이 하락했고 불황은 대서양을 건너 유럽으로 확산됐는데, 유럽에서는 이미 위기의 전조가 나타나고 있었다. 독일의 공업 생산도 절반 가까이 하락했으며, 잠시 뒤에 프랑스도 거의 30퍼센트 하락했다. 영국만이 하락 폭이 작았는데(약 20퍼센트), 영국의 중공업이 이미 침체 상태에 빠져 있었기 때문이다.

1932년에 미국과 독일은 노동인구의 3분의 1, 영국은 5분의 1이 실업 상태에 있었다. 이러한 타격은 이전의 경제 위기 때와 달리 육체 노동자들뿐 아니라 스스로 중간계급이라고 여기던 사무직 노동자들에게도 영향을 미쳤다. 미국에서는 지방은행 수백 개가 문을 닫았고, 유럽에서는 대형 은행 몇 개가 극적으로 붕괴하면서 사람들의 저축을 날려 버렸고 재앙을 악화시켰다. 이 경제 위기가 모든 공업국을 일시에 강타하면서 농업국의 생산물에 대한 수요가 격감했고, 그래서 농산물 가격이 폭락해 엄청나게 많은 빈곤층이 생겨났다. 전 세계의 어느 지역도 생산량 감소를 피할 수 없었으며,[2] 세계무역은 1929년 수준의 3분의 1로 하락했다.[3] 1870년대와 1880년대의 '대공황' 때도 세계의 생산량과 무역량이 증가했던 것과는 사뭇 다른 상황이었다.[4]

1920년대의 호황

1929년 대공황의 이데올로기적 충격이 더 컸던 이유는 제1차세계대전의 파괴 이후 몇 년 동안 자본주의가 회복한 것처럼 보였기 때문이다. 당시의 소비 패턴을 급격히 바꿔 놓은 새로운 산업들(라디오, 인조견, 화학제품, 항공기, 냉장고, 그리고 마차를 대체한 자동차 등)이 등장하면서 1914~29년에 미국의 공업 생산량이 갑절로 증가했다. 미국의 호황은 유럽에 긍정적 영향을 미쳤다. 1919~20년의 내전과 그 후 1923년의 초인플레에 시달렸던 독일의 공업 생산은 1914년 수준보다 40퍼센트나 증가했다. 프랑스에서도 공업 생산이 갑절로 증가했다. 언론은 자본주의를 한없이 낙관하면서 끝없는 번영의 '새 시대'를 선언했다. 주류 경제학자들도 자신감이 넘쳤다. 앨빈 한센은 자본주의가 이제 청년기에 이르러 "유년기 질병"이 "완화되고 있다"고 썼고, 미국에서 가장 저명한 신고전학파 경제학자인 어빙 피셔는 월가 주가 폭락 직전에 "주가는 영구적일 듯한 고점에 도달했다"고 말했고 주가 폭락 몇 개월 뒤에도 이런 낙관적 견해를 계속 피력했다. 영국에서 존 메이너드 케인스는 자신의 학생들에게 "우리 생애에 주식시장의 추가 폭락은 없을 것"이라고 단언했다.[5] 사회민주당의 마르크스주의자들도 이 대열에 합류했는데, 힐퍼딩은 시장의 무계획성과 경제 위기 발생 경향이 사라진 체제, 즉 '조직 자본주의' 이론을 주장했다.[6] 그런데 갑자기 이들이 모두 틀렸음이 드러났다.

주류 정치인들과 그 동조자들인 경제학 전문가들의 첫 반응은 잠시만 기다리면 불황이 저절로 치유된다는 것이었다. 미국 대통령 허버트 후버는 "경기회복이 임박해 있다"는 말로 대중을 설득했다. 그러나 경기회복은 1930년에도 1931년에도 심지어 1932년에도 오지 않았다. 그리고 당시 자신 있게 자본주의의 경이로움을 칭송하던 정설 경제학은 그 이유가 무엇인지 설명하지 못했다. 정설 경제학은 오늘날에도 여전히 그 이유를 설명할 수 없다.

대공황의 원인을 설명하려는 시도는 많았다. 당시 정설 경제학의 가장 흔한 설명은 영국의 경제학자 피구가 내놓은 것이었다. 그는 노동자들이 명목임금 하락을 거부해서 스스로 일자리를 잃었다고 주장했다. 노동자들이 그러지 않았다면 수요와 공급이 마술처럼 모든 문제를 해결해 줬을 것이라는 주장이었다. 어빙 피셔는 뒤늦게 통화주의적 해석을 내놓으며, 통화 공급이 너무 적었던 탓에 가격이 하락하고 그 결과 부채 수준이 누적적으로 증대했다고 주장했다. 최근의 통화주의 이론가들은 [당시] 중앙은행의 조처에 책임을 돌렸다. 미국 연방준비은행이 1930년과 1931년에 통화 공급의 감소를 막는 조처를 취했다면 모든 일이 잘 풀렸을 것이라는 주장이다. 전후 수십 년 동안 통화주의의 대부였던 밀턴 프리드먼은 대공황의 원인을 심지어 1928년 10월 뉴욕 연방준비은행장인 벤저민 스트롱의 사망에서 찾기도 했다.[7] 반면에 프리드리히 폰 하이에크와 '오스트리아' 학파는 1920년대 초의 과잉 신용이 "생산구조의 불균형"을 초래했으므로 만약 통화 공급을 늘렸다면 이 불균형이 더 악화했을 것이라고 주장했다.[8] 또 다른 경제학자들은 제1차세계대전의 여파로 세계경제가 혼란에 빠졌기 때문이라고 주장했으며, 존 메이너드 케인스는 투자보다 저축이 많아져서 생산물에 대한 '유효수요'가 부족해진 것이 경제 위기의 원인이었다고 강조했다. 마지막으로, 자유무역이 제약받지 않았다면 경기가 회복됐을 텐데 1930년 여름에 미국이 스무트-홀리법을 제정해 관세를 높이는 바람에 보호무역주의 물결이 일어 그러지 못했다는 주장도 있는데, 이 주장은 오늘날에도 많은 언론의 논평에서 반복적으로 나타나고 있다.

그때 이후로 이 각각의 견해를 지지하는 사람들은 상대편 논리의 허점을 쉽게 들춰낼 수 있었지만 어느 주장도 진지한 반론을 버텨 내지는 못했다. 현재 연방준비제도이사회 의장인 벤 버냉키가 대공황의 원인을 규명하는 것이 경제학의 성배라고 말한 것은 바로 이 때문이다.

그런데 1930년대의 대공황을 이해할 수 없다면 21세기에 공황이 재발할 가능성도 진지하게 검토할 수 없을 것이다.

이런 뒤죽박죽 주장들과 대공황의 진정한 원인을 구분하려면 무엇보다 1920년대에 실제로 벌어진 일들을 살펴봐야 한다.

급속한 경제성장과 신규 소비재의 급증 덕분에 사람들은 1920년대를 생활수준이 계속 상승하고 대규모 생산 투자가 이뤄진 10년으로 여겼다. 이런 설명은 오늘날에도 자주 받아들여진다. 그러나 1922~29년에 임금은 실제로는 겨우 6.1퍼센트 상승했고(1925년 이후에는 상승이 없었다)[9] 제조업 노동인구는 정체 상태에 있었던 반면 산업 생산은 3분의 1쯤 증가했다. 마이클 번스타인은 "1920년대 말 호황기에 비농업 인구의 하위 93퍼센트는 1인당 가처분소득이 하락했다"고 적었다.[10] 총소득에서 노동소득이 차지하는 비율이 하락했다는 것은 총생산물 중에서 임금으로 살 수 있는 것이 줄었음을 의미했다. 그에 따른 수요의 간극을 무엇인가가 메워 줬기 때문에 경제가 계속 성장할 수 있었다.

투자가 이 구실을 했다고 주장하는 분석이 많다. 고든은 "1920년대의 가장 두드러진 특징은 과잉투자"였음을 최근의 많은 문헌들이 보여 준다고 말했다.[11] 잘못을 깨달은 한센도 대공황을 분석한 글에서 1920년대에 "1380억 달러라는 막대한 투자가 소비를 이끌었지만" 그 절반만이 기업 투자였고, 그중에서도 3분의 1만이 신규 투자였다고 지적했다. 즉, 기껏해야 매년 30억 달러에 지나지 않았다는 것이다.[12] 달리 말하면 겉보기에는 투자가 급증하고 있었지만 실제로는 신규 산업들이 자극을 제공했는데도 생산적 축적 수준이 비교적 저조했다는 것이다. 사이먼 쿠즈네츠,[13] 슈타인들,[14] 길먼[15] 등의 분석도 이 점을 확인해 준다.

이런 수치들에서 이끌어 낼 수 있는 분명한 결론은 단 하나다. 재화에 대한 수요가 생산적 투자와 임금에 의해서만 창출됐다면 그 호황은 나타날 수 없었다는 것이다. 1920년대 중반에 재화가 팔리지 않아 경기가 침체하는 것을 막기 위해서는 제3의 요소가 있어야 했다. 한센이 시인했듯이, "기업 투자와 소비 이외의 자극제와 부양력이 존재했으며 … 이런 자극제가 없었다면 기업의 지출이 더 줄어들었을 것이다. 그랬다면 경제는 침체까지는 아니더라도 정체 상태에 빠졌을 것이다."[16]

주류 경제학자였지만 대공황을 겪으며 비판적 태도를 취하게 된 한센은 "기업 활동과 무관한 자본 지출(주택 건축과 공공 건설)", "매년 10억 달러씩 성장하는 할부 신용 시장에서 주로 자금을 조달한 내구소비재의 중요성 증대" 그리고 "다소 무책임한 해외 차관"을 이러한 자극제와 부양력으로 봤다.[17]

루이스 코리는 대공황을 마르크스주의적으로 분석한 고전적 저작에서 사치재 소비, 비생산적 지출, 신용의 증가를 강조한다. 코리의 분석을 보면, 1920년대는 배당소득과 경영자 봉급이 실질임금보다 7배나 빨리 증가해서[18] '부르주아지'(비농업 프티부르주아지를 포함해)가 소비의 40퍼센트 이상을 차지한 시기였다.[19] 기업들이 대량생산하는 제품의 시장을 개척하려고 나서면서 광고와 판매 촉진 비용도 증가하기 시작했다. 이런 지출은 광고와 판촉 산업에 종사하는 판매 사원의 소득으로 바뀌어, 기업들이 판매하는 일부 제품의 시장을 창출할 수 있었다. 소비자 신용이 갑절로 증가하면서[20] 중간계급과 일부 노동자들은 몇 가지 신규 소비재를 '할부로' 구입할 수 있었으며, 자동차 판매는 1953년까지도 1929년 수준을 회복하지 못할 정도였다. 마지막으로, 부동산과 주식시장에서 비생산적 투기성 투자가 급증했다. 이런 투자는 새로운 잉여가치를 창출해서 수익성 문제를 해결할 수는 없었다(이 자본가의 주머니에서 저 자본가의 주머니로 자금을 옮길 뿐이었다). 그러나 그 부산물은 신축 건물, 새로운 경영진의 봉급, 과시적 소비의 형태로 나타나는 비생산적 지출이었고, 이 모든 것이 공업에서 쏟아져 나오는 제품의 일부를 흡수하면서 또 다른 투기를 조장했다.

> 너무나 많은 자본이 투자처와 이윤을 찾아 점점 더 공격적·모험적으로 움직였으며, 위험한 사업과 투기로 과도하게 흘러갔다. 산업 전체의 필요와 무관하게 도입된 기술 변화와 신규 산업에 투기가 몰렸다.[21]

상업용 신규 건축에 대한 지출이 10년 동안 50퍼센트 이상 증가했으며, "도심의 상업 지구에 가장 집중돼 있었다." 이것은 뉴욕에서 가장 두드러졌는데, 세계에서 가장 높은 건물인 엠파이어 스테이트 빌딩 건설이 1929년에 시작됐다. 그러나 이 건물은 1931년에 '엠프티 스테이트 빌딩*'이라는 별명을 얻게 됐다.[22]

미국이 호황을 누리는 동안 유럽에도 경제성장을 위한 자극제가 있었는데, 그것은 전후 복구를 위해 제공된 미국 자금의 유입이었다. 1924년 미국의 도스 플랜은 독일에 차관을 제공하는 데 결정적으로 중요했다.

이런 요인들은 이미 월가 붕괴 전부터 공업의 호황을 지탱할 능력을 상실했다. 1927년에 경기 침체가 시작됐지만, 1928~29년에 중공업과 자동차 산업에 대한 투자가 일시적으로 증가한 덕분에 나머지 부문도 상승세를 지속할 수 있었다.[23] 그 뒤 1929년 늦봄과 초여름에 이런 상

---

* 대공황 때문에 건물의 절반 정도가 비어 있었다.

승세가 갑자기 끝나고 고정자본 투자와[24] 자동차 생산이[25] 급격하게 하락했다. 비생산적 지출을 떠받치던 신용 확대와 대규모 투기 때문에 근저의 문제들이 마지막 순간까지도 은폐됐다. 그러나 그것을 지탱하던 차입과 대출의 사슬에서 단 하나의 자그마한 균열이 생겨도 건물 전체가 와르르 무너질 수밖에 없었다. 경제 위기에 대한 마르크스의 지적이 딱 들어맞는 대목이다.

> 사실은 사기당한 화폐 대부자들과 사기당한 생산자들의 희생을 통해서만 수익을 얻게 된 지가 이미 오래됐는데도, 수익이 순조롭게 유입되는 매우 건실한 사업이라는 외관은 쉽게 유지될 수 있다. 그래서 사업은 항상 붕괴 직전까지도 대단히 건실해 보인다.[26]

경기 침체 때문에 투기적 사업과 비생산적 지출이 갑작스럽게 축소됐고, 그래서 공산품 시장이 더욱 위축됐다. 판매 감소에 직면한 산업자본가들은 은행에 돈을 맡기지 않고 대출을 받기 시작했다. 투기적 호황에 뛰어들었던 자들(산업자본가와 은행을 포함해)이 붕괴 이후 손실을 만회하려고 더 많은 돈을 빌리려 했지만 이제 대출이 매우 어려워졌다. 대출을 받을 수 없는 자들은 파산했고, 그러자 그들에게 대출해 준 사람들이 또 손실을 입었다. 불황은 경제의 이 부문에서 저 부문으로 잇따라 확산됐다.

불황은 한번 시작되자 끝없이 계속될 것처럼 보였다. 산업의 불황 때문에 은행이 압력을 받고 은행의 대출 축소로 산업의 불황이 심화하고 그러면 다시 은행에 압력이 가중됐다. 그렇지만 그것은 생산능력과 소비 수요 사이의 불균형을 더 악화시켜 산업의 위기를 심화시키기만 했다. 기업들이 경쟁적으로 가격을 인하해 매출을 유지하려 하자 모든 곳에서 이윤이 감소했고 그러자 살아남은 기업의 투자 의욕도 감퇴했다. 기업이 자금을 투자하지 않고 보유하자, 호황을 유지하는 데 도움이 됐던 비생산적 지출도 다시 삭감됐고 불황이 더 심해졌다.

유럽의 상황도 이와 다를 바 없었다. 월가가 붕괴했을 때 유럽은 이미 불황에 빠져 있었다. 독일 상황이 최악이었는데, 세계 2위의 공업국이었던 독일은 1928년에 이미 경기가 침체하기 시작했다.[27] "1929년 여름이 되자 불황이 닥쳤다는 것이 분명해졌다."[28] 실업자가 190만 명에 달했으며, 프랑크푸르트보험사의 극적인 파산으로 연쇄 파산이 일어났다.

개별 국가의 문제가 다른 국가에 영향을 미쳤다. 도스 플랜과 연계된 미국 자본의 일부가 주가 폭락 전에 이미 독일에서 빠져나오기 시작했다. 큰 타격을 받은 미국 금융기관들이 독일에 대한 단기 대출을 회수하면서 자금 이탈이 급증했고, 이로 말미암아 설비자금을 미국에 의존하던 독일 산업자본가들이 어려움에 처했다. 오스트리아 최대 은행인 크레디트안슈탈트가 1931년 5월에 파산했다. 영국도 외국자본이 자국 은행에서 빠져나가면서 타격을 받았고, 금본위제에 기초한 세계 금융 시스템도 무너졌다. 그러자 미국은 두려움에 휩싸였고, 연방준비은행은 금리를 인상했다. "은행 파산이 극적으로 증가"했고[29] 산업 생산이 그 어느 때보다 크게 감소했다.

경제 위기의 파급 효과 때문에 사람들은 원인과 결과를 혼동하기 쉬웠다. 그래서 주류 경제학자들은 서로 모순된 설명들을 내놓았다. 통화량이 너무 많았다고 비판하는 사람, 너무 적었다고 비판하는 사람, 중앙은행의 개입을 비판하는 사람, 중앙은행이 개입하지 않았다고 비판하는 사람, 과소비를 비판하는 사람, 소비가 너무 적었다고 비판하는 사람, 금본위제를 비판하는 사람, 각국이 보호주의 정책으로 전환해서 경쟁적으로 환율을 평가절하했다고 비판하는 사람, 투자 급증을 비판하는 사람, 투자 증가가 너무 더뎠다고 비판하는 사람, 임금의 하방 압력을 비판하는 사람, 임금의 하방 '경직성'을 비판하는 사람, 부채 과다를 비판하는 사람, 은행의 대출 거부를 비판하는 사람 등 중구난방이었다.[30]

주류 경제학자와 정치인이 제시하는 설명들이 상호 모순적이지만 그래도 그중에는 이 체제를 고장 낸 근본적 요인을 힐끗 보여 주는 것도 있었다. 보통 정반대 견해를 대표하는 사람으로 여겨지는 두 경제학자, 즉 케인스와 하이에크는 모두 똑같은 요인을 우연히 발견했지만, 그들이든 그 제자들이든 이 요인을 결코 진지하게 고려하지 않았다.

케인스의《고용, 이자, 화폐의 일반 이론》전체에서 나타나는 주된 주제는, 저축이 투자보다 더 많아져서 둘의 격차가 벌어지면 재화에 대한 유효수요가 감소하고 따라서 생산량도 감소하게 되고 그러다가 경제활동 수준이 낮아지면 다시 저축이 줄어서 투자 수준과 같아지게 된다는 것이다. 이 문제를 해결하는 방법은 금리를 내리거나('통화정책') 아니면 세금 감면이나 정부 지출 증대를 통해 사람들의 주머니에 더 많은 돈을 넣어 주는 것('재정정책')이라고 케인스는 주장했다. 그렇지만 이런 정책들이 작동하지 않을 수 있다는 점도 인정했다. 개인과 기업이 소비보다 저축을 더 많이 할 수 있기 때문이다. 특히 그는 "금리에 영향을 미치는 통화정책만으로는 성공할 수 있을지 조금 회의적"이었다.[31] 케인스는 투자가 취약한 이유를 투기꾼들의 군중심리("한 나라의 자본 발전이 카지노 활동의 부산물일 때 일은 잘못되기 십상이다")와[32] 기업인들의 "야성적 혈기"의 쇠퇴 탓으로 설명한 것으로 유명하다.[33] 그렇지만 《일반 이론》의 여러 곳에서는 또 다른 요인을 지적한다. 그는 자본 투자를 확대하는 과정 자체가 투자에 대한 수익('한계효율')의 감소를 초래하며, 그래서 추가 투자 욕구를 감퇴시킨다고 주장했다.[34]

케인스는 "자본의 한계효율" 감소가 양차 대전 사이 "영국이나 미국의 경험"에서 발견할 수 있는 실증적 사실이라고 생각했다. 즉, 투자 수익이 기업의 신규 투자를 위한 차입 비용을 충당할 만큼 충분히 높지 않아서 "생산의 기술적 조건이 가져다줄 수 있는 합리적 고용수준과 생활수준을 … 저해하는" 경향이 있었다는 것이다.[35]

그는 이것이 경기순환 때마다 호황을 불황으로 바꾸는 장기 추세이기도 하고 단기 효과이기도 하다고 봤다.

> 사태의 핵심은 자본의 한계효율 감소에서 찾아볼 수 있다. 특히, 전 단계에서 거액의 신규 투자에 가장 크게 기여한 자본들의 한계효율 감소가 그렇다.[36]

여기서 케인스의 설명은 전반적으로 '한계효용학파'의 관점에 기초를 두고 있으며, 가치가 공급과 수요에 달려 있다는 관점을 받아들이고 있다. 자본의 공급이 증가하면 자본이 점점 덜 희소해지고 그래서 자본이 한 단위씩 추가될 때마다 이용자가 얻는 가치가 감소해서 결국은 제로가 된다는 것이다.[37] 이런 이론적 추론은 대다수 케인스 추종자들이 보기에는 너무 모호했던 듯하다. '자본의 한계효율 체감'은 케인스의 사상을 설명하는 대부분의 저작에서 거의 나타나지 않는다. 그러나 이것은 케인스의 저작에서 가장 급진적인 개념이다. 이것이 의미하는 바는, 완전고용의 장애물은 자본가들의 심리가 아니라 현 체제의 내재적 경향에 있다는 것이다. 만약 이것이 사실이라면 정부가 "신뢰를 회복하려고" 노력해 봐야 헛수고일 수밖에 없는데, 회복할 신뢰의 대상 자체가 없기 때문이다.

하이에크도 이윤의 추세에 대해 똑같은 견해를 지나가듯이 피력했다. 비록 추론 방식은 달랐지만 말이다. 그는 순환적 경제 위기는 상이한 생산 부문들 사이의 불비례에서 비롯한다고 주장했다. 즉, "과도한 신용" 때문에 생산재 생산량이 소비재 생산량보다 너무 빨리 증가한다는 것이다.[38] 이런 식으로 하이에크는 상이한 부문들이 서로 조정되는 불가피한 수단이 바로 경기순환이라고 생각했다. 이것은 마르크스가 경제 위기를 통해 자본주의의 내적 모순이 부분적으로 해결될 수 있다고 본 것과 마찬가지다(다만 마르크스가 부정적으로 본 것을 하이에크는 긍정적으로 봤다). 그렇지만 하이에크의 이론에는 큰 결점이 있다. 부문들 사이의 격차가 왜 이토록 수십 년 전보다 훨씬 더 큰 문제를 초래했는가? 특히 생산재 부문은 왜 경제의 나머지 부문을 견인할 만큼 충분히 빠르게 성장하지 않았는가? 1935년에 하이에크가 지나가듯이 제시한 답변(이것은 결코 하이에크의 정설에 포함되지 않았다)은 "우회 생산 과정"이라는 것이 확대되면서 수익성이 하락한다는 것이었다. 즉, 이것은 노동자 대비 생산수단의 비율이 높아지는 과정이며, 마르크스가 자본의 유기적 구성 증가라고 표현한 것이었다.

> 수익이 존재해야 한다는 것은 명백하다. … 그렇지 않다면 화폐를 가만히 놔두기보다 위험을 무릅쓰고 생산에 투자할 유인이 전혀 존재하지 않을 것이다. … 우회 생산 과정이 길어질수록 이런 수익은 줄어들 것이다.[39]

다시 말해서, 케인스와 하이에크는 비록 명확하게 설명할 수는 없었지만 마르크스의 자본주의 경제 위기 이론의 핵심 특징을 인식했다. 그것은 이윤율 저하 압력이었다.

사실 마르크스주의 이론은 모든 주류 이론들과 달리 모순에 직면하지 않고도 불황을 설명할 수 있다. 미국에서는 이윤율이 1880년대와 1920년대 초 사이에 대략 40퍼센트 하락했으며,[40] 영국에서는 이미 1914년 이전부터 하락하고 있었고,[41] 독일에서는 "전쟁 전의 '보통' 수준을 회복"하지 못했다.[42] 이런 하락의 원인은 고용된 노동력에 대한 투자의 비율('자본의 유기적 구성')이 장기적으로 증가한 것에서 찾을 수 있는데, 미국에서는 대략 20퍼센트가 증가했다.[43] 1920년대에 미국의 이윤율은 착취율 증가 덕분에 약간 상승할 수 있었다. 그러나 이런 상승은 과거의 생산과 착취 과정에서 축적된 잉여가치를 흡수하는 데 필요한 규모만큼 생산적 투자를 끌어내기에는 충분하지 않았다. 기업들은 한편에서는 공장과 설비 같은 대규모 신규 시설(1928년에 완공된 포드의 리버루지 공장은 당시 세계 최대 규모였다)에 투자해야 한다는 경쟁적 압력과, 다른 한편에서는 신규 설비가 이윤을 내지 못할 것이라는 두려움 사이에서 시달리고 있었다. 일부 기업들은 위험을 무릅쓰고 투자했지만 많은 기업들은 그러지 않았다. 그래서 호황의 말기에 가동되기 시작한 대규모 신규 공장들이 너무 많은 생산물을 시장에 내놓아 상품이 넘쳐나게 됐고, 그 결과 기존 공장들의 가격과 이윤이 하락했다. 신규 투자는 중단됐고, 고용과 소비가 감소하면서 위기가 악화했다.

자본의 맹목적 자기 증식 때문에 산 노동보다 불변자본이 훨씬 더 많이 축적됐다. 이것은 한편으로는 사반세기 전보다 이윤율이 상당히 하락한 것으로, 다른 한편으로는 고용주들이 임금을 억제해서 노동자의 구매력으로 흡수할 수 있는 생산물 몫이 줄어든 것으로 나타났다. '과잉생산'과 낮은 이윤율은 결국 불황으로 이어지는 똑같은 과정의 서로 다른 모습이었다. 비생산적 지출과 신용의 급증이 이 과정을 잠시 지연시킬 수는 있었지만 그 이상은 하지 못했다. 심각한 경제 위기의 발판이 마련됐으며, 이제 이 위기가 실제로 시작되는 데는 주식시장과 금융 부문의 공포만 있으면 됐다.

이런 점에서 볼 때 이 [1930년대의] 경제 위기는 마르크스가 영국의 1846년과 1857년의 위기를 분석한 구절에서 묘사한 것과 매우 흡사했다.[44] 또한 마르크스의 설명에 대한 그로스만의 해석과도 잘 들어맞는데, 그로스만은 기업들이 신규 투자를 하도록 압력을 받지만 신규 투자는 이미 낮은 이윤율을 더 떨어뜨려서 대부분의 신규 투자가 수익성이 없게 되고 따라서 모든 투자가 동결된다는 점을 강조했다.[45]

그러나 여전히 설명해야 할 것이 남아 있다. 과거에는 항상 잘 작동해서 경제 위기가 발생하지 않도록 했던 자동적 시장 메커니즘이 왜 더는 작동하지 않게 됐는가 하는 문제다. 위기가 발생하고 3년이 지난 뒤에도 미국, 독일, 영국, 프랑스의 공업 생산은 계속 하락했다. 이 사실을 설명하려면 이윤율 저하 경향을 살펴보는 것만으로는 부족하다. 마르크스가 설명한 또 다른 장기적 추세, 즉 체제가 노후해지면서 자본의 집적·집중이 심화하는 것도 중요한 구실을 했다(자본의 집적·집중은 3장에서 설명했다).

처음에는 이것이 위기의 발발을 지연시켰다. 볼셰비키 경제학자인 프레오브라젠스키는 1931년에 위기를 분석하면서 마르크스 사후 큰 변화가 있었다고 주장했다. 마르크스 시대에는 불황으로 비효율적 기업들이 제거되고 나머지 기업들은 새로운 축적 국면에 진입할 수 있었다. 그러나 이제는 체제를 지배하는 대규모 준독점기업들이 비효율적인 공장들이 청산되지 않도록 막을 수 있었다. 이 준독점기업들은 공장 설비의 일부만을 가동하고 투자를 최소한으로 줄이는 한이 있어도 사업을 유지하려고 최선을 다했다. 이 때문에 "경제 위기에서 불황으로 이행하기 어렵게 만드는 혈전증"이 생기고 경제 위기에서 벗어나는 데 필요한 구조조정이 가로막히거나 적어도 지연된다. "독점은 경제 전체를 쇠퇴시키는 요인이 된다. 그 결과 확대재생산으로의 이행이 지연된다."[46]

경제 위기가 발생하자 개별 산업자본이나 금융자본의 규모 자체가 워낙 커서 그중 어느 하나라도 몰락하면 다른 자본들도 잇따라 무너질 수 있었다. 몰락한 기업에 돈을 빌려 준 은행들은 대출 자금을 날렸고, 그래서 다른 기업들에 대한 신용 대출을 축소했다. 그 기업의 부품 업체들도 파산했고, 그래서 이들에게 의존하던 다른 기업들도 잇따라 타격을 받았다. 그 기업의 투자와 임금 지급이 중단되자 전체 경제의 수요가 줄어들었다. 지연된 위기는 이제 더 큰 위기로 나타나서 저절로 해결될 수는 없게 됐다. 거대 자본들의 대응은 국가의 '구제금융'에 의존해서 체제가 유지되기를 바라는 것이었다.

국가자본주의로의 전환

처음에 각국 정부는 시장 메커니즘의 자유로운 작동에 희망을 걸고, 일부 은행만을 보호하는 매우 제한적인 조처를 취했다. 그러나 특히 미국과 독일에서 위기가 계속 심해졌다. 과거 생산수준의 절반 남짓만 가동됐기 때문에 자본 자체가 엄청난 피해를 입었다. 한편, 절망에 빠진 대중은 사회 전체를 전복할 수 있는 해결책을 찾기 시작했다. 자본의 주요 부문은 자신들의 문제를 해결할 새로운 방법을 추구하기 시작했다. 그것이 예전의 이데올로기적 교리와 아무리 심각하게 단절한 것이더라도 말이다. 1932년 여름에 미국 제너럴일렉트릭의 사장이 국가 개입을 주장했다. 결국 변화가 이뤄졌는데, 그것은 국가가 앞에 나서서 거대 자본을 직접 지도하지는 않고 그냥 서비스만 제공하던 독점자본주의 형태에서 각 국가가 자국 자본의 국제경쟁력을 확보하려고 애쓰는 형태로의 전환이었다. 그래서 국가가 경제의 한 부문에서 다른 부문으로 잉여가치를 이전해서 산업을 의식적으로 구조조정했다.

이런 변화는 제1차세계대전 막바지에 국가가 개별 자본들을 틀어쥐고 군사적 투쟁에 전력을 기울였을 때 그 전조가 보이기도 했다. 그러나 전쟁이 끝난 뒤 국가는 자신이 얻은 힘을 포기했다. 그런데 이제 위기의 규모가 엄청났기 때문에 생각을 다시 할 수밖에 없었다. 이미 1933년에 미국과 독일에서는 정치적 위기 때문에, 자본주의에 맞서 자본주의를 구하려고 과격한 변화를 추진할 태세가 돼 있는 정부가 들어섰다.

미국에서 이것은 루스벨트의 뉴딜 정책으로 나타났다. 뉴딜은 이미 존재하던 공공사업 계획을 확대해서 실업을 약간 줄였고, 은행에 자금을 제공해 파산하지 않도록 했으며, 카르텔을 통해 산업의 자기 규제를 조장했고, 농산물 가격과 농민 소득을 올리려고 곡물을 폐기했으며, 매우 제한적이나마 국가가 직접 생산을 담당하는 실험을 단행했고, 또한 노조의 임금 인상(따라서 소비재 수요 증대)을 더 손쉽게 해 줬다. 1929년에 GDP의 2.5퍼센트 정도이던 연방정부 지출이 1936년에는 9퍼센트 이상으로 치솟아 평화 시의 최고점에 이르렀다. 이것은 독점 단계에 있는 자본주의가 국가의 제한적 개입이 없다면 더는 스스로 문제를 해결할 수 없다는 점을 인정한 것이었다. 그러나 이런 개입조차 여전히 제한적이었다. 연방정부 지출은 1937년에 다시 줄어들었다.

그렇게 소심한 태도는 경제 위기에 제한적 영향만을 줄 수 있었다. 뉴딜의 온갖 조처들은 1933년 봄부터 시작된 경기회복을 어느 수준 이상으로는 끌어올릴 수 없었다. 실업자는 170만 명이 줄었지만 여전히 1200만 명이 실업 상태에 있었다. 위기가 발생한 지 8년째인 1937년에야 생산이 1929년 수준을 회복했다. 그렇지만 그때조차 공업의 고정자본 투자는 여전히 낮은 상태였고[47] 실업률은 14.3퍼센트였다. 그러나 이런 "작은 호황"도 1937년 9월 "미국 역사상 최악의 경기후퇴"에 자리를 내줬다. 그래서 "1932년 이후 달성된 경제지표는 대부분 절반 수준으로 떨어졌다."[48]

1920년대는 독점자본과 결합된 비생산적 지출(마케팅 비용, 광고비, 투기성 투자, 사치성 소비)이 위기를 지연시킬 수는 있지만 위기의 궁극적 충격이 전보다 더 커지는 것을 막지는 못한다는 점을 보여 줬다. 1930년대는 정부의 경기 부양책이라는 '마중물'pump priming이 일시적이고 제한적인 경기회복을 가져올 수는 있지만 자본주의 체제에 새로운 생명력을 제공할 수는 없다는 것을 보여 줬다. 국가자본주의 방향으로 더 거대한 변화가 필요했다.

불황에서 전쟁으로

여기서 독일과 일본의 사례가 매우 중요하다. 독일과 일본 지배계급의 주요 분파는 개별 자본가들을 국가가 강제하는 자본축적 계획에 종속시키는 한편 노동계급 운동을 억압하는 정치 노선을 선택했다. 주요 자본가 집단은 무사히 살아남았다. 그러나 이제 그들은 자신들도 지지하는 군사적 경쟁의 필요에 종속됐다. 군비 증강과 중공업 확장이 시장과 투자처를 제공하면서 전체 경제를 성장시켰다. 임금은 생산량 증대에 뒤처졌고 이윤율은 부분적으로 회복됐다.

독일에서는 (효과가 별로 없었던 '마중물'을 2년 동안 쏟아부은 후에) 군비 증강과 중공업 확장 덕분에 경제가 곧 불황에서 벗어났고, 1937년 미국 경제가 다시 불황에 빠졌을 때도 독일은 호황을 유지할 수 있었다. 1939년에 독일 경제의 생산량은 1929년 수준보다 30퍼센트나 증가했으며, 800만 개의 신규 일자리가 만들어지면서 실업자가 600만 명에서 7만 명으로 줄어들었다.[49] 신규 생산은 대부분 군비 증강을 위한 군수산업이나 중공업에서 이뤄졌지만, 증가한 생산량의 10분의 1은 민간 소비 증대에 사용됐다.[50] 그리고 경제성장 자체가 호황을 지속시키는 비용을 상당 부분 감당했으며, 정부 지출의 5분의 1만이 적자예산으로 충당됐다. 실제로 나치 독재는 초기 이윤율이 낮더라도 신규 투자가 이뤄지도록 밀어붙일 수 있었다.

그러나 이런 정책에는 중요한 문제점이 있었다. 독일은 자급자족적 경제단위가 아니었다. 생산력은 이미 오래전부터 국제적으로 발전해서 국민국가의 경계선을 뛰어넘었고, 군비 호황이 나타나면서 특정한 전략적 수입품의 필요성이 커졌다. 이 문제를 극복하면서도 독일 경제를 자급자족 경제로 유지하고 그래서 국제적 불황의 압력에서 벗어나는 길은 독일 제국의 경계선을 확장해서 이웃 나라 경제를 통합하고 그들의 산업을 독일의 군비 경쟁 드라이브에 종속시키는 것뿐이었다.

국가가 지도하는 독점자본주의의 논리 때문에, 레닌이 1916년에 지적한 제국주의 형태, 즉 "공업이 매우 발전한 지역들"을 점령하는 제국주의 형태가 등장했다.[51] 이런 팽창이 어느 지점을 넘어서면, 다른 거대 열강의 제국과 그들의 세력권을 위협하게 돼 충돌이 불가피해진다. 다른 열강들도 자체 군사력을 증강하는 식으로 대응하자 독일과 일본 제국은 이미 장악한 지역을 '방어'하기 위해 경제의 더 많은 부문을 군비로 돌려야(그리고 새로운 지역을 장악해야) 했다. 이것은 두 나라 자본가들에게 잉여가치의 새로운 원천을 제공해서 이윤율 저하 압력을 상쇄했다. 그렇지만 그와 동시에 기존 제국들 사이의 적대감이 커졌고, 그래서 군비를 더욱 증강하고 또 다른 군사적 모험을 하게 됐다. 독일이 폴란드 서부를 점령하고 일본이 진주만을 공습하자 적대감은 폭발했다.[52]

주요 자본주의 나라의 불황 심화가 다른 나라의 불황에 영향을 미쳤듯이 군사적 국가자본주의라는 불황 극복 노선도 다른 나라에 영향을 미쳤다.

영국과 미국 제국주의는 각각 1940년 프랑스 함락과 1941년 진주만 공습을 계기로 1930년대 중반의 어중간한 국가 주도 자본주의에서 완전한 전시경제로 전환한 후에야 세계 열강의 지위를 방어할 수 있었다. 영국 국가는 중요한 경제적 결정의 책임을 모두 떠맡아서 각 산업에 원료를 배분하고 식량과 소비재를 배급했다. 그 결과 민간경제는 중앙집권적 전시경제의 단순한 부속물로 전락했다. 미국 정부는 "총생산물의 절반을 차지한 군비 부문을 통제했을 뿐 아니라 어떤 소비재를 생산할지 말지도 결정했다."[53] 미국 정부는 막대한 돈을 들여 군수공장을 건설한 다음 이것을 민간 기업들에 넘겨줘서 운영하게 했다. 1941년에 정부의 자본 지출은 1939년 미국 전체 제조업 투자의 절반을 넘어섰고,

1943년에는 국가가 총투자의 90퍼센트를 책임졌다.[54] 미국에서도 국가 주도의 군비 경제가 전쟁 전에 경제가 직면했던 문제들의 해결책인 듯했다. 3년이 채 안 돼 실업자가 900만 명에서 100만 명 이하로 감소했고, 비생산적 부문에 막대한 지출을 쏟아부었는데도 민간경제가 성장했다. 1940~43년에 총생산량은 갑절로 증가했고, 1943년의 소비지출은 (1940년의 가격으로 측정하더라도) 앞선 연도들보다 많았다.[55] 전시경제는 8년 동안 뉴딜 정책이 할 수 없었던 것을 해냈다. 노화하는 세계 최대 자본주의 경제의 생산능력을 풀가동시킨 것이 그것이다. 케네스 갤브레이스가 지적했듯이 "1930년대의 대공황은 결코 끝나지 않았다. 1940년대의 대규모 전시 동원 속으로 사라졌을 뿐이다."[56]

소련식 변종

세계 체제의 대혼란에 휩싸여 산산조각 나는 것을 피할 수 있는 대안은 국가 주도 경제임을 보여 주는 듯한 주요 경제가 하나 더 있었다. 바로 소련이었다. 1930년대에 거의 모든 평론가들은 소련을 서방 자본주의와 근본적으로 다른 원리에 기초한 사회로 봤다. 그리고 1989~91년에 소련이 붕괴할 때까지 많은 사람들이 이런 견해를 간직하고 있었다. 우파들은 소련 경제에는 아무 동역학도 존재하지 않는다는 듯이 소련을 '전체주의 체제'로 규정했고, 많은 좌파들은 마치 거울에 비친 우파들처럼 소련을 '공산주의' 또는 '사회주의' 사회라고 주장했으며, 그보다 더 비판적인 사람들은 '포스트-자본주의' 사회라거나[57] '변질된 노동자 국가'라고 주장했다.[58] 이런 상이한 견해는 모두 1930년대의 소련 체제와

1917년에 세워진 혁명적 국가 사이에 긴밀한 연속성이 있다고 생각했다.

그러나 소련 경제의 핵심 메커니즘은 혁명기에 확립된 것이 아니라 1928~29년에 심각한 경제적·정치적 위기의 결과로 형성된 것이다. 당시에는 1917년 10월 혁명 직후 러시아의 특징이었던 혁명적 민주주의가 거의 남아 있지 않았다. 경제적 후진국인 러시아가 3년간의 세계대전에 이어 또 다른 3년간의 내전으로 피폐해진 상황에서 신흥 관료층이 권력을 자신의 수중에 집중시켰다. 그렇지만 1920년대 중반까지는 경제의 원동력이 대중의 필요를 충족하기 위한 재화 생산이었고 대중의 생활수준이 전쟁과 내전 시기의 최저 수준보다는 높아졌다. 비록 관료들의 생활수준이 노동자와 농민의 생활수준보다 지나치게 높았지만 말이다.

그러나 1928년 말에 영국이 전쟁 위협을 가하고 농민이 식량 공급을 중단하면서 도시에서 기아가 만연했고, 이런 국내 위기에 직면한 관료들은 일련의 공포감에 휩싸였다.[59] 국내의 반란과 해외의 군사적 압력에 끼여서 통치권을 상실할까 봐 두려워진 관료들(스탈린이 지도자였다)은 러시아에 부족한 공업을 건설하기 위해 농민과 노동계급을 초착취하기 위한 일련의 실용주의적 조처들로 전환했다. 그런 조처들이 누적되자 경제의 동역학은 대중의 필요를 충족하는 것과는 전혀 다른 새로운 방향으로 나아갔다. 이 동역학을 좌우한 근본 요인은 서방의 여러 국가들과의 군사적 경쟁이었다.

체코의 역사학자 라이만은 다음과 같이 썼다.

제안된 산업 성장률을 달성할 충분한 자원이 없었다. 그래서 계획 당국은 아직은 마음대로 처분할 수 없었던 … 자원을 이용해 계획의 균형을 맞추기로 … 결정했다. 계획의 완수는 산업 노동자와 농촌 주민의 생활수준과

노동조건을 매우 잔혹하게 공격하는 것에 달려 있었다. … 이것은 빈곤과 기아를 조장하는 계획이었다.[60]

스탈린은 모든 것을 축적에 종속시키는 것을 정당화하면서 다음과 같이 주장했다. "우리는 선진국보다 50년 또는 100년 뒤처져 있다. 10년 안에 이 격차를 따라잡아야 한다. 그러지 못하면 그들이 우리를 분쇄할 것이다."[61] "우리가 처한 국내외 … 환경 때문에 … 공업을 급속히 성장시키는 정책을 채택할 수밖에 없다."[62]

관료들은 더는 존재하지 않는 자본가계급을 대신해서 스스로 축적 과제를 떠맡았다. 그렇지만 사용된 방법들은 전 세계의 여느 자본주의 공업화 방법과 똑같았다. '집산화'(실제로는 국가가 토지를 장악하는 것) 덕분에 공업 부문의 축적에 이용할 수 있는 농산물이 늘어났고 수많은 농민이 토지를 떠나야 했다. 영국에서 초기 자본가들이 인클로저에서 이득을 본 것과 마찬가지였다. 성장하는 공업에 필요한 노동은 주로 임금노동자들이 맡았다. 그렇지만 일부 보조적 과제들은 수백만 명의 강제수용소 노동자들이 떠맡았다. 1920년대에 노동자들이 누리던 권리들은 폐지됐다.

단일한 중앙집권적 국가 관료 집단이 대외무역을 독점한 채 경제를 통제했기 때문에 축적이 중단 없이 이뤄질 수 있었다. 서방의 전시 국가독점자본주의에서 그랬듯이 말이다. 그러나 소련 경제는 1930년대 말의 독일이나 일본 경제와 마찬가지로 더 넓은 세계 체제와 완전히 단절될 수 없었다. 공업화를 위해 서방에서 기계류를 수입하려면 곡물을 수출해서 자금을 마련해야 했지만 당시는 세계 곡물 가격이 하락하는 시기였다. 그리고 곡물을 수출하려면 국가가 굶주리는 농민한테서 곡물을 수탈해야 했다. 이 때문에 농민 수백만 명이 아사했다. 프레오브라젠스키는 다음과 같이 썼다. "수출국인 우리[소련 – 하먼]는 세계경제 위기 때문에 심각한 고통을 겪고 있다."[63]

그래도 세계경제로부터 상대적으로 고립되고, 따라서 특정 시기의 이윤율과 무관하게 약간의 잉여가치가 있는 한은 축적이 진행될 수 있었다. 그러나 경제적 모순을 극복하지는 못했다. 중공업 생산계획과 군비 생산계획을 달성하려면 자원을 소비재 산업에서 중공업과 군비 부문으로 돌려야 했다. 그래서 경제 전체가 급속하게 성장할 때조차 소비재 생산량은 감소했다. 이런 결과는 '계획'이라는 말의 진정한 의미와 상반된 것이었다. 예컨대, 두 사람이 런던에서 맨체스터로 갈 계획을 세웠다고 치자. 그런데 한 명은 글래스고로 가고 다른 한 명은 브라이턴으로 갔다면, 그 '계획'은 결코 행동 지침이 아니다. 소련의 계획이 바로 그랬다. 서방과 마찬가지로 경쟁적 축적이 한편으로는 역동적 성장을, 다른 한편으로는 혼란, 비효율, 빈곤을 낳았다. 경쟁적 축적은 또, 국경을 뛰어넘는 제국주의적 팽창 경향도 낳았다. 그 결과가 1939년에 스탈린이 히틀러와 손잡고 동유럽을 분할해서 폴란드의 절반, 에스토니아, 리투아니아, 라트비아를 점령한 것이었다. 1941년에야 히틀러는 눈을 돌려 소련을 점령하고 약탈해서 독일 자본주의를 강화하려 한다.

10년의 대차대조표

1930년대에는 자본주의 지지자들 사이에서도 자본주의가 심각한 곤경에 빠졌다는 생각이 널리 퍼져 있었고, 자본주의 반대자들 사이에서는 자본주의가 끝났다는 생각이 널리 퍼져 있었다. 루이스 코리는 "자본주의가 쇠퇴하고 퇴락했다"고 썼고,[64] 존 스트레이치는 "생산이 영구적으로 수축하면서 자본주의 세계는 훨씬 더 급속하게 퇴락하는 일만 남았다"고 지적했으며,[65] 프레오브라젠스키는 "전체 자본주의 체제의 종국적 위기"라고 했고,[66] 레온 트로츠키는 "자본주의가 죽음의 고통"을 겪고 있다고 말했다.[67] 이런 전망이 그리 터무니없는 것처럼 보이지는 않았다. 당시는 자본주의 지지자들조차 자본주의를 무오류의 체제라고 생각한 것이 틀렸다고 걱정하던 때였으니 말이다. 그러나 국가자본주의와 대규모 군비 생산으로 필사적으로 전환한 덕분에 이 체제는 새로운 성장 국면에 접어들 수 있었다. 남아 있는 질문은 이것이었다. 그 성장은 얼마나 오래갈 것인가?

7 장기 호황

chapter

서방 자본주의의 '황금기'

많은 경제 예측가들은 전쟁 직후 세계경제가 1919년처럼 짧은 호황기를 거친 다음 다시 위기로 빠져들 것이라고 예상했다. 그렇지만 그런 일은 일어나지 않았다. 전후의 상황은 자본주의 역사상 최장기 호황이었다. 그것을 두고 지금은 흔히 '자본주의의 황금기'라고 부르고, 프랑스에서는 '영광의 30년'이라고 부른다. 1970년대 미국의 생산량은 1940년 수준의 3배였다. 독일 경제의 생산량은 (침체기였던) 1947년 수준의 5배였다. 프랑스의 생산량은 4배가 됐다. 1940년대만 해도 가난한 나라 취급을 받던 일본은 공업 생산량이 13배 증가해 이제 서방에서[1] 미국 다음가는 경제 대국으로 성장했다. 그리고 경제성장과 더불어, 전에는 꿈만 꿀 수 있었던 규모로 실질임금이 상승하고 사실상의 완전고용과 복지가 실현됐다.

1955년 열린 반둥회의 이후 '제3세계'라고 알려진 아시아, 아프리카, 라틴아메리카의 상황도 크게 바뀌었다. 많은 사람들이 여전히 가난했다. 그러나 유럽 열강들은 식민지를 포기할 수밖에 없었으며, 1인당 경제성장률의 증가로[2] 경제적 '저발전' 국가들이 결국은 선진국들을 따라잡기 시작할 것이라는 기대가 형성됐다.

당시에는 우파든 좌파든 많은 사람들이 마르크스가 파악한 체제 모순이 극복됐다는 주장을 정설로 받아들였다. 정부가 경제 위기에 대처하기 위해 1930년대에 존 메이너드 케인스가 제시한 방침에 따라 경제에 개입하는 법을 배운 것이 핵심적 변화라고 그들은 주장했다. 기존 국가가 낡은 자유 시장 정설을 버리고 경제생활에 개입해서 투자와 소비의 수준을 높이기만 하면 이 체제가 제대로 작동할 것이라는 주장이었다. 정부가 금리를 조정('통화정책')해서 민간투자를 촉진하거나 세수보다 더 많이 지출('재정정책')해서 그렇게 할 수 있다는 것이었다. 후자 같은 '적자재정'은 재화에 대한 수요를 증가시키고 그래서 고용수준을 높일 것이다. 이것은 또한 '승수효과'(케인스의 케임브리지대학교 동료인 칸이 발견했다)를 통해 본전을 뽑는다. 정부 지출 덕분에 일자리를 얻은 노동자들은 임금을 소비할 것이고 그래서 다른 노동자들이 만든 생산물에 시장을 제공하며, 그러면 다른 노동자들도 임금을 소비하면서 더 큰 시장을 제공할 것이다. 그래서 경제가 완전고용 수준에 가깝게 성장하면 소득과 소비에서 나오는 조세수입이 증가해 정부는 이전의 지출 증가를 벌충하고도 남을 것이다.

이 두 정책은 완전고용을 달성하기 위한 전형적 '케인스주의' 정책으로 여겨졌으며,[3] 1940년대, 1950년대, 1960년대, 1970년대 초까지도 보수당과 사회민주주의 정치인들에게 핵심적 경제 운용 방안으로 여겨졌다. 앞 장에서 봤듯이 케인스는 몇 군데에서 더 급진적인 개념들을 제시했는데, 특히 자본 투자를 확대하는 과정 자체가 투자 수익('자본의 한계효율')의 감소를 초래한다는[4] 주장이 유명하다. 그는 배당으로 먹고사는 "금리생활자"의 점진적 "안락사"를 주장했고[5] "어느 정도 포괄적인 투자의 사회화만이 완전고용에 근접하는 수단임이 입증될 것"이라고 주장하기까지 했다.[6] 그러나 케인스 자신은 이런 급진적 통찰을 회피했다. 지극히 온건한 케인스 전기 작가인 스키델스키는 "실천에서 케인스는 매우 조심스러웠다"고 적었으며,[7] 제2차세계대전 이후 30년 동안 주류 경제학을 주름잡던 케인스주의 버전은[8] 케인스의 이론에서 이런 급진적 요소들을 완전히 없애 버린 것이었다. 이 때문에 급진적 케인스주의자인 조앤 로빈슨은 이를 두고 "속류 케인스주의"라고 비난했다.[9]

이 시기에 주류 경제학은 19세기 초 이래로 자본주의를 괴롭혀 온 경제 위기를 정부가 제거할 수 있게 됐다고 믿었다. 자본주의 체제는 이제 끝없는 번영, 생활수준 향상, 계급투쟁 완화를 가져다줄 수 있다고 정설 경제학자들은 주장했다. 정부가 자본주의 체제의 명령을 수용하고 1929~32년 같은 '실수'만 피한다면 말이다.

존 스트레이치는 1930년대 영국에서 단연 최고의 마르크스주의 경제학 저술가였다. 그의 책 《자본주의 위기의 성격》, 《다가오는 권력투쟁》, 《사회주의의 이론과 실제》는 자본주의가 점점 더 심각해지는 경제 위기에서 벗어날 수 없다는 메시지를 담아 한 세대 전체의 노동자 활동가들과 젊은 지식인들에게 마르크스주의 경제학을 가르쳤다. 그렇지만 1956년에 그는 자신의 책 《현대 자본주의》에서 자본주의 위기가 개혁될 수 있는가 하는 결정적 문제에서 케인스가 옳았으며 마르크스는 틀렸다고 주장했다.[10] 케인스의 유일한 실수는 자본가들에게 자신의 처방을 받아들이라고 압력을 가해야 한다는 사실을 깨닫지 못한 것이라고 스트레이치는 주장했다. "케인스주의 처방을 … 자본가들은 분명 반대할 것이다. 그러나 유권자들이 그들에게 강제할 수 있음을 경험이 보여 줬다."[11]

케인스의 사상이 장기 호황에 기여했다는 믿음이 오늘날에도 지속되고 있으며, 케인스 사상을 폐기했기 때문에 최근의 경제 위기가 발생했다는 견해가 좌파들 사이에도 널리 퍼져 있다. 이런 견해는 언론인인 댄 앳킨슨과 래리 엘리엇이 쓴 일련의 저서에서,[12] 〈옵서버〉의 칼럼니스트인 윌 허턴과[13] 급진적 경제 컨설턴트인 그레이엄 터너의[14] 주장에서 찾아볼 수 있다. 이와 비슷한 견해를 일부 마르크스주의자들도 받아들인다. 제라르 뒤메닐과 도미니크 레비는 전후 경제성장의 원인을, 산업자본이 '케인스주의'를 받아들여 복지국가라는 지형 위에서 노동계급 조직과 '타협'한 것을 바탕으로 축적을 지속했기 때문이라고 주장했다.[15] 데이비드 하비도 "자본과 노동의 계급 타협"을 바탕으로 자본주의가 성장하는 모습을 제시하는데, 그 속에서 "국가는 완전고용, 경제성장, 시민의 복지에 집중하면서, 보통 '케인스주의'라고 부르는 재정정책이나 통화정책을 광범하게 사용해서 경기순환을 누그러뜨리고 완전고용을 보장할 수 있었다"고 한다.[16]

그러나 케인스주의가 공식적 경제 이데올로기로서 최고의 지위를 누리고 있던 시기의 가장 놀라운 사실은 경제 위기 방지책이라는 조처들이 거의 사용되지 않았다는 점이다. 케인스주의 정책이 실시되지 않았는데도 미국은 1960년대까지, 서유럽과 일본은 1970년대까지 경제가 성장했다.

　오래전에 ＲＣＯ 매슈스가 지적했듯이, 전후戰後 영국의 경제성장은 되풀이되는 경제 위기에 대한 특별한 케인스주의 재정 적자 '처방'이나 전전戰前보다 높은 수준의 정부 투자 때문이 아니었다.[17] 메그나드 데사이는 "미국에서 케인스주의 정책이 공식적으로 채택되는 과정은 더뎠다. … 케인스주의 정책은 1964년 케네디-존슨 정부의 세율 인하 조처가 실시되면서* 최종 승리했다"고 지적했다.[18] 이때는 대호황이 이미 15년이나 지속된 뒤였다(1940년대 말의 단명한 경기 침체를 빼고 보면 25년이나 된다). 톤 노테르만스는 독일에 대해서도 똑같은 지적을 했다. "경기순환을 억제하는 수요 관리 정책이 독일에서는 … 1970년대에야 추진됐다."[19] 정부의 개입이 경제의 속도를 조절하는 데 사용됐을 때, 그것은 불황을 막은 것이 아니라 호황의 속도를 늦췄을 뿐이다. 1950년대와 1960년대에 영국 정부의 '스톱-고stop go 정책**'이 국제수지 문제에 직면했듯이 말이다. 매슈스나 다른 사람들이 사용한 수치들을 재분석한 블리니는 케인스주의가 서유럽의 장기 호황에는 거의 아무 구실도 하지 못했으며 미국에서는 제한적 구실만 했다고 결론지었다. 그리고 전전보다 전후에 미국의 군비 지출이 크게 증가한 것이야말로 "재정적 경기 부양"의 주된 원동력이었다고 지적했다. "주로 높은 수준의 국방비 때문에 재화와 서비스에 대한 정부의 총지출이 잠재 GNP

---

*　케네디는 세율이 너무 높아서 정부 세입이 너무 낮은 역설적 현상이 발생한다며 소득세율과 법인세율을 낮춰 장기적으로 세입을 늘리려 했다.

**　경기를 부양하면 수입이 늘어나 국제수지 악화로 파운드화 위기가 발생하므로 긴축정책을 실시하고, 국제수지가 개선되면 다시 경기 부양책을 실시하는 등 단기간의 부양과 긴축을 반복한 것.

의 거의 9퍼센트만큼 증가했다."[20]

호황을 케인스주의 정책의 결과로 설명하는 것은 흔히 '포드주의' 시기에 대한 언급과 결합된다. 즉, 포드주의 시기에는 거대 자본주의 기업들이 끊임없이 증가하는 생산물을 노동자들이 구매할 수 있을 만큼 충분히 높은 임금을 지급하면서 노동자들과 타협했다는 것이다. 예를 들어 프랑스 경제학자 미셸 알리에타는 "포드주의가 노동력의 유지 사이클을 보장해 주는 임금 관계를 일반화해서 노동계급의 민간 소비를 조절했다"고 주장했다.[21] 그래서 그를 비롯한 '조절학파' 마르크스주의자들은 케인스를 포드주의의 예언자로 보고, 케인스의 신고전학파 비판과 '유효수요' 개념은 자본주의의 특정 발전 단계에서 생산과 소비가 통합돼야 할 필요성을 부분적으로 인정한 것으로 여긴다.

확실히, 전후 수십 년 동안 유력했던 국가 개입 이데올로기의 한 요소는 복지 정책이 소비재 수요의 주기적 등락을 상쇄할 수 있다는 주장이었다. 자본이 노동력 재생산을 보장해야 할 '공급 측면'의 필요(5장에서 살펴봤다)와, 시장을 계속 성장시켜야 하는 '수요 측면'의 우려가 서로 일치하는 듯했다. 또, 복지 정책을 확대하겠다는 약속은 유럽의 사회민주주의 정당들과 기독교민주주의 정당들이 선거에서 표를 획득하고 자신들보다 좌파적인 공산당한테서 노동자들을 떼어 내는 방안으로 안성맞춤이었다. 그렇지만 이런 설명 중에 어느 것도 전쟁 전에는 불황을 겪었던 세계경제가 전후에는 왜 호황을 누렸는지를 제대로 해명해 주지 못한다.

더욱이 대량생산 산업에서 '포드주의' 경영자들이 실질임금을 인상하고 복지를 제공하는 등의 이른바 '케인스주의' 정책을 의식적으로 선택하는 일은 없었다. 로버트 브레너와 마크 글릭은 다음과 같이 말했다.

미국의 자본은 노동자들의 몫을 보장하는 원칙을 순순히 따른 적도 없었고 임금을 생계비나 생산성 수준에 맞춰 억제하려고 악착같이 투쟁하지 않은 적도 없었다. 수익을 투자와 소비로 또는 이윤과 임금으로 나누는 문제에 대한 일반적 '사회계약' 따위는 존재하지 않았다.[22]

전후 수십 년 동안 자본주의가 성장하고 그 결과로 완전고용이 실현되자 고용주와 국가는 노동력을 재생산하고 노동계급의 불만을 잘 관리하는 일에 전보다 훨씬 더 많은 관심을 기울일 수밖에 없었다. 전통적 케인스주의 설명이나 '조절' 이론은 모두 원인과 결과를 혼동한다. 그래서 이들은 전후 수십 년 동안의 가장 중요한 특징을 설명하지 못한다. 즉, 미국의 이윤율이 제2차세계대전 이전의 40년 동안보다 50~100퍼센트 더 높았고 1960년대 말까지 이런 높은 수준을 어느 정도 유지했다는 사실 말이다.[23] 이것은 대다수 국가들이 케인스가 제안한 '경기순환 대책'을 사용할 필요성을 느끼지 못한 상태에서 자본가들이 경제 호황을 유지하는 데 충분한 규모의 투자를 한 이유를 설명해 준다. 그러나 실질임금이 급속히 상승하는데도 어떻게 이런 높은 이윤율이 달성되고 유지됐을까?

이 물음에 대한 대답의 일부는 불황과 전쟁의 영향에 있다. 일부 기업들은 불황기에 파산했다. 많은 자본이 장부에서 지워졌다. 경제 위기를 통한 구조조정이 시작돼 경제 위기의 오래된 구실 중 하나, 즉 자본이 더 낮은 이윤율로도 축적을 재개할 수 있도록 하는 구실의 효과가 나타났다. 전쟁으로 말미암은 파괴가 또 다른 도움이 됐다. 노동(따라서 이윤)에 대한 투자의 비율을 높이는 데 사용될 수도 있었을 막대한 투자가 군사적 목적에 사용됐다. 예를 들어 셰인 메이지는 1930년대의 경제 위기와 제2차세계대전이 미국 경제에 미친 영향을 다음과 같이 추산했다. "1930~45년에 미국의 자본 스톡은 1450억 달러에서 1200억 달러로 감소했는데, 이는 약 20퍼센트 순 투자 감소다."[24] 자본 상각 규모는 기존에 축적된 잉여가치와 15년 동안 추가로 생산된 잉여가치를 합한 것의 5분의 1이나 됐다. 한편, 전쟁에서 패배한 독일과 일본의 자본가들도 전쟁이 끝났을 때 많은 자본이 파괴된 상태였다. 이들은 축적을 새롭게 시작하면서 전에 투자한 가치 중 많은 부분을 상각하는 것 외에 달리 선택의 여지가 없었고, 숙련 노동자들은 군사적 파괴로 인한 대규모 실업 때문에 저임금을 받아들일 수밖에 없었다.

그러나 이런 요인들은 그 자체로는 호황의 기간과 연속성을 충분히 설명해 주지 못한다. 이 요인들은 새로운 생산적 투자의 효과가 나타나기 시작했을 때 왜 다시 이윤율이 하락하지 않았는지를 설명하지 못한다. 자본주의가 전쟁 전의 궤적대로 작동했다면 적어도 10년마다 경제 위기가 나타났을 것이다. 그러나 (때때로 '성장 정체'라고 부른) 성장률의 주기적 하락이 있었지만 미국에서는 (1949년에) 단 한 번 극히 일시적인 생산량 감소가 있었을 뿐이고 다른 주요 공업국에서는 사반세기가 넘도록 단 한 번도 그런 일이 없었다.

급속한 기술혁신, 1950년대와 1960년대 젊은 노동자들의 이주 물결, 비공업국들의 원료 가격 하락 등의 결과로 호황을 설명하려는 시도도 있었다. 그러나 이런 요인들도 그 전에는 주기적 위기를 막지 못했다. 기술혁신은 신규 투자의 개별 단위당 비용을 줄이지만 또한 이미 진행된 투자의 수명도 단축시키기 때문에 감가상각 비용으로 이윤에서 공제해야 하는 몫도 늘어난다. 아일랜드에서 잉글랜드로 또는 유럽에서 미국으로의 대규모 이주는 19세기의 특징이었지만 이윤율에 미치는 압력을 중단시키지 못했다. 원료 가격 하락은 부분적으로 호황 자체가 선진국 자본가들로 하여금 합성 대체물(인조섬유, 플라스틱 등)을 생산하도록 부추겼기 때문이다.

그러나 당시 상황을 설명할 수 있는 한 가지 새로운 요인이 있다. 평화기에 전례 없는 수준의 군비 지출이 그것이다. 전쟁 전에 미국의 군비 지출은 GNP의 1퍼센트를 약간 넘었다. 그러나 전후의 '무장해제'에도 불구하고 군비 지출은 1948년에 4퍼센트나 됐고, 냉전 시작과 함께 급증해 1950~53년에는 13퍼센트 이상으로 치솟았으며, 1950년대와 1960년대 내내 양차 대전 사이 수준의 5~7배를 유지했다.

군비는 투자 가능한 잉여가치를 엄청나게 많이 소비했는데, 군비가 없었다면 그 잉여가치가 모두 생산적 경제로 흘러갔을 것이다. 키드런이 계산한 결과를 보면, 그 규모는 미국 총고정자본형성의 60퍼센트에 달한다. 이러한 군비 지출의 직접 효과는 주요 산업의 생산물에 시장을 제공했다는 것이다.

항공기와 그 부품에 대한 최종 수요의 10분의 9 이상은 정부 부문에서 나왔고 그 대부분은 군사적인 것이었다. 비철금속 수요의 5분의 3도 마찬가지였다. 화학·전자 제품 수요의 절반 이상, 통신 설비와 과학 기기 수요의 3분의 1 이상, 18개 주요 산업 품목의 최종 수요의 적어도 10분의 1이 정부 조달이었다.[25]

대부분의 주류 케인스주의자들과 많은 마르크스주의자들은 전후 호황을 설명할 때 군비 지출의 구실을 무시했다. 양측 모두 자본주의를 순수한 '자유 시장' 형태, 즉 19세기 영국에서 잠깐 나타났던 형태와 동일시하고 국가와 군대를 자유 시장과 무관한 것으로 바라보는 경향이 있었다. 그래서 불황, 전쟁, 냉전을 거치면서 진행된 전환은 말할 것도 없고 힐퍼딩, 부하린, 레닌이 이미 분석하기 시작한 변화의 의미도 놓쳤다.

그러나 일부 마르크스주의자들과 몇몇 케인스주의자들은 군비 지출의 중요한 측면 하나를 파악했다. 군비 지출이 다른 경제 부문에 제공하는 시장은 더 광범한 경제의 등락에 영향을 받지 않았다. 즉, 군비 지출은 경제순환의 하락 추세에 제한을 가하는 완충 구실을 했다. 그래서 미국인 마르크스주의자 폴 배런과 폴 스위지는 군비 지출을 계속 증가하는 '잉여'를 흡수하고 과잉생산을 극복하는 중요한 메커니즘으로 볼 수 있었다.[26] 그러나 이들은 군비 지출을 충당하기 위한 과세가 왜 다른 경제 부문의 수요를 줄이는 효과를 내지 않는지 설명할 수 없었다. 그리고 블리니가 지적했듯이, 미국 정부의 군수품 구매는 유럽 경제를 부양하는 데서 중요한 직접적 구실을 할 수 없었다.[27]

낭비적 지출(5장 참조)이 더 넓은 경제의 동역학에 미치는 영향을 분석한 키드런의 설명은 이 문제를 해결할 수 있었다. 그 출발점이 '과소소비'가 아니라 이윤율이었기 때문이다. 군비 지출은 '비생산적' 지출과 마찬가지로 단기적으로는 이윤을 감소시키지만 장기적으로는 추가 축적에 이용할 수 있는 자금을 줄이는 효과를 내며, 그래서 고용된 노동력 대 투자의 비율('자본의 유기적 구성')이 높아지는 것을 늦춘다.

키드런의 논리는 자본의 유기적 구성의 실제 추이에서 경험적으로 증명됐다. 전후 수십 년 동안 미국에서는 자본의 유기적 구성이 불황 전의 수십 년간보다 느리게 증가했다.[28] 또한 미국에서 자본의 유기적 구성은 전후 유럽보다 훨씬 낮았는데, 이는 유럽의 국민총생산에서 군비 지출로 들어간 비중이 미국보다 꽤 낮았기 때문이다.[29]

군비, 축적, 계획

군비 경제는 불황을 방지하려는 목적에서 추진된 의식적 전략의 결과가 아니었다. 군비 경제는 냉전 시기 제국주의 경쟁 논리에서 비롯했다. 그러나 자본의 일부는 군비 경제가 호황을 지속시키는 효과를 낸다는 것을 알아챘음이 분명하다. '군산복합체'가 출현해서, 무기 산업을 책임진 자본과 군부를 결속했는데 이들은 제국주의 간 갈등을 촉진하는 데 직접적 이해관계가 있었다. 군산복합체는 경쟁 관계에 있는 열강에 대한 두려움뿐 아니라 군비 예산이 축적을 지속시키는 효과를 낸다는 점도 이용해서 자신들의 정책을 지지하도록 지배계급 전체를 단결시킬 수 있었다.

1960년대에 존 케네스 갤브레이스는 정부 지출과 그가 '계획 시스템'이라고 부른 것, 즉 개별 대기업이 투자를 몇 년 전에 미리 계획하는 것 사이의 내적 관계를 다음과 같이 설명했다.

널리 퍼져 있는 가정과 반대로 [국가지출의 — 하먼] 이런 증가는 … 계획 시스템의 기업인들에게 강력한 지지를 받는다. 대기업 이사들은 흔히 정부 지출의 낭비에 반대한다. 그러나 공공 경제를 위한 이들의 호소에서 국방비 지출은 교묘하게 빠져 있다.[30]

이런 지출의 한 가지 효과는 대기업이 장기 투자 계획을 세울 때 이윤을 얻을 것이라는 약속을 받을 뿐 아니라 제품을 판매하면 그 약속이 현금으로 바뀔 것(마르크스의 용어를 사용하면 '잉여가치의 실현')이라는 확신을 갖고 투자 계획을 세울 수 있었다는 것이다. 이것은 자본가들이 단기적 이윤 확보와 시장을 위한 가격 경쟁에 의해 움직인다는 흔한 생각과는 모순되는 듯한 방식으로 대기업의 내부 업무를 바꿔 놓았다.

갤브레이스는 이 상황을 다음과 같이 묘사했다.

시장은 수직적 통합으로 대체된다. 계획 단위가 공급이나 판매 단위를 장악한다. 따라서 가격이나 수량 협상 위주의 거래는 사라지고 계획 단위 내부의 이전이 그것을 대체한다. … 기업의 처지에서 볼 때, 시장이 제거되면 외부와의 협상은 순전히 내부 결정의 문제로 바뀌게 되고, 따라서 부분적으로 또는 전혀 통제할 수 없던 결정이 순전히 내부 결정의 문제로 바뀐다. 앞으로 보게 되겠지만, 매우 전략적인 비용 요소를 전적으로 내부 결정에 종속시키고자 하는 열망이야말로 현대의 산업 정책을 가장 잘 설명해 준다(자본 공급은 극단적 사례다). 시장은 통제될 수도 있다. 계획 단위의 거래 상대방이 하는 행위의 독립성을 줄이거나 제거하면 된다. … 한편 구매와 판매 과정을 포함한 시장의 외관은 형식적으로 고스란히 남아 있다.[31]

"200대 제조업 기업이 산업 생산에 사용되는 전체 자산의 3분의 2를 보유하고 모든 판매, 고용, 순이익의 5분의 3 이상을 차지"하는[32] 상황에서 이것은 미국 경제의 거대한 부문에서 대부분의 경제활동이 시장의 변덕에 종속되지 않았음을 의미했다. 대기업들 사이에는 경쟁이 있었지만, 그것은 대체로 상품을 더 싸게 판매하려는 예전의 경쟁과는 다른 수단을 통해 이뤄졌다. 대기업들은 비생산적 수단(재력을 이용해서 유통망을 확고하게 장악하는 것, 제품을 실제보다 부풀려서 과장 광고를 하는 것, 정부 기관의 구매 담당자를 잘 구워삶아서 체계적이고 우호적인 환경을 조성하는 것)을 이용해서 잠재적 경쟁자들을 따돌릴 수 있음을 알게 됐다.

갤브레이스는 이것이 자본주의의 성격 자체가 근본적으로 변했음을 나타낸다고 봤다. 그리고 자본주의를 단지 사적 자본가들 사이의 '자유시장' 경쟁으로만 규정한 마르크스주의자들도 이와 똑같은 결론에 쉽게 빠져들었다. 왜냐하면 대기업 내부의 거대한 생산 영역은 가치법칙에 직접 종속되지 않기 때문이다. 'x-효율성'(기업의 내부 효율성) 수준이 천차만별이었다는 사실은 많은 기업이 이상적 자본주의와 얼마나 다른지를 보여 줬다. 그리고 《자본론》을 단순하게 해석해서 내릴 수 있는 결론과 달리, 대규모 고정 투자가 이뤄져 자본의 유기적 구성이 높고 이윤율이 낮은 부문에 있던 자본이 시장의 압력을 받는다고 해서 자동으로 그 부문을 빠져나가지는 않았다. 자본이 그렇게 할지 말지는 경영진이 이미 자신들이 지배하고 있던 시장에서 장기적으로 성장하기 위해 단기 이윤을 희생시키는 결정을 내릴지 말지에 달려 있었다. 가치법칙이 계속 작용했다면 장기적으로 작용했을 것이다. 왜냐하면 궁극적으로 기업들은 충분한 잉여가치를 계속 획득해서 대규모 신규 투자를 하지 못하면

성장할 수도 없고 경쟁 업체와 후발 업체들을 저지할 수도 없을 터였기 때문이다. 그러나 흔히 기업들이 그렇게 하는 데 성공했는지 아닌지를 깨닫게 된 것은 장기 호황 자체가 갑자기 끝난 뒤였다.

그 밖의 선진 자본주의들

지금까지의 설명은 전후 호황기의 미국 경제에 대한 것이었다. 미국 경제는 전쟁 직후에 전 세계 산출량의 거의 절반을 생산했고, 그 역동성은 다른 나라 경제 상황에 큰 영향을 미쳤다. 그러나 군비 지출 수준이 상당했지만 미국보다는 낮았던 거대한 유럽 경제도 미국과 비슷한 특징을 많이 보였다. 영국과 영국보다는 덜하지만 프랑스에서도 군수산업에 대한 대규모 투자가 자본의 유기적 구성 증가와 이윤율 저하 압력을 어느 정도 상쇄하면서 나머지 경제를 끌어올리는 효과를 냈고 경제성장도 지속시켰다. 이 모든 일은 케인스주의 정책에 의존하지 않고도 이뤄졌다.

독일에서는 군비가 덜 중요했다. 그러나 정부의 구실은 여전히 중요했다. 어느 마르크스주의자는 다음과 같이 설명했다.

독일연방공화국의 부르주아지는 다른 자본주의 나라의 부르주아지보다 유리한 감가상각률, 재건을 위한 신용 창출에 유리한 금리, 투자를 위한 재정 보조금을 제공한 국가기구와 통화·재정 제도를 잘 이용해서 자본축적을 할 수 있었다. 이 모든 일은 공식적 신자유주의 경제 이론과는 상반된 방식으로 이뤄졌다.[33]

일본의 국가자본주의는 직접적 국가 소유 수준은 낮았지만 민간 산업에 대한 영향력 만큼은 서방 어느 나라보다 강력했다. 국가와 거대 민간 기업들은 서로 힘을 합쳐서 1945년 이전에는 군비로 흘러갔던 국민소득을 이제는 생산적 투자로 이어지게 만들었다.

급속한 성장의 동력은 공장과 설비에 대한 고정 투자였다. 민간 고정 투자는 1946년 GNP의 7.8퍼센트에서 1961년에는 21.9퍼센트로 증가했다.[34]

1940년대 말과 1950년대에 수입 원료 공급 부족 사태가 벌어지자 정부가 나서서 경제성장에 가장 크게 기여할 것으로 보이는 산업에 원료를 공급했고 탄광업, 철강업 같은 주요 산업 육성과 수출 증대에 주력했다.

통상산업성의 '지침'을 위반하는 산업은 혹독한 대가를 치를 각오를 해야 했다. 1945년 8월 이전에는 전쟁경제의 명령을 군사적 팽창에 꼭 필요한 조처로 받아들이고 따랐던 대기업들이 이제는 통산성의 명령을 평화적 경제성장에 꼭 필요한 조처로 받아들이고 따랐다.

일본 기업들은 원기 왕성하게 투자한다. 이들은 다른 선진국 기업들과 달리 총이윤이나 내부 축적의 한계 내에서 고정 투자를 한다는 제한을 두지 않는다. 일본 기업들은 고정 투자가 총이윤을 넘어서더라도 은행의 자금 지원을 이용할 수 있는 한은 투자를 실행한다.[35]

달리 말하면 대기업 총수들과 국가는 서로 협력해서 모든 잉여가치를 동원하고 이를 단기 수익성과 무관하게 '전략적' 부문에 집중시켜서 일본 국민국가의 자본주의 성장을 도모했다. 다른 국가자본들이 군사적 측면을 가장 중요하게 고려하는 동안 일본 국가자본주의는 해외시장 경쟁의 이익을 가장 중요하게 고려했다. 수출은 일본의 경제성장에서 매우 중요한 구실을 했다. 그리고 이 때문에 일본의 경제성장은 궁극적으로 미국의 군비 경제에 달려 있었다. 로버트 브레너는 매우 실증적인 연구를 통해 이 점을 보여 줬다.

> 독일과 일본 제조업체들은 빠르게 성장하는 세계시장의 큰 부분을 미국과 영국한테서 빼앗아서 자신들의 역동성을 확보하는 한편, 점차 미국 국내시장에도 침투하기 시작했다. 이런 시장점유율의 재편 — 전에는 미국 제조업체들이 받던 주문(수요)을 이제는 독일과 일본 제조업체들이 받았다 — 덕분에 독일과 일본의 투자와 생산량이 크게 증가했다.[36]

장기 호황과 '황금기'를 가져다준 것은 '사회적 타협'이나 '복지국가'가 아니었다. 오히려 장기 호황과 '황금기'는 모두 군사적 국가자본주의의 산물이었다. 번영은 수소폭탄의 탄두에 의존하고 있었던 것이다.[37]

대호황기의 노동력

전후 첫 10년 동안 실업은 전에는 짧은 호황기에만 가능했던 아주 낮은 수준이었다. 1950년대 초에 미국의 실업률은 3퍼센트 미만이었다. 영국은 1.5퍼센트와 2퍼센트 사이를 맴돌았다. 서독에서는 전후 초기 경제적 혼란 때문에 실업률이 높았지만 1957년에는 4퍼센트로 하락했고 1960년에는 1퍼센트에 지나지 않았다.

그래서 선진 자본주의 국가의 문제는 실업 문제에 대처하는 것이 아니라 그 반대, 즉 노동력을 한없이 요구하는 듯한 자본의 필요를 충족시키기 위해 고용이 빠르게 증가하도록 최선을 다하는 것이었다. 미국은 1940~70년에 취업 노동자가 60퍼센트 증가했다. 이렇게 증가하려면 완전히 새로운 노동력 공급이 필요했다. 정치인들과 정부 관료들이 좋아하거나 말거나 국가는 경제적·군사적 경쟁에 꼭 필요한 핵심 원료인 노동력의 공급을 '자유' 노동시장의 예측하기 힘든 변덕에 맡겨 놓을 수 없었다. 국가는 전보다 훨씬 더 큰 규모로 서비스와 보조금을 직접 제공해서 임금 시스템을 보완(심지어 부분적으로는 대체)해야 했다.

노동력 부족 문제의 해결책 한 가지는 농업 노동인구를 훨씬 더 많이 줄여서 국가의 지원을 받는 다양한 소농으로 만드는 것이었다. 서유럽이 이 방법을 많이 따랐다. 또 다른 해결책은 저개발국에서 선진국의 도시로(터키와 남동부 유럽에서 독일로, 유고슬라비아·포르투갈·스페인·알제리에서 프랑스로, 서인도제도와 인도아대륙에서 영국으로, 푸에르토리코에서 미국으로) 대규모 이주를 장려하는 것이었다. 셋째(역시 거의 모든 곳에서 채택된)는 결혼한 여성을 끌어내 유급 노동에 종사하게 하는 것이었다. 그러나 노동력을 늘리는 이 각각의 방법은 자본과 국가에 새로운 문제들을 야기했다.

농업에서 노동력을 끌어내는 일은 농업 생산성을 향상시키기 위해 농업에 자원을 투입할 경우에만 가능했다. 이 방법은 비용이 매우 많이 들 수 있었다. 그러나 그렇게 하지 않으면 늘어나는 도시 인구에 식량을 제공하고 공업에 필요한 원료를 공급하는 일이 어려워져서 노동계급이 불만을 품게 되고 축적에서 병목현상이 일어날 수 있었다. 그리고 결국은 농민의 숫자가 줄어드는 상황에서 농촌에 남아 있는 노동력으로는 공업의 필요를 충족할 방법이 거의 없었다.

제3세계에서 오는 이주민은 노동력을 확보하는 매우 값싼 방법이었다. 선진국은 이런 노동력을 양성하고 교육하는 데 드는 비용을 전혀 부담하지 않았다. 사실상 선진국은 이주 노동자들의 모국에서 보조금을 받는 셈이었다.[38] 이 새로운 노동인구는 '본국' 노동인구보다 더 젊었고 건강보험, 노령연금 등도 거의 요구하지 않았다. 그리고 저임금, 열악한 노동조건, 엄격한 노동규율 등을 받아들일 준비도 더 잘 돼 있었다. 요컨대, 초과 착취를 당할 태세가 돼 있었다. 이런 이주 노동자들을 확보할 수 있는 여지는 잠재적으로 무제한이었다.

그러나 실제로는 한계가 있었다. 이주 노동자들이 새로운 모국에서 생활하고 노동하는 데 익숙해지자 이들은 현지 노동자들과 비슷한 노동조건을 요구했다. 즉, 괜찮은 거처와 복지 혜택을 요구한 것이다. 국가는 이런 부분에 대한 지출을 늘리거나 그러지 않으면 사회적 긴장 고조에 직면할 수밖에 없었다. 그런 사회적 긴장은 격렬한 계급투쟁으로 이어지거나(1968년 프랑스에서 일어난 반란은 상당 부분 이 새로운 노동자들의 반란이었다) 아니면 본국 노동자들과 이주 노동자들 사이의 '인종' 충돌로 이어질 수 있었다. 그런 사회불안의 원천을 제거하는 데 필요한 사회적 지출을 감당할 수 없었던(그리고 불만의 초점을 다른 곳으로 돌리고자) 국가는 흔히 이주 통제를 강화하는 조처로 대응했다.

기혼 여성을 작업장으로 대거 끌어들이는 것도 국가에 어느 정도의 투자를 요구했다. 육아(다음 세대 노동자의 사회화)가 소홀해지거나 남성 노동자에게 의식주를 제공하는 것이 중단되지 않도록 하는 수단을 발견해야 했다. 신기술의 적용을 통해 이런 수단이 비교적 저렴한 비용으로 많이 제공됐다. 냉장고, 세탁기, 진공청소기, 석탄 난로를 대체한 전기·가스·석유 난방시설, 냉동식품의 대중화, 패스트푸드 매장의 확산, 심지어 텔레비전 등 이 모든 것이 현재와 미래 노동력의 재생산을 보장하는 데 필요한 노력을 상당히 경감시키는 효과를 냈다. 그리고 이 것들은 국가나 자본에게는 한 푼도 들지 않는 일이었다. 왜냐하면 그 비용은 모두 기혼 여성이 유급 노동에 종사해 번 임금이 합쳐진 가계 소득에서 지출됐기 때문이다. 맞벌이 부모가 일을 하면서 어린아이들을 양육하는 것은 심각한 문제를 낳았다. 육아 시설을 제공하는 일은 국가로서는 비용이 드는 것이었기 때문이다. 비록 그 비용도 흔히 노동하는 여성의 임금에서 회수할 수 있었지만 말이다.

그래서 노동인구를 늘리는 수단들은 모두 어느 정도까지만 효과가 있고 그 한계를 넘어서면 꽤 많은 비용이 들어가는 경향이 있었다. 그래도 체제가 급속하게 확장될 때는 복지 비용을 감당할 수 있었다. 5장에서 본 것처럼, '보험'의 원칙은 노동계급의 일부 부문이 다른 부문에 제공되는 복지 비용을 부담하는 것을 의미했다. 추가 비용은 서유럽에서 GNP의 2~3퍼센트에 지나지 않았으며, 미국에서도 국가는 잉여를 조금만 내놓았다.[39] 그러나 대호황이 붕괴하자 이 비용이 부담이 되기 시작했다.

노동력 부족을 해결할 또 다른 방안이 있었다. 그렇지만 이것은 비용이 훨씬 더 많이 드는 것이었다. 그것은 노동력 재생산에 대한 국가 지출을 늘려 평균 숙련도를 높이는 것이었다. 모든 선진국에서 대호황 동안에 교육비 지출, 특히 중등교육의 고학년과 고등교육에서 교육비 지출이 상당히 증가했다.[40]

마지막으로, 생산성을 높이기 위해 고안된 국가지출의 증대라는 세 번째 영역이 있었다. 이 지출은 고용된 노동자들에게 안정감을 주기 위해 고안된 것이었다. 이런 범주에는 노령연금이나 실업급여 등이 들어간다. 제임스 오코너가 지적했듯이 "주된 목적은 고용된 노동자들 사이에서 경제적 안정감을 형성하고 그래서 사기를 높이고 노동규율을 강화하는 것이다."[41] 그래서 1960년대 말에 많은 나라에서 실업급여와 해고수당 등 실업자 복지 제도가 도입됐다. 이것들은 옛 산업들에서 진행된 노동력 '재편'의 다른 측면이었다.

노동비용의 '사회화'는 체제 전체에 몇 가지 중요한 결과를 초래했다. 노동력이 심각하게 부족한 상황에서 일국의 자본주의 국가는 생산성을 국제 수준에 맞게 유지하려면 노동력을 착취할 뿐 아니라 육성하고 보호하기도 해야 했다. 그러나 이 때문에 노동자들은 노동력을 판매하지 않고도 스스로 생활을 영위할 수 있는 몇 가지 가능성을 확보했다. 이것은 자유 노동의 성격을 부분적으로 부정하는 것이지만, 단지 **부분** 부정일 뿐이다. 왜냐하면 국가는 그 사람들이 노동시장에 나오도록 온갖 압력을 가했기 때문이다.

그렇지만 자유 노동시장의 이런 제한적 '부정'조차 국내 개별 자본의 비용을 증가시키는 부담이었다. 그래서 그 비용은 국민경제 전체의 투자수익률을 낮추는 압력으로 작용했다. 오랫동안 이것은 문제가 되지 않는 것처럼 보였다. 다른 요인들이 작용하면서 이윤율을 보호하고 있었기 때문이다. 그러나 호황의 상승 동력이 약해지기 시작하자 복지 비용이 결정적 문제가 됐다. 두 가지 기능, 즉 생산성을 향상시키는 **동시에** [노동계급의] 동의를 매수하는 기능이 더는 서로 보완적이지 않게 됐다. 자본은 노동계급을 통제하는 기존 메커니즘이 불안정해지더라도 생산성을 유지하고 향상시키는 데 드는 비용을 줄이려고 노력해야 했다. 장기 호황이 시들해지자 이것은 계급투쟁에 매우 큰 영향을 미치는 중요한 요인이 됐다.

동방 진영

전후 수십 년 동안 급속하게 성장한 곳은 서방 경제와 일본만이 아니었다. 소련과 소련이 지배한 동유럽 나라들도 급속하게 성장했다. 1950~66년에 소련의 전기 생산은 500퍼센트 증가했고, 강철 생산은 250퍼센트, 원유 생산은 600퍼센트, 트랙터 생산은 200퍼센트, 직물 생산은 100퍼센트, 신발 생산은 100퍼센트, 주택 건축은 100퍼센트 증가했다.[42] 1970년대 중반이 되자 서유럽과 북미에서 대중의 생활을 바꿔 놓았던 똑같은 소비재들(텔레비전, 냉장고, 세탁기 등)이 소련과 동유럽 가정에서도 나타났다. 비록 그 속도는 느렸지만 말이다.[43] 1989~91년 동유럽 블록이 몰락한 뒤 흔히 망각하는 사실은, 1950년대와 1960년대에는 서방의 많은 소련 비판자들조차 소련의 성장률이 전세계 어느 나라보다 높다는 점을 인정했다는 것이다. 소련 체제를 통렬하게 비판한 알렉 노브도 다음과 같이 쓸 수 있었다. "소련이 세계 2위의 공업·군사 강국으로 성장하는 데 … 성공했다는 것은 논박할 수 없는 사실이다."[44]

그러나 빠르게 성장하는 것만으로는 더 많은 성장을 강요하는 외부의 압력을 극복할 수 없었다. 왜냐하면 수십 년간의 공업화 뒤에도 소련의 경제 규모는 당시 주요 군사적 경쟁자인 미국의 절반도 되지 않았기 때문이다. 공업화가 시작될 때는 농업에서 빠져나와 공업에 종사할 수 있는 거대한 예비 노동력이 있었다. 따라서 이 거대한 예비 노동력 중 많은 부분이 낭비적으로 이용되더라도 상층 관료 집단에게는 큰 문제가 아니었다. 이 문제가 중요해지기 시작한 것은 농촌에서 청년층이 사라지기 시작하면서부터였다. 즉, 도시를 먹여 살리는 데 필요한 농산물 생산을 대부분 그 수가 점점 줄어드는 노인들이 담당하게 된 것이다. 1953년 스탈린이 죽은 직후 강제노동수용소가 폐쇄됐는데, 이는 부분적으로 정치적 고려도 있었지만 또한 비효율적 강제 노동을 폐지하고 임금노동자로 만들어 효율적으로 착취하기 위함이었다. 이것은 '시초 축적' 국면이 끝났음을 뜻했다. 이때부터 관료 집단 내에서 경제 '개혁' 논의가 계속됐다. 1970년 그런 논의의 한 단계에서 지도자 브레즈네프는 경제'개혁'을 해야 하는 이유를 이렇게 밝혔다.

> 브레즈네프 동지는 두 세계 체제 사이의 경제적 경쟁에 관한 문제를 강조했다. "이 경쟁의 형태는 여러 가지다" 하고 그는 말했다. "많은 경우에 우리는 특정한 산출물의 생산에서 자본주의 국가들을 따라잡고 멀찍이 따돌리는 과제를 성공적으로 해냈다. … 그러나 근본적 문제는 얼마나 많이 생산하느냐뿐 아니라 비용을 얼마나 들여서, 노동비용을 얼마나 써서 생산하느냐이기도 하다. … 바로 이 영역에 오늘날 두 체제 사이의 무게중심이 놓여 있다."[45]

이것은 서방 선진국들의 거대한 국가 부문에서 작동한 것과 똑같은 경쟁적 축적 논리였다. 또, 갤브레이스가 거대 기업에서 작동한다고 설명한 논리이기도 하다. 소련 내부에서 생산을 조직하는 일은 서로 다른 사용가치들(노동력, 물질적 원료, 각종 기계 등)을 결합해서 추가 사용가치를 생산하는 것이었다. 그러나 지배 관료들에게 중요한 것은 이런 사용가치들과 서방의 대기업 내부에서 생산된 비슷한 사용가치들을 비교하고 측정하는 문제였다. 그리고 이것은 소련에서 사용된 노동의 양을 서방 기업들에서 사용된 노동의 양과 비교하는 것을 의미했다. 즉, 마르크스의 용어로 표현하면, 소련 내에서의 생산이 세계 수준에서 작용하는 가치법칙에 종속된다는 것을 의미했다.[46]

소련이 끊임없이 급속하게 성장한 데서 비롯한 착각 하나는 서방의 경제성장에서 나타난 부침과 달리 소련은 5개년계획이 거듭될 때마다 순조롭게 합리적으로 고속 성장을 했다는 것이다. 그러나 가차없는 축적 드라이브의 필수적 부산물로서 무질서, 혼란, 낭비가 생산의 모든 영역에서 나타났다. 5개년'계획'이 거듭될 때마다 초기에는 대규모 신규 산업 프로젝트가 추진됐다. 그러나 잠시 뒤에 이 프로젝트를 모두 완수할 수는 없다는 사실이 분명해졌다. 일부 프로젝트(보통 대중의 소비재를 생산하는)는 '동결'되고, 그 자원은 다른 부문(생산수단을 생산하는)으로 전환됐다. 이것은 자원을 투입해 생산할 예정이었던 재화가 끊임없이 바뀐다는 것을 의미했다. 사람들은 갑자기 이 제품을 더 많이 생산하고 저 제품은 더 적게 생산하라는 압력을 받았다. 그래서 생산과정의 모든 단계에서 사람들은 갑자기 생산 증대 압력을 받을 경우를 대비해서 가용 자원을 숨겨 뒀다. 원래 계획에 포함된 일부 재화는 생산되지만 그것을 반드시 사용해야 할 다른 재화는 생산되지 않아서 엄청난 낭비가 생겨났다(1980년대에 비료 포대 공장을 건설하는 프로젝트가 동결되는 바람에 막대한 비료가 낭비된 사건이 그런 경우다).[47]

소련 붕괴 이후 좌파든 우파든 모든 문제의 원인을 관료주의적 비합리성 탓으로 돌리며 비난하는 일이 흔해졌지만, 그 비합리성이 서방 기업 내부에서 경영진이 권력을 전횡하는 비합리성과 비슷하다는 점은 전혀 지적되지 않았다. 그리고 이 둘의 공통적 뿌리는 인간의 노동을 경쟁적 축적, 즉 자본의 자기 증식에 종속시키는 것이다. 그렇지만 소련 경제 내의 비합리성이 드러난 각각의 형태를 과잉투자로 거슬러 올라가 추적하는 것은 가능했다. 서방 기업 내에서 나타나는 경영진의 비합리성도 마찬가지다.

소련식 경제에 낭비만 있었던 것은 아니다. 서방과 마찬가지로 시간이 흐르면서 성장의 불균형도 나타났다. 1960년대에 주로 동유럽 경제학자들이 연구한 결과를 보면 소련을 모델로 한 경제에도 주기적 부침이 있었음을 알 수 있다. 체코슬로바키아의 골드만과 코르바는 1968년에 다음과 같이 말했다.

체코슬로바키아, 독일민주공화국(동독), 헝가리의 공업 생산 동역학을 분석해 보면 흥미로운 사실을 알 수 있다. 성장률이 비교적 규칙적으로 오르내린다는 것이다. … 생산재만을 분석해 보면 이런 변동은 훨씬 더 두드러진다.[48]

유고슬라비아의 브란코 호르바트는 《유고슬라비아의 경기변동》이라는 책을 출판할 수 있었는데, 이 책에서 그는 1968년의 시장 개혁 이전에도 유고 경제는 "미국을 포함한" 10개 나라 경제보다 "훨씬 더 불안정했다"고 지적했다.[49] 서방의 어떤 학자는 이런 불균등성이 소련에서도 제1차 5개년계획 시절부터 이미 두드러지게 나타났음을 보여 줬다.[50]

불균등성의 양상을 보면 장기 호황기의 서방 자본주의 국가들과 매우 유사하다는 것을 알 수 있다. 이런 불균등성의 기원은 경쟁적 축적의 동역학에 있었다. 앞서 3장에서 봤듯이, 어떤 호황에서든 자본가들의 경쟁적 투자 드라이브 때문에 원료, 노동, 대출 가능한 자본(즉, 투자되지 않은 잉여가치)의 공급이 바닥나는 때가 찾아온다. 이 모든 것의 가격, 즉 상품 가격, 명목임금, 금리가 상승하다가 가장 수익성 낮은 기업들이 손실을 보고 있다는 사실을 문득 깨닫게 된다. 일부 기업은 파산한다. 다른 기업들은 생존하지만, 계획된 투자를 포기하고 공장을 폐쇄할 수밖에 없다. 그러면 다른 자본의 시장이 파괴돼서 그들도 투자를 포기하고 공장 문을 닫는다. 호황기의 '과잉 수요'는 사라지고 불황기의 과잉생산이 나타난다. 1940년대, 1950년대, 1960년대 서방의 장기 호황의 비결은 국민국가가 과잉 축적 압력을 경감시킬 수 있었다(자본의 일부를 비생산적 군사비로 돌려서)는 것이다. 또, 높은 착취율을 유지하려고 국민국가가 직접 행동에 나서기도(임금을 통제해서) 했다. 또, 경기가 과열돼서 주요 기업들이 수익을 내지 못하는 사태가 벌어지지 않도록 호황의 속도를 늦추려고 개입하기도 했다. 또, 국민국가는 군대의 주문을 통해 최저한의 수요를 보장했다. 국가독점자본주의의 군비 경제가 자본주의 축적의 주기적 패턴을 제거하지는 못했다. 특히, 경쟁의 압력 때문에 자본가들이 경제성장기에 가용 자원을 넘어서는 수준으로 생산을 확대하는 경향을 저지할 수는 없었다. 그러나 제2차세계대전 이전의 불황 같은 경제 위기를 초래할 '과잉 축적'은 막을 수 있었다.

이와 똑같은 패턴이 소련식 경제에도 존재했다. 경제 전체에서 병목현상이 나타나면서, 투입물 부족 때문에 광범한 부문에서 생산이 중단

될 조짐을 보였다. 생산량은 계획한 대로 빠르게 증가하지 못했다. 원료와 노동력을 구매하려고 기업이 지급한 화폐 자금이 경제의 생산량보다 많아지면서 인플레 압력을 낳았다. 인플레 압력은 가격 상승처럼 직접 나타나거나 아니면 상점에 재화가 턱없이 부족한 것처럼 '은폐된' 형태로 나타났다.

일부 주요 기업들이 너무 급속한 축적을 하도록 내버려 두면, 다른 많은 기업들의 영업 활동을 유지하는 데 필요한 자원들까지 흡수해서 대규모 공장 폐쇄와 다른 기업들의 생산물 시장 파괴로 이어질 수 있었다. 그러면 상품의 과잉생산 위기가 나타날 위험이 있었다. 그러나 장기 호황기에 서방에서 그랬듯이 동유럽에서도 국가가 나서서 경제를 '냉각'시켜 이런 위험을 선제적으로 예방하려 했다. 국가는 기업에 특정 투자를 '동결'하고 그 자원을 다른 곳으로 돌리라고 명령했다. 생산을 미리 계획한다는 것은 신화였을 뿐이고 현실은 사태가 벌어진 뒤, 즉 '사후' 할당을 통해 투입물과 산출물이 계속 바뀌었다는 것이다. 이 과정에서 항상 타격을 받는 계획 목표는 소비재 생산계획이었다. 그 결과, 기업이 임금으로 지급하는 자금과 이 임금으로 구매할 수 있는 재화 사이의 불일치가 계속 커졌다(그래서 공공연한 또는 은폐된 인플레가 촉진됐다).

1953년(동독), 1956년(폴란드와 헝가리), 1968년(체코슬로바키아), 1970~71년(다시 폴란드)에서 벌어진 심각한 사회적·정치적 위기는 이런 불일치가 만들어 낸 긴장이 어떻게 갑자기 분출하는지를 잘 보여 줬다. 그러나 성장률을 회복할 수 있는 한 이런 긴장은 완화될 수 있었는데, 주로 한편으로는 억압, 다른 한편으로는 생활수준에 대한 양보를 결합해 그럴 수 있었다. 이런 해법은 위기로 향하는 근본적 압력을 일시적으로 은폐했다.

경쟁적 축적이라는 측면에서 동유럽 체제를 분석하지 못하는 사람들은 이런 사실을 보지 못했다. 이 점은 서방 자본주의를 지지하는 '전체주의' 이론가들도 마찬가지였다. 이들이 1950년대와 1960년대에 쓴 저작들을 살펴보면 소련식 체제에 고유한 경제적 모순이 있다는 암시를 전혀 발견할 수 없다. 소련식 체제를 모종의 사회주의나 노동자 국가로 본 대다수 사람들도 마찬가지였다. 이들은 소련의 경제 전망을 지나치게 낙관했다. 서방의 케인스주의자들이 했던 착각을 그들 나름대로 반영하고 있었던 것이다.

군비, 이윤, 냉전

세계 열강들의 군비 예산은 이들의 경제 발전에서 가장 중요한 요인이었다. 그러나 군비 예산이 협소한 경제적 이유에서 비롯한 것은 아니었다. 그것은 제2차세계대전의 주요 승리자들인 미국과 소련이 세계를 분할하고 재분할하는 새로운 투쟁, 즉 냉전에서 비롯했다.

미국은 세계에서 가장 선진적이고 생산적인 자국 산업이 '자유무역'을 통해 전 세계로 확산되기를 열망했다. 전쟁으로 기력을 소진한 서유럽 열강들은 직접 미국에 도전할 처지가 아니었다(영국 정치인들은 흔히 그러고 싶은 개인적 염원을 표현했지만 말이다). 소련 지배자들의 처지는 달랐다. 전쟁이 끝났을 때 이들은 서유럽 경계선에서 태평양까지 유라시아 북부 전체를 사실상 지배하게 됐다. 산업의 생산성 수준이 미국의 절반밖에 되지 않았으므로 소련은 자유무역을 통해 미국과 경제적 경쟁을 할 처지는 아니었다. 그러나 소련은 세계 패권을 장악하려는 미국에 맞서, 자신이 지배하는 나라들(옛 러시아제국의 영토뿐 아니라 소련의 군사적·경제적 목표에 종속된 동유럽 나라들까지)의 경제에 미국이 접근하지 못하도록 차단했다. 이에 미국은 서유럽에 대한 패권을 강화하려고 친미 성향의 기독교민주주의 정당들과 사회민주주의 정당들에 자금을 제공했고, 미국에 유리한 조건으로 유럽의 산업을 부흥시키는 마셜플랜을 추진했으며, 나토라는 군사동맹을 창설해서 서유럽에 미군 기지들을 건설했다.

이런 양상은 그 뒤 40년 동안 이어졌으며, 양대 열강은 상대방에 대한 전략적 우위를 차지하려고 최대한 많은 나라를 자신의 세력권에 끌어들이려 했다. 두 열강은 한반도 지배권을 두고 혈전을 벌였는데, 이것은 당시 한반도의 보잘것없는 부 때문이 아니라 동아시아 전체와 태평양 지역에 대한 전략적 함의 때문이었다. 그 후 수십 년 동안 양대 열강은 경쟁자와 사이가 나빠진 국가들에 경제 지원과 무기를 제공해서 자신의 세력권을 확대하려고 노력했다.

냉전의 갈등은 경제적 측면으로는, 즉 손익 계산으로는 설명할 수 없다. 양대 열강의 군사비는 그 지배자들이 통제하는 하위 강대국들을 착취해서 얻을 수 있는 이득보다 훨씬 많았다. 1940년대와 1950년대의 어느 시기에도 미국의 해외총투자(훨씬 더 낮은 투자 수익은 말할 것도 없고)는 미국의 군비 지출을 넘어서지 못했다. 심지어 한국전쟁 발발 전의 '무장해제' 시기에도 "군비 지출은 연간 총액으로 150억 달러나 됐다. 이것은 민간 자본수출 총액의 25배였다."[51] 1980년에 전체 '국방비' 지출은 2000억 달러쯤으로 증가했는데, 이제 해외투자 총액 5000억 달러보다는 적었지만 그 투자에서 얻을 수 있는 이윤보다는 상당히 많았다.

소련의 경우도 이와 비슷했다. 1945~50년에 소련은 동유럽을 약탈했다. 동독과 루마니아에서 공장과 설비를 몽땅 가져갔으며, 소련이 수입하는 재화의 가격을 세계시장 수준보다 낮게 책정하도록 동유럽 전역에 강요했다.[52] 그러나 당시에도 여기서 얻는 경제적 이득은, 냉전이 본격적으로 시작돼 소련의 군비 예산이 단계적으로 증가한 것보다는 상당히 적었다. 그리고 1955년 이래로 동유럽에서 반란이 일어날까 봐 두려워서 소련은 위성국가들에 직접 가하는 경제적 압력을 완화했다.

군비 지출이 필요해진 제국주의는, '금융자본가'를 중심으로 소수가 수많은 사람을 지배하면서 막대한 초과이윤을 얻는 단 하나의 제국만 있는 그런 제국주의가 아니었다. 그것은 오히려 서로 경쟁하는 제국들의 제국주의였는데, 각국 지배계급은 금융자본가들뿐 아니라 모든 자본가들이 이미 소유한 것을 확실하게 지키려고 자금을 생산적 투자에서 군비 지출로 돌려야 했다.

미국과 소련 양측의 속셈은 간단했다. 군비 지출 수준을 낮췄다가는 라이벌 제국주의 국가에게 전략적 우위를 빼앗기고 세력권을 침범당할 위험이 있다는 것이었다. 그래서 소련은 미국이 동유럽을 '탈환'할까 봐 두려워하며 지냈다. 미국이 동유럽을 탈환하면 이 나라들의 경제는 소련의 통제에서 벗어나게 되고 그러면 소련 내의 다른 지역들과 소련의 중심인 러시아를 묶어 주던 연계 고리가 끊어질 가능성이 높았다(이 가능성은 1989~91년에 동유럽 블록 전역을 뒤흔든 거대한 경제적·정치적 위기로 말미암아 결국 현실이 됐다). 한편, 미국은 자국의 패권을 염려했다. 한국전쟁 당시 미국 대변인이 밝혔듯이, "공산주의 세계의 경계선에 있는 민감한 두 지역(서유럽과 아시아) 중 어느 하나라도 무너진다면 자유세계의 나머지 지역도 … 경제력과 군사력이 엄청나게 약해질 것이다."[53]

달리 말하면, 막대한 규모의 가치를 파괴 수단에 투입할 수밖에 없었던 이유는 더 많은 가치를 얻기 위해서가 아니라 이미 획득한 것을 지키기 위해서였다. 그것은 자본주의 경쟁 논리가 국가 간 관계에 적용된 결과였다. 그래서 냉전은 부하린이 설명한 제국주의 간 갈등의 새로운 버전이었고, 머지않아 과거 유럽 열강 간의 제국주의 갈등을 무색하게 만들었다.

남반구의 탈식민화와 발전주의

인류의 85퍼센트는 선진국 외부에 살고 있었다. '황금기' 동안 선진국 외부의 경험은 번영과는 거리가 멀었다. 대다수는 여전히 농촌에 살고 있었고, 일상생활에 만연한 빈곤은 거의 바뀌지 않았다.

그러나 한 가지 중요한 정치적 변화가 일어났다. 서유럽 열강들은 점차 식민지 직접 지배를 포기할 수밖에 없었는데, 그 과정은 1947년 쇠약해진 영국 제국이 190년 동안 지배하던 인도에서 철수한 것으로 시작해 1975년 포르투갈이 아프리카의 해방운동 세력에게 권력을 넘겨준 것으로 종결됐다. 일부 지역에서는 미국이 서유럽의 영향력을 대체했다. 미국은 1954년에 프랑스가 철수한 남베트남을 차지했지만, 격렬한 전쟁을 치른 끝에 1970년대 중반 결국 철수할 수밖에 없었다. 미국은 중동의 대부분 지역과 아프리카의 일부 지역에서 지배적 영향력을 행사했다. 그러나 유럽 열강들처럼 미국도 공식적 식민지 지배는 포기한 채 필리핀에 독립을 허용했고 오직 푸에르토리코만 직접 지배했다.

이렇게 식민지 직접 지배에서 후퇴한 추세의 직접 결과는 세계 분할을 둘러싼 서유럽 열강들 사이의 오래된 충돌이 종말을 고했다는 것이다. 열강들끼리 전쟁을 벌이게 만드는 추동력은 완전히 사라진 듯 했다. 앞서 봤듯이, 고전적 제국주의 이론으로는 예상할 수 없었던 일들이 벌어지기도 했다. 예컨대 식민지를 상실했지만 서유럽 경제는 장기 호황을 경험했고 노동자의 생활수준은 꾸준히 향상될 수 있었다. 그리고 식민지가 없는 선진국들(서독, 일본, 이탈리아)의 경제가 빠르게 성장했다. 한편, 전후 20년 동안 자본수출은 1930년대 대공황 때 바닥까지 떨어졌던 바로 그 낮은 수준에 머물러 있었다. 1962년에 키드런은 다음과 같이 지적했다.

영국에서조차 … 자본수출의 중요성은 크게 줄어들었다. 자본수출은 제 1차세계대전 전에 GNP의 약 8퍼센트였는데 근래에는 2퍼센트 정도에 불과하다. 또, 자본수출이 전에는 저축의 약 50퍼센트를 흡수했지만 이제는 10퍼센트 미만이다. 그리고 해외투자의 수익률은 1914년에 국민소득의 10퍼센트였지만 이제는 2퍼센트를 약간 넘는 수준이다.[54]

실제로 이뤄진 해외투자도 공업화가 덜 된 지역으로는 점차 향하지 않게 됐다. "거래는 점차 선진국으로 집중됐으며, 몇몇 개도국만이 새로운 역동성의 범위 안에 있었다."[55]

제3세계의 생산물에 대한 수요도 변했다. 제1차세계대전 전에는 농업국에서 나오는 원료가 서방의 공업 생산에 꼭 필요했으며, 식민지 지배는 선진국들이 자국의 원료 공급을 확보하고 경쟁국에 대한 공급을 차단하는 중요한 수단이었다. 그러나 이제는 대부분의 원료를 대체할 합성 물질, 즉 인공 비료, 합성고무, 레이온, 나일론, 플라스틱 등이 생겨났다. 서유럽과 북미의 농업에서도 이와 비슷한 변화가 일어나 외국산 곡물 수입이 줄어들었다. 1950년대 말에 유럽 열강들이 아프리카와 아시아의 식민지에서 철수했지만 과거와 달리 유럽의 산업자본가들은 더는 위협을 느끼지 않았다. 남반구의 식민지 농장과 광산에서 부를 축적했던 기업들이 이제는 새로운 사업으로 투자를 다각화하기 시작했다.

이런 상황에서 중대한 예외가 하나 있었는데, 바로 석유였다. 석유는 원료들의 원료였는데, 플라스틱, 합성고무, 합성섬유 등을 만드는 재료였을 뿐 아니라 급증하는 에너지 수요를 충족해 줬으며 점차 확산되는 자동차, 탱크, 항공기의 연료로 쓰이기도 했다. 그리고 석유 공급지가 유럽과 북미 밖에서 더 많이 발견되고 있었다. 그래서 1970년대 중반에는 사우디아라비아, 이라크, 이란, 쿠웨이트, 그리고 아라비아반도의 작은 왕국들이 중요한 나라들이 됐다(이들의 중요성은 1973년 아랍-이스라엘 전쟁 때 석유 공급의 일시적 중단에서 드러났다). 모든 서방 국가들이 전폭적으로 지지한 구식 식민주의의 일종이 정착민들의 국가인 이스라엘이라는 사실은 결코 우연이 아니었다. 이스라엘은 초기에 영국 제국주의에 의해 "유대인의 조국"으로서 육성됐고, 1948년에는 미국과 소련의 무기로 무장한 채 팔레스타인 영토의 78퍼센트를 장악했으며, 1956년에는 영국·프랑스와 동맹을 맺고 이집트를 공격했고, 1967년 6월에는 미국의 전폭적 지원을 받은 공격작전으로 팔레스타인의 나머지 지역을 점령했다.[56]

토착 정부와 자본주의 발전

유럽의 식민 제국 해체는 그들의 손아귀에 쥐여살던 세계 인구의 절반 가까운 사람들에게는 엄청나게 중요한 일이었다. 또, 이렇게 저렇게 제국의 지배에 맞서 싸웠던 사람들에게 매우 중요한 문제를 제기했다. 제국이 더는 존재하지 않는다면 제국주의(와 이에 맞선 투쟁)는 어떻게 되는가?

서방의 많은 사회민주주의자들과 자유주의자들은 제국주의가 더는 존재하지 않는다고 주장했다. 이것은 존 스트레이치 같은 사람들이 내린 결론이었다. 《제국의 종말》(1959)에서 스트레이치는 생활수준 상승 덕분에 기업들에게 잉여를 흡수하고 과잉생산을 막을 식민지가 더는 필요하지 않다고 주장했다. 사실상 그는 제국주의에 대한 홉슨의 대안, 즉 국내 경제 부양책이 성공해서 체제의 문제를 해결했다고 주장한 셈이었다.

좌파의 중요한 일부는 이런 추론을 거부했다. 이들은 옛 식민지 나라들이 여전히 빈곤과 기아에 허덕이고 제국의 수혜자였던 서방 기업들이 여전히 그 나라들에 버티고 있는 현실을 직시했다. 더욱이 유럽의 제국들이 사라졌다고 해서 제3세계 민중에게 가해지는 폭력도 사라진 것은 아니었다. 떠나가는 유럽인들이 남긴 곤봉을 미국이 다시 들었기 때문이다.

그러나 제국주의가 끝났다는 경솔한 주장을 비판하는 사람들은 흔히 레닌의 《제국주의론》이 쓰인 뒤로 일어난 변화들을 고려하지 않고 레닌의 1916년 분석을 앵무새처럼 인용하기만 했다. 서방의 거대 열강들이 식민지 직접 지배를 통해 자기들끼리 세계를 분할하고 재분할했다는 레닌의 주장은 식민지들이 독립한 상황과 전혀 맞지 않았다. 대다수 좌파의 반응은 제국주의의 의미를 서방 자본가계급의 제3세계 착취로 슬그머니 재규정하고 레닌 제국주의론의 핵심인 제국주의 열강 간 전쟁 가능성을 배제해서 실제로는 제국주의론을 카우츠키의 초제국주의론 비슷한 것으로 만들어 버리는 것이었다. 동시에 식민주의 논의를 '신식민지'나 '반#식민지' 논의로 대체했다.

레닌도 '반식민지'를 거론한 바 있다. 레닌이 말한 반식민지는 제1차 세계대전 때의 중국 같은 지역이었다. 즉, 겉보기에는 '독립국'이지만 국토의 일부를 점령하고 있는 외국 군대에 정치적으로 종속돼 있는 지역을 의미했다. 1950년대와 1960년대에 식민지 직접 지배가 끝난 뒤 이와 비슷한 상황에 처한 듯한 지역이 몇몇 있었다. 많은 경우, 철수하는 식민 정부는 자신이 만들어 낸 세력에 통치권을 넘겨줄 수 있었고, 그래서 국가 관료, 특히 군대의 핵심 요직은 상당한 연속성이 있었다. 그래서 예를 들면 프랑스는 서아프리카와 중앙아프리카의 방대한 지역에 '독립'을 허용하면서 과거처럼 프랑스 기업과 협력하고 프랑스 통화를 사용하는(그리고 '질서'를 유지하기 위해 주기적으로 프랑스 군대를 불러들이는) 사람들에게 권력을 넘겨줬다.

그러나 가장 중요한 일부 나라들은 진정한 독립을 달성했다. 그런 나라의 정부는 유엔에서 자리를 차지했을 뿐 아니라 전 세계에 대사관을 설치했다. 또, 경제에 개입했고, 기업을 국유화했으며, 토지개혁을 시행했고, 경제 발전 이론가들의 주장이나 흔히 스탈린 치하 소련의 경험에 고무돼 공업화 계획에 착수했다. 인도, 이집트, 시리아, 이라크, 알제리, 인도네시아, 가나, 적도기니, 앙골라, 한국 그리고 더 급진적인 중국,

쿠바, 베트남 정권이 비록 성공과 실패의 정도는 다르지만 그런 노선을 추진했다. 시간이 흐르자 일부 '순종적' 독립국 정부도 같은 길을 걷기 시작했다. 예컨대, 말레이시아 정권.[57] 1960년대와 1970년대 초 이란의 샤 정권, 그리고 대만 정권이 그랬다. 심지어 1965년 콩고-자이르 전쟁에서 미국 중앙정보국CIA의 지원으로 권력을 잡은 독재자 모부투도 거대한 위니옹미니에르 광업회사를 국유화했는데, 그로부터 3년 뒤 전체 수출 소득의 70퍼센트를 차지하게 된다.

나세르 치하의 이집트나 네루 치하의 인도 같은 나라들을 '신식민지'나 '반식민지'로 부르는 것은 현실을 왜곡하는 것이다. 이것은 마치 라틴아메리카의 '포퓰리스트' 정권들이나 아일랜드의 공화당 정부를 그렇게 부르는 것과 마찬가지다. 이 각각의 경우에 독립적 국가뿐 아니라 독립적 자본축적의 중심도 확립하려는 노력들이 있었다. 이들은 여전히 더 강력한 선진국 자본주의가 지배하는 세계에서 활동했지만 선진국 자본주의의 단순한 꼭두각시는 결코 아니었다.

새로운 '발전주의' 정설은 이들 경제가 선진국과 격차를 좁힐 수 있는 수단을 제시했다. 그러나 자본주의 시장 메커니즘으로는 그 목표를 이룰 수 없다고 주장했다. 나중에 세계은행 직원은 "당시의 유력한 패러다임"을 다음과 같이 회상했다.

발전의 초기 단계에 시장은 신뢰할 수 없고 국가가 발전 과정을 지도할 수 있다고들 생각했다. … 소련이 국가계획으로 공업화를 이룩하는 데 성공(다들 그렇게 여겼다)한 것이 정책 입안자들에게 큰 영향을 미쳤다. 주요 발전 기구들(세계은행을 포함해)은 비록 지지하는 정도는 달랐지만 대체로 이런 견해를 지지했다.[58]

당시 선진국의 부르주아 경제학에서 케인스주의가 득세했듯이, 제3세계에서는 국가 통제, '수입 대체'[공업화] 노선이 지배적이었다. 1940년대와 1950년대에 이런 노선의 주요 주창자는 아르헨티나 경제학자 라울 프레비시가 이끄는 '유엔 라틴아메리카 경제위원회'UNECLA였다. 이 기구는 국가가 개입해서 수입을 막고 새로운 현지 공업의 성장을 촉진할 때만 발전이 이뤄질 수 있다고 주장했다.[59] 그러지 않으면 선진국 자본주의 경제에 대한 '종속' 때문에 공업화가 가로막힐 것이라는 주장이었다.[60]

이런 '종속이론'의 더 급진적인 버전이 1960년대 전 세계 좌파 대다수의 지지를 받았다. 폴 배런의 저작들(특히《성장의 정치경제학》)과 안드레 군더 프랑크('저발전의 발전'을 주장했다)[61]의 저작들이 이 문제에 관한 대다수 마르크스주의자들의 사고를 지배했다(군더 프랑크 자신은 마르크스주의자를 자처한 적이 없다).[62]

배런은 다음과 같이 썼다.

이 나라들에서 자본주의 질서는 경제성장, 기술 진보, 사회 변화의 엔진 구실을 하기는커녕 경제적 정체, 케케묵은 기술, 사회적 후진성의 구조를 의미했다.[63]

그리고 다음과 같이 덧붙였다.

사회주의 계획경제 확립은 저발전국에서 경제적·사회적 진보를 달성하기 위한 핵심 조건, 사실상 필수 불가결한 조건이다.[64]

군더 프랑크도 다음과 같이 단호하게 말했다.

본국에 종속된 위성국으로서 세계 자본주의 체제에 통합된 그 어떤 나라도 결국은 자본주의 체제를 포기하지 않으면 경제적 선진국 대열에 들지 못했다.[65]

배런이 말한 '사회주의', 군더 프랑크가 말한 '자본주의와의 관계 단절'은 스탈린 치하 소련 모델을 따르는 것을 의미했다.[66]

'종속이론'의 주장은, 그 주류이든 아니면 급진적 형태이든 간에, 취약했다. 종속이론은 제3세계에 투자한 선진국 자본가들이 설사 수익이 생기더라도 공업을 건설하지 않으려 한다고 생각했다. 이것은 사실과 다르다. 차르 치하 러시아, 아르헨티나, 제1차세계대전 이전 영국 제국의 해외 영토에서는 공업 발전에 투입된 외국 자금이 상당히 많았다. 서방 국가들이 항상 공업화를 금지하려고 권력을 휘두른 것도 아니었다. 그럴 때도 있었고 그러지 않을 때도 있었다. 마지막으로, 무역과 투자의 많은 부분을 자본주의 강대국에 의존하는 나라의 지배계급이 독립적 자본축적 노선을 추진할 능력을 완전히 상실하지는 않는다. 예를 들어 유럽 경제들은 오랫동안 미국 경제의 상황에 크게 의존해 왔지만 그렇다고 해서 유럽의 지배계급들이 미국의 꼭두각시가 되지는 않았다.

"자본주의는 저발전을 의미한다"는 견해가 하도 팽배해서 사람들은 일부 마르크스주의 고전에서 그 견해를 읽어 내려 했다. 그래서 배런은 자신의 주장을 뒷받침하려고 레닌을 인용했으며, 나이절 해리스 같은 예리한 사람조차 그런 견해를 "1917년의 볼셰비키" 탓으로 돌릴 수 있었다.[67]

제국주의를 다룬 레닌의 저작들은 사실 완전히 다른 견해를 제시했으며, 1920년대 말에 레온 트로츠키가 쓴 저작들도 마찬가지였다. 레닌은 자본수출이 "자본 수입국의 자본주의 발전을 가속화한다"고 썼으며,[68] 트로츠키는 자본주의가 "가장 선진적인 나라들과 가장 후진적인 나라들의 문화적·경제적 발전을 균등하게 한다"고 적었다.[69] 물론 "세계경제의 일부를 발전시키는 동시에 다른 부분의 발전을 방해하고 지연"시키지만 말이다.[70]

한동안 주류 종속이론이 실제로 한 구실은 정치적으로 독립적인 일부 국가의 지배자들이 일시적이나마 상당한 축적 수준을 달성할 수 있게 해 준 방법들을 이데올로기적으로 정당화하는 것이었다. 1950년대와 1960년대에 아르헨티나의 경제성장률은 이탈리아와 견줄 만한 수준이었으며,[71] 1970년대 초에는 노동인구의 3분의 1이 공업에 종사하고 있었고 단지 13퍼센트만이 농업에 종사했다.[72] 브라질의 9퍼센트 성장률은 세계에서 가장 높은 축에 들었고,[73] 1980년대 중반에 〈이코노미스트〉는 상파울루를 "제2의 디트로이트"라고 부를 수 있었다.[74] 한국도 1961년에 장군 박정희가 권력을 장악하고 대기업(즉 재벌)들로 하여금 국가가 확립한 틀 안에서 활동하도록 강요해서 국가자본주의 공업화에 착수한 다음 해에 약 8퍼센트의 급속한 경제성장을 이룩했다.

국가가 경제를 통제하는 방식이 소련 모델(급진 종속이론가들의 찬사를 받았다)과 가장 유사했던 중국은 20년 동안의 내전과 일본의 침략을 거친 뒤 경제 회복의 첫 단계를 완수하자 이런 나라들과 비슷한 수준의 경제성장률을 달성했다. 1950년대 초의 중국처럼 매우 가난하고 농업의 비중이 압도적인 나라에서 자원(강철, 시멘트, 전기)을 새로운 중공업들로 돌리는 계획을 실시한다는 것은 대중의 생활수준을 쥐어짜는 것을 의미했다. 농민은 이전의 10년 동안 토지개혁으로 얻은 것을 이제는 농산물에 대한 강제 과세로 잃어버렸다. 그다음에는 경제 발전을 위한 '대약진운동'의 일환으로 이른바 인민공사를 통한 집산화 노력이 있었지만 결국 재앙으로 끝났다. 농업의 총생산량이 줄어들고 광범한 농촌 지역에 기아가 만연하자 대약진운동은 폐기될 수밖에 없었다. 대부분의 신규 산업은 효율적이지 못했다. 중공업이 다른 경제 부문과 비교해 지나치게 많이 성장하자 공장 운영에 필요한 투입물이 심각하게 부족해지고 당장 사용할 수도 없는 재화들이 생산됐다. 산업이 급속하게 성장하는 시기와 거의 정체하는 시기가 번갈아 이어졌고, 거창한 신규 공장들의 상당수가 설비의 일부분만 가동됐다.

브라질과 한국만큼 성공을 거두지 못한 나라들에서도 대체로 경제성장은 있었다. 인도의 제조업 생산은 1950~81년에 연평균 5.3퍼센트씩 성장했으며, 농업 생산은 2.3퍼센트씩 성장했다. 이른바 '힌두 성장률'*이 4퍼센트를 넘지 못하는 무능한 경제에 대한 실망감이 끊이지 않았지만 말이다. 사하라사막 이남의 아프리카에서는 "1960년대 초에 약 2퍼센트의 1인당 성장률"을 기록했으며, "1960년대 말에는 거의 5퍼센트로 높아졌다."[75] 지도자 나세르가 거의 모든 산업을 국유화한 이집트는 1960년대 상반기에 연간 약 6퍼센트씩 성장했다. 경제성장의 수준 측면에서 나타난 이런 결과들 때문에 '수정주의' 마르크스주의자인 빌 워런은 1970년대 초에 거의 대부분의 좌파들이 틀렸다는 결론에 도달했다. 제3세계 나라들은 자본주의에서 탈피하지 않고도 서방을 따라잡을 수 있다는 것이었다.

---

* 1991년 이전 인도 '계획경제'의 낮은 성장률을 경멸적으로 일컫는 말.

상당히 많은 주요 저개발국이 자본주의 경제 발전(공업화를 함축하는)에 성공할 가망이 꽤 있다. … 자본주의 공업화의 실질적 진전이 이미 이뤄졌다. … 이런 발전을 가로막는 장애물이 있다면 그것은 현재의 제국주의-제3세계 관계에서 비롯하는 것이 아니라 거의 전적으로 제3세계 자체의 내부 모순에서 비롯한다. … 제국주의 국가들의 제3세계 정책과 제3세계에 미치는 전반적 영향은 사실, 제3세계의 공업화에 유리하게 작용한다.[76]

빌 워런이 제시한 1인당 실질 경제성장률 수치들은 경제성장의 실상을 보여 준다. 급진적 버전의 종속이론이 전제하는 가정에 도전한 그의 주장은 꽤 일리가 있었다. 또, 좌파가 공업화를 추진하는 정권들을 '반제국주의' 세력으로 여겨 지지하는 것을 주요 활동으로 삼는다면 그것은 "페루와 이집트 정권처럼 반제국주의 미사여구를 사용하면서도 노동자·농민을 착취하고 억압하는 부르주아 정권을 지원하는 것"이라고 지적한 것도 일리 있는 주장이었다.[77]

그렇지만 그의 분석에는 제3세계 나라들 사이의 엄청난 불균등성에 대한 실질적 설명이 빠져 있었다. 심지어 워런 자신이 제시한 수치를 봐도 인구 대국인 인도와 인도네시아의 1인당 성장률은 1.2퍼센트와 1퍼센트에 지나지 않았다(한국의 6.8퍼센트, 태국의 4.9퍼센트, 잠비아의 7.1퍼센트와 비교된다). 그는 또한 급속한 자본주의 발전이 반드시 순조롭고 중단 없는 과정은 아닐 것이라는 점도 파악하지 못했다.

제3세계에 대한 민간투자는 자본주의 세계 체제의 국가들 사이에서 경제적으로 불평등한 체제인 제국주의가 사라질 수 있는 조건을 더 많이 창출하고 있고, … 이 과정에는 원칙적으로 한계가 없다.[78]

이 때문에 그는 곧 시험대에 오르게 되는 예측을 했는데, 그 예측은 완전히 틀렸음이 드러났다.

미래의 전망과 관련해 세계은행은 1960년대와 마찬가지로 1970년대에도 대다수 나라들이 외채 문제를 겪지 않을 것이라고 예상한다. … 1970년대의 첫 3년은 이 예상이 옳다는 것을 강력히 암시한다.[79]

워런은 경제 발전이 불가능하다는 군더 프랑크와 배런의 조야한 설명을 받아들여 그것을 고스란히 뒤집어 놓았을 뿐이다. 그는 세계 체제의 취약한 부분에서 이룬 경제성장의 혼란스럽고 예측 불가능한 성격을 이해하지 못했다. 자본주의가 항상 정체하는 체제는 아니라고 주장한 트로츠키는 이 점을 분명히 파악하고 있었다.

자본주의는 여러 나라를 경제적으로 서로 밀접하게 결합하고 그 발전 단계를 평준화해서, 자본주의 자체의 방식, 즉 자신의 성과를 항상 허물어뜨리는 무계획적 방식으로 작동한다. 한 나라를 다른 나라와 대립시키고, 산업의 한 부문을 다른 부문과 대립시키고, 세계경제의 일부를 발전시키는 동시에 다른 부분의 발전을 방해하고 지연시킨다. … 제국주의는 매우 적대적인 방식으로, 호랑이가 덮치듯이 후진적인 나라나 지역을 급습하는 방식으로 이 '목표'를 달성한다. 그 결과인 세계경제의 통합과 평준화는 그 이전 시대보다 훨씬 더 격렬하고 발작적으로 뒤집어진다.[80]

이것은 그 후 40년 동안 수많은 사람들의 삶에 영향을 미친 사실이었다.

서방, 일본, 동방 진영과 마찬가지로 남반구에서도 레닌이나 부하린이 '국가자본주의'라고 부른 것의 변종들 때문에 장기간의 경제성장이 가능했다. 그러나 이 사실을 바탕으로 경제 위기 없는 순조로운 미래를 예상하는 것은 잘못임이 곧 입증됐다.

8 chapter 황금기의 종말

케인스주의의 위기

"미국경제연구소NBER는 자신의 첫 번째 과제, 즉 경기순환 문제를 해결했다." 1970년 폴 새뮤얼슨은 이렇게 공언했다. 그로부터 3년도 지나지 않아 불가능하다던 경제 위기가 전 세계(또는 적어도 선진국과 제3세계의 많은 지역)에서 발생했다. '황금기'는 갑자기 끝나 버렸다.

모든 곳에서 정부의 대응은 케인스주의 처방에 의존하는 것이었다. 그들은 케인스주의 처방이 결코 실패하지 않을 것이라고 믿었다. 그 전 30년 동안 드물었던 재정 적자가 이제는 흔한 일이 됐다. 그러나 케인스주의 처방도 이 체제를 과거의 건강하던 상태로 회복시키지 못했다. 오히려 처음으로 마이너스 성장이 시작되면서 실업률이 치솟았을 뿐 아니라 물가도 급등해서 영국 같은 나라에서는 인상률이 25퍼센트에 이를 정도였다.

　당시의 경제 위기를 1973년 10월에 유가가 크게 상승한 탓으로 설명하려는 시도가 있었다. 이스라엘과 아랍 국가들 사이에 잠시 동안 '욤 키푸르' 전쟁이 벌어지고 사우디아라비아가 석유 수출을 금지한 것이 경제 위기의 원인이었다는 것이다. 그러나 유가 상승 때문에 감소한 선진국의 국민소득은 약 1퍼센트에 불과했고, 산유국으로 흘러갔던 자금도 대부분 국제 금융 시스템을 통해 다시 선진국으로 환류했다. 그것만으로는 세계 체제의 대부분에 미친 커다란 충격을 충분히 설명할 수 없다. 왜냐하면 당시의 경제적 통념은 케인스주의 처방으로 그런 충격을 충분히 해결할 수 있다는 것이었기 때문이다. 더욱이 유가 상승은 다른 사건들과 무관하게 일어난 일이 아니었다. 이미 3년 전에 '그로스 리세션*'이 그 전 25년 동안 볼 수 없었던 방식으로 모든 주요 경제를 동시에 강타했고, 그 후 급속한 경기회복이 찾아와 유가 인상 이전에조차 인플레가 가속화했다.[1] 단적으로 말해, 1973년 말에 시작된 경기 침체는 케인스주의 방식의 국가 개입 덕분에 이제는 역사책에나 나오는 유물이 됐다던 바로 그 경기순환의 정점이었다.

　주류 케인스주의자들은 혼란에 빠졌다. 그들은 자신들의 이론으로 해결할 수 있다던 그 어느 것도 더는 해결할 수 없다는 것을 깨달았다. 케인스주의자인 프랜시스 크립스가 나중에《케임브리지 이코노믹 폴리시 리뷰》에 썼듯이, 이들은 불현듯 다음과 같은 사실을 깨달았다.

---

* 　growth recession. 성장과 불황의 합성어로서, 불황이라고는 할 수 없으나 경제성장률이 너무 낮아서 고용이 오히려 감소하는 상황을 가리킨다.

현대 경제가 어떻게 작동하는지를 정말 아무도 이해하지 못한다. 전후 세계경제가 왜 그렇게 많이 성장했는지 … 다양한 메커니즘이 어떻게 조화를 이뤘는지 정말 아무도 모른다.[2]

많은 케인스주의자들이 하룻밤 사이에 기존 사상을 내던지고 밀턴 프리드먼과 시카고학파가 주장한 '통화주의' 이론을 받아들였다. 이들은 정부의 경제행위 통제 시도가 문제였다고 봤다. "인플레를 유발하지 않는 자연적" 실업률이 존재하는데, 정부 지출로 이를 낮추려는 노력은 실패할 수밖에 없고 오히려 인플레만 불러일으킨다는 것이었다. 또 국가가 할 일은 통화량이 '실물경제'와 같은 속도로 증가하도록 화폐 공급을 통제하는 것뿐이라고 강조했다. 국가는 노동조합이나 국영기업에 의한 "비자연적 독점"을 분쇄하고, 실업급여를 낮춰서 노동자들이 저임금 일자리라도 받아들이게 해야 한다는 것이었다.

그 전 30년 동안 자본주의 옹호자들은 자본주의를 비판하는 사람들에게 국가가 개입하면 모든 일이 잘 풀릴 것이라고 대답해 왔다. 이제는 국가 개입만 폐기하면 모든 일이 잘 될 것이라고 주장했다. 급진적이고 이단적인 케인스주의자인 조앤 로빈슨은 주류 경제학의 변화를 이렇게 요약했다.

자본주의를 옹호하는 사람들은 이렇게 말한다. "어이, 미안해. 우리가 잘못했어. 자연 실업률 때문에 완전고용을 제공하지 못했어." 물론 그들은 약간의 실업만으로도 물가를 안정시킬 수 있다고 주장했다. 그러나 지금 우리는 실업률이 높아도 물가를 안정시킬 수 없다는 사실을 잘 알고 있다.[3]

1976년 9월 노동당 당대회에서 총리 제임스 캘러헌은 이 점을 사실상 시인하며 다음과 같이 말했다.

전에 우리는 세금을 줄이고 정부 차입을 늘리면 경기후퇴에서 벗어날 수 있다고 생각했습니다. 저는 여러분에게 이제 더는 그러한 선택이 존재하지 않는다고 솔직하게 말합니다. 전에 그런 방법이 효과가 있었더라도 그것은 경제에 인플레이션을 불러일으키는 역효과도 냈습니다. 그리고 그런 일이 벌어질 때마다 평균 실업 수준은 더 높아졌습니다.

나중에 노동당 총리가 되는 고든 브라운도 20년 뒤에 이런 주장을 되풀이했다.

요즘 경제의 공급 측면의 능력을 생각하지 않고 수요를 진작하려고 세금·소비·차입 정책을 바탕으로 독자적 거시 경제정책을 실시하는 나라들은 숨 막힐 듯 높은 금리와 통화 붕괴 같은 형태로 시장의 처벌을 받게 될 것이 틀림없다.[4]

케인스주의 가르침을 배운 정치인들과 학자들은 전에 자신들이 반대했던 사람들과 마찬가지로 경제정책을 결정할 때 똑같은 한계를 받아들이게 됐다. 즉, 높은 실업률, 복지 삭감, '경쟁력 강화'를 위한 노동 '유연성', '노동조합의 힘'을 억제하는 법률 외에는 다른 대안이 없다는 생각을 받아들였다. 옛 신념을 고수한 케인스주의자는 주류 경제학계에서 밀려났다. 2007년에 발표된 연구 결과를 보면, "경제학과 학생의 72퍼센트"가 "신고전학파와 신자유주의 가정"에 도전하는 "비주류 경제학자"가 단 한

명도 없는 교육기관에 속해 있었다.[5]

그런데 자본주의 체제 지지자들이 통화주의로 몰려갔지만 통화주의의 위기 대처 능력도 케인스주의보다 나은 것이 없었다. 어쨌든 통화주의는 1930년대까지 부르주아 경제학을 지배했던 신고전학파의 반복에 지나지 않았던 것이다. 신고전학파가 양차 대전 사이의 전례 없이 심각했던 불황을 설명할 수 없었듯이, 통화주의 또한 1970년대와 1980년대의 위기에 대처하는 것은 고사하고 이를 설명할 수조차 없었다. 영국에서 통화주의자 하우가 1979년 정부 예산을 편성한 뒤로 인플레이션과[6] 실업률이 갑절이 됐고 1984년의 산업 생산량은 11년 전보다 15퍼센트나 하락했다.[7] 통화주의 정책들은 통화 공급조차 통제하지 못했다. 가장 광의의 통화량(경제학자들이 M3라고 부른 것)이 6~10퍼센트 증가할 것으로 예상했지만 1982년에는 14.5퍼센트나 증가했다.[8] 통화주의 정책은 지역 산업을 대거 파괴했고, 1980년대 초의 위기를 가중시켰으며, 1990년대에 벌어진 또 다른 위기의 토대를 놓았다.

1970년대 중반에 통화주의를 받아들이며 케인스주의를 버렸던 일부 경제학자들이 1980년대 초에는 그 반대로 통화주의를 포기했다. 〈파이낸셜 타임스〉의 칼럼니스트인 새뮤얼 브리턴은 영국에서 통화주의 사상을 널리 알리는 데 큰 구실을 했지만, 1982년에는 여러 통화주의 정책을 비판하면서 "새로운 종류의 케인스주의자"를 자처했다. 미국 대통령 레이건의 경제 보좌관들은 통화주의 정책이 심각한 불황을 초래하며 실패하자 슬그머니 통화주의를 버렸으며,[9] 통화주의의 핵심 원리 중 하나인 균형예산을 포기했다.

그렇지만 많은 주류 경제 이론들은 다른 방향으로 옮겨 갔다. 1930년대 하이에크의 주장을 매우 많이 받아들인 '새고전학파'new classical school는 통화주의가 국가의 화폐시장 개입을 내버려 둔 것이 문제라고 주장하며 영향력을 획득했다. 이들은 케인스와 마찬가지로 프리드먼도 정부가 나서서 화폐 공급을 조절하라고 촉구함으로써 케인스와 똑같은 함정에 빠졌다고 주장했다. 어찌 보면 프리드먼도 '케인스주의자'였다는 것이다.[10] '합리적 기대' 때문에 기업들이 항상 정부 개입의 효과를 미리 약화시키다 보니, 국가 개입으로도 기업의 행동을 원하는 대로 바꿀 수 없었다고 이들은 주장했다. 화폐 공급을 조절하는 정책은, 적자재정과 마찬가지로, 화폐의 공급과 수요가 서로 적절하게 조응하는 것을 방해한다. "호황과 불황은 중앙은행의 기만적 행위 탓"이라고 이들은 주장했다.[11] 심각한 국제적 경기 침체를 세 번이나 겪었는데도 자유방임 경제의 불안정성과 비합리성을 부인한 새고전학파가 지적 신뢰를 유지할 수 있었던 것은 학술 경제학이 대부분 현실과 얼마나 동떨어져 있었는지를 보여 주는 흥미로운 사례다.

이런 사상들의 절정기는 1980년대 중후반의 짧은 호황기였다. 그 호황은 규제 완화, 사유화, 부자들의 탐욕을 제약하는 조건을 완전히 제거하는 것이 경제성장에 유익하다는 그들의 낙관적 견해를 입증하는 것처럼 보였다. 그러나 그들의 견해는 1990년대 초에 다시 심각한 불황이 시작되자 어느 정도 빛이 바랬다. 다른 학파의 자유 시장 경제학자들이 주류 내에서 약간 지지를 얻었다. 이 학파는 불황-호황의 순환을 불가피하지만 좋은 것으로 본 조지프 슘페터의 사상에 영향을 받은 '오스트리아학파'의 변형판이었다. 그들의 주장인즉 자본주의 체제는 중단 없이 성장할 수 있지만, 낡은 생산 형태를 파괴하고 새로운 생산 형태를 위한 길을 열어 주는 '창조적 파괴'의 기초 위에서만 그럴 수 있다는 것이었다.[12] 그러나 이 학파도 다음과 같은 핵심 물음에 답변하는 데서는 주류 케인스주의자나 통화주의자, 새고전학파와 오십보백보였다. 전례 없이 30년 동안 거의 경제 위기를 겪지 않고 꾸준히 성장하던 이 체제가 또다시 경제 위기에 빠지고 평균 성장률이 장기적으로 하락한 이유는 무엇인가?[13]

케인스주의를 비판한 사람들의 이런 실패 때문에 일부 케인스주의자들(과 케인스주의에 영향을 받은 극좌파의 일부)은 '황금기'가 무너진 이유를 케인스주의 비판가들 탓으로 돌릴 수 있었다. 그러면서 경제 위기의 재발이 체제 자체 때문은 아니라고 주장했다. 그러나 노테르만스가 지적했듯이,

> 대공황에서의 회복이나 전후의 성장 어느 것도 케인스주의 정책 때문이 아니라면 … [케인스주의 정책은 — 하먼] 완전고용의 종말도 설명할 수 없다.[14]

그렇다면 올바른 설명은 무엇인가?

위기는 무엇 때문에 발생했는가?

'황금기'의 종말을 설명하는 가장 영향력 있는 주류 경제학 논의들은 모두 이윤율의 변화 문제를 빠뜨린다. 그렇지만 이윤율을 측정하려는 노력은 모두 단 하나의 결론에 도달했다. 이윤율이 1960년대 말에서 1980년대 초 사이에 급격히 하락했다는 것이다.

이윤율을 측정한 결과들이 항상 서로 완전히 일치하지는 않았다. 왜냐하면 고정자본 투자를 계산하는 방법이 서로 다르고, 또 기업과 정

부가 제공하는 이윤 관련 정보가 상당히 왜곡되기 십상이기 때문이다.[15] 그렇지만 프레드 모즐리, 토마스 미흘,[16] 안와르 셰이크와 에르투그룰 아메트 토낙,[17] 제라르 뒤메닐과 도미니크 레비, 우푹 투탄과 앨 캠벨,[18] 로버트 브레너, 에드워드 N 울프,[19] 피루즈 알레미와 던컨 K 폴리[20]는 모두 매우 비슷한 결론에 도달했다. 특정한 패턴이 나타나는데, 그것은 뒤메닐과 레비가 미국의 전체 기업 부문 이윤율을 계산한 그래프(그림 8-1)와 브레너가 미국·독일·일본의 제조업 이윤율을 계산한 그래프(그림 8-2)에서 찾아볼 수 있다.

이윤율이 1960년대 말부터 1980년대 초까지 하락했다는 점은 대체로 일치한다. 또한 대략 1982년부터 이윤율이 부분적으로 회복됐지만 1980년대 말과 1990년대 말에 정체했고 또 장기 호황이 끝난 이후 하락한 수치의 절반 이상을 만회하지 못했다는 점도 대체로 일치한다. 울프는 이윤율이 1966~78년에 5.4퍼센트 하락했다가 1979~97년에 3.6퍼센트 "반등했다"고 지적했다. 프레드 모즐리의 계산 결과를 보면, 이윤율은 "초기 하락의 40퍼센트 정도만 … 회복됐다."[23] 뒤메닐과 레비는 "1997년의 이윤율"이 "1948년 수준의 절반 정도였고 1956~65년의 10년간 평균치의 60~75퍼센트였다"고 주장했다.[24]

일부 사람들은 1970년대의 이윤율 저하를 국제적 노동자 투쟁 탓으로 설명하려 했다. 노동자 투쟁으로 총소득에서 노동자의 몫이 증가하고 자본이 가져가는 몫이 삭감됐기 때문이라는 것이다. 이 주장은 앤드류 글린과 밥 서트클리프,[25] 밥 로손이[26] 제기했고 에르네스트 만델도 부분적으로 받아들였다.[27] 글린의 분석은 아주 최근에 마틴 울프가 우호적으로 언급하기도 했다.[28] 그렇지만 세금, 자본 감가, 그 밖의 다양한 요인을 감안해서 당시의 통계를 분석해 보면 임금 몫이 증

■ 그림 8-1_ 미국의 이윤율. 금융 부문을 포함한 것(실선)과 뺀 것(점선)[21]

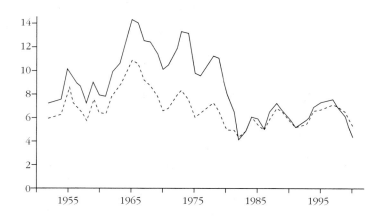

■ 그림 8-2_ 미국, 독일, 일본의 제조업 순 이윤율[22]

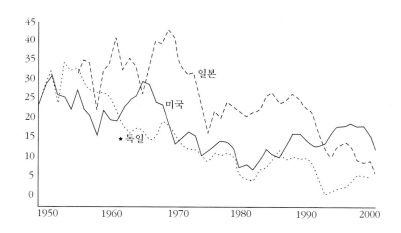

★ 1950~90년은 서독, 1991~2000년은 통일 독일.

가하지 않았음을 알 수 있다.[29] 이 주장은 또한 모든 서방 경제가 왜 1970년대 중반에 동시에 위기에 빠졌는지를 설명하지 못한다. 이탈리아, 영국, 스페인, 프랑스에서는 1960년대 말과 1970년대 초에 노동계급의 조직화 수준이 크게 개선됐다. 그렇지만 일본, 서독에서는 이와 비슷한 개선이 나타나지 않았으며, 미국에서는 "1972년 말부터 1975년 봄까지 대체로 생산성은 증대했지만 비농업 노동자들의 실질임금은 크게 하락했다."[30]

유일하게 설득력 있는 듯한 주장은 마르크스가 말한 자본의 유기적 구성 증가론이었다(지금도 타당한 주장이다). 미국 경제에 대한 주류 경제학계의 연구 결과를 보면, 제조업에 고용된 노동자 대비 자본 투자의 비율이 1957~68년과 1968~73년 사이에 40퍼센트 이상 급증했다.[31] 영국에서는 자본-산출 비율이 1960년과 1970년대 중반 사이에 50퍼센트 증가했다.[32] 새뮤얼 브리턴은 당혹스러워하며 다음과 같이 말했다.

제조업의 자본 한 단위당 산출량이 장기적으로 하락했다. … 이것은 선진국에서는 꽤 일반적인 경험이다. … 어느 한 나라에 대해서는 꽤 그럴듯한 이야기를 지어낼 수 있겠지만 선진국 전체에 대해서는 그럴 수 없다.[33]

미흘,[34] 모즐리, 셰이크와 토낙, 울프의[35] 더 최근 계산도 모두 노동 대비 자본 비율의 증가가 이윤율 감소의 원인이었다고 결론 내린다. 이것은 노동 대비 자본 비율의 상승이 이윤을 삭감할 수 있다는 마르크스의 주장을 입증하는 결론이며, 이런 일이 불가능하다는 오키시오와 여타 사람들의 주장을 실증적으로 반박하는 것이다. 그렇지만 이런 일이 더 일찍 벌어지지 않고 왜 그때 벌어졌는가 하는 문제는 남는다.

이 문제는 이미 1960년대 초에 막대한 수준의 군비 지출이라는 측면에서 장기 호황을 설명했던 사람들이 강조한 장기 호황의 모순을 살펴봐야 해결할 수 있다.

군비 지출은 가장 중요한 경제 대국들 사이에서 불균등하게 배분됐다. 군비 지출은 1950년대 미국과 소련에서는 국가 산출량에서 매우 큰 비중을 차지했으며(미국에서는 13퍼센트, 소련에서는 십중팔구 20퍼센트 이상), 영국과 프랑스에서는 그보다 낮았고, 독일과 일본에서는 훨씬 더 낮은 비중을 차지했다. 대외무역이 비교적 낮은 수준이고 대다수 기업의 국제 경쟁도 그리 치열하지 않았을 때인 제2차세계대전 직후 몇 년 동안은 이것이 별로 문제가 되지 않았다. 미국에서는 군비 예산에 지출하는 세금이 미국 기업들의 이윤을 삭감했지만, 국내 경쟁을 하는 기업들에는 그다지 불리하게 작용하지 않았다. 그리고 전반적 이윤율이 전쟁 직후의 높은 수준에서 크게 하락하지 않는 한, 자본가들의 불평도 거의 없었다. 군비 지출의 긍정적 효과가 부정적 효과를 상쇄하고도 남았다.

그러나 시간이 지나면서 불균등성이 문제가 되기 시작했다. 미국은 우세한 경제적 지위를 이용해 소련 진영 밖에서 미국의 헤게모니를 굳히는 방안의 일환으로 서유럽 국가들과 일본이 자국 시장에 접근하도록 허용했다. 그렇지만 군비 지출 수준이 낮은 경제들은 그만큼 더 많이 투자해서 미국보다 더 높은 성장률을 달성할 수 있었다. 시간이 지나면서 이 경제들이 미국의 생산성 수준을 따라잡았고, 그래서 세계경제에서 차지하는 상대적 비중이 커지기 시작했다.

1961~71년에 일본의 자본 증가율은 연간 11.8퍼센트였으며, 서독은 1950~62년에 9.5퍼센트였다. 반면에 미국은 1948~69년에 3.5퍼센트에

지나지 않았다.[36] 1977년 선진국 GNP 총합에서 일본은 17.7퍼센트를 차지했고 서독은 13.2퍼센트를 차지했다. 1953년에는 각각 3.6퍼센트와 6.5퍼센트에 지나지 않았었다. 그러는 동안 미국의 비중은 69퍼센트에서 48퍼센트로 하락했다.[37] 이런 변화는 일본과 서독이 전 세계 수준의 막대한 군비 지출, 특히 미국의 군비 지출에서 이득을 얻으면서도 자신들은 군비 지출을 위해 생산적 투자를 희생하지 않은 덕분으로 설명할 수 있다. 모든 나라가 생산적 투자 수준을 서독이나 일본만큼 유지했다면 전 세계에서 자본의 유기적 구성이 급속히 증가해 이윤율 저하 추세가 나타났을 것이다. 사실 일본에서 자본은 "노동력보다 훨씬 더 빨리(연간 9퍼센트 이상, 즉 서방 선진국 평균 증가율의 2배 이상)" 증가했다.[38] 비군사적 국가자본주의들이 위기를 겪지 않고 성장할 수 있었던 것은 이 국가들이 매우 거대한 군사적 국가자본주의를 포함하는 세계 체제 내에서 움직였기 때문이다.

그래서 일본과 서독의 경험은 군비 지출로 세계경제의 성장과 안정을 설명하는 주장과 모순되지 않는다. 그러나 일본과 서독의 경험은 이런 성장에서 모순적 요인이었다. 이들의 성공 자체가 투자 가능한 생산물을 군비로 낭비하지 않는 경제가 늘어나고 있다는 것을 뜻했다. 이것이 다가 아니었다. 군비 지출 수준이 낮은 경제의 성장 자체가 군비 지출 수준이 높은 경제에 압력을 가해서 자원을 군비에서 생산적 투자로 돌리게 만들었다. 그제서야 그들은 일본이나 서독과의 시장 경쟁에 제대로 대처하기 시작할 수 있었다.

이 점을 가장 분명히 보여 준 사례는 영국이었다. 영국 경제는 대외 무역에 크게 의존하고 있었고, 그래서 1940년대 말부터 1970년대 말까지 급속한 경제성장 시기에 국제수지 불균형이라는 위기를 겪었다. 역대 영국 정부는 어쩔 수 없이 제국의 위신을 포기하고 국민생산에서 군비에 들어가는 비중을 (1955년 GDP의 7.7퍼센트에서 1970년 4.9퍼센트로) 줄였다.

미국의 경우에는 이런 압력이 처음에는 뚜렷하지 않았는데, 1965년에도 대외무역이 GNP의 10퍼센트 정도에 지나지 않았고, 1950년대와 1960년대 내내 무역수지 흑자를 누렸기 때문이다. 그럼에도 군비 지출은 한국전쟁 당시 GNP의 13퍼센트에서 1960년대 초 7~9퍼센트로 하락했다. 군비 지출이 미국의 국제경쟁력에 미친 압력은 베트남전쟁 당시 군비 지출이 3분의 1가량 급증하면서 갑자기 드러났다. 새로운 수준의 군비 지출은 한국전쟁 때만큼은 아니었다. 그러나 치열한 시장 경쟁에 직면한 미국 산업에는 상당한 부담이었다. 국내에서 물가가 급증했고, 월가가 전쟁에 등을 돌렸다.[39] 제2차세계대전 이래 처음으로 1971년에 미국의 수입이 수출을 초과했다. 대통령 닉슨은 세계경제의 안정을 허무는 두 조처를 취할 수밖에 없었다. 즉, 미국의 군비 지출을 삭감하고,[40] 달러화 가치를 평가절하한 것이다. 이 과정에서 닉슨은 전후 세계 무역이 성장할 수 있는 틀 구실을 했던 국제 고정환율 시스템, 즉 '브레턴우즈' 체제를 무너뜨렸다.

시장 경쟁의 동역학이 군사적 경쟁의 동역학을 줄기차게 약화시키고 있었다. 일부 사람들이 1970년대에 체제의 "헤게모니 위기"라고 부른 것은[41] 사실은 다른 어떤 것, 즉 경제적 경쟁과 군사적 경쟁이라는 사뭇 다른 두 차원의 경쟁을 벌이는 국가자본주의들의 세계에 내재한 불안정성의 결과였다.

앞서 3장에서 봤듯이, 자본주의의 역설 중 하나는 자본의 유기적 구성 증가가 평균이윤율은 낮추지만 신규 기계류를 도입한 첫 번째 자본가의 이윤은 높여 준다는 점이다. 그래서 일본과 서독은 자본 집약적 투자에 참여해서 세계의 이윤율을 낮췄지만 세계의 이윤에서 가져가는 각자의 몫은 늘어났다.[42] 수출 시장에서 일본과 서독의 경쟁력이 강화되자 다른 자본주의 국가들은 이윤율이 하락하고 있었는데도 일본과 서독 자본의 유기적 구성 증가에 대한 비용을 치러야 했다. 그러나 이 때문에 이 여타 자본주의 국가들은 저마다 자국 자본의 유기적 구성을 높여서 자국의 경쟁력을 강화해야 한다는 압력을 받게 됐다. 1970년대의 이윤율 저하는 그 결과였다. 1973년에는 이윤율이 너무 낮아서, 원료와 식료품 가격 급등(그 전 2년 동안 호황의 결과였다)만으로도 서방 선진 경제들이 불황에 빠졌다.

갑자기 주요 자본가들은 국제 경쟁에서 살아남는 데 필요한 규모의 신규 투자가 수익성이 있을지 안심할 수 없게 됐다. 투자가 급격히 감소했고 기업은 고용과 노동비용을 삭감해서 이윤을 지키려 했다. 시장이 침체하자 이윤과 투자가 더욱 감소했다.

호황이 불황으로 바뀌는 고전적 패턴이 30년의 단절 뒤에 다시 찾아왔다. 정부가 재정 적자를 통해 수요를 부양하는 정책으로 대응한 반면, 기업은 주류 케인스주의자들의 예상과 달리 투자와 산출량을 늘리지 않았다. 오히려 기업은 가격을 올려 이윤을 회복하려 했고, 장기간의 완전고용 덕분에 어느 정도 자신감이 있었던 노동자들은 물가 상승에 임금 인상 투쟁으로 대응했다. 정부와 중앙은행은 선택에 직면했다. 화폐 공급을 늘려서 기업이 가격을 인상해 이윤을 지킬 수 있게 해 주거나 아니면 단기금리를 인상해 화폐 공급을 억제해서 기업이 노동자들의 요구에 대항할 수밖에 없게 해야 했다. 각국 정부와 중앙은행은 1970년대 중반에는 보통 첫 번째 방법을 추구하다가 1970년대 말에는 두 번째 방법으로 이동했다. 그렇지만 정부가 노동계급의 저항을 굴복시키는 데 성공했을 때조차 투자가 회복되고 새로운 성장이 이뤄지는 시기는 오래가지 않았다. 이윤율은 1973년 위기 이전 수준을 회복하지 못했으며, 1980~82년의 제2차 '오일쇼크'로 세계는 두 번째 심각한 경기 침체에 빠졌다. 장기 호황의 조건을 회복하는 데서 통화주의가 케인스주의보다 전혀 낫지 않다는 점이 입증된 것이다.

국가 주도 자본주의의 한계

자본주의는 축적의 지속이라는 점에서 국가자본주의 전략의 한계에 직면하게 됐다. 국가가 투자 가능한 잉여가치의 일부를 당장은 이윤이 생기지 않는 분야로 돌리거나(일본은 이윤보다는 성장에 우선순위를 뒀다) 낭비적 생산(군비 경제)에 투여함으로써 이윤율에 미치는 직접적 영향을 무시할 수 있는 동안에는 국가자본주의 전략이 효과가 있었다. 하지만 그러려면 첫째, 이윤율이 급격히 하락하지 않아야 했고 둘째, 국민경제 내에서 특정 재화를 생산할 때의 경쟁력과 세계 체제의 다른 곳에서 생산할 때의 경쟁력 비교를 무시할 수 있어야 했다(즉, 마르크스의 말을 빌리면, 세계 수준의 가치법칙과 개별 국민경제 내에서의 생산을 비교하지 않을 수 있어야 했다). 1970년대 중반에는 이 두 조건이 장기 호황 자체의 모순된 발전 때문에 무너지고 있었다.

이윤율이 너무 낮다 보니, 비생산적 지출이나 당장 이윤이 나지 않는 분야에 대한 투자가 추가 축적의 부담을 갈수록 가중시켰다. 그리고 장기 호황의 동역학 자체가 국민경제들 사이의 상호 연관성을 더 높였다. 1965년에는 미국의 대외무역이 산출량의 10퍼센트를 차지했는데, 1979년에는 31퍼센트를 차지했다.[43] 비용의 국제 비교를 걱정해야 하는 산업이 전보다 훨씬 더 많아졌다. 모든 산업은 다른 나라의 더 선진적인 기술과 더 낮은 노동비용으로 생산할 경우의 비용을 바탕으로 자신의 생산물 가치를 다시 계산해야 한다는 사실을 갑자기 깨달았다. 그리고 이것은 자신의 생산물 가치가 충분히 높지 않아서 '적당한' 이윤을 뽑을 수 없다는 것을 의미했다.

이것이 1970년대 미국의 노동생산성이 정체한 이유일 것이다. 즉, 노동자가 가동하는 기계류의 가치는 원래 미국 내에서 그 기계를 생산하거나 교체하는 비용이 얼마인지에 따라 계산됐지만, 국제 교역이 증가해 세계 수준과 비교해 보니 더 싼 값에 그 기계를 구할 수 있다는 것이 문제였다.[44]

어쨌든 갤브레이스가 언급한 특징, 즉 기업이 성장을 위해 이윤의 중요성을 간과할 수 있던 상황은 사라졌다. 그리고 이런 변화는 미국의 국가독점자본주의에만 중요한 것이 아니었다. 더 철저한 국가자본주의로 나아갔던 동유럽 블록과 제3세계 나라들에도 파괴적 영향을 미쳤다. 이 나라들도 새로운 위기의 시대로 접어든 것이다.

스탈린주의 모델의 종말

좌파뿐 아니라 우파에서도 전통적 사고방식은 소련식 경제의 동역학이 서방 경제의 동역학과 매우 다르다는 것이었다. 소련식 경제는 비효율성이 심각하고 질 낮은 제품을 생산하는 경향이 있지만 그래도 높은 수준의 성장을 무한정 유지할 수 있을 것이라는 생각이 1970년대와 심지어 1980년대까지도 거의 이견 없이[45] 받아들여졌다. 좌파의 전형적 태도는 에르네스트 만델이 취한 태도였는데, 소련식 사회가 노동자의 권리를 부정한다고 신랄하게 비판한 사람들조차 만델과 비슷한 견해였다. 만델은 1956년에 다음과 같이 썼다.

소련은 과거의 발전이 미래의 가능성을 짓누르는 일 없이, 수십 년 동안 계획이 거듭됨에 따라, 거의 균등한 경제성장 리듬을 유지하고 있다. … 경제성장 속도를 늦추는 자본주의 경제 발전 법칙이 모두 사라졌기 때문이다.[46]

만델은 1970년대 중반에도 "경기 침체가 모든 자본주의 경제를 강타하고 있지만 비자본주의 나라들은 경기 침체의 전반적 영향에서 벗어나 있다"고 주장했다.[47]

이런 태도는 1980년대 말 당시 소련 공산당 서기장으로 막 임명된 미하일 고르바초프가 소련 경제가 몇 년째 '정체'하고 있다고 실토하면서 갑작스런 타격을 받았다.[48] 고르바초프의 경제 고문이었던 아간베갼은 다음과 같이 말했다.

1981~85년에 실질적 경제성장은 없었다. 1979~82년에 전례 없는 정체와 위기가 닥쳐서 전체 공산품 생산이 실제로 40퍼센트 감소했다.[49]

소련식 경제들의 공식 통계를 보면, 이미 1960년대 말에 성장률이 3분의 1에서 3분의 2가량 하락하는 장기적 경향이 나타났다.[50] 성장률의 장기적 하락은 또 다른 요인과 함께 나타났고 또 그 요인의 영향을 받았다. 자본 대비 산출 비율은 1951~55년 2.4에서 1956~60년 1.6으로, 1961~65년 1.3으로 계속 하락했다. 즉, 달리 표현하면 신규 생산물 한 단위를 생산하는 데 필요한 불변자본의 양이 계속 증가했다.

문제가 더 악화한 이유는 실물 측면에서 총생산이 증가하는 것만으로는 지배 관료들에게 충분하지 않았기 때문이다. 관료들의 관심사는 이런 실물 생산량을 국제적 경쟁자들이 생산한 것과 어떻게 비교할 것인가 하는 점이었다. 즉, 국제 수준에서 생산물의 가치를 비교하는 문제였다. 이 때문에 일부 관료 분파가 생산물의 생산성과 품질에 대해 불평하면서 경제개혁을 실행하려는 시도가 거듭거듭 나타났다. 스탈린이 죽은 직후인 1950년대 초, 흐루쇼프가 집권한 1960년대 초, 레오니트 브레즈네프가 집권해서 코시긴이 총리를 지낸 1960년대 말에 이런 시도가 있었다.

개혁의 효과는 제한적이었다. 1930년대에 노동자들의 생활수준이 급속히 하락했던 것과는 달리 당시에는 노동자들의 생활수준이 상승하자 노동자들의 기여도와 생산성이 상승했다. 그러나 국제적인 경쟁적 축적 압력(소련의 경우 군사적 압력, 동유럽 국가들의 경우 군사적 압력과 시장의 압력) 때문에 소비재와 식량 생산량 증가가 공업 투자의 필요에 희생되는 경향이 거듭 나타났다. 1969년에 소련 통계학자들이 설명했듯이, "국제 상황 때문에, 의도와 달리 많은 자원을 농업 투자에 할당할 수 없었다."[51] 그런 식으로 이 생산 분야에서 다른 분야로 자원을 이전하자 낭비가 증대할 수밖에 없었고, 노동자들의 사기는 떨어졌으며, 모든 층위의 관리직들은 투입물이 갑자기 감소하는 경우에 대처

하기 위해 자신이 처분할 수 있는 자원을 숨겨 놓았다.[52]

이런 현상이 소련식 경제에서만 볼 수 있는 독특한 것이 아니라는 점도 지적하고 넘어가야겠다. 서방 기업의 최고 경영자 밑에 있는 사람들도 이와 똑같은 압력을 받는다. 경쟁의 변화에 대응해 상사가 자신들에게 가하는 압력의 갑작스런 변화에 대처할 수 있어야 하기 때문이다. 이런 조건에서는 기업의 생산비가 적정 수준에서 매우 크게 벗어날 수 있다. 그 결과는 한 경제학자가 'x-비효율성'(기업의 비효율성 수준이 생산비의 30~40퍼센트에 달하는 것)이라고 부른 수준에 이를 수도 있다.[53] '완전경쟁 시장'이라면 정상적일 생산비와 가격의 차이가 크게 벌어진다. 마르크스주의 용어를 사용하면, 가치법칙이 단기적으로 크게 어긋나는 것이다.

주류 경제학자들은 이런 문제를 거의 연구하지 않는데, 이들의 미시경제학과 거시경제학은 기업 내부의 일이 아니라 기업 간 문제를 다루기 때문이다. 그렇지만 경영학 분야에는 기업 내부의 문제를 다룬 자료가 많다. 흥미롭게도 서방의 일부 연구는 소련 기업들 사이의 관계에 "배분적 효율성"(allocative efficiency, 즉 마르크스주의자들이 말하는 가치법칙)이 적용된다고 결론 내렸다. "생산요소의 기업 간 거래는 시장경제에서만큼 효율적일 수 있다."[54]

서방 기업들과 소련식 경제 모두에서 위기와 낭비를 만들어 내는 것은 어떤 희생을 치르더라도 축적하고자 하는 추동력이다. 7장에서 봤듯이, 이 때문에 소비를 희생시켜 투자를 확대하는 일이 반복되고, 경제의 불균형이 심화하고, 주기적 성장 패턴이 끊임없이 나타나고, 노동자의 소외가 심화한다. 소련의 경제 저널리스트인 셀류닌이 1987년에 제시한 수치를 보면, 그 전 60년 동안 소비가 축적에 종속되는 과정이 심화했는데, 총생산물 중 소비로 가는 비중이 1928년에 60.5퍼센트, 1940년에 39퍼센트였지만 1985년에는 25퍼센트에 지나지 않았다. 그는 "경제가 인간을 위해서가 아니라 점점 더 경제 자체를 위해 작동하고 있다"고 결론지었다.[55]

그의 말은 마르크스가 자본주의의 논리를 "축적을 위한 축적, 생산을 위한 생산"이라고 묘사한[56] 것을 상기시킨다(아마 셀류닌이 의도하지는 않았겠지만 말이다). 그러나 마르크스가 보기에 이런 축적 드라이브는 자본주의 체제의 소외의 표현만은 아니었다. 축적 드라이브는 궁극적으로 경제 위기를 발생시키는 원동력이기도 했다. 왜냐하면 축적이 어느 지점에 이르면 축적하는 데 필요한 추가 잉여가치를 추출하는 것보다 더 빨리 축적이 진행되기 때문이다. 그런 지점에서 새로운 축적은, 그로스만이 자신의 '자본주의 붕괴' 이론에서 지적했듯이, 기존의 축적을 희생해서만 이뤄질 수 있다. 그래서 "자본의 과잉 축적"이 생겨난다. 자본가들이 이런 상황에서 취하는 유일한 대응책은 공장 문을 닫고 일부 노동자들을 해고하고 다른 사람들의 임금을 희생시켜 이윤을 회복하는 것뿐이다. 이런 조처들은 이미 생산된 상품 중의 일부가 판매(즉 마르크스의 용어를 사용하면 '잉여가치의 실현')될 수 없게 만들어서 시장에서 재화의 전반적 과잉생산을 낳는다.

앞 장에서 봤듯이, 소련은 급속한 축적 노력 때문에 항상 주기적 경기후퇴를 겪었다. 그러나 장기 호황기에는 주요 서방 자본주의들과 마찬가지로 소련에서도 경기후퇴가 경제적 수축, 즉 '실질적 불황'으로 나아가지는 않았다. 그런데 이제 성장 둔화의 효과가 나타나면서 이런 불황을 피하기가 더 힘들어졌다.

폴란드와 음산한 미래의 전조

폴란드의 두 젊은 마르크스주의자 야체크 쿠론과 카롤 모젤레프스키는 1964년에 한 동유럽 블록 나라가 직면한 경제적 모순을 연구한 선구적 저작을 발표했다. 이들은 과잉 축적이 경제의 나머지 부문에 미친 영향에 대해 일부 동유럽 경제학자들이 발견한 내용을 지적했다. 축적은 세 가지 "장벽"에 부딪혔다. "인플레 장벽"은 투자가 너무 급속히 확대돼 보통의 인플레(국가가 투자 자금을 마련하려고 통화를 발행해 물가가 오르고 생활수준이 하락하는 것)나 "숨겨진 인플레"(상점에 재화 공급이 차질을 빚으면서 구매자들이 길게 줄을 서고 암시장이 창궐하는 것) 현상이 나타나는 것을 뜻했다. "원료 장벽"은 생산을 목표 수준까지 끌어올리기 위한 투입물이 충분하지 않은 것을 뜻했다. "수출 장벽"은 투입물 부족분을 해외에서 수입해 메우려다가 외환 위기를 겪는 것을 뜻했다. 쿠론과 모젤레프스키는 머지않아 유보금이 완전히 고갈돼 축적을 지속할 수 없게 되면 엄청난 사회적 위기가 닥칠 것이라고 결론 내렸다. 이들은 개혁을 바라는 사람들을 비판했다.

현재의 모순은 잘못된 지령의 결과인 경기 억제 정책과 계획 목표 사이의 모순이 아니라 지배 관료들의 계급적 목표(생산을 위한 생산)와 생산을 담당하는 기본 집단들의 이해관계(소비의 극대화) 사이의 모순이다. 달리 말하면, 생산과 소비라는 계급적 목표 사이의 모순이며, 이것은 경영 부실 때문이 아니라 현재의 상황에서 비롯하는 것이다.[57]

이들의 분석은 1970년에 그 정당성이 부분적으로 입증됐다. [정부가] 생활수준을 떨어뜨린 과잉투자에서 비롯한 경제 위기를 해결하려고 시도하자 노동자들은 발트 해의 조선소를 점거했고, 경찰은 노동자들을 공격했고, 폴란드 지도자 고무우카는 사임해야 했다. 그러나 처음에는 새 지도부가 경제 위기에서 벗어나는 길을 발견한 듯했다. 서방과의 교역이 크게 증가하고 서방 은행에서 돈을 빌린 덕분에 수입이 1972년에 50퍼센트, 1973년에 89퍼센트 증가하면서 다시 호황을 누릴 수 있었다.

폴란드 국가자본주의는 국민경제의 협소함에서 비롯한 축적의 한계를 시장 경쟁에 기초한 세계경제로의 통합으로 극복하고자 했다. 그러나 이런 시도의 또 다른 면은 세계경제가 침체할 때마다 폴란드 경제도 고통받을 수밖에 없다는 점이었다. 생산 투입물과 수출 소득을 세계 체제에 의존하게 되자, 국가는 국내 불황의 맹아가 실제 불황으로 발전하지 못하도록 경제의 한 부문에서 다른 부문으로 자원을 이동하는 일을 할 수 없게 됐다. 1980년~82년에 "제2차세계대전 이래 유럽 역사상 전례 없는 경제 위기"가 있었다.[58] 폴란드의 '순 물질 생산'은 거의 3분의 1가량 줄어들었다. 물가는 1981년에 24퍼센트, 1982년에 100퍼센트 상승했다. 그리고 실질임금은 5분의 1가량 하락했다.[59]

정권은 경제 위기의 부담을 노동자 대중에게 전가하려 했다. 그러자 연대노조Solidarnosc 운동을 통해 노동자들의 저항이 갑자기 분출했다. 이 사건은 소련 블록 전체에 경고 구실을 했다. 소련식 국가자본주의는 당시 서방의 국가독점자본주의를 강타한 것과 비슷한 경제 위기에 면역돼 있지 않았다. 둘 다 경쟁적 축적 체제 자체에 그 뿌리를 두고 있었다.[60] 그리 멀지 않은 미래의 어느 시점에 소련을 포함한 소비에트 블록 전체에서 재앙적 위기가 닥치는 것은 필연적이었다.

1981년이 되자 폐쇄경제를 유지하느냐 아니면 전 세계에 개방하느냐 사이의 선택은 정말이지 프라이팬이냐 불이냐 사이의 선택이었다. 전자는 정체의 심화, 낭비의 증대, 대중의 수요를 만족시키지 못하는 무능력, 상시적 노동계급 반란 위험을 의미했다. 후자는 점차 정체와 경기후퇴 경향이 심화하는 세계경제의 리듬에 얽매이는(그리고 국내 경제의 위축을 포함한 경기후퇴를 중단시킬 행정적 조처를 포기하는) 것을 의미했다. 1980~81년 폴란드 위기가 동유럽의 모든 지배자들에게 그토록 충격적이었던 것은 바로 그 때문이었다. 폴란드의 위기는 모든 국가가 부딪힌 문제들을 쉽게 해결할 길이 없음을 입증했다.[61]

소련의 붕괴

소련 관료들도 머지않아 쓰라린 경험을 통해 이 사실을 깨달았다. 소련의 축적 수준은 지속할 수 없는 한계에 도달했다. 1970년대와 1980년대 초에 원유 판매 수익으로 해외에서 밀을 수입(세계적 인플레 압력을 가중시켰다)했기 때문에 소련의 대외무역 의존도는 더 높아졌다. 1980년대 중반을 거치면서 국제 유가가 하락하자 국내의 경제계획은 엉망이 됐다. 군비 지출을 늘려 미국의 헤게모니를 강화하려는 레이건 정부의 결정은 소련도 똑같이 행동하게 만드는 압력으로 작용했다. 성장률이 둔화하는데도 축적을 유지하려다 생겨난 내부 문제들을 외부 요인들이 악화시킨 것이다.

고르바초프가 집권 공산당의 우두머리가 된 것은 권력자들이 상황의 심각성을 인식했다는 신호였다. 그의 집권은 안드로포프의 도움이 컸다. 안드로포프는 1956년에 헝가리 대사를 지낼 때, 그리고 1980~81년 폴란드 사태 때 소련 공산당 서기장[*]을 지내면서 경제 위기 때문에 무슨 일이 일어날 수 있는지를 목격한 바 있었다. 집권 이후 고르바초프는 소련의 구체제에 향수를 느끼는 일부 좌파들한테서 "반혁명적"이라고 비난받았다. 그러나 고르바초프의 진정한 의도는 폴란드 같은 경제적·사회적·정치적 위기가 발생하기 전에 위로부터 개혁을 통해 그 체제를 구하려는 것이었다. 소련의 경제 위기가 개혁으로 극복할 수 있는 지점을 넘어선 것이 그의 불운이었다.

1988~89년 겨울의 각료회의를 보도한 기사들을 보면, 경제적 혼란이 커지고 있었는데도 소련 정권에게는 이에 대처할 어떤 방안도 없었다. "상이한 경제 부문 사이의 균형(더 정확히 말하면 불균형)", "계획된 생산량을 공급하지 않고 버티거나 납품을 크게 줄인 많은 기업들", "신규 투자의 규모를 계속 늘리는 방안"에 대해 격렬한 논쟁이 있었다.[62] "소비 시장에 대한 재화 공급"이 "1987년 하반기와 특히 1988년에 급속히 그리고 눈에 띄게 악화했다."[63]

공공 기금으로 재화와 서비스 수요를 충족시키는 것과 관련해 점차 긴장된 상황이 조성됐다. … 식량 공급 문제가 악화했다. … 화폐 공급이 임계치에 이르렀다. … 경제에서 모든 것이 공급 부족 상태다.[64]

1989년 10월에는 "경제의 많은 부분이 위기에 빠졌고, 공급이 부족하고, 시장의 균형이 깨졌고, 새로운 관계가 등장하기도 전에 낡은 관

---

* 국가보안위원회KGB 위원장의 오기誤記인 듯하다.

계가 붕괴했고, 불확실한 전망과 품귀 현상이 확산되고 있다"는 말이 공공연하게 회자됐다.[65] 공장과 상점이 생산을 줄여 가격을 올릴 수 있다는 것을 알아채고 가격을 인상하자 경제의 다른 부문에 대한 공급에 차질이 생겼다.

폴란드에서처럼, 경제적 위기가 정치적·사회적 위기로 확산됐다. 고르바초프는 자신의 개혁에 반대하는 관료들을 고립시키기 위해 집권당과 언론 내부에서 논의를 제한적으로 개방('글라스노스트')할 생각이었다. 그러나 사람들은 이 기회를 이용해 경제 상황 악화에 대한 오래된 불만과 분노를 터뜨렸다. 전례 없는 대중 시위와 소요가 아르메니아, 카자흐스탄, 발트 해 국가들, 그루지야, 우크라이나, 벨라루스, 아제르바이잔 등 비러시아계 소수민족 공화국들에서 벌어졌으며, 사회적 조건들에 대한 불만이 소수민족의 권리를 위한 투쟁과 결합됐다. 그래서 아제르바이잔의 카라바흐 지역에 살고 있던 아르메니아 소수민족의 항의 시위는 "재앙적 부실 경영과 비참한 경제 상황에 대한 항의로 시작됐다."[66] 〈프라우다〉는 1986년에(경제 위기가 심각해지기 전이었는데도) 아제르바이잔의 실업률이 27.6퍼센트였고 아르메니아는 18퍼센트였다고 보도했다.[67] 카자흐스탄에서는 "1981~85년에 젊은이의 절반 정도만이 일자리를 얻을 기회가 있었다."[68] 국가가 운영하는 노조의 위원장은 소련 전역에서 모두 4300만 명이 빈곤선 이하의 생활을 하고 있다고 말했다.[69] 실업률 추산치는 3퍼센트에서 6.2퍼센트(840만 명) 사이를 오르내렸다. 1989년 초여름에 소련 전역에서 광원들이 파업을 벌였으며, 아발킨이 불평했듯이 "파업 물결이 경제를 집어삼켰다."[70] 이런 일이 일어나고 있을 때 동유럽에서는 거대한 대중운동(부분적으로 동유럽 자체의 경제 위기에 대한 대응이었다)이 일어나 소련의 동유럽 지배권을 깨뜨리면서 전반적 정치 위기를 심화시키고 소연방 내의 비러시아 공화국들에서 항의 시위를 촉발하고 소련 중앙정부의 지배력을 약화시켰다.

기업 경영자들은 아래로부터 일어나는 저항의 물결에 화폐임금 인상으로 양보하는 것 말고는 달리 대처할 방안을 알지 못했으며, 심지어 생산수준을 유지하는 데 필요한 투입물이 부족해서 쩔쩔맸다. 1989년 하반기에는 경기 침체가 수축(불황의 시작)으로 이어졌다.

일부 경제학자들은 기업 간 경쟁 심화, 궁극적으로는 소련 기업들과 외국 기업들 간의 직접 경쟁만이 경영자들로 하여금 필요한 재화를 효율적으로 생산할 수 있게 할 것이라고 주장했다. 그렇지만 이 경제학자들도 중앙정부의 장관들과 마찬가지로 경제의 균형을 회복시켜 줄 생산량 공급에 필요한 투자 재원을 어떻게 확보할지는 알지 못했다. 정부가 무슨 조처를 취하든 경제 붕괴는 계속됐고, 불만은 점점 더 커지고 격변도 심각해졌다. 1991년 봄에 고르바초프가 중앙정부의 통제권을 회복하려고 강경 노선을 채택하자 새로운 불만의 물결이 일었고, 결국 그는 실각하고 말았다. 1991년 8월에 과거로의 회귀를 열망하던 집단이 고르바초프를 몰아내려고 일으킨 쿠데타는 가장 중요한 장군들의 지지를 얻지 못해 실패했다. 대중도 구질서로의 복귀를 지지하지 않았다. 그러나 개혁파도 뾰족한 수가 없기는 마찬가지였다. 그들의 '100일 계획' 또는 '300일 계획' 프로그램이 기적 같은 경제 회복을 약속하며 잠시 인기를 끌기는 했지만 말이다.

이런 프로그램들은 지극히 공상적이었다. 중앙정부의 통제가 붕괴하자 소련의 대기업들은 독점이나 준독점 기업이 됐다. 이들은 시장에 지령을 내리고 경제 전체에 필요한 것보다는 자신들이 원하는 것을 생산하게 할 수 있었다. 또 가격을 인상하고 다른 기업들과 맺은 계약상의 의무 사항들을 무시할 수 있었다. 경기 침체 심화, 인플레, 소비재와 식량의 심각한 부족이 지속됐다. 경제학자들, 계획 입안자들, 겁을 먹은 관료들은 이런 혼란에서 빠져나갈 방법을 모색하다가 결국은 상황을 통제하려는 시도조차 포기했다. 1991년 말 옐친과 소수민족 공화국의 공산당 지도자들이 소련 해체와 각 공화국의 독립을 발표했을 때 이들은 이미 진행되고 있던 경제적 파편화를 정치적으로 표현했을 뿐이다. 이런 파편화 과정에서 각 산업부문의 우두머리들은 저마다 자신의 자원에 의존해서 전반적 경제 위기에서 벗어나려 했다. 이것은 옐친 정부의 '자유주의' 장관들과 제프리 삭스 같은 서방 조언자들이 말한 '충격요법' 전략으로 바뀌었다. 이 전략의 가정은 기업들이 국가의 제약을 받지 않고 서로 경쟁하도록 내버려 두면 머지않아 합리적으로 가격을 정하고 그래서 효율적인 기업들 간의 상호 연계가 확립되고 안정성도 회복된다는 것이었다. 그러나 실제 결과는 이미 진행 중인 불황을 정부가 더욱 악화시킨 것이었는데, 20세기에 그보다 심각했던 불황은 1929~33년의 미국과 독일 대공황뿐이었다.

경제개혁의 실패는 단지 그 실행 과정의 실패만은 아니었다. 개혁 개념 자체에도 오류가 있었다. 개혁의 목적은 소련 경제를 구조조정해서 생산력의 국제 수준에 맞게 조정할 수 있는 부문은 확대하고 다른 부문은 폐쇄하는 것이었다. 그렇지만 이것은 엄청나게 고통스러운 일이었는데, 그 점은 구조조정 과정에서 고통을 겪은 노동자들뿐 아니라 많은 관료들도 마찬가지였다. 영국에서도 1970년대 중반부터 1980년대 중반까지 경제 구조조정 과정에서 공장 셋 중 하나가 폐쇄됐고 자본이 대거 파괴돼서 1990년의 총산업투자가 1972년 수준보다 높지 않을 정도였다. 영국 자본주의에 북해유전의 막대한 원유 수익이라는 행운의 보너스가 없었다면 그 구조조정이 순조롭게 진행됐을지 매우 의문이다. 소련 경제는 영국보다 훨씬 더 컸고, 소련 기업들은 60년 동안 세계와 훨씬 더 많이 단절돼 있었다. 따라서 국제 경쟁에 즉시 노출되면 무너질 기업도 더 많았다. 그래서 그나마 경쟁력 있는 기업들도 상당한 타격을 입었다. 한편으로는 원료와 부품 공급자를 상실하고 다른 한편으로 생산물 구매자를 잃어버렸기 때문이다.

위기의 뿌리는 축적을 위한 축적의 압력에 있었는데, 이 압력은 관료 집단이 경쟁적 세계 체제의 일부였던 데서 비롯했다. 소련 경제는 과거의 축적을 어느 정도 파괴하는 경제 위기가 자본의 자기 증식의 조건이 되는 지경에 이르렀다. 소련과, 예를 들면 프랑스나 영국 사이의 유일한 차이점은 이런 파괴의 규모가 훨씬 더 커야 한다는 것이었다. 그리고 이런 차이는 소련이 경제 위기나 파산을 통한 구조조정을 겪지 않고 60년 동안 축적이 진행됐지만 영국과 프랑스 경제는 각각 40년과 30년 동안만 구조조정 없는 축적이 진행됐다는 점 때문이었다.

당시 이런 관점에서 사태를 파악할 수 있는 사람은 거의 없었다. 소련에서 민주적 개혁을 위해 투쟁하던 사람들은 대부분 시장 자본주의로 전환하면 장밋빛 미래가 열릴 것으로 믿었다. 그러나 그들이 직면한 현실은 파괴적 불황, 부패로 얼룩진 옐친 시대, 옛 지배 관료들이 여전히 지배하는 경제와 사회, 민간 자본가 과두 지배 세력으로 변신한 마피아들이었다. 한편, 세계의 나머지 지역에서는 사회민주주의와 옛 스탈린주의 좌파의 정치인과 이론가 대다수가 사회주의는 실패했고 미래는 서방식 시장경제에 있다는 결론을 내렸다. 그들은 서방도 심각한 위기로 빠져들고 있다는 사실을 모르고 있었다.

일본: 떠오르지 않는 태양

1980년대 초에 세계 2위의 경제 대국은 소련이었다. 1980년대 말의 위기로 소련이 붕괴하면서 일본이 그 자리를 차지했다.[71] 1980년대에 일본의 연평균 성장률은 4.2퍼센트로 소련의 2.7퍼센트와 서독의 1.9퍼센트보다 높았다. 연간 제조업 설비 투자율은 소련의 2배였다.[72] 미래는 일본의 것이라는 게 평론가들의 거의 공통된 결론이었다. 1992년에 미 의회의 한 위원회는 20세기 말쯤 일본이 미국을 추월할 수 있다고 경고했다. 유럽과 북미 자본가들이 노동자들을 자극해 생산성 향상을 추구할 때 내건 슬로건이 "일본처럼 하자"였다. 미국 자동차 노동자들의 일자리 상실을 정당화한 핑계가 "떠오르는 태양"의 "위협"이었다. 윌 허턴이나 윌리엄 키건 같은 케인스주의 평론가들은 일본식 자본주의 모델을 칭송하는 책을 썼다.

그런데 1992~93년의 금융 위기로 일본은 '정체기'에 빠져들었고 1990~2001년에 연평균 성장률이 0.9퍼센트로 하락했다.[73] 1992년에 일본의 경제 규모는 미국(과 유럽연합)의 60퍼센트나 됐지만,[74] 2007년에는 3분의 1로 쪼그라들었다.[75]

이런 사태는 흔히 금융 시스템을 잘못 운영한 탓으로 돌려졌다. 즉, 1980년대에 금융시장이 충분히 '자유'롭지 않았기 때문이라거나 경제 위기가 시작됐을 때 중앙은행이 부적절한 대처를 했기 때문이라는 것이다. 이런 추론에서 나오는 결론은 일본의 위기는 독특하며 세계 체제가 나아가야 할 방향에 대해 우리에게 이렇다 할 교훈을 주지 못한다는 것이다. 그렇다면 세계 2위 경제 대국이 갑자기 성장 불능에 빠진 것은 순전히 우연 탓이 되고 만다.

그러나 양차 대전 사이의 경제 위기를 마르크스주의적으로 설명해 주는 모든 요소가 일본의 경제 위기에서도 발견된다. 일본은 1950년대 부터 1980년대 말까지 노동 대 자본 비율이 급증했다. 1980년대에는 이 비율이 연간 4.9퍼센트씩 증가했는데, 이는 미국보다 4배 빠르고 독일보다는 70퍼센트 빠른 것이었다.[76] 마르크스가 예측한 대로, 그 결과는 이윤율에 대한 하향 압력이었다. 1960년대 말부터 1980년대 말까지 이윤율은 4분의 3 정도 하락했다.

■ 표 8-1_ 일본의 이윤율[77]

	제조업	비금융 기업
1960~69	36.2	25.4
1970~79	24.5	20.5
1980~90	24.9	16.7
1991~2000	14.5	10.8

■ 표 8-2_ 비非주거용 총자산의 수익률[78]

1960	28.3
1970	18.0
1980	7.8
1990	3.9

1980년대 말까지는 이윤율 저하를 감당할 수 있는 듯했다. 국가와 은행들은 민간 산업과 협력해서 이윤율을 크게 신경 쓰지 않고도 성장을 유지할 수 있게 했다. 추가 투자에 쓸 수 있는 이윤이 대규모로 존재하는 한 일본 체제는 잘 작동했다. 일본은 1970년대 중반의 세계적 경기 침체로 타격을 입었지만, 다른 나라들보다 먼저 회복할 수 있었을

뿐 아니라 산업 구조조정에 성공해서 미국과 유럽이 경기 침체에 빠진 1980년대 초에도 계속 성장할 수 있었다.

> [1973~75년의 — 하면] 경제 위기는 중화학공업의 기초 위에서는 계속 성장할 수 없다는 것을 보여 줬다. 국가는 일본 자본주의의 전략적 방향을 변경할 때 결정적 구실을 했다. 통상산업성은 일본 자본이 전자, 자동차, 자본설비, 반도체 … 등의 분야로 전환하도록 관리·지도했다.[79]

이를 위해서는 높은 수준의 투자가 필요했다. 예를 들어 미국은 1980년대 동안 GDP의 21퍼센트만 투자했지만 일본은 그 수치가 31퍼센트였다. 어떤 계산 결과를 보면, 일본의 GNP 대비 자본 스톡 비율은 미국보다 높은 50퍼센트 수준이었다.[80] 이런 식으로 특정 산업들에 투자가 집중된 결과 이 부문들의 생산성은 높아졌다(나머지 부문의 생산성은 여전히 낮았다).[81] 그러나 이런 높은 수준의 투자는 대중의 소비를 억제해서만 지속될 수 있었다. 이를 위해 한편으로는 실질임금을 억제하고, 다른 한편으로는 국가가 제공하는 의료보험과 연금을 최소화해서 사람들이 어쩔 수 없이 저축하게 만들었다. 로드 스티븐스는 호황이 절정에 달했을 때 다음과 같이 지적했다.

> 일본의 실질임금은 기껏해야 미국 실질임금의 60퍼센트에 지나지 않으며, 일본 노동자들은 평생 동안 소득의 많은 부분이 주택, 교육, 노후, 건강보험 등으로 흡수되는 것을 감당하기 위해 많은 저축을 해야 했다.[82]

그러나 이렇게 실질임금 수준이 낮다 보니 일본 기업들이 점점 더 빠르게 생산하는 신제품의 국내시장이 제약됐다. 이 제품들을 판매할 수 있는 방법은 수출에 의존하는 것뿐이었다. 스티븐스는 다음과 같이 지적했다.

> 자본이 점차 엄격하게 임금을 통제하고 작업장에서 권한을 강화했기 때문에, 노동생산성이 향상된 기계 산업의 소비재 부문(예를 들어 자동차와 오디오·비디오 기기)은 수출 시장에서 출구를 찾아야 했다. 일본 노동계급의 제한된 구매력이 축적을 방해하지 않게 하려면 말이다.[83]

우선순위가 높은 산업들의 높은 생산성 덕분에 수출 증대가 가능해져서 일본의 자동차와 전자 제품이 점차 미국 시장으로 침투할 수 있었다. 그렇지만 그 여파로 여러 문제가 나타났다. 일본의 경제적 성공은 미국의 선의에 의존했다. 미국이 일본 제품의 경쟁력을 미국 제품보다 낮추기 위해 일본에 엔화 평가절상을 용인하라고 요구했을 때 일본 자본주의는 이에 따르는 것 외에 선택의 여지가 없었으며 수출량도 타격을 받았다(평가절상 때문에, 달러화로 표시한 일본 수출품의 가치는 떨어지지 않았지만 말이다).

이에 대한 일본 국가의 대응은 값싼 자금을 공급해 산업투자와 성장이 지속되도록 하는 것이었다. 카럴 판볼페런이 말했듯이, "환율 압박에 시달리는 기업 부문에 보상을 해 주려고 대장성*은 은행들을 독려해서 대출을 크게 늘리게 했다."[84] 그러나 은행 대출을 산업 발전으로 향하게 했던 오래된 메커니즘은 약해지고 있었다. 그 이유 하나는

---

* 2001년까지 일본의 재정, 통화, 금융을 관장하던 행정기관.

일본 자본주의가 갈수록 세계 체제에 통합됐다는 점이다.[85] 늘어난 은행 대출은 대규모 투기 자금이 됐다.

유동성의 폭발적 증가는 대기업이 오래전부터 담보물로 이용했던 부동산 가격 폭등에 일조했고, 이것은 다시 주가 급등을 부추겼다.[86]

나중에 '거품경제'라고 부르게 되는 것이 형성돼 자산 가치가 치솟고 주식시장의 가치도 갑절이 됐다. 그래서 결국 일본 기업들의 순 가치가 미국 기업들의 가치보다 커지는 지경에 이르렀다. 실물 기준으로는 미국 경제 규모가 일본 경제의 2배였는데도 말이다. 그러나 거품이 지속되는 동안 일본 경제는 계속 성장했다. 심지어 거품이 꺼지기 시작한 뒤에도 은행 대출 증가 덕분에 1991~92년 내내 성장할 수 있었다. 이미 불황이 미국과 서유럽을 강타한 뒤였는데도 그랬다. 이윽고 은행 자체가 어려움에 처했음이 분명해졌다. 은행은 토지와 주식 구입 자금을 대출해 줬지만 토지와 주식의 가격이 폭락하자 대출을 회수할 수 없게 됐다. 금융 시스템은 1990년대 내내 거듭된 위기 때문에 타격을 받았으며, 모두 71조 엔(5000억 달러 이상) 정도 되는 부실채권을 손실 처리해야 했다. 어려움에 처하거나 실제로 파산한 기업들이 소유한 [부동산과 주식] 총액은 미국 정부 추계로는 80조~100조 엔(6000억~7500억 달러), IMF 추계로는 111조 엔(거의 8400억 달러)에 이르렀다.[87]

거품을 형성하는 데서 금융 시스템이 한 구실과 너무 오래 지속된 은행 위기 때문에 대다수 평론가들은 일본의 경제 위기가 일본 금융 시스템 자체의 결함에서 비롯했다고 강조했다. 신자유주의 평론가들은 [일본의] 국가, 은행, 기업을 운영하는 자들이 서로 유착했기 때문에 진정으로 경쟁적인 경제라면 은행들이 정밀 감시를 받았을 텐데 그러지 못한 것이 문제였다고 주장했다.[88] 그래서 그런 대규모 부실 대출이 가능했다는 것이다. 그런 식의 설명이 틀린 이유는 '경쟁력'의 모든 기준을 충족시킨 것으로 알려진 미국 같은 경제에서도 일본과 매우 비슷한 거품이 발생했기 때문이다. 1980년대 말의 일본 거품경제와 2000년대 중반 미국의 주택 거품 사이에 어떤 근본적 차이가 있다고 보기는 어렵다.

경제 위기의 책임을 국가 탓으로 돌리는 신자유주의 논리대로라면 해결책은 하나다. 즉, 국가가 경제에서 손을 떼고 일부 대형 은행은 문을 닫게 내버려 두면 된다. 그러나 이런 생각에는 일부 은행이 파산하더라도 그 은행에 돈을 빌려 준 다른 은행은 파산하지 않을 것이고, 따라서 은행 부문 전체가 연쇄 붕괴하는 일은 일어나지 않을 것이라는 가정이 깔려 있다. 그러나 어떤 선진국도 그런 일이 벌어지도록 가만히 놔두려 하지 않는다. 그런 일이 벌어질 가능성이 있을 때마다 다른 국가들도 대체로 일본과 비슷하게 행동했다.

어쨌든 금융 위기가 일본 경제 침체의 궁극적 원인이라고 볼 이유는 전혀 없다. 신고전학파 경제학자 하야시 후미오와 에드워드 C 프레스콧은 투자를 원하는 기업은 여전히 투자할 수 있었다고 주장했다. "1990년대에 비금융 기업들은 은행 대출 말고 다른 자금원을 이용해서 활발한 투자 활동에 필요한 자금을 조달할 수 있었"기 때문이다.[89] 그러나 후미오와 프레스콧은 "자금을 그렇게 조달한 사업의 평균 수익률은 낮았다"는 사실을 인정할 수밖에 없었다.[90] 사실, 생산적 투자는 완전히 붕괴하지는 않았을지라도 실제로 감소했다. 이런 상황에서 금융 시스템 구조조정은, 신자유주의자들이 원했듯이 경제 위기를 심화시키는 방식이든 아니면 케인스주의자들이 주장했듯이 점진적 방식이든 간에, 위기 해결책이 되지 못했다. 이 점에 대해 폴 크루그먼은 핵심을 올바로 지적했다.

그러나 구조 개혁 논의에서 놀라운 점은 "구조 개혁이 어떻게 수요를 증대 시킬 것인가?" 하는 물음에 대한 답변이 실제로는 매우 모호하다는 것이 다. 적어도 나는 일본에 강력히 권유하는 구조 개혁 조처들이 수요를 증대 시킬 것이라고 결코 확신하지 못하겠다. 또, 급진적 개혁조차 일본이 현재 의 덫에서 벗어나게 하는 데 충분할지 잘 모르겠다.[91]

왜냐하면 이 덫이 금융 시스템 외부, 즉 자본주의 체제 자체에 있기 때문이다. 1980년대 말에는 이윤율이 너무 하락해서 노동자 생활수준 의 실질적 상승이 불가능할 정도였다. 그러나 노동자의 생활수준 상승 이 불가능해지자 국내 경제는 생산량 증가분을 모두 흡수할 수 없게 됐다. 대규모 축적이 새로 시작됐다면 그것을 흡수할 수 있었겠지만, 그 러려면 이윤율이 훨씬 더 높았어야 했다. 리처드 쿠는 경제 위기를 연 구한 책 《거시경제학의 성배》에서 주요 기업들의 숨겨진 부채를 강조해 서 진정한 문제가 무엇인지를 넌지시 알려 줬지만 지급불능 문제의 원 인을 이윤율의 장기적 저하에서 찾지는 않았다.[92]

일본 국가는 대규모 공공 건설 사업(다리, 공항, 도로 등) 같은 몇몇 케 인스주의 해결책에 의존했다. 개번 매코맥은 다음과 같이 썼다. "1990년 대 초에 거품이 터지고 난 뒤 만성적 경기 침체가 시작되자 정부는 훨 씬 더 대규모의(그리고 효과는 점차 줄어든) 케인스주의 적자재정에 의 존했"으며, "일본의 공공사업 부문은 영국, 미국, 독일의 3배 규모로 커졌 고, 노동인구의 10퍼센트인 700만 명을 고용했으며, 연간 40조~50조 엔 (약 3500억 달러, GDP의 8퍼센트로 다른 선진국의 2~3배 수준이다)

을 소비했다."[93] 어떤 계산 결과를 보면, 산출에서 국가가 차지한 비중이 1984~90년에 평균 13.7퍼센트였는데 1994~2000년에는 15.2퍼센트로 증가했다.[94]

그러나 그림 8-3이 보여 주듯이, 그 정도의 제한적 경기 부양책으로는 이윤율과 투자의 간극을 충분히 메울 수 없었다. 1990년대에 일본 경제가 붕괴한 방식은 1930년대 초 미국과 독일 경제가 붕괴한 방식과 달랐다. 여전히 국가가 경제 붕괴를 막을 수 있을 듯했다. 그러나 국가는 경제를 끌어올려 예전의 성장 경로로 되돌리지 못했다. 일본 자본의 일부는 해외투자를 통해 이런 난관에서 벗어날 수 있다고 생각했다(총투자와 총 국내투자 사이의 격차를 보라). 그러나 착취율을 높여서 이윤율을 올리려고 전력을 다하고 있던(비록 그 때문에 국내 수요

■ 그림 8-3_ 일본의 투자와 정부 지출(단위: 퍼센트)

(출처: 하야시 후미오와 에드워드 C 프레스콧, "일본의 1990년대: 잃어버린 10년")

가 줄어서 문제가 더 악화할지라도) 대다수 일본 자본에게 해외투자는 해결책이 아니었다. 그 방법은 일본 노동계급에게도 해결책이 아니었다. 노동계급은 생활수준 악화를 피하려면 좋든 싫든 투쟁에 나설 수밖에 없었다. 일본의 경제성장은 2000년대 중반 중국의 기계류 수입으로 일본 산업이 활력을 얻을 때까지 침체 상태에서 벗어나지 못했다. 그러나 이 활력도 금세 끝나 버렸다.

일본의 위기는 그보다 2~3년 전 소련에서 발생한 위기와 달리 사람들의 삶을 황폐하게 만들지는 않았다. 그러나 주류 경제학자든 마르크스주의 경제학자든 거의 모든 경제학자들이 간과한 공통점이 소련과 일본 사이에 있었다. 자본축적 수준이 하도 높아서, 더는 국제적으로 경쟁력 있는 축적 수준을 유지하는 데 필요한 잉여를 충분히 추출할 수 없는 지경에 이르렀다는 것이다. 자본축적의 장애물은 정말이지 자본 자체가 됐다. 축적을 관장하던 자들은 둘 중에 하나를 선택해야 했다. 맹목적 경쟁을 통해 체제를 구조조정하면 새로운 기적이 일어날 것이라는 이데올로기적 주장을 신봉하면서 체제를 구조조정하는 것이 한 가지 방법이었다. 아니면 장기 침체에서 결코 벗어날 수 없음을 깨닫고 위험을 피해 안전하게 행동하는 것이었다. 러시아 지배자들은 전자를 선택했다. 그래서 다른 공화국들이 떨어져 나가 이미 절반이 된 경제 규모가 다시 절반이 됐다. 일본 지배자들은 후자를 선택했는데, 일본 경제는 15년 동안 침체를 겪으며 허약해졌는데도 위기가 시작됐을 때나 지금이나 문제의 해결 조짐은 보이지 않는다. 두 경우 모두에서 제기된 중요한 문제는 다른 나라, 특히 미국은 이와 같은 정체 상태에 빠지면 어떻게 대응할 것인가 하는 것이었다.

남반구에 미친 충격

국가 지향적 이데올로기의 두 모델, 즉 케인스주의와 스탈린주의의 몰락은, 제3세계 나라들의 경제가 '발전'해서 세계 체제의 완전하고도 동등한 구성원이 되기를 열망하던 정치 세력들에게 심대한 영향을 미쳤다. 그래서 이들은 이미 문제점이 드러난 국가 주도의 수입 대체 모델이 아니라 새로운 자본축적 모델을 추구할 수밖에 없었다.

아시아에서는 엄격하게 규제되던 중국 경제와 중국보다는 규제가 약하지만 여전히 중앙정부의 지시를 받던 인도 경제가 1970년대 중반부터 정체 조짐을 보이기 시작했다.[95] 그래서 두 나라 정부는 어쩔 수 없이 다른 대안을 모색할 수밖에 없었다. 라틴아메리카에서는 경제적·정치적 위기가 분출하자 수입 대체 모델의 본거지였던 아르헨티나에서 그 모델의 결함이 드러났다. 아프리카에서는 국내시장이 협소해 산업 성장이 제약받았고 제국주의의 약탈로 자원이 부족했기 때문에 '아프리카 사회주의'를 주장한 사람들의 약속이 지켜지지 않았다. 엎친 데 덮친 격으로, 세계시장에서 (신규 산업 설비를 수입하는 데 필요한 수출 소득의 주된 원천이었던) 원료와 식량 가격이 하락했다. 특히, 1974년 선진국에서 경기 침체가 시작된 뒤로 제3세계의 비산유국들은 한편으로는 원유 비용 증가와 다른 한편으로는 거의 50퍼센트나 하락한 1차상품의 수출 교역조건 악화 사이에서 옴짝달싹할 수 없었다.[96]

옛 모델의 보호무역 장벽 안에서 성장한 산업을 운영하는 자들은 실용적으로 외국자본과의 연계를 확립하기 시작했다. 아르헨티나, 브라질, 멕시코가 전형적이었다. 이 나라들의 산업 기반은 1940년대, 1950년대, 1960년대에 국가가 산업에 직접 투자하는 방식으로, 흔히 국영기업에 투자하는 방식으로 확립됐다. 그러나 더 선견지명 있는 산업자본가들(국가 부문이든 민간 부문이든)은 국민경제의 한계에서 벗어나는 길을 찾지 못하면 세계적 생산성 수준을 따라잡는 데 필요한 자원과 현대식 기술을 얻을 수 없다는 사실을 깨달았다. 이들은 점차 특허권 협약, 합작 생산과 자금 조달 등을 다국적기업에 의존하기 시작했다. 그리고 다른 나라에서 스스로 다국적기업 노릇을 하기 시작했다.

이런 추세는 오래전부터 세계시장을 겨냥한 생산으로 매우 빠르게 성장한 몇몇 나라의 성공에 의해 더욱 촉진됐다. 아시아에서는 반공주의의 네 보루(한국, 대만, 홍콩, 싱가포르)가 스탈린 치하 소련만큼이나 높은 성장률을 쉽게 달성했다. 그리고 유럽에서는 폴 배런이 저발전 세계의 일부로 포함시켰던 스페인, 그리스, 포르투갈이 급성장해 부국들의 모임인 유럽공동체에 가입했다. 브라질은 1964년에 권력을 장악한 군부 정권 아래에서 이와 비슷한 수출 지향 노선을 따르기 시작했다. 브라질의 거대한 국가 부문과 민간 자본은 점차 국내시장이 아니라 외부 세계 체제를 지향하기 시작했다. 서방의 금융 언론들은 이런 움직임을 환영하면서, 독자들에게 브라질은 제3세계의 신흥 대국이며 브라질 산업이 장차 서방 산업에 도전하게 될 것이라고 주장했다. 확실히 브라질 경제는 성장했다. "거의 15년 동안(1965~80년) 연평균 8.5퍼센트씩 성장한 덕분에 브라질은 세계에서 네 번째로 빠르게 성장한 나라가 됐다."[97]

라틴아메리카의 다른 나라들도 브라질의 정책을 모방하기 시작했다. 칠레(1973년)와 아르헨티나(1976년)에서 군부 쿠데타가 일어난 후 해외

자본에 대한 시장 개방이 뒤따랐다. 처음에는 그 결과가 고무적인 듯했다. 아르헨티나는 비델라 정권 시절 "물가 상승률은 낮아졌고, 실질 생산량은 증가했으며, 경상수지는 흑자를 기록했다."[98] 칠레는 1977~80년에 실질 GDP 성장률이 연간 8.5퍼센트였다.[99]

국내시장의 한계에서 벗어남으로서 (그리고 군부 정권이 착취율 상승에 저항하는 대중의 반발을 분쇄하는 정책을 추진함으로써) 국내 축적을 달성하는 길을 찾은 듯했다. 마찬가지로 지적 균형추도 이동했다. 서방과 옛 공산주의 국가들에서 '종속이론' 경제학자들이 자유 시장 예찬자로 대거 전환한 것이다. 라틴아메리카의 '기적'이 지리멸렬해졌을 때도 이런 전환은 계속됐다.

1974년 이후 경제성장은 (같은 시기 폴란드나 헝가리처럼) 대외 차관에 의존하게 됐다. 많은 라틴아메리카 나라들이 국제 금융시장에서 과도하게 차관을 들여와 야심 찬 성장 목표를 달성하려는 도박을 했다. 칠레와 아르헨티나의 외채는 1978~81년의 몇 년 사이에 거의 3배로 증가했다.[100] 그렇지만 당시 각국 정부나 국제 금융 시스템은 이것이 문제라고 여기지 않았다.

제2차 오일쇼크(1979~80년) 전까지 이 도박은 할 만했다. 세계시장에서 유리한 가격 덕분에 수출이 계속 증가하고 있었다. … 그 결과 산유국이 아닌 개도국들의 수출 소득 대비 미지급 부채 비율은 1970~72년보다 1979년에 더 좋아졌다.[101]

IMF는 1980년에 다음과 같이 주장했다. "1970년대 동안 … 외채 관리 문제는 일반화하지 않았고, … 가까운 미래의 전망 때문에 불안해할 이유도 없었다."[102] 이 글이 작성되고 나서 겨우 몇 달이 지나 이 모든 국가들은 미처 준비도 못 한 상태에서 1980년대 초의 2차 세계 불황에 휩싸였다. 수출 시장이 위축되고 국제금리가 오르기 시작하자, 1970년대에 진 빚이 성장을 방해하고 불황을 초래하고 1980년대 내내 경제를 엉망으로 만들었다. 그래서 1980년대는 라틴아메리카에서 '잃어버린 10년'으로 알려졌다. 라틴아메리카 대륙 전체의 1인당 GNP가 10퍼센트나 하락했기 때문이다.[103]

그러나 현지 자본가들과 주류 정치 세력들은 세계시장에 새로 개방한 것이 문제라고 생각하지 않았다. 오히려 러시아와 동유럽에서 그랬듯이, 개방이 충분히 이뤄지지 않았다고 주장했다. 1980년대 말에는 이 새로운 교리가 이런저런 형태로 라틴아메리카의 포퓰리스트 정치인들과 심지어 옛 게릴라들, 중국의 [공산당] 정치국, 인도의 국민회의당 지도자들, 아프리카의 옛 '사회주의' 지지자들, 이집트의 나세르 후계자들에게 받아들여졌다.

이런 전환이 항상 자발적인 것은 아니었다. IMF와 세계은행의 적극적 개입이 있었다. 즉, IMF와 세계은행은 빚으로 허덕이는 나라들에 마피아식으로 제안을 했고 그 나라 지배자들은 제안을 거절했다가는 축적 전략을 추진할 길이 막힐 터였으므로 수용할 수밖에 없었다. 다양한 부채 조정 프로그램은 채무국의 상황을 개선하는 것보다는 서방 은행들의 이익을 보호하는 것과 더 관련이 있었다. 그렇지만 이런 제안을 받아들인 정부들이 단지 제국주의에 굴복하기만 한 것은 아니었다. 국가 주도 '발전' 시기에 성장한 자본들은 민간 자본이든 국가 자본이든 제한된 국내시장의 한계 안에서는 계속 성장할 길을 찾지 못하고 있었다. 이들은 국경 밖의 시장과 기술혁신에 접근하고 싶어 했다. 그래서 선진국 시장과 기술혁신에 접근할 수 있는 조건을 놓고 자국 정부가 선진국 자본과 협상하도록 내버려 두거나 심지어 부추겼지만 선진국 자본의 요구 조건을 전면 거부하지는 않았다. 그리고 그 과정에서 일부 자본은 정말로 국민국가를 뛰어넘어 발전하게 됐다.

그래서 아르헨티나의 철강 회사 테크넷은 1993년에 멕시코의 강관 제조업체인 탐사를 인수했고, 1996년에는 이탈리아 강관 제조업체인 달미크네를 합병했으며, 그다음에는 브라질·베네수엘라·일본·중국으로 진출해서 이름을 테나리스로 바꿨다.[104] 일부 멕시코 기업들의 패턴도 이와 비슷했다. 1980년대 말 자동차 부품부터 식료품, 석유화학, 철강까지 109개의 자회사를 보유한 멕시코 최대의 산업 재벌인 알파는 외국 기업들과 합작 사업을 늘리기 시작했다. 유리 제조업체인 비트로는 미국 기업 2개를 인수해서 "세계의 주요 유리 용기 제조업체가 됐으며, 미국 시장 점유율을 거의 멕시코 수준으로 끌어올렸다."[105] 그 결과 멕시코 지배계급은 과거의 민족주의를 망각한 채 북미자유무역지대NAFTA에 가입해 점차 미국 자본주의의 하위 파트너 구실을 하게 됐다.

때로는 이런 협력이 더 광범한 현지 자본에게 긍정적 결과를 가져다주고, 성공을 갈망하는 중간계급에게 모종의 기회를 제공하고(아일랜드, 한국, 말레이시아, 싱가포르, 대만, 중국 연안에서), 심지어 노동자들이 산업 투쟁으로 생활수준을 개선할 수 있는 조건을 창출하기도 했다. 그러나 이런 협력은 너무 자주 외국 은행들에 대한 부채 증가로 귀결됐고, 이 부채는 결국 국민국가가 갚아야 했다. 그런 경우에 다국적 기업의 혜택을 맛본 사람은 극소수였고, 대다수 사람들의 생활조건은 열악해지거나 기껏해야 그대로였다. 여피족들은 선진국의 부유층 거주

지역과 비슷한 자신들만의 거주지에서 보호받으며 살았지만(그리고 흔히 1년 중 일정 기간은 실제로 선진국에서 살기도 했다) 대다수 인구는 계속 확대되는 빈민가나 판자촌에서 살았다.

(IMF와 세계은행의 '워싱턴 컨센서스'라는 '신자유주의' 개념에 가장 잘 나타난) 새로운 경제 이데올로기의 전제는, 일부 나라가 세계체제에 재편입돼서 자본축적의 활력을 되찾을 수 있었다면, 다른 모든 나라도 무역과 자본 이동 규제를 완전히 철폐하면 자본축적의 활력을 되찾을 수 있다는 것이었다. 그러나 현실은 사뭇 다르다는 것이 입증됐다. 일부 지역은 실제로 생산적 투자를 새롭게 끌어들였다. 그러나 정말로 일부 지역에 불과했다. 20세기 말에 전 세계 해외직접투자 가운데 3분의 1만이 남반구의 '신흥 시장'과 옛 공산권 나라로 흘러갔고, 그중 절반 이상은 고작 네 나라(중국/홍콩, 싱가포르, 멕시코, 브라질)에 집중됐다. 또 다른 4분의 1은 일곱 나라(말레이시아, 태국, 한국, 버뮤다, 베네수엘라, 칠레, 아르헨티나)로 흘러갔으며, 나머지 25퍼센트가 175개국으로 분산됐다.[106] 그리고 투자의 많은 부분은 신규 투자가 아니라 선진국의 다국적기업들이 현지 기업을 인수한 것에 불과했다.

이런 문제들은 세계에서 가장 빈곤한 지역, 특히 아프리카에서 절박했다. 그런 지역에서는 예전의 보호무역 정책과 수입 대체 정책을 아무리 많이 해체해도 다국적기업의 투자를 유치할 수 없었다. "가난한 소국은 세계적 경쟁의 압력에 가장 종속된 산업에 진입하기가 갈수록 어려워졌다."[107]

수출에서도 사정은 비슷했다. 중국과 몇몇 나라들은 세계시장에 계속 진입했다. 그러나 이 나라들의 수출 지향 [정책] 때문에 외국산 소비재의 국내시장은 수출만큼 빠르게 성장하지 못했고, 이 나라들의 성장은 부분적으로 다른 남반구 나라들의 희생으로 이뤄진 것이었다. 그래서 공산품 수출이 약간 증가하기 시작하던 아프리카 나라들은 중국에 시장을 빼앗기고 있다는 것을 깨달았다. 장기 호황의 특징이었던 '불균등 결합 발전'은 장기 호황이 끝난 후에도 계속됐는데, 차이가 있다면 일부 나라들이 급속히 성장할 때조차 다른 많은 나라의 경제는 실제로 수축했다는 것이다. 마치 '제3세계' 자체가 둘로 나뉜 것처럼 보였다. 성장하고 있는 나라들에도 엄청난 빈곤층이 여전히 남아 있었다는 점만 빼면 말이다.

제3세계 국가를 운영하는 자들은 발전주의 전략이 성공했을 때(자체의 자본주의 관점에서 보든 국가자본주의 관점에서 보든)조차 흔히 불안하다고 느꼈다. 이들의 성공은 높은 수준의 국내 축적에 의존했다. 그리고 그런 축적의 이면에 있는 높은 수준의 착취는 노동자와 농민의 생활수준을 낮춰야만 달성할 수 있었다. 그러나 이들이 높은 축적 수준을 이루는 데 성공(이것은 일반적 현상이 아니라 예외였다)했더라도 이들은 다국적기업과 협상할 때는 여전히 약자의 처지였다. 다국적기업이 현지 기업들을 인수하면 현지의 자본 투자에서 다국적기업들이 차지하는 비중이 40퍼센트, 심지어 50퍼센트까지 증가할 수 있었고, 그러면 현지 국가의 의사 결정에 미치는 영향력도 그만큼 커졌다. 그러나 가난한 나라 정부들은 다국적기업에 그런 영향을 미칠 수 없었다. 그들의 국내 경제 규모가 작다 보니 다국적기업의 전세계 투자와 판매에서 차지하는 비중이 1~2퍼센트밖에 안 됐기 때문이다.

국가를 운영하는 자들이 대중에게 약속한 것과 그들이 실제로 제공하는 것 사이의 간극이 엄청나게 벌어졌다. 강력한 탄압과 부패는 예외가 아니라 규칙이 됐다. 발전주의 전략이 문제에 부딪히자 탄압뿐 아니라 뭔가 다른 일도 일어났다. 중간계급의 일부를 국가와 연결하고 이를 통해 일부 노동계급과 농민도 국가와 연결해 주던 대중조직들이 껍데기만 남게 된 것이다. 결국 억압적 국가는 취약한 국가가 됐고, 그 지배를 강화하기 위해 외국의 후원에 의존하게 됐다.

이 모든 일은 선진국에서 이윤율 문제가 발생하자 자본가들이 잉여가치를 차지할 수 있는 새로운 기회(아무리 제한적이더라도)를 다른 곳에서 모색하면서 벌어진 것이었다. 세계 어디든 가장 가난한 사람들한테서 얻을 수 있는 것은 많지 않았다. 그러나 자본가들은 그것마저 얻어내기로 작정했다. 제국주의라는 것은 체제의 상층 수준에서는 서로 경쟁하는 자본주의 열강들이 서로 다른 이해관계를 만족시킬 방법을 두고 다툰다는 것이었다. 더 낮은 수준에서는 제3세계의 현지 지배계급이 국내 자본가들을 위한 징세원 구실뿐 아니라 서방 은행에 진 빚을 갚고 다국적기업에 로열티를 지급하고 서방 투자자들에게 이윤을 제공하기 위한 징세원 구실도 하도록 강요하는 것이었다. '개도국'에서 선진국 부유층에게 지급하는 부채 상환만으로 해마다 3000억 달러씩 이전됐다.[108] 미국의 해외투자를 옹호하는 웹사이트는 다음과 같이 자랑했다.

신규 해외투자는 대부분 해외에서 벌어들인 이윤으로 보상받는다. 1996년에 미국 기업들의 해외직접투자는 860억 달러였다. … 외국인 기업의 재투자 수익을 빼면 남는 것은 220억 달러에 지나지 않는다. … 미국 기업들의 해외 영업에서 생긴 소득도 미국으로 환수된다. … 1995년에 이렇게 미국으로 되돌아 온 소득(직접투자 수익, 로열티와 라이선스 요금, 각종 수수료와 서비스)은 1170억 달러에 달했다.[109]

쥐어짜는 데는 한계가 없었다. 브라질 주식시장에서 거래하는 외국인 투자자 비중은 1991년 6.5퍼센트에서 1995년에는 29.4퍼센트로 증가했으며,[110] 멕시코 정부가 발행한 신규 국공채의 외국인 보유 비중은 1990년 말 8퍼센트에서 1993년 말에는 55퍼센트로 급증했다.[111]

이런 상황에서, '황금기'의 여파로 나타난 세계경제의 불안정성은 남반구 나라들에서 극명하게 드러났다. 심지어, 급성장하면서 신자유주의 평론가들의 칭송을 받던 나라들조차 갑자기 거의 해결할 수 없는 외채 문제, 심화하는 불황, 치솟는 인플레에 직면할 수 있었다. 1990년대 초 멕시코, 1990년대 말 인도네시아, 2000년대 초 아르헨티나에서 바로 이런 일이 벌어졌다. 그리고 사하라사막 이남 아프리카처럼 국제 자본이 하찮게 여긴 나라들의 대다수 대중의 운명은 심화하는 빈곤, 되풀이되는 기아, 그리고 흔히 원료 지배권을 노린 외국 기업들이 뒷돈을 대며 부추기는 인종 갈등과 내전이었다. 이런 지역에서는 황금기는 결코 없었을지 모르지만 납덩이 같은 암울한 시기는 확실히 있었다.

경제 위기를 통한 구조조정

20세기의 마지막 사반세기에 세계 자본주의는 다시 한 번 마르크스가 묘사한 여러 특징을 분명히 드러냈다. 경제 위기가 재발했고, 크든 작든 민간 자본이든 국가 자본이든 경제 위기를 통한 자본의 구조조정이 일어났다.

주요 선진국 경제는 모두 세 차례 이상 실질적 불황을 겪었다. 예외적으로 프랑스와 캐나다는 한 번의 '그로스 리세션'과 두 번의 실질적 불황을 겪었으며, 일본은 1970년대 중반의 경제 위기 이후 거의 20년 동안 실질적 불황을 모면했지만 1992년 이후 13년간 사실상 정체기에 접어들었다.

■ 그림 8-4_ 선진국의 경제성장률(실선)과 IMF 예측치(점선)[112]

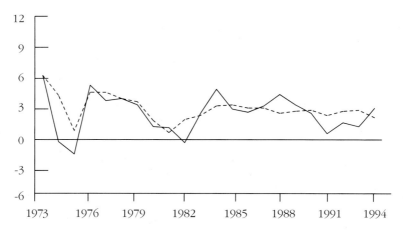

옛 소련 블록 나라들에서는 1980년대 말의 경기 침체 경향이 이제 불황으로 바뀌었다. 그러나 곧 서로 다른 길로 나아갔다. 옛 소련(그림 8-5의 CIS)은 엄청난 경제 수축을 겪었고, 2000년에는 경제가 2년 동안 회복된 뒤였는데도 생산량이 1990년대 수준의 70퍼센트에 불과했다. 루마니아, 불가리아, 알바니아 그리고 옛 유고슬라비아에서 분리 독립한 나라 대다수도 마찬가지로 비참한 상황이었다. 반대로 중부 유럽 나라들(그림 8-5의 CSB)의 경제는 약간만 수축해서 1990년대 수준의

80퍼센트 이상을 유지했고, 1998년에는 1990년대 수준을 넘어서기 시작했다. 물론 여전히 1980년대 수준보다는 높지 않았지만 말이다.[113]

■ 그림 8-5_ 옛 소련과 중부 유럽 나라들의 실질 GDP 추이

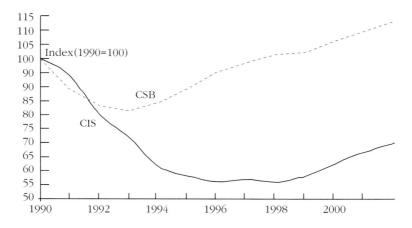

이 모든 것이 뜻하는 바는, 체제 내에서 노동하며 먹고사는 사람들은 거듭되는 고통에 계속 시달렸다는 것이다. 그러나 체제 자체에 중대한 문제는 경제 위기를 통한 구조조정으로 새로운 성장의 시대가 열릴 것인가 아닌가 하는 점이었다. 이 점은 다음 장에서 다룰 것이다.

ZOMBIE
CAPITALISM

9 착각의 시대

새로운 허풍

2004년 벤 버냉키는 "지난 20년 동안 경제 지형의 가장 두드러진 특징 하나"는 "거시경제의 변동성이 상당히 감소한 것"이라고 말했다.[1] 대다수 주류 경제학자와 정치인은 오랫동안 이 견해를 받아들였다.

> 신[경제] 패러다임 주창자들은 미국 재무장관 래리 서머스나 연방준비제도 이사회 의장 앨런 그린스펀의 신중한 지지를 받았다. … 그린스펀은 최근의 경제 성과들이 "일시적인 것이 아니다" 하고 지적했다.[2]

이들은 미국 경제가 40년 동안 최장기간의 지속적 성장을 경험했고 실업률은 30년 동안 최저 수준이라고 자랑했다. 이 시기는 자본주의가 인플레이션 없이 성장하는 새롭고 전례 없는 시기라고들 했고, 그래서 "대★안정기" 또는 "신경제 패러다임"이라는 별명을 얻었다. 이제 경기 침체, 실업, 인플레는 과거지사가 됐다는 것이었다.

버냉키는 통화 공급을 다루는 국가와 중앙은행의 능력이 1970년대 보다 강화된 것이 그 이유라고 설명했다. 다른 사람들은 마이크로프로세서와 관련된 신기술에서 그 원인을 찾았다.

신경제는 마이크로프로세서가 주도한 발명과 혁신의 분출로 등장했고, 경제의 모든 영역에서 생산성 향상을 이끌었다. 신경제 패러다임은 세계 최고의 혁신적 제품, 신규 일자리, 높은 이윤, 급등하는 주가를 우리에게 선사했다. 그리고 물가도 낮았다.[3]

'경제적 자유'와 '기업가 정신'을 철저하게 보장한다는 이른바 '영미식 자본주의'의 발전은 유럽의 낮은 성장률이나 일본의 정체와 대조적이었다. 영국의 신노동당은 미국의 모범 사례를 따르고 있다고 자랑했다. "호황과 불황의 경기변동으로 되돌아가는 일은 없을 것"이라는 말은 재무장관 고든 브라운(나중에 총리가 된다)이 예산 승인을 요청하는 연설을 할 때마다 되풀이한 후렴구였다.

1997년 아시아 경제 위기가 전 세계의 40퍼센트 지역으로 확산됐을 때 이런 열광은 잠시 주춤했다. 〈파이낸셜 타임스〉는 "경제 붕괴", "사상 누각" 운운하는 머리기사를 실었고, BBC 방송은 "자본주의는 붕괴하고 있는가?"라는 주제의 특별 뉴스 프로그램을 내보냈다. 그러나 패닉 상태는 오래가지 않았다. 몇 개월 뒤 신경제 패러다임은 다시 부상했다. 마거릿 대처의 경제 고문이었던 패트릭 민퍼드와 고든 브라운의 경제 고문이었던 메그나드 데사이 둘 다 1998년 말에 벌어진 논쟁에서 당시 위기는 전혀 중요하지 않은 일시적 돌풍일 뿐이며 미국 연방준비제도이사회의 신속한 개입으로 모든 문제가 해결됐다고 주장했다.[4] 2001년 여름, 미국 경제가 침체하자 다시 짧은 패닉 시기가 찾아왔다. 〈이코노미스트〉는 "세계경제가 놀랄 만큼, 심지어 위험할 만큼 취약해 보이기 시작했다"고 썼다. 〈파이낸셜 타임스〉는 "연례 회의를 위해 코모 호수 기슭에 모인 기업인들과 은행가들은 압도적인 비관적 전망을 굳이 감추려 하지 않았다"고 보도했다.[5] 그러나 다시 기억상실증이 찾아왔고, 금융 평론가들은 몇 개월 전의 경제적 패닉을 "시작되기도 전에 끝나 버린 불황"으로 묘사했다.[6] 미국 제조업 일자리의 6분의 1이 사라졌는데도 말이다(어쩌면 그래서 그랬는지도 모르겠다). 그 후 미국에서 다시 경제성장이 시작되자 낙관적 전망이 더 커졌다. IMF는 해마다 가파른 경제성장 전망치를 내놓았다. 2007년 4월 IMF가 발표한 세계경제 자료는 "세계경제가 지속적이고 강력한 성장 궤도에 진입했다"고 썼다. 주류 경제학계 내에도 소수의 회의론자들이 있었지만, 이들의 우려는 오로지 반박 대상으로만 논의됐을 뿐이다.

전반적 분위기는 자본주의가 이른바 기록적 성장률을 달성하며 점점 더 강력해지고 있다는 것이었다. 심지어 선진국의 경제성장을 의심하는 사람들도 체제 전체에 대해서는 수정된 형태의 낙관론을 받아들였다. 언론은 하루도 빠지지 않고 "새로운 거인", 즉 중국과 인도를 언급했고 머지않아 브라질·러시아·남아공을 포함한 브릭스BRICS에 대한 찬사를 쏟아 냈다. 비록 오래된 주요 공업국들은 어려움에 직면했지만, 자본주의의 이 새로운 성장 중심지들 덕분에 세계 체제는 안정을 유지할 것이라고들 했다. 세계 체제의 결함으로 지적된 것들은, 스탈린 지지

자들이 스탈린의 잘못을 거론할 때 쓴 표현을 빌리면, "옥의 티"에 불과한 "사소한 문제"로 치부됐다.

감춰진 문제들

사태를 직시하고 눈에 보이는 외관의 이면을 들여다 볼 태세가 돼 있던 일부 평론가들은 불안한 징후들을 감지했다. 예를 들어, IMF는 번영에 열광한 반면 세계은행이 의뢰한 연구는 매우 다른 그림을 보여 줬다. 세계 전체의 성장률은 장기 호황기보다 훨씬 낮았을 뿐 아니라 장기 호황이 끝난 후 15년간보다도 낮았다[그림 9-1을 보시오].

이와 다른 결론을 얻으려면, IMF의 2007년 4월 세계 전망 보고서처럼 장기 호황이 끝나기 시작한 1970년 이후의 통계 수치로 그래프를

■ 그림 9-1_ 세계 GDP 성장률(1961~2006)[7]

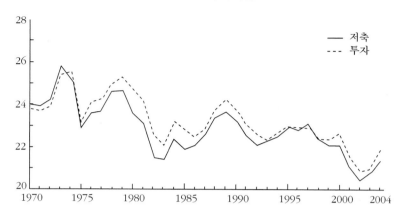

■ 그림 9-2_ 세계의 축적(GDP 대비 저축·투자 비율)[9]

작성하면 된다.[8] 또 다른 IMF 자료를 보면 성장률 하락과 함께 세계의 투자 수준도 장기적으로 하락했다(그림 9-2를 보시오).

축적과 성장률이 저하했고 '황금기'보다 낮은 수준의 이윤율이 지속됐다. 이윤율은 1980년대 초 바닥을 친 뒤 약간 회복됐지만 기껏해야 '황금기'가 종료된 전환점인 1970년대 초 수준을 넘지 못했다. 미국의 이윤율을 분석한 자료들을 보면, 2001~02년의 침체 이후 2007년 신용 경색 전까지 몇 년 동안 이윤율이 회복됐지만 장기 호황 수준에는 전혀 미치지 못했다. 로버트 브레너는 당시 미국의 이윤율이 1970년대 초 수준보다 아주 조금 높아졌다가 곧바로 다시 하락했음을 보여 준다. 데이비드 코츠는 2005년의 이윤율이 4.6퍼센트로 1997년의 6.9퍼센트보다 낮아졌음을 보여 준다.[10] 프레드 모즐리는 최근 이윤율이 더 많이 회복됐다고 보지만, 그의 계산으로도 이윤율의 최고치(2004년)는 기껏해야 장기 호황기에 가장 낮았던 수준보다 약간 높을 뿐이다.[11] 1990년대와 2000년대 초의 전반적 추세는 1980년대 상황의 연속이었다. 즉, 이윤율이 약간 회복됐지만, 체제가 장기 호황기의 지속적 활력을 되찾을 만큼 충분히 높지는 않았다.

마르크스는 경제 위기를 통한 구조조정으로 자본주의가 이윤율을 회복할 수 있다고 봤고, 주류 경제학계의 '오스트리아학파'도 경제 위기만이 자본주의 체제가 새로운 활력을 되찾게 해 주는 유일한 방법이라고 봤다. 1980년대, 1990년대 그리고 2000년대 초의 경제 위기들은 실제로 산업 구조조정을 초래했다. 세계의 모든 산업 중심지에서 많은 공장, 광산, 항만이 문을 닫았다. 지역 전체를 좌지우지하던 산업이 사라지거나 일자리가 25퍼센트, 심지어 절반이나 사라진 지역도 있었다. 중국 북부의 중공업 지대, 디트로이트의 자동차 공장들, 폴란드의 조선소들, 부에노스아이레스의 육가공 공장들에서 그런 일이 있어났다.

그러나 경제 위기를 통한 구조조정은 19세기 초부터 제1차세계대전 때까지의 '자유 시장' 시기에 견줘 큰 효과를 내지 못했다. 수익성 없는 자본의 파괴가 1950년대와 1960년대 수준의 이윤율을 회복할 만큼 충분하지 않았던 것이다. 신자유주의 이데올로기는 일부 대기업이 파산하는 것이 다른 기업에게 이롭다는 '창조적 파괴' 개념을 받아들였을지 모르지만, 국가들의 실제 행동(과 산업계나 금융 부문이 국가에 가한 압력의 결과)은 신자유주의 이데올로기와 사뭇 달랐다. 대기업과 은행의 몰락이 체제에 미칠 영향에 대한 두려움이 계속 존재했던 것이다.

1970년대 중반과 1980년대 초의 경제 위기 때 파산하도록 방치된 대기업은 거의 없었다. 각국 정부는 대기업이 파산하지 않고 살아남도록 계속 개입했다. 예컨대, 미국 정부는 1970년대 말에 자동차 대기업 크라이슬러를 구제했고 1984년에는 컨티넨털일리노이 은행을 구제했고 1980년대 말에는 주택금융 조합인 저축대부조합을 구제했다. 1980년대 말 이후 상황이 어느 정도 변했다. 파산 연감을 보면

1980년대와 1990년대 초에는 모든 유형의 파산 신청이 기록적으로 늘어났다. 많은 유명 기업들이 파산 신청을 했는데 … 그중에는 엘티비, 이스턴항공, 텍사코, 컨티넨털항공, 얼라이드백화점, 페더레이티드백화점, 그레이하운드, 메이시스, 팬암, 맥스웰커뮤니케이션, 올림피아앤드요크 등이 있다.[12]

2001~02년의 경제 위기 동안 이런 일은 더 큰 규모로 반복됐다. 엔론의 파산은 조지프 스티글리츠의 말을 빌리면 "월드컴이 파산하기 전까지는 사상 최대의 기업 파산"이었다.[13]

이런 일은 미국에서만 일어난 게 아니었다. 맥스웰엠파이어와 올림피아앤드요크 같은 기업들의 파산에서 드러나듯이, 1990년대 초 영국의 특징이기도 했다. 영국은 2001~02년에 완전한 불황을 겪지는 않았지만, GEC 마르코니와 로버 같은 유력 기업과 함께 갓 설립된 닷컴 회사나 하이테크 기업이 대거 파산했다. 똑같은 현상이 유럽 대륙에서도 나타났는데, 옛 동독의 대기업이 대부분 파산하거나 헐값으로 서독 기업에 매각됐다.[14] 아시아에서도 1997~98년 위기 때 똑같은 현상이 나타났다. 더욱이 국가 전체가 파산하기도 했는데, 한때 미국 GDP의 3분의 1이나 심지어 절반에 이르렀던 소련의 붕괴가 대표적이다.

그러나 각국 정부가 경제 위기로 대자본이 받은 충격을 제한하려는 개입을 완전히 포기한 것도 아니었고 가장 중요한 자본 부문들이 정부에 그런 개입을 요구하지 않은 것도 아니었다. 이 점은 1998년 미국 연방준비제도이사회가 헤지펀드사인 롱텀캐피털매니지먼트를 구제하려고 개입한 데서 드러났다. 전 세계의 "금융 위기 사례 40건"을 표본조사한 2003년 자료를 보면 각국 정부는 "금융 시스템 건전화를 위해 평균적으로 GDP의 13퍼센트"를 썼다.[15] 스칸디나비아 국가들이나 일본 정부는 은행 붕괴가 금융 시스템 전체를 손상시키지 못하도록 서둘러 은행 구제에 나섰다. 심지어 마지막 수단으로 국유화 조처를 취하기도 했다.[16] 정부가 특정 개별 자본의 손해를 떠안은 것이다. 그렇지만 그 비용은 체제의 다른 곳(세금이든 노동자의 실질임금이든 자본의 이윤이든 아니면 나중에 이 모든 것으로 갚아야 할 대출을 통해서든)에서 충당해야 했다. 그 결과 위기에서 살아남은 자본들이 얻는 이득이 제한됐다. 파산율의 증가는 이윤율이 받는 압력을 부분적으로만 감소시켰다.

생산적 노동력 대비 투자(마르크스가 말한 자본의 유기적 구성)의 완만한 상승도 이윤율 저하 속도를 늦췄다. 낮은 수익성 때문에 축적이 둔화한 것이 여기서 한몫했다. 지속적인 낭비성 소비, 특히 군비 지출도 마찬가지 구실을 했다. 낭비성 소비가 세계 총생산에서 차지하는 비중은 제2차세계대전은 물론 1950년대나 1960년대와 비교해도 매우 낮은 수준이었지만 1939년 이전보다는 여전히 훨씬 높은 수준이었다. 그리고 미국의 군비 지출은 1980년대 로널드 레이건 정부의 '2차 냉전' 때 증가했다가 2000년대 초중반 부시 정부의 '테러와의 전쟁' 시기 동안 다시 증가했다(미국의 군비 지출이 전 세계 군비 지출의 절반을 차지하므로 결국 체제 전체의 군비 지출이 전반적으로 증가한 셈이다). 어느 조사 결과를 보면 2005년 미국 군비 지출은 총민간설비투자의 42퍼센트에 이르렀다(축적에 쓰일 수 있는 막대한 자원이 군비 지출에 쓰인 것이다).[17] 나중에 살펴보겠지만, 그와 동시에 금융 부문의 비생산적 지출도 급증했다.

이 모든 형태의 '낭비'가 체제 전체에 미친 효과는 반세기 전보다 훨씬 적었다. 낭비는 여전히 자본의 유기적 구성 상승에서 비롯한 이윤율 저하 압력을 줄일 수 있었다(당연히 자본의 유기적 구성은 모든 잉여가치가 축적에 쓰였을 때만큼 급격하게 오르지 않았다). 그래서 1990년대에 "노동 대비 자본 비율의 증가율은 대다수 나라에서 하락했다."[18] 그러나 전통적 산업자본주의 나라들은 생산적 축적과 장기 성장률이 계속 정체한 것에 대한 대가를 치렀다.

다른 요인 두 가지가 자본가들이 경쟁력 유지를 위해 투자 수준을 결정할 때 어느 정도 영향을 미칠 수 있다. 운송 기술의 발전과 창고·재고 관리(오늘날 흔히 '물류'라고 부르는)의 전산화로 말미암아 상품의 생산과 판매 속도(마르크스가 자본의 '회전 시간'이라고 부른)가 빨라진 것이다. 한 연구 결과를 보면 대다수 나라에서 1980년대 말과 1990년대에 '자본 서비스*'는 자본 스톡보다 2~3퍼센트 빠르게 증가했다.[21] 그래서 자본가들은 원료와 판매 대기 중인 상품의 재고(이른바 '유동자본')를 관리하는 데 드는 비용을 줄일 수 있었을 것이다. 그러나 두 번째 요인은 그 반대 효과를 냈을 것이다. 즉, 고정자본이 마모되기도

---

* 일정 시점의 축적량을 나타내는 자본 스톡과 달리 일정 기간의 자본 투입량을 나타내는 유량流量 개념이다.

■ 표 9-1_ 60년간 이윤율의 변화[19]

	제조업	비농업/비제조업	비금융 기업
1948~59	0.250	0.110	0.143
1959~69	0.246	0.118	0.150
1969~73	0.166	0.109	0.108
1969~79	0.135	0.107	0.103
1979~90	0.130	0.094	0.090
1990~2000	0.177	0.107	0.101
2000~2005	0.144		0.091

■ 표 9-2_ 자본 집중도와 자본 스톡의 변화[20]

(연평균 성장률)

		1980~90	1990~98	1995~98
미국	자본 스톡	3.0	2.6	3.3
	자본/노동 비율	1.1	0.6	1.0
일본	자본 스톡	5.7	4.2	3.6
	자본/노동 비율	4.9	4.7	4.4
독일	자본 스톡	2.6	2.6	2.3
	자본/노동 비율	2.9	3.7	3.1
프랑스	자본 스톡	2.0	2.0	2.0
	자본/노동 비율	2.3	2.3	2.3
이탈리아	자본 스톡	2.8	2.7	2.7
	자본/노동 비율	2.7	3.5	3.4
영국	자본 스톡	1.8	1.6	1.6
	자본/노동 비율	1.8	1.2	1.0

전에 그 수명이 다한 것이다(이른바 '도덕적'[무형의] 가치 감소). 컴퓨터와 소프트웨어는 기술 발전 때문에 다른 자본 설비보다 훨씬 빠르게(아마도 10년, 20년, 30년이 아니라 2~3년 만에) 구식이 된다. 그래서 감가상각 비용이 늘어나고 이윤은 줄어든다.[22]

1990년대 말과 2000년대 초에 유행한 주장, 즉 값싼 컴퓨터 기술이 널리 도입돼 생산성이 향상된 것을 바탕으로 지속적 성장의 새 시대가 열렸다는 주장은 이 점을 무시했다. 3장에서 봤듯이, 기업이 고정자본을 더 빨리 교체할수록 그 고정자본을 최초로 설치해서 얻는 이윤 증가분도 더 빨리 줄어든다. 더욱이 신기술이 그 기술을 처음 도입한 기업을 넘어 [전 산업으로] 확대되면 생산물의 단위당 가치가 떨어진다. 그래서 1990년대 말과 2000년대 초에는 신기술로 생산된 상품들의 가격이 폭락하면서 그 산업의 기업 간 경쟁 압력이 거세졌다. 혁신의 물결은 1920년대 '새 시대'에 그랬듯이 1990년대 말과 2000년대 초에도 끝없는 호황을 만들어 낼 수 없었다.

이윤율 회복에서 가장 중요했던 요인은 컴퓨터 도입이나 자본의 조직 개편 따위가 아니라 잇따른 구조조정으로 전통적 형태의 노동계급 저항이 분쇄돼서 자본이 노동자들을 압박할 수 있었다는 점이다. 자본은 구조조정에 따른 실업이나 [공장과 사업장] 이전을 이용해 노동자들에게 임금 삭감과 노동강도 강화를 무자비하게 강요했다.

모든 주요 서방 경제에서 국민소득 중 노동자에게 가는 비율이 하락했다. 미국에서는 "생산성이 1973~98년에 46.5퍼센트 올랐지만" 평균 임금은 약 8퍼센트 떨어졌고[24] 생산 노동자의 임금은 20퍼센트 떨어졌다[25](노동자가 생활수준을 유지할 수 있는 방법은 1980년에 1883시간이던 노동시간을 1997년에는 1966시간으로 늘리는 것뿐이었다[26]). 미

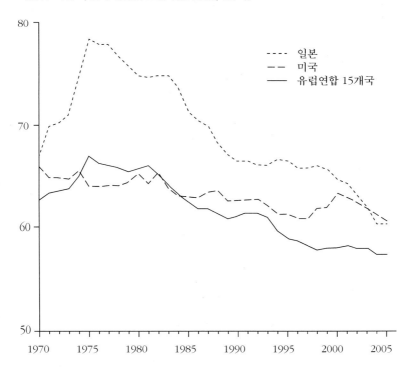

■ 그림 9-3_ 국민소득에서 임금이 차지하는 비율
  (단위: 퍼센트, 출처: OECD 고용 전망 2007, 117쪽)[23]

일본 ----
미국 ― ―
유럽연합 15개국 ―

국과 달리 서유럽에서는 1980년대와 1990년대에 노동시간이 증가하거나 실질임금이 삭감되지 않았다(예외로 영국에서는 무급 잔업이 급증했다). 그러나 2000년대부터는 각국 정부와 기업이 노동시간을 늘리고 실질임금을 삭감하기 위해 압박하기 시작했다. BBC는 2005년 독일에 관해 다음과 같이 보도했다. "실질임금이 엄청나게 떨어지고 있고 노동시간은 거의 주당 40시간으로 되돌아가고 있다."[27]

공격을 받은 것은 실질임금과 노동시간만이 아니었다. 국가가(때로

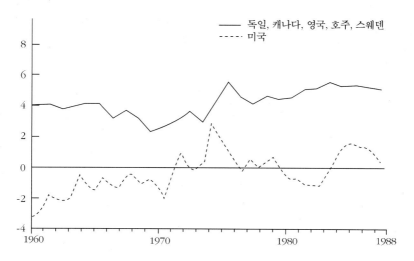

■ 그림 9-4_ 순 사회적 임금이 GNP에서 차지하는 비중(단위: 퍼센트)

는 사기업이) 제공하던 다양한 복지 서비스, 즉 '사회적 임금'에 해당하는 의료·연금·교육 서비스도 공격받았다. 7장에서 봤듯이 안와르 셰이크가 '순 사회적 임금'이라고 부른 것(노동자가 낸 돈과 받은 돈의 차이)을 계산한 결과를 살펴보면(그림 9-4를 보시오), 장기 호황기에는 이런 서비스의 재원이 대체로 노동계급에게서 걷는 세금으로 마련 됐다.[28] 그러나 거듭되는 경제 위기의 충격, 실업 증가, 노령화 추세로 복지 지출이 늘어나(표 9-3) 미국조차 더는 복지 비용을 노동자 세금으로 충당할 수 없게 됐고, 따라서 자본이 타격을 입었다. 1970년대와 1980년대에 '순 사회적 임금'의 전반적 수준이나 복지 지출 수준은 국가별(그리고 그 국가 내에서 활동하는 기업별)로 매우 불균등했다. 각 국가(와 기업)는 순 사회적 임금이나 복지 지출을 줄이려고 '현대화'라는 미명 아래 일련의 '개혁'(실제로는 개악) 조처를 취했다.

	1979	1995
호주	13.2	16.1
캐나다	14.5	18.0
프랑스	22.0	29.1
독일	25.4	28.7
이탈리아	21.2	22.8
스웨덴	25.1	34.0
영국	16.4	22.5
미국	13.8	15.8

불균등한 경쟁력

어느 한 나라의 정부가 이런 조처로 성과를 낼 때마다 다른 정부도 똑같은 정책을 취해야 한다는 압력을 받았다. 그러나 실질임금 삭감, 노동시간 연장, 복지 혜택 축소가 대중의 분노를 자아내, 전면적 저항이 분출할 수도 있었다. 저항의 정도는 기존 노동계급 조직의 상태가 어떤지, 노동계급 조직에 대한 주요한 공격의 결과가 어떤지(예컨대, 1980년대 미국 항공 관제사들의 장기 파업 패배나 영국 광원들과 인쇄 노동자들의 파업 패배)에 따라 나라마다 달랐다. 1990년대 중반 프랑스와 독일은 국민총생산에서 복지 비중이 미국보다 14퍼센트 높았고 영국보다 6퍼센트 높았다는 점이 이를 가장 또렷하게 보여 준다. 마찬가지로 미국과 영국 자본가들의 공세가 성공하고 유럽 자본가들의 공세는 그러지 못했음을 보여 주는 또 다른 지표는 노동시간이다. 그러다 보니 미국과 유럽의 자본가들은 모두 이른바 '영미식' 모델이 유럽 모델보다 더 낫다고 여기게 됐다.

■ 표 9-4_ 2004년 노동자 1인당 연간 노동시간[30]

한국	2,380
멕시코	1,848
미국	1,824
영국	1,689
프랑스	1,441
네덜란드	1,357

유럽 자본은 호황기나 심지어 호황이 끝난 뒤에도 15년간 맞닥뜨린 적이 없는 문제들에 직면하게 됐다. 지금의 유로존에 해당하는 지역의 1인당 생산량은 1950년에 미국의 40퍼센트였다가 1975년에는 75퍼센트로 늘었고 독일의 1인당 생산량은 일본처럼 1980년대에 미국을 앞질렀다. 1990년 독일 통일은 다시 한 번 대규모 경기 부양에 대한 기대를 불러일으켰다. [그러나] 2000년대 초가 되자 분위기가 사뭇 달라졌다. 전반적 생산성 수준이 이미 오래전부터 미국을 따라잡지 못하고 있었다. 미국 국내에서 미국 자동차 산업에 도전하고 있는 것은 폭스바겐이나 피아트가 아니라 일본 자동차 회사의 현지 공장들이었다. 일본은 컴퓨터 산업에서 미국에 밀려났을지 모르지만 그래도 컴퓨터 산업을 보유한 반면, 유럽에는 컴퓨터 산업이 아예 없었다. 그리고 중국이 자본주의 간 경쟁에서 새로 떠오르고 있었다. 유럽의 수많은 싱크탱크들이 "유럽은 잠에서 깨어나야 한다"고 떠들어 댔고, 이 주장은 중도좌파와

중도우파 정치인들 모두의 지지를 받아 2002년 유럽 지도자들의 리스본 선언에도 반영됐다.

유럽 자본주의의 상황은 종종 거론되는 것만큼 끔찍하지는 않았다. 2006년 세계 최대의 수출국은 중국이 아니라 독일이었고 독일의 고용은 늘어나지 않았지만 제조업 생산량은 급격히 늘었다. 범유럽 항공우주 방위산업 컨소시엄인 EADS는 보잉과 경쟁할 수 있었지만 일본의 항공우주산업은 그럴 수 없었다. 스페인과 프랑스 기업들은 많은 라틴아메리카 은행을 집어삼켰고, 유럽연합은 라틴아메리카의 메르코수르* 지역에 미국보다도 수출과 투자를 약간 더 많이 했다. 그리고 중국으로부터의 수입은 유럽 GDP의 1퍼센트에 지나지 않았다.

그렇지만 유럽 자본가들이 상황을 우려하며 국가들에게 자신들을 위해 행동에 나설 것을 촉구할 만한 이유는 있었다. 프랑스와 독일 자본들은 비록 시간당 생산량은 미국 자본보다 앞섰지만[31] 노동자 1인당 연간 노동시간이 미국보다 짧아서 전반적 노동생산성은 뒤처져 있는 딜레마에 직면했다.

따라서 유럽 자본은 국제시장에서 적어도 세 측면의 압력(첨단 기술 산업에서는 미국과 일본, 기술 수준이 낮은 상품에서는 중국의 압력)에 직면하게 됐다. 유럽 자본의 대응은 노동시간을 늘리고 생산의 집중도를 높이기(마르크스의 용어로는 절대적 잉여가치와 상대적 잉여가치) 위해 '노동시장 유연화'를 강요하는 미국 방식을 모방하고 복지 지출을 삭감하는 것이었다. 이것이 노동자들끼리 서로 경쟁하게 만드는 복지 개악과 시장화와 민영화 등의 '신자유주의' 정책을 도입한 배경이었다.

---

* 아르헨티나·브라질·파라과이·우루과이로 이뤄진 남미공동시장.

독일 자본은 1990년대에 [독일 중앙은행인] 분데스방크(와 나중에는 유럽 중앙은행)의 정책을 좇아 경제성장을 희생시켜 노동자 임금을 낮추고 (누적 인상률이 유럽 전체 평균보다 10퍼센트 낮았다), 그래서 수출과 이윤 몫을 늘렸다. 그 결과는 역설적인데, 무역 흑자와 이윤은 크게 늘었지만 전 세계 투자와 생산에서 차지하는 비중은 줄어들었다. 이런 상황의 압력 때문에 2000년대 초 사회민주당-녹색당 연립정부는 아겐다 2010이라는 개악 조처를 강행하게 됐다. 이 계획의 주요 내용은 실업급여를 3분의 1이나 대폭 삭감하고, 80만 명에게는 실업급여를 전혀 지급하지 않고, 실업자에게 평균임금 이하의 일자리를 받아들이도록 강요하며, 연금을 동결하고 진료비를 부과하는 것 등이었다. 그와 동시에 대기업들은 노동자들이 노동시간 연장에 동의하지 않으면 공장을 임금이 낮은 동유럽으로 이전하겠다고 협박했다. 총리 슈뢰더는 이 "내부 현대화"가 "독일이 국제정치에서 권리를 행사하기 위한 전제 조건"이라고 말했다.[32] 그 결과 독일의 실질임금이 50년 만에 하락했다. 프랑스 정부는 똑같은 논리로 공공 부문 연금을 삭감하고 청년 노동자의 권리를 약화시키고 35시간 노동제를 폐지했다.

그러나 이 경제 전략은 심각한 정치적 문제를 야기했다. 제2차세계대전이 끝난 뒤 50년 동안 자본과 국가는 다양한 수준으로 노동조합 관료들과 협력하면서 국민적 합의라는 이데올로기로 자신들을 정당화하려 했다. 이 점은 독일과 프랑스의 사회민주주의 정치 세력뿐 아니라 기독교민주당이나 드골주의 정당 같은 여러 보수 정치 세력도 마찬가지였다. 그 전에는 다른 주요 경쟁국보다 자국 경제가 앞서 나가고 있는 한 이런 정책을 바꿔 사회를 동요시킬 이유가 없는 듯했다. 그런데 이제 과거에 허용했던 개혁을 공격하다 보니 옛 이데올로기적 헤게모니가 붕괴하면서 노동자들이 자본과 '협력'하는 것을 당연하게 여기던 사회민주주의적 태도를 버리고 자본가와 적대하는 관계로 돌아설 우려가 있었다. 자본가들과 국가들은 자신들의 경제적 우선순위를 고수하는 것과 대중에 대한 이데올로기적 지배력을 유지하는 것 사이에서 진퇴양난에 빠졌다.

물론 그들에게는 두 번째 선택지(물리적으로 생산을 해외로 이전하기)가 있었다. 그러나 대부분의 산업은 그러려면 시간이 걸린다(설비를 완전히 갖춘 공장을 이전하기는 매우 어렵고 공장을 이전하더라도 에너지 공급, 운송 설비, 안전한 정치 환경 등의 문제가 남는다). 따라서 30년간의 구조조정과 공장폐쇄를 통해 노동력을 절반으로 줄인 영국에서조차 전반적 제조업 생산이 계속 줄어들기만 한 것은 아니었다.[33]

심지어 유럽의 대기업들이 장기적으로 생산 기지 이전을 고려했을 때조차 당분간은 여전히 국내 노동자 착취를 강화하는 조처에 기대고 있었다. 실제로 생산 전체를 당장 해외로 이전할 계획을 세운 기업은 거의 없었고(비록 독일 자동차 기업들은 자신들이 직면한 문제를 해결하기 위해 점점 더 동유럽의 값싼 노동력을 이용하고 있었지만) 따라서 국내 노동자 착취를 강화하는 것이 가장 중요했다.

동양이 희망이다?

새뮤얼 브리턴 같은 이들이 1990년대 초에 자본주의의 미래는 아시아에 달려 있다고 썼을 때 그들이 말한 것은 아시아의 작은 신흥공업국들, 즉 한국, 싱가포르, 홍콩, 대만 같은 '호랑이들'과 말레이시아, 태국, 인도네시아 같은 '새끼 호랑이들'이었다. 이 나라들은 매우 높은 수준의 경제성장률을 기록해 OECD는 1996년 한국의 '경제 기적'에 관한 글을 발표하기도 했다. 그 무렵 한국의 생활수준은 비교적 가난한 서유럽 나라와 비슷해졌고, 일부 한국 기업은 세계적 대기업이 됐다. 세계에서 세 번째로 큰 철강 회사인 포스코는 1992년 문을 연 광양제철소가 "세계에서 가장 현대적"이라고 자랑했다.[34] 그러나 이런 성장의 많은 부분은 '호랑이 나라들'이 서로 서방 시장을 더 많이 차지하려고 각자 자국의 저임금을 유지하는 것에 의존하고 있었다. 이것은 경쟁 자본들(이 경우에는 국가독점자본들) 간의 눈먼 경쟁의 전형적 사례로, 결국 기존 시장이 감당할 수 있는 것보다 훨씬 더 많은 생산이 이뤄졌다. 1997년 6월이 되자 한국의 설비 가동률은 70퍼센트, 대만은 72퍼센트에 지나지 않았고[35] 이 신흥공업국들은 모두 해외 차입으로 무역 적자를 메우고 있었다. 돈을 빌려 준 외국 금융기관들이 갑자기 태국에서 자금을 회수하기 시작해 바트화 가치가 급락하고 있는데도 그동안 '기적'을 떠들어 대던 사람들은 한동안 사태의 심각성을 깨닫지 못했다. 마틴 울프는 〈파이낸셜 타임스〉에 "태국 위기는 동아시아의 급격한 성장 과정에서 나타난 일시적 현상일 뿐"이라고 썼다. 몇 주 만에 경제 위기가 모든 '호랑이'와 '새끼 호랑이'로 확산돼 경기가 후퇴하고 IMF의 긴축정책이 도입되고 수백만 명이 갑자기 가난해지고 1980년대와 1990년대보다 2000년대 성장률이 훨씬 낮은 상황이 발생했다. 그러나 이것도 동아시아 자본주의가 서방 자본주의의 모든 문제를 해결할 수 있다는 많은 사람들의 신념을 깨뜨리지는 못했다. 공산국가 중국이 그들의 새 희망이 됐다.

확실히, 중국이 경제 강국으로 부상한 것은 21세기 초 세계 체제의 가장 중요한 변화 중 하나다. 중국 경제의 발전 규모는 놀라웠다. 1978~2008년에 중국의 연평균 성장률은 약 8퍼센트였다. 이 기간에 생산량은 약 9배로 늘었다. 중국이 세계무역에서 차지하는 비중은 1979년 1퍼센트 미만이었는데 2007년에는 6퍼센트 이상이 됐다. 수출은 세계 최대 수출국인 독일에 약간 뒤질 뿐이다. 2005년 무렵 중국은 "100종 이상의 공산품 생산량에서 세계 선두"를 달리고 있었는데 전 세계 카메라의 50퍼센트, 에어컨과 텔레비전의 30퍼센트, 세탁기의 25퍼센트, 냉장고의 20퍼센트를 생산했다.[36] 베이징, 상하이, 광저우, 심지어 중국 내륙의 시안 같은 도시들은 더는 전형적인 제3세계 도시 같지 않았다. 베이징이나 상하이의 고층 빌딩 숲에 견주면 런던이 자랑하는 도크랜즈*도 마치 장난감 도시처럼 보이고 상하이 주변의 광대한 산업 발전은 서유럽에서는 비교할 대상조차 찾기 어려울 정도였다. 전에는 세계 체제에서 경제적으로 별 의미가 없는 '후진국'으로 여겨지던 중국이 엄청나게 변하고 있었다.

제3세계의 대다수 개발도상국처럼 중국도 서방의 호황이 끝나면서 발생한 경제 위기로 고통받았다. 마르크스가 말한 시초 축적이 사반세기 동안 진행되면서 수많은 농민이 임금노동자가 됐고 현대 산업의 근거지들이 형성됐다. 그러나 이 산업은 세계 체제의 다른 지역보다 효율성이 떨어졌다. 대중에 대한 엄청난 착취 때문에 아래로부터 온갖 종류의 압력이 생겨났고, 산업화 속도를 유지할 수 없었기에 지배 집단 내부의 위기가 계속됐다. 이 위기는 1966~75년의 거대한 정치적 격변('문화대혁명'부터 '4인방'의 부상과 몰락까지)에서 절정에 달했고 결국은

---

* 런던 동(남)부 템스강변에 있는 신도시.

1976년 마오쩌둥이 죽은 뒤에야 해소될 수 있었다.

이 위기의 해결책은 새로운 축적 구조로 전환하는 임시방편 조처들이었다. 1978~81년에 실시된 개혁조처들의 시작은 국가가 농민에게 지급하는 농산물 가격을 인상해서 농민의 고통을 완화하는 것이었다. 이제 농민은 자신들이 소비한 뒤 남은 잉여생산물을 어떻게 사용할지 자유롭게 결정할 수 있게 됐다. 농업 생산이 크게 증가하고 소득이 늘어나자 풀가동되지 않던 일부 산업을 위한 시장이 형성됐다. 느슨한 국가 통제는 이런 수요를 충족시키고 전체 생산량을 크게 증대시켰다.

농민 내부의 사회적 분화가 촉진되자 일부 농민은 잉여를 축적해서 그 잉여를 국가의 간섭을 받지 않고 농촌의 '향진기업'에 투자했다. 향진기업은 형식적으로는 지방정부 소유였지만 실제로는 지역 공산당 기구와 연계된 사람들의 치부 수단이 됐다. 중국 남동부의 새로운 시장 자본주의가 주로 북부에 집중된 옛 국가자본주의와 나란히 성장했고 중국 정부는 이 새로운 산업이 홍콩 등의 해외 중국 자본가들과 연결되도록 허용했다.

개혁 조처에도 불구하고 여전히 막대한 잉여가 농민한테서 세 부류의 자본가(국가자본가, 농촌 자본가, 해외 자본가) 수중으로 흘러 들어갔고 농민의 소득이 낮다 보니 새로운 산업은 언제든지 노동력을 공급받을 수 있었다. 새로운 산업은 기존 국영 중공업 부문에서는 보장됐던 최저 생활수준이나 사회보장(소위 '철밥통')을 제공하지 않아도 됐다. 사실상, 옛 국가자본주의의 강력한 착취와 억압을 유지하면서도 점차 시장을 지향하는 새로운 자본주의 축적 모델이 형성됐다. 그리고 이 시장은 세계 체제를 겨냥한 수출을 통해 점점 성장했고, 한편으로는 옛 국가 관료와 다른 한편으로는 민영화된 산업을 인수한 관료 자녀들의 과시적 소비를 떠받쳤다.

이 새로운 혼합경제는 옛 국가자본주의 축적 모델의 경기변동과 시장 자본주의의 경기변동이 겹치면서 자체 모순을 드러냈다. 성장률이 요동쳤다. 새로운 산업들 간의 자원 확보 경쟁 때문에 물자가 부족해지고 가격이 상승하면 중국 정부는 투자를 축소해 시장 질서를 확립하려 했다. 그래서 1984년의 성장률은 20퍼센트 이상이었지만 1985년에는 3퍼센트 정도로 떨어졌다가 1988년에는 거의 20퍼센트 수준을 회복했다. 그리고 1989년에 다시 성장률이 곤두박질치고 물가가 치솟으면서 심각한 경제·사회·정치 위기가 발생했다. 이것이 바로 1989년 중국의 대다수 주요 도시를 휩쓴 학생과 노동자의 시위(베이징의 톈안먼 광장 항쟁이 가장 유명하다)의 경제적 배경이었다.

1992년 이후 중국 정부는 위기 탈출 방법을 거의 우연히 발견했다. 스스로 상황을 통제할 수 없게 된 중국 정부는 서로 다른 산업체들 사이의 통제할 수 없는 경쟁에 기초한 새로운 축적 방식에 기대를 걸었다. 지방정부를 운영하던 자들과 거대 국영기업 운영자들은 새로운 산업을 자신들의 사유재산으로 만들고 외국자본과 연계 맺을 수 있게 됐다. 옛 산업을 합리화하는 과정이 대대적으로 진행됐고, 이 과정에서 3000만 명쯤 되는 노동자가 일자리를 잃었다. 전 세계의 친자본주의 경제학자들은 이런 정책을 '진보'라며 환영했다. 이것이 노동자들에게 무엇을 의미했는지는 2003년 중국 영화 〈맹정盲井, Blind Shaft〉에서 잘 묘사했다. 이 영화는 광원들의 노동조건이 악화하자 광원 둘이 부패한 경영진을 협박하려고 동료 광원을 살해하[고 사고로 위장하]는 장면을 보여 준다. 현실이 이 영화와 얼마나 가까운지는 2005년 여름 (중국에서 가장 발달한 지역으로 알려진) 광둥에서 발생한 광산 참사를 보면 알 수 있다. 100

명이 넘는 광원들이 탄광에 매몰돼 사망하자 탄광 회사 사장이 도망가면서, 그가 전에 폐쇄됐던 이 국유 광산을 인수하고 스스로 지방경찰의 고위직이 되려고 거액의 뇌물을 바쳤다는 사실이 드러났다. 이런 식으로 그 사장은 모든 안전 수칙을 무시할 수 있었고 번창하는 경제의 에너지 수요를 충족시키기 위해 석탄을 공급하는 모범적 '기업가' 행세를 할 수 있었다.[37]

전통적 노동계급에 대한 공격과 함께 여전히 전체 노동인구의 3분의 2를 차지하고 있던 농촌 노동인구에 대한 착취도 강화됐다. (발표가 금지된) 한 연구 결과를 보면 1997년 이후 농민 1인당 농업 소득이 6퍼센트 하락했고 "의료와 교육 비용 상승을 감안하면, 농민의 실질 구매력은 훨씬 더 떨어졌을 것"이다.[38] 그러나 평균 수치가 보여 주지 않는 것도 있다. 농민 내부의 계급분화가 진행되면서, 지방 관리들은 자신들의 권력을 이용해 (지방세 형태로) 돈을 긁어모으고 다른 농민들을 농토에서 쫓아내 스스로 농업 소자본가가 됐다. 이것이 바로 많은 지방에서 폭동에 가까운 저항이 발생한 원인이었다.

자본주의를 열렬히 지지하는 자들은 [중국이] 시장 체제로 전환한 덕분에 수많은 사람들이 가난에서 해방됐다고 주장했다. 그리고 1970년대 중반의 조야한 시초 축적 방식을 포기한 덕분에 이제 그런 방식으로 건설된 많은 산업이 더 생산적으로 이용될 수 있고, 그 결과 새로운 농촌 자본가들뿐 아니라 도시로 이주한 농민 가족도 생활수준이 개선될 수 있다고들 했다. 그러나 중국 인구 대다수의 생활수준은 여전히 매우 낮았다. 세계은행은 2000년대 초에 2억 400만 명, 즉 중국 인구의 6분의 1이 여전히 하루 1달러 미만으로 생활하고 있다고 인정했다. 다른 자료를 보면 "8억 농민 대다수"의 소득이 이 정도 수준이었다.[39]

중국이 급격히 성장한 핵심 원인은 비할 바 없이 높은 축적률이었다. 국민총생산에서 투자가 차지하는 비중은 2006년에 50퍼센트에 달했다.[40]

최근 몇 년 동안 (경기순환의 효과를 감안해 3년간 평균치를 살펴볼 때) OECD 회원국이나 신흥 시장경제 중에서 그 비율이 30퍼센트가 넘는 곳은 하나도 없었다. … 심지어 한국과 일본이 성장하던 시기와 비교하더라도 오늘날 중국의 수치는 높아 보인다.[41]

투자 증대는 총생산의 50퍼센트를 넘어선 총저축의 증가로 가능했다. 총저축의 일부는 노동자와 농민이 갑자기 병에 걸렸을 때나 노후를 대비해서 모아 둔 돈이었다. 노동자와 농민이 자기 소득의 일부를 국영 은행에 맡기면, 국영 은행은 이 돈을 국유 기업과 민간 기업에 대출해 준 것이다. 그러나 2000년대 초중반에는 기업 이윤에서 나오는 저축이 점점 늘어나, 2000년대 초 GNP의 5퍼센트 정도까지 증가했다.[42] 그럴 수 있었던 것은 총생산에서 가계 소비가 차지하는 비중이 40퍼센트 정도로 급격하게 떨어지고,[43] [국민소득에서] 임금 소득이 차지하는 비중도 1970년대 67퍼센트에서 2005년에는 56퍼센트로 떨어졌기 때문이다(그림 9-5를 보시오).[44]

임금 소득의 비중이 감소했다고 해서 반드시 실질임금이 하락했다는 뜻은 아니다. 왜냐하면 총생산이 증가하는 상황에서 임금 소득이 차지하는 비중만 감소했기 때문이다. 그러나 임금 소득의 비중 감소가 뜻하는 바는 마르크스가 말한 '축적을 위한 축적'이 중국 경제의 특징이 됐다는 것이다. 수출 주도 경제 부문을 고려하면 이 점은 더욱 분명해진다. 2000년에 이르면 해마다 신규 성장의 80퍼센트가 평범한 중국인들

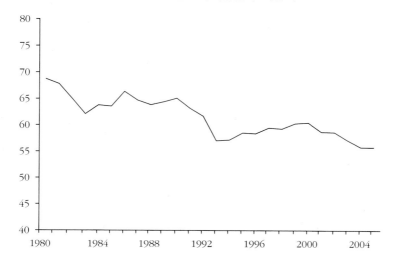

■ 그림 9-5_ 중국의 GNP 대비 임금 소득 비율(단위: 퍼센트)

의 필요를 충족시키는 데 쓰이지 않고 투자와 수출로 흘러갔다. 점입가경으로, 2007년에는 무역수지 흑자 형태로 발생한 중국 소득의 10퍼센트가 미국에 예치돼, 사실상 미국의 정부 지출과 민간 소비를 떠받쳤고(그림 9-6[45]) 이는 다시 중국이 수출을 확대할 수 있는 수단이 됐다.

이런 높은 축적률 때문에 세 가지 문제가 생겨났는데, 셋 다 마르크스가 지적한 것들이다. 첫째, 막대한 자원이 소모되기 때문에 물자 부족과 가격 상승이 나타난다. 2000년대 초중반 중국 경제성장의 여파로 중국이 전 세계에서 원료와 식량을 흡수하자 국제 곡물 가격과 원료 가격이 상승했다(그리고 이 과정에서 라틴아메리카 같은 원료 생산국들이 경제 호황을 누렸다). 결국 이 가격 상승은 다시 중국에 영향을 미쳤다.

둘째, 축적률이 높아지면 생산량이 증가하는데, 임금이 국민총생산

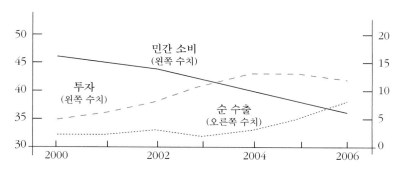

■ 그림 9-6_ 중국의 GDP에서 민간 소비, 투자, 순 수출이 차지하는 비율(단위: 퍼센트)

에서 차지하는 비중이 줄어들면 일국 경제 내에서는 이런 생산량 증가분을 흡수할 수 없게 된다. 단, 축적이 훨씬 더 늘어나거나 기업들이 전보다 수출을 훨씬 더 많이 하면 생산량 증가분을 흡수할 수 있다.

그러나 수출 시장에서는 외국에 있는 기업뿐 아니라 중국 내에 진출한 외국 기업과도 격렬하게 경쟁해야 한다. 중국 기업들은 점차 동아시아나 동남아시아에서 생산된 부품을 조립해 수출하고 있었다. 이 때문에 중국의 수출 기업들은 경쟁적인 다국적 공급 사슬에 얽매이게 됐다. "외국계 기업이 수출에서 차지하는 비율이 1990년 17.4퍼센트에서 2001년에는 50.8퍼센트로 늘었다."[46] 이런 경쟁의 결과로 2000년대 초에는 생산량이 너무 많아져서 국내시장뿐 아니라 세계시장에서도 완전히 흡수되지 못할 정도였다. [중국]국가통계국은 기업들이 가격을 엄청나게 할인했는데도 "중국 공산품의 90퍼센트가 공급과잉" 상태라고 발표했다.[47] 중국 기업들 사이에서 가격 전쟁이 특히 심각한 이유는 "기업들이 단기 이윤을 늘리기보다 시장점유율 확대를 추구하는 경향이 있기 때문"이라고 〈파이낸셜 타임스〉는 보도했다. "현지 공급 업체들 사이의 무자비한 경쟁 때문에 많은 기업이 거의 이윤을 내지 못하고 있다."[48]

수출용 소비재 생산만이 문제가 아니었다. 중국 정부 관리들은 "부동산, 시멘트, 철강, 자동차, 알루미늄 등 많은 부문에서 투자"가 "과도하다"고 불평했다.[49] 축적을 위한 축적이 목표인 체제에서 그리고 저절로 굴러가도록 방임된 체제에서 고위 경영진은 자신들의 성공 여부를 기업의 성장 속도로 판별했다. 그리고 국영 은행들은 빠르게 성장한 기업들에게 부채 누적을 허용해 주는 것으로 보답했다.[50]

앞의 두 가지 문제를 더욱 악화시키는 셋째 문제는 노동력이 풍부한데도 고용 대비 투자(그리고 생산량 대비 투자)의 비율이 증가하는 것이다. 투자가 연간 20퍼센트씩 증가하는 동안 경제 전체의 고용 증가율은 겨우 1퍼센트에 지나지 않았고 심지어 도시 지역에서도 고용 증가율은 3.5퍼센트에 불과했다. 축적률이 엄청나게 높았는데도 제조업 전체의 고용 인원은 1997년 9800만 명에서 2001년에는 8310만 명으로 줄었다.[51] 고용 인원 감소는 옛 국유 중공업 부문의 대규모 인원 감축 때문이었는데 새로 성장한 제조업 기업들의 고용 증가로도 이를 만회하지 못했고 '2차산업'[52] 전체의 고용은 약 1억 5700만 명으로 거의 변함이 없었다. 즉, 자본의 유기적 구성이 높아진 것이다. IMF의 연구원들은 1990년대 중반부터 2000년대 중반까지 "투자 증가" 때문에 "자본-산출 비율은 높아지고 자본의 한계 생산성은 낮아졌다"고 발표했다.[53]

그 결과 이윤율 저하 압력이 발생했다. 필립 오하라는 중국 경제 전체의 이윤율이 1978년 47퍼센트에서 2000년에는 32퍼센트로 떨어졌다고 추산한다.[54] 헤수스 펠리페, 에디타 라비나, 엠마 샤오친 판은 1980년대 이윤율은 13.5퍼센트, 2003년 이윤율은 8.5퍼센트라고 추산하는데 절대 수치는 다르지만 [저하] 추세는 똑같다. 이들은 라디와 린의 [연구] 결과를 인용하는데 라디와 린도 마찬가지 추세를 보여 준다. 린은 실제로 일부 산업의 이윤율이 매우 낮았음을 보여 준다(자전거 0.2퍼센트, 버스 마이너스 0.3퍼센트, 세탁기 2.9퍼센트, 맥주 2.5퍼센트).[55] 장위와 자오핑 같은 중국학자들은 제조업 전체 이윤율이 1999년까지 20년간 계속 하락하다가 그 후 상당히 상승했다고 보고 있어,[56] 앞서 말한 연구들의 결론과 모순되는 것처럼 보인다. 이 불일치는 국유 기업들이 경비 절감을 위해 인원을 대폭 감축한 것 때문으로 설명할 수 있을 것이다. 이윤율의 재앙적 하락을 막은 핵심 원인은 총생산에서 임금이 차지하는 비중이 계속 하락했다는 점이다. 그러나 이 때문에 국내 소비가 산업 생산 증가분을 흡수하기 힘들어졌고 더 나아가 축적을 위한 축적과 수출 의존도가 더욱 심화했다.

그와 동시에 은행은 기업이 낮은 이윤율을 상쇄할 수 있을 만큼 낮은 금리로 대출해 줬고, 그래서 이윤율이 낮은 기업이 파산하지 않도록 했다는 상당한 증거가 있다. 그 결과 중국 은행들은 십중팔구 상환 불능의 막대한 빚을 떠안게 됐다.[57]

모든 자본주의 호황이 그렇듯이 기업들과 부자들이 빠르고 손쉽게 이윤을 획득하려 하자 온갖 투기가 만연했다. "부동산 투자는 [2005년까지 — 하먼] 4년간 해마다 20퍼센트씩 증가했고 2005년에 GDP의 11퍼센트에 이르렀다."[58] 중국 주요 도시 어디에서나 고급 아파트 단지와 (중국 기준에서 볼 때) 상대적으로 비싼 패스트푸드 매장, 고급 호텔, 디자이너 상품을 판매하는 쇼핑몰(비록 매장에 손님이 거의 없는 경우가 많지만)이 끊임없이 건설되고 또 건설됐다. 여기에 중국 내 투기뿐 아니라 국제적 투기도 더해졌다. 미국 베어스턴스 은행이 파산하기 직전이었던 2008년 3월, 중국 CITIC 그룹은 베어스턴스 주식 10억 달러어치를 매

입하는 거래에 서명하기 일보직전까지 간 적도 있었다.[59]

이런 모순들이 중첩돼 있었으므로, 중국 자본주의가 순조롭게 성장할 거라는 시나리오는 실현 불가능했다. 확실히, 중국 경제 전체를 관리하는 자들은 뜻밖의 위기에 빠지지 않도록 경쟁적 축적의 속도를 잘 관리할 수 있다고 결코 자신하지 못했다. 사기업과 국유 기업의 경영진들이 서로 경쟁에서 우위를 차지하려고 아귀다툼을 벌이고 있었기 때문이다. 중국 총리 원자바오는 2007년 3월 전국인민대표대회(전인대)에서 "중국 경제의 가장 큰 문제는 성장이 불안정하고 불균등하며 통합되지 않고 지속 불가능하다는 것"이라고 말했다.[60]

중국 경제의 예측 불가능성은 세계의 다른 지역에도 중요한 의미가 있었다. 중국 경제는 미국을 대신해 일본의 가장 큰 수출 시장이 됐고 미국에 두 번째로 많이 수출하는 국가가 됐다(캐나다에 약간 뒤지고 멕시코보다 약간 앞서 있다).[61] 동아시아와 동남아시아에서 부품을 수입하고 라틴아메리카와 아프리카에서 원료를 수입하는 중국 경제는 이 지역 나라들에게 핵심적으로 중요해졌다. 그리고 가장 중요한 점은 (상당 부분을 대미) 무역에서 얻는 막대한 자금이 미국에 예치됐다는 것이다. 중국의 예치금은 일본이나 산유국들의 자금과 함께 2007년 신용경색이 발생할 때까지 미국 정부와 소비자들이 계속 차입할 수 있는 자금줄 구실을 했다. 결국 중국은 자신들이 생산한 상품을 사게끔 미국(과 미국보다는 덜하지만 영국 같은 유럽 나라들)에 자금을 빌려 준 것이다. 이 때문에 세계 체제가 겉으로는 안정된 것처럼 보였다.

그러나 미국과 유럽 경제가 잘못되더라도 중국의 성장이 세계 체제를 전진시킬 것이라고 믿은 사람들은 중국의 통제되지 않는 시장이 안정을 가져다주기는커녕 급격하게 요동치며 성장했다는 사실을 무시했을 뿐 아니라 중국 경제가 세계 체제에서 차지하는 비중이 비교적 작다는 사실도 고려하지 않았다. 환율 기준으로 보면 2006년 중국의 GDP는 2조 6000억 달러로 영국보다 조금 높고 독일보다 조금 낮으며 미국이나 유럽연합의 5분의 1이 채 안 된다. 2007년 세계은행의 구매력평가(중국 위안화로 환산한 소득의 구매력)를 기준으로 하면 훨씬 더 높아서 미국과 유럽 GNP의 약 50퍼센트에 달한다.[62] 환율 기준 수치는 중국 인구가 소비할 수 있는 자원의 규모를 상당히 과소평가한다(왜냐하면 쌀과 같은 기본 식료품이나 도시 교통 요금 같은 기본 서비스의 가격이 서방의 4분의 1 이하이기 때문이다). 그러나 한 나라가 얼마나 수입할 수 있는지, 따라서 세계의 다른 경제를 전진시키는 기관차 구실을 할 수 있는지를 결정할 때 중요한 잣대는 환율이다. 따라서 전 세계 구매력의 4~5퍼센트를 차지하는 중국이 나머지 세계 체제가 심각한 경제 위기에 빠졌을 때 그 충격을 어떻게든 상쇄할 수 있다고 믿은 것은 중대한 실수였다.

중국 경제는 세계 체제의 대안 엔진이 될 만큼 규모가 크지 않았다. 그러나 2008년 여름의 세계적 물가 급등에서 볼 수 있듯이 중국의 급속한 성장이 세계 경제체제의 불안정에 기여하기에는 충분할 만큼 컸다.

인도, 신흥공업국, 브릭스

2000년대 중반이 되자 인도와 중국을 '떠오르는 거인'으로 거론하는 경우가 많아졌다. 두 나라는 인구가 비슷했고(약 13억 명) 핵무기를 보유했으며 농촌 지역에 뿌리 깊은 빈곤이 존재했다. 그러나 세계경제에서 인도가 실제 차지하는 비중은 중국보다 매우 작았다. 환율 기준으로 보면 인도의 경제 규모는 중국의 3분의 1쯤 됐고(영국이나 프랑스보다 상당히 작았다) 구매력평가 기준으로 보면 60퍼센트쯤 됐다. 인도의 성장률은 중국의 성장률과 비교해 1990년대 말에는 60퍼센트를 조금 상회했다가 2000년대 중반에는 90퍼센트에 조금 못 미치는 수준으로 잠시 높아졌다. 2003년 인도가 전 세계 수출에서 차지하는 비중은 0.7퍼센트로 세계 31위 수준이었다.[63]

인도의 경제성장 과정은 중국과 일부 비슷한 양상을 띠었다. 처음에 국가가 주도한 공업화 시도(이른바 '네루식 사회주의' 시기) 이후 1970년대 중후반 몇 년 동안 경제가 정체했고, 그 후 훨씬 더 시장에 기초한 축적 모델을 만들려는 '개혁'이 도입됐다. 중국 정부 같은 막강한 국가권력이 없는 상황에서 인도 정부와 민간 자본가들은 다른 계급(한편으로는 지주계급, 다른 한편으로는 노동계급과 농민)을 억누르는 데 그다지 성공하지 못했고 국가 주도의 시초 축적기에 인도의 성장률은 대략 중국의 4분의 3 수준밖에 안 됐다. 따라서 인도가 세계시장을 겨냥하는 전환을 시도했을 때 큰 성과를 거두지 못했다(수출도 적었고 경쟁국인 중국보다 외자 유치에서도 덜 매력적이었다). '개혁' 조처로 투자율이 GNP의 25~30퍼센트에 이를 만큼 축적을 강행했지만, 이것은 오직 자본가계급과 상층 중간계급이 차지하는 생산물이 노동자·농민·빈민의 희생을 대가로 늘어난 덕분이었다.

2007년 IMF 보고서를 보면 이 점을 알 수 있다.

1980년대와 비교할 때 1990년대에 인도 상류층은 경제성장의 성과에서 훨씬 더 많은 몫을 가져갔다. 이 점은 소득 불평등에 큰 영향을 미쳤고, 그

래서 각 주의 내부의, 각 주 간의, 그리고 도시와 농촌 간의 소득 불평등이 심화했다.[64]

소득세 자료를 분석해 보면 성장의 40퍼센트 정도가 상위 1퍼센트에게 돌아갔음을 알 수 있다.[65]

자본주의 옹호자들은 경제가 성장하면 빈곤이 저절로 줄어든다고 가정하고 1990년대에 절대 빈곤층 비율이 10퍼센트 하락한 것을 보여 주는 다양한 공식 통계를 인용한다. 그러나 같은 기간에 인도 인구의 3분의 2가 거주하는 농촌에서는 1인당 식품 소비가 줄어들었다. 압히짓 센은 공식 통계를 재분석해서, 1990년대에 빈곤층의 절대 숫자는 늘었고 빈곤선 이하로 생활하는 비율은 아주 약간만 줄었는데 빈곤 문제 해결이라는 점에서 보면 "잃어버린 10년"이었다고 결론지었다.[66] 2002년 빈곤선 이하 인구의 비율은 전체 인구의 35퍼센트로 3억 6400만 명이었다. 그러나 이조차 사람들의 고통을 제대로 보여 주는 게 아니다. 인도 어린이의 절반이 영양실조에 걸려 있고 성인의 40퍼센트가 만성 에너지 결핍으로 고통받고 있다.[67] 심지어 부유하다는 구자라트, 카르나타카, 케랄라, 마하라슈트라, 타밀나두 주에서도 "농촌 인구의 70퍼센트 이상이 하루 2200칼로리 이하를 섭취했다."[68]

인도가 세계 체제로 편입됐다는 것은 중국과 마찬가지로 산업투자가 압도적으로 자본 집약적이었다는 것을 의미한다(1990년대에 인도의 자본-산출 비율은 크게 높아졌다). 고용 증가율은 연간 1퍼센트 정도에 머물러 있었다. '조직된' 제조업 부문(즉, 공식 부문)의 고용 증가율은 0.87퍼센트였고[69] '미조직' 비공식 부문의 증가율은 더 높았으나 비공식 부문 기업의 평균 고용 규모는 2명 이하였다.[70] 농촌에서 도시로 몰려든 사람들은 대부분 서비스 부문에서 생산성이 매우 낮은 미숙련 노동자(청소부, 파출부, 세탁 일꾼, 손수레꾼, 자전거 인력거꾼, 노점상, 짐꾼, 웨이터, 경비원)로 일하면서 겨우 가족을 먹여 살릴 수 있는 수준인 일당 50루피(1달러)로 생계를 꾸려 갔다. 유명한 인도의 콜센터는 2006년에 겨우 40만 명, 즉 인도 전체 노동인구 중 0.008퍼센트만 고용했다.[71]

중국처럼 인도가 성장하면서 2000년대 중반에는 세계 자본주의에서 인도가 차지하는 비중이 50년 전, 심지어 20년 전보다도 훨씬 커졌다. 이 사실은 체제 전체에 중요한 함의가 있다. 그러나 인도 경제는 여전히 미국이나 심지어 일본, 독일, 중국과 견줘 봐도 매우 작다. 만약 인도의 2000년대 중반 경제성장률이 향후 20년 동안 지속된다면 상황은 달라질 수 있다. 달러로 환산한 인도 경제 규모가 영국보다 커질 수 있는 것이다. 그렇더라도 가장 현대적인 산업 중심지인 뭄바이, 하이데라바드, 방갈로르 같은 지역은 대부분의 유럽 국가들에 비해 훨씬 더 가난한 농촌의 빈곤 지역들과 분리돼 있을 것이다. 그리고 그보다 훨씬 전에 급속한 성장 과정 전체가 내부 요인들과 국제적 불안정성의 충격으로 말미암아 붕괴할 수 있다.

우리는 1990년대 말 아시아의 '호랑이들'과 그 전인 1960년대와 1970년대 브라질의 '기적'이 결국 어떻게 됐는지 알고 있다. 따라서 사람들이 브라질, 러시아, 인도, 중국, 남아프리카공화국 같은 매우 이질적인 나라들을 하나로 묶어 세계 체제의 대안적 기관차라고 주장하는 것은 꽤나 심각한 기억상실증이다. 브라질, 러시아, 남아프리카공화국 경제가 다시 성장하는 것은 사실, 호황 때의 원료·농산품 가격 상승 덕분인데, 결국 호황은 끝나기 마련이고 호황이 끝나면 이들 경제는 매우 심각한 어려움에 처하게 될 것이다.

자본주의 체제를 칭송하던 위대한 '지성'들은 유럽과 북아메리카의 근본적 문제들에 관심을 쏟은 것과 달리 아시아의 장밋빛 미래에 내재한 이러한 모순들을 간과했다. 그들은 일본은 문제가 있었다고 인식했지만, 일본의 문제는 자유 시장이 어떻게 작동해야 하는지에 대한 교훈을 결코 배우지 못한 어리석은 일본 정부 탓이라고 생각했다. 2007년 가을까지도 경제 평론가들, 정부 각료들과 경제학계의 저명인사들은 모두 자본주의가 다시 장기적 안정을 되찾았다는 데 동의했다. 심지어 일부 마르크스주의자들도 '새로운 장기 호황' 운운할 정도였다. 머지많아 이들은 1914년 초여름에 항구적 평화를 예언한 사람들만큼이나 바보가 됐다.

chapter

10 새로운 시대의 세계 자본

국경을 무너뜨리다

1990년대와 2000년대의 엄청난 착각의 시대는 자본이 무역, 투자, 생산에서 국경을 뛰어넘은 시기이기도 했다. 2007년이 되면 1950년에 비해 생산량은 겨우 8배로 증가한 반면 국제무역은 30배가 됐다.[1] 해외직접투자 규모도 급증해 1982년 370억 달러에서 2006년에는 1조 2000억 달러에 달했다.[2] 해외직접투자의 총규모는 1950년 세계 GDP의 4퍼센트(1913년의 절반도 안 되는)에서 2007년에는 36퍼센트로 커졌다.[3] 과거에는 매우 드물었던 초국적 생산 시스템도 늘어났고, 다국적기업이 자본주의 대기업의 대표적 형태로 널리 받아들여졌다.[4]

국경을 넘나드는 금융 이동도 1930년대 위기 이후 급격하게 줄어들었다가 이제 폭발적으로 성장했고, 각국 정부는 전반적 규제 완화의 일환으로 외환 거래 통제를 완화했다. 1980년대 중반에는 "은행가들이 런던, 뉴욕, 도쿄 같은 주요 금융 중심지와 그보다 작은 몇몇 금융 중심지에 진출해서 상당한 입지를 확보하고자 새로운 전략을 수립"하는 것이 하나의 추세가 됐다.[5] 은행 합병이 확산됐다. 홍콩상하이은행HSBC은 영국의 '빅 파이브' 은행 중 하나를 인수해 본사를 런던으로 옮겼고 10여 개 나라에서 은행들을 계속 사들였다. 스페인의 양대 은행인 빌바오비스카야은행과 산탄데르은행은 라틴아메리카의 많은 나라에서 은행 지분을 대거 매입해, [라틴아메리카] 20대 은행 지분의 거의 3분의 1을 이 두 은행이 소유하게 됐다.[6] 또, 이 두 은행은 "투자금융, 보험, 특히 연기금 운용" 같은 새로운 사업에 진출했고, "다른 스페인 투자자들이 매우 활발히 움직이는 부문(통신과 에너지 등)의 일부 비금융 기업들의 지분도 약간 사들였다"[7]

그와 동시에 국경을 뛰어넘어 산업 활동이 집중되는 과정도 진행됐다. 전통적 공업국들에서 그동안 흔히 국가의 보호를 받으며 성장했던 대기업들이 이제 국내시장뿐 아니라 세계시장의 상당 부분도 지배할 수 있게 됐다. 그들과 경쟁하는 기업들은 무역뿐 아니라 생산에서도 국제적 자원을 동원하는 데 의존할 때만, 즉 다국적기업이 돼야만 살아남을 수 있었다. 핵심 산업들에서 가장 크게 성공한 기업들은 다른 나라 기업들을 인수 합병하거나 그들과의 전략적 제휴를 바탕으로 국제적 개발·생산·판매 전략을 수립한 기업들이었다.

자동차 산업의 경우, 일본 자동차 기업들은 미국에 생산 기지를 건설해 미국 3위의 자동차 기업인 크라이슬러보다 더 많은 자동차를 미국에서 생산했다. 프랑스 국유 기업 르노는 작지만 미국 4위의 자동차 기업인 아메리칸모터스를 필두로 일련의 인수 합병을 시작했다. 볼보는 제너럴모터스의 미국 내 대형 트럭 생산 부문을 인수했고, 포드와 폭스바겐은 브라질의 제너럴모터스 생산 공장을 합병했다. 닛산은 영국 북동부에 조립 공장을 건설해 해마다 자동차 수십만 대를 생산했고, 혼다는 로버 주식의 20퍼센트를 사들였다. 타이어 산업을 보면, 프랑스 기업 미쉐린은 1988년 미국의 유니로열굿리치를 인수해 세계 최대 생산업체가 됐다. 이런 양상은 1990년대와 2000년대 초까지 계속됐다. 메르세데스벤츠는 크라이슬러를 인수했고(2007년 다시 팔았다) 르노는 닛산과 '동맹'(닛산 주식의 44.5퍼센트를 사들였고 닛산은 르노 주식의 15퍼센트를 샀다)을 맺어 공동 최고경영자를 뒀다. 제너럴모터스는 사브를 인수하고 스즈키, 스바루, 피아트 주식의 20퍼센트, 대우 주식의 42퍼센트를 사들였다. 인도의 타타그룹은 영국-네덜란드계 철강 회사 코러스(민영화된 브리티시스틸의 후신)를 사들였다. 급증하는 중국 수출품의 절반은 서방 다국적기업이 지분을 소유한 기업들이 생산했다. 중국항공공업제1집단공사는 보잉 787 드림라이너에 방향키를 공급했고, 유럽의 에어버스 공장 경매 6건에 입찰하기도 했다. 러시아의 아예로플로트항공은 이탈리아의 알이탈리아항공 인수에 나서기도 했다. 이런 예들은 〈파이낸셜 타임스〉에 날마다 실리는 국제 인수·협력 계약 물결의 일부 사례일 뿐이다.

1940~60년대의 대표적 자본주의 기업은 일국에서 지배적 구실을 했다면, 21세기 초의 대표적 자본주의 기업은 20개 이상의 나라에서 활동하고 외국에서 상품을 판매할 뿐 아니라 생산도 했다. 가장 큰 기업들은 어지간한 국가보다 훨씬 더 많은 경제 자원을 주물렀다. 유엔무역개발회의는 "세계 100대 경제단위 중 29개가 초국적 기업"이라고 했다.[8] 국내 기업이 세계로 뻗어 가는 과정은 단지 선진 공업국에 국한되

지 않았다. 이 책 7장에서 봤듯이, 서방보다 성장이 더 빨랐던 제3세계와 신흥공업국도 이 과정의 영향을 받았다. 최근 경제 위기 때마다 이뤄진 생산 합리화, 공장폐쇄, 기업합병 같은 산업 구조조정도 이 과정을 촉진했다.

신화와 현실

1990년대가 되면서 이 모든 과정을 '세계화'라고 불렀다. 신자유주의와 함께 '세계화'가 자본주의의 새로운 국면을 나타낸다고들 했는데, 자본주의 옹호자들은 이 새로운 국면이 그 전의 어떤 국면과도 다르다고 주장했다. 그들은 정부가 전혀 개입하지 않고 자본의 자유로운 이동을 통해 세상이 조직돼야 할 뿐 아니라 실제로 그렇게 되고 있다고 생각했다.

그들은 기업이 가장 싸게 생산할 수 있는 곳 어디로든 마음대로 공장을 옮기는 다국적(때로는 초국적) 자본의 시대에 우리가 살고 있다고 말했다. 일부 유력 인사들은 컴퓨터 소프트웨어와 인터넷이 '한물간 굴뚝' 산업보다 훨씬 더 중요해졌으며 자본이 국가에 전혀 의존하지 않고 마음대로 이동할 수 있는 '무게 없는' 생산의 세계가 됐다고 주장했다.[9] 이것은 케인스주의, 국가 통제, 소련식 '사회주의'가 실패한 후에 나타났다는 신경제 패러다임의 필수 요소였다. 영국 보수당 장관 케네스 클라크는 "기업의 국적"은 "점차 무의미해지고 있다"고 선언했다.[10] 〈비즈니스 위크〉는 "국가 없는 기업"의 시대가 됐다고 말했다.[11]

주류 세계화론의 정치를 거부한 많은 사람들도 주류 세계화론의 전제를 많이 받아들였다. 그래서 비비안 포러스터는 "사이버네틱스, 자동화, 기술혁명이 지배하는 새로운 세계"는 "'노동의 세계'와는 어떤 실질적 연계도 없다"고 썼고,[12] 나오미 클라인은 "자유롭게 이동하는 공장이 자유롭게 돌아다니는 노동자를 고용하는 체제"를 묘사했고,[13] 존 홀러웨이는 자본이 "지구 한편에서 반대편으로 순식간에 이동"할 수 있게 됐다고 말했다.[14]

국가가 더는 세계 체제에서 중심적 구실을 하지 않는다고 생각하면 20세기 내내 유행한 주장, 즉 전쟁은 이제 과거지사가 됐다는 주장을 받아들일 수밖에 없다. 동구권이 몰락하고 제1차 이라크 전쟁에서 미국이 승리한 뒤 조지 부시 1세는 "신세계 질서"의 시대가 열렸다고 선언했다.[15] 프랜시스 후쿠야마는 이를 학술적으로 그럴싸하게 포장해 "역사의 종말"을 선언했다.

심지어 오랫동안 좌파적 견해를 피력했던 사람들도 새로운 시대의 자본은 더는 국가가 필요하지 않으며 따라서 전쟁을 원치 않는다고 결론 내렸다. 나이절 해리스는 "자본과 국가가 약간 분리되고 세계 전쟁의 압력이 약간 약해져서 전쟁 동인도 약해졌다"고 썼다.[16] 래시와 어리는 더 나아가 "해체된 자본주의"라는 "포스트 모던" 세계를 설명하면서 군비 지출을 한 번도 언급하지 않을 정도였다.[17]

세계화에 관한 이 모든 주장들은 국가와 자본의 관계가 실제로 어떻게 발전했는지를 제대로 파악하지 못했다. 제1차세계대전 이래로 자본은 국가와 관계를 단절하고 싶은 생각도 그럴 능력도 없었다. 둘 사이의 관계가 더 복잡해졌을 수는 있지만 여전히 국가는 자본에게 압도적으로 중요했다.

이 점은 생산자본에서 가장 분명히 나타난다. 세계화론의 주장과 달리 생산자본은 쉽게 이동할 수 없다. 공장, 기계류, 광산, 항구, 사무실 등은 자본주의 초기와 마찬가지로 건설하는 데 몇 년씩 걸린다. 그리고 그냥 뜯어서 운반할 수도 없다. 때때로 기업이 기계와 설비를 옮길 수 있다. 그러나 이것은 매우 어려운 과정이며, 다른 곳에서 사업을 시작하기 전에 충분히 숙련된 노동력을 확보하고 훈련시켜야 한다. 그사이에 옛 시설에 투자한 돈이 날아갈 뿐 아니라 [신규] 기계류에 대한 투자 수익도 얻지 못한다. 사실, 완전히 독립적인 생산과정은 존재하지 않는다. 4장에서 봤듯이 생산과정은 외부 투입물과 유통망에 의존하는 생산 단지에 뿌리내리고 있다. 어떤 기업이 자동차 공장을 건설한다면, 너트와 볼트, 양질의 철강, 적절한 숙련 노동력, 전기와 공업용수의 안정적 공급, 신뢰할 수 있는 금융 시스템, 우호적인 은행, 완제품을 운반할 수 있는 도로와 철로망을 확보해야 한다. 다른 사람들, 다른 기업이나 정부를 설득해서 이런 것들을 제공받아야 한다. 이런 것들을 모두 모으려면, 예상 밖의 시행착오까지 포함한 협상 기간이 몇 달, 심지어 몇 년씩 걸릴 수 있다. 그래서 구조조정을 할 때 기업들은 보통 '점진주의' 방식을 선호한다. 즉, 부품을 조금씩 옛 공장에서 새 공장으로 옮기고, 기존 공급망과 유통망을 유지하고, 입지 조건이 좋은 공업단지를 되도록 벗어나지 않으려 한다. 그래서 포드는 [영국] 대거넘의 조립 공장을 폐쇄하고 유럽의 다른 곳으로 생산을 옮긴다는 2000년의 결정을 실행하는 데 2년씩이나 소비했다. 캐드버리 슈웹스는 2007년 6월 공장폐쇄를 포함한 국제적 '합리화' 계획을 발표하면서 이를 실행하는 데 3년 걸릴 것으로 예상한다고 말했다.

심지어 화폐자본도 이동이 완전히 자유롭지는 않다. 쉬잔느 드 브뤼노프는 다음과 같이 썼다.

자본이 날마다 엄청난 규모로 전 세계를 배회하며 이동하지만 국제 단일 자본시장은 존재하지 않는다. 단일한 세계 금리는 존재하지 않으며 생산품의 단일한 세계 가격도 없다. … 금융자산들은 "완전히 대체"될 수 없는 서로 다른 통화들로 평가된다.[18]

딕 브라이언도 비슷한 지적을 했다.

국제금융 시스템을 보면, 국제적 축적에서 국적이 중요하다는 것을 분명히 알 수 있다. 인공위성과 컴퓨터 기술의 결합으로, 신고전학파가 말하는 금융 흐름의 '완전 시장'이 수익률을 균등화하고 국경을 초월할 수 있는 기술적 전제 조건이 모두 마련됐다. 그러나 … 금융의 국가적 성격은 유지되고 있다. 금융은 저축과 투자가 균형을 이루도록 체계적으로 움직이지 않는다. … 국가가 지정한 통화들로 구성된 국제금융 시스템은 세계화가 국가 차원을 넘어설 수 없다는 것을 보여 준다.[19]

유엔무역개발회의는 해마다 100대 다국적기업과 이 기업들의 '초국적 지수'(transnationality index, 본국 밖에서 이뤄지는 판매·자산·투자의 비중)를 발표한다. 이 수치는 흔히 다국적기업이 본국에 얼마나 의존하지 않는지를 보여 준다고 한다. 그러나 실제로는 반대로 해석할 수도 있다. 2003년 50대 다국적기업은 여전히 사업의 50퍼센트 이상을 본국에 의존했다. 그리고 해외 판매 비율이 가장 높은 20대 기업은 대부분 캐나다, 호주, 스위스처럼 작고 개방적인 경제에 기반을 두고 있거나 핀란드, 프랑스, 영국, 독일, 스웨덴같이 해외 판매가 주로 가까운 주변국에서 이뤄지는 유럽연합 나라에 기반을 두고 있었다. 미국 다국적기

100대 초국적 기업	55.8
50대 초국적 기업	47.8
미국계 초국적 기업	45.8
영국계 초국적 기업	69.2
일본계 초국적 기업	42.8
프랑스계 초국적 기업	59.5
독일계 초국적 기업	49.0
작은 유럽 나라들의 초국적 기업	72.2

업 가운데 가장 세계적인 국제기업에 포함된 것은 하나도 없었다.[20]

국경을 뛰어넘는 합병이 확산됐지만, 그것이 구조조정의 유일한 형태는 아니었고 심지어 가장 유력한 형태도 아니었다. 국경을 뛰어넘는 합병은 전체 합병의 4분의 1에 지나지 않았고,[21] 많은 경우 성공하지 못했다.[22] 그리고 국제투자의 작은 부분만이 국경을 넘어 이뤄졌다. 팀 커클린은 미국의 해외직접투자가 "1960년 320억 달러에서 2004년 2조 630억 달러"로 "엄청나게 증가했"지만 "해외직접투자 유출이 전체 투자에서 차지하는 비중은 겨우 7.3퍼센트로 미국 총투자에서 비교적 작은 비중"을 차지한다는 것을 보여 줬다.[23] 제조업을 보면 그 비중이 더 높아 20.7퍼센트에 이르지만, "이 수치도 1994년의 35.4퍼센트보다는 하락한 것이다."[24] 커클린의 결론은 "비록 투자 과정은 점점 '세계화'했지만 … 자본축적은 여전히 근본적으로 국가적 현상"이라는 것이었다.[25] 더욱이 해외직접투자 통계 수치들은 생산 설비의 소유권 이전에 불과한 것을 생산 설비 자체가 이동한 것처럼 과장된 인상을 줄 수 있다.

유엔무역개발회의의 수치를 보면 리카르도 벨로피오레가 1990년대 말에 지적한 것이 옳았음을 알 수 있다. 해외직접투자는 새로운 기업을 설립하는 것이 아니라 대부분 기존 기업을 사들이는 것을 의미했다. 그래서

제조업의 해외직접투자 흐름에서 우세한 것은 새로운 생산력 창출이 아니라 기업 인수와 합병이다. 그리고 해외직접투자에서 큰 비중을 차지하는 것은 비생산적이고 투기적인 금융 사업이다.[26]

다국적기업들은 대부분 특정 선진 공업국과 그 주변국에 투자를 집중했다. 그리고 그곳에 막대한 규모의 투자, 연구 개발, 생산을 집중해서 다른 경쟁자에 비해 우위를 차지했다. 해외투자의 성격이 특별히 '세계적'이었던 것도 아니다. "미국 기업들의 해외 지사에서 생산한 제품의 66퍼센트"는 "현지에서 판매됐다." 즉, 특정 기업이 기반을 둔 특정 국가의 국경 내에서 판매된 것이다.[27]

이 흐름은 일국에 기반을 둔 생산이 압도적이었던 상황에서는 벗어났지만 그렇다고 해서 [국경 없는] 국제적 생산이 일반적인 것이 되지는 않았음을 뜻했다. 다국적기업들은 특정 국가로 수출할 때의 장애를 극복하려고 그 국가 내에 공장을 세우려 했다(라이흐록과 반 튈더는 이를 '현지화glocalization라고 했다).[28] 처음에는 다국적기업의 본국에서 수입한 부품을 단순히 조립만 하는 '단순 조립 공장'으로 시작하더라도 나중에는 현지 기업들이 부품을 공급하는 경우가 꽤나 많았다. 이것은 다국적기업에게도 이로웠다. 왜냐하면 현지 기업들이 사실상 다국적기업의 위성 기업이 돼 자원을 공급하고, 국내와 역내의 경쟁 업

체들에 맞서 싸워 줬기 때문이다. 다국적기업이 심지어 자회사가 있는 국가의 보호주의 정책을 환영하는 경우도 있었다. 보호주의 정책 덕분에 자신의 시장을 다른 다국적기업들로부터 지킬 수 있었기 때문이다.

세계화 이론가들은 이러한 변화를 이해하지 못했다. 그들은 흔히 현지화 경향의 명백한 사례인 일본 자동차 기업의 미국과 영국 투자를 오히려 자신들의 주장을 뒷받침하는 근거로 든다. 마찬가지로 이탈리아 니트웨어 산업의 특징인 '유연 생산'과 일본에서 발전한 '적시'just in time 생산방식을 세계화의 전형적 사례로 강조한다. 그렇지만 마이클 만이 매우 올바르게 지적했듯이 두 사례는 모두 생산의 세계화가 아니라 생산의 현지화나 지역화를 의미했다.[29]

선진국 기업들이 생산공정의 특정 부분을 해외로 '아웃소싱(외주화)' 하는 것은 중요한 현상이 됐지만, 흔히 생각하는 것보다는 훨씬 더 제한적이다. 2000년대 초 (원료를 포함한) 수입품 '투입물'이 미국 총생산물에서 차지하는 비중은 17.3퍼센트였다.[30] 커클린은 "아웃소싱(외주화)"이 "미국 국내 총소비에서 차지하는 비중은 4.8퍼센트 미만이고 공산품 소비에서 차지하는 비중은 9퍼센트 미만"이라고 추산했다.[31] 한 연구 결과를 보면 2000년대 초 [미국] "제조업 취업자 수"가 줄어든 이유는 "상품과 서비스 분야의 수입 증가 때문이 아니라"

주로 생산성이 크게 향상됐는데도 국내 수요가 충분히 늘지 않았기 때문이다. … 무역이 제조업 일자리 감소의 원인이 됐다면, 그것은 2000년 이후 미국의 수출이 둔화했기 때문이지 수입 때문이 아니다.[32]

세계 자본의 다양한 구성

세계화에 대한 일반적 설명은 자본의 이동 수준을 과장할뿐더러 어디로 이동하는지도 상당히 왜곡한다. 앨런 러그먼은 대규모 다국적기업에 대해 다음과 같이 지적했다.

전 세계에서 똑같은 상품과 서비스를 판매할 수 있는 능력으로 판단해 볼 때, '글로벌' 전략을 추진하는 '글로벌' 기업은 극소수뿐이다. 오히려 500대 기업은 거의 모두 북미, 유럽연합, 아시아 3대 지역에 기반을 두고 있다.[33]

비방디, 페르노리카, 톰슨코퍼레이션, 스토라엔소, 악조노벌, 볼보, ABB, 필립스 등 2000년대 초 글로벌 기업의 절반은 여전히 본국 시장에서 주로 활동했다. 적어도 세 대륙에서 어느 정도 균형 있게 사업을 벌이는 다국적기업은 단지 6개(네슬레, 홀침, 로슈, 유니레버, 디아지오, 브리티시아메리칸토바코)뿐이었다.[34] 유럽연합 나라들에서 활동하는 외국인 소유 기업은 대부분 다른 유럽연합 나라에 기반을 두고 있어서, 다국적기업의 지배적 소유 형태는 '국제적'이라기보다는 '지역적'이었고, "미국계 기업이 유럽의 부가가치 생산에서 차지하는 비중은 4.5퍼센트에 불과했다."[35]

초르타레아스와 펠라지디스는 2004년 다음과 같이 결론 내렸다.

국제무역 증가는 압도적으로 세계경제의 선진 무역 블록 세 곳에 한정돼 있다(미국, 유럽연합, 아시아-일본). 세계의 많은 지역이 무역 호황에서 계속 배제돼 있다. 전 세계에서 국경을 넘는 무역과 생산의 상호 의존성이 증대하는 것이 아니라 특정 국가군[※]과 블록의 지역적 통합(지역화) 과정이 심화하는 것이 현재의 실제 상황이다.[36]

"심지어 과거와 비교해도 무역이 더 많은 나라로 확대되지 않았다. 이 점은 선진국이 개발도상국에서 들여오는 수입이 OECD 국가들의 GDP 합계의 2퍼센트에 불과하다는 사실을 떠올리기만 해도 충분히 알 수 있다"고 초르타레아스와 펠라지디스는 주장했다.[37] 동아시아는 예외였는데, 이 점은 이들의 연구가 진행된 2000년대 초보다 더욱 중요해져서 2005년 무렵 중국의 수출은 전 세계 수출의 7퍼센트를 웃돌 만큼 증가했다.

투자 흐름도 마찬가지로 북미, 유럽, 일본 3대 지역에 집중됐다. 2002~04년에 유럽연합으로 들어온 해외직접투자는 연평균 약 3000억 달러였다. 세계의 나머지 지역(이른바 개발도상국)에 대한 해외직접투자 총액은 1800억 달러에 불과했는데 그중 중국(홍콩 포함)이 5분의 2를 차지했고 브라질과 멕시코가 5분의 1을 차지했다. 전 세계 해외직접투자 총액의 약 89퍼센트가 선진국으로 향했고(1990년과 거의 같은 비율) 그중 3분의 2가 유럽으로 투자됐다.[38]

이런 양상은 평평한 세계에서 자본이 쉽게 흘러다니는 모습과는 거리가 멀었다. 조야한 세계화론자나 지역 블록 강조론자나 국민경제 고수론자들은 [세계 자본이] 몇몇 나라나 지역에 집중된 '울퉁불퉁한' 세계를 제대로 이해할 수 없었다. 실증적 자료들은 완전히 다르게 해석할 수 있다. 마치 병에 물이 반이나 차 있다고 말할 수도 있고 반밖에 없다고 말할 수도 있는 것처럼 말이다. 자본주의의 실상은 이런 측면들 가운데 어느 하나로 환원될 수 없는 것이었다.

　서로 다른 기업들은 서로 다른 수준에서 활동했다. 일부 기업들, 숫자로만 보면 다수의 기업들은 여전히 일국 경제 내에서 활동하면서 이웃 나라에 상품을 사고팔아서 얻을 수 있는 이득이 무엇인지에 촉각을 곤두세웠다. 숫자로는 더 적지만 매우 강력한 다른 기업들은 점점 더 지역을 기반으로 활동하면서 세계의 다른 지역으로 뻗어 나갔다. 그리고 극소수 기업들은 자신들의 미래가 완전히 국제시장에 달려 있다고 봤다. 전망이 서로 다른 개별 자본들이 사고팔고, 시장 확대를 위해 애쓰고, 더 저렴한 자원과 더 많은 이윤을 확보할 수 있는 투자처를 찾으면서, 서로 영향을 주고받는 동시에 서로 상대방의 발을 걸어 넘어뜨리려 했다. 그 결과는 모종의 새로운 자본주의 모델이 아니었다. 자본주의는 항상 어느 정도 안정되는 듯할 때마다 다시 엉망진창이 되고 마는 끊임없이 변하는 체제다. 마르크스는 "견고한 것은 모두 허공 속으로 사라져 버린다"고 했다. 그렇지만 그 방식은 조야한 세계화론의 주장과는 달랐다. 왜냐하면 자본의 오랜 친구, 즉 국가가 이 과정의 모든 지점에 개입했기 때문이다.

'세계화' 시대의 국가와 자본

　모든 선진 자본주의 국가들은 역사상 매우 높은 수준의 국가지출을 여전히 유지하고 있다. 오직 전면전의 시기에만 국가지출 수준이 지금보다 높았다. 그리고 기업들은 흔히 세금이 너무 높다고 불평하지만 결코 국가지출이 100년 전 수준으로 돌아가야 한다고 진지하게 제안하지는 않는다. 왜냐하면 오늘날 자본은 국가가 필요 없기는커녕 여전히(전보다 더는 아닐지라도) 필요하기 때문이다.

자본에 국가가 필요한 첫째 이유는 자본이 특정 지역에 계속 집중되려면 시장의 작용만으로는 저절로 보장되지 않는 기능들이 필요하기 때문이다. 경찰, 사법제도, 다른 자본가의 범죄나 사기를 억제할 수 있는 체계, 신용 시스템에 대한 최소한의 규제, 어느 정도 안정적인 통화공급 같은 것이 그렇다. 자본은 또 노동시장 규제, 차세대 노동력의 재생산, 교통·통신·물·전기 같은 사회 기반 시설 제공, 군수 계약 체결등 국가 주도 경제 시기에 국가가 담당했던 기능들이 여전히 필요하다. 심지어 생산과 판매의 절반 이상을 해외에서 하는 거대 다국적기업들도 수익성의 기초는 여전히 본국에서의 영업에 의존하고, 따라서 국가가 그들에게 무엇을 제공할 수 있는지가 중요하다.

이런 기능들 외에도 모든 국가는 자국 자본이 국내에서 자본을 축적할 수 있도록 엄청난 지원을 계속하고 있다. 최근에 케인스주의가 되돌아오기 훨씬 전부터 그랬다. 그래서 1980년대 말 펜타곤[미국 국방부]은 기업들이 합병하고 투자하고 기술혁신을 하도록 압력을 넣어 미국 마이크로칩 산업의 부흥에서 핵심 구실을 했다.[39] 그리고 이 과정에서 펜타곤은 기업들의 강력한 지지를 받았다.

시러스로직의 핵워스는 "오늘날의 글로벌 경제에서는 모종의 중앙집권적 비전이 필요하다"고 설명했다. LSI로직의 코리건도 동의하며 "누군가는 미국의 산업 전략을 갖고 있어야 한다"고 말했다.[40]

그 전략의 결과, 1990년대 말 세계 최고의 반도체 기업은 이제 일본전기 NEC가 아니라 미국의 인텔이 됐고 미국 기업인 모토로라와 텍사스인 스트루먼츠가 3위와 4위를 차지했다. 미국 정부는 항공 산업에서도 비슷한 합리화 정책을 추진했는데 보잉과 맥도널더글러스를 합병해서 전 세계 민간 항공기 판매의 60퍼센트를 차지하는 기업을 만들었고 유럽 전체의 항공 산업보다 군용기를 2배 이상 생산할 수 있게 했다. 〈뉴욕 타임스〉는 이를 두고 "빌 클린턴 정부는 미국 군수산업체들을 이용해 미국 경제의 국제경쟁력을 강화하는 데 크게 성공했다"고 보도했다.[41]

기업이 국제화하면 국가의 지원에 덜 의존하기는커녕 아주 중요한 한 측면에서 국가의 지원에 더욱 의존하게 된다. 기업의 국제적 이해관계 보호는 국가에 의존할 수밖에 없는 것이다. 새로운 시장에 접근하기 위한 무역 협상, 환율, 외국 정부와의 계약 문제, 해외 자산의 몰수에 대비한 보호, 지적재산권 보호, 부채 상환 강요 등이 모두 전후 초기보다 더 중요해졌다. 이런 일들을 처리할 세계국가 따위는 존재하지 않는다. 따라서 자국 자본의 이해관계를 다른 국가들에 관철시킬 수 있는 국민국가의 힘이 전보다 덜 중요해진 것이 아니라 더 중요해졌다.

주요 통화가 변동환율제에 따라 거래되는 상황에서 한 나라의 정부가 자국 통화가치를 통제할 수 있는 능력은 그 나라에 기반을 둔 기업의 국제경쟁력에 엄청난 영향을 미친다. 이 점은 예를 들어 미국이 유럽과 일본 정부를 설득해 달러 대비 엔화의 가치를 절상하게 한 1985년 '플라자 협정'에서 잘 드러난다. 플라자 협정 후 미국 기업의 해외 판매는 "전후 사상 최고로 늘어나 1985~90년에 연간 10.6퍼센트씩 급증했다."[42] 또한 2001년 12월 항쟁 결과로 집권한 아르헨티나 정부가 통화가치를 75퍼센트 떨어뜨린 덕분에 아르헨티나의 산업자본과 농업자본이 상당히 성장한 데서도 이 점을 확인할 수 있다.[43]

환율이 바뀌면, 일국 경제 내에서 사업하는 기업이 상품생산에 들인 노동의 대가로 얻는 가치의 크기도 바뀐다. 딕 브라이언은 다음과 같이 썼다.

> 환율은 자본 간 잉여가치 분배에서 매우 중요한 요인이다. … 자국 통화의 국제적 가치를 결정하는 데서 국민국가가 하는 구실이 중요하기 때문에, 세계화는 국민국가 차원의 축적을 사라지게 하지 못한다. 세계화는 심지어 국민국가 차원의 축적이 서서히 '질식사'하는 과정도 아니다. 국제적 축적은 사실상 국민국가 차원의 축적을 재현하는 것일 뿐이다. 비록 방식은 과거와 다르지만 말이다.[44]

WTO를 통해 진행된 국제무역 협상에서도 국가의 중요성이 확인된다. 협상 참가자들은 각국 자본 집단의 대표자들이다. 각각의 기업이 이해관계가 서로 다르고 저마다 이 이해관계를 관철하기 위해 개별 국가에 영향을 미치려 한다. 이 점은 자유무역을 통해 국제적 우위를 차지하려는 기업이든 폐쇄적 보호주의를 지지하는 기업이든 마찬가지다. 모든 것은 '그들의' 국가가 다른 국가들을 설득해서 기업이 원하는 것을 들어주게 하는 데 달려 있다. 그래서 마이크로소프트, 글락소스미스클라인, 몬산토 같은 기업들이 전 세계에서 막대한 지적재산권 로열티를 벌어들이는 데서 미국 국가가 핵심 무기 구실을 한다. 또한 미국 국가가 IMF나 세계은행을 통해 행사하는 금융 권력 덕분에 미국 은행들은 해외 대출금 회수를 걱정하지 않아도 된다. 그리고 이런 금융 권력 덕분에 미국의 산업자본들도 더 작은 국가들의 경제 위기를 이용해 이익을 얻을 수 있다. 예컨대, 아시아 경제 위기 때 포드와 제너럴모터

스가 한국 자동차 기업 2개를 차지한 것처럼* 말이다.[45]

국제 합병의 확산이 국가의 중요성 감소를 보여 주는 것도 아니다. 다국적기업은 당연히 자국 국가뿐 아니라 다른 국가에도 영향을 미치려고 애쓴다. 서유럽 나라에 투자하는 미국과 일본 기업들은 국경을 '뛰어넘어' 유럽 국가와 유럽연합의 정책에도 영향을 미치려 한다. 그래서 1990년대 초 포드나 제너럴모터스 같은 미국 다국적기업들은 일본 자동차 수입을 제한하려고 유럽 정부들에 로비를 벌였고, 일본 자동차 기업들은 영국에 자동차 조립 공장을 건설하려고 영국 정부와 보조금 협상을 벌였다. 이 거대 기업들은 국가와 관계를 단절한 것이 아니라 관계 맺는 국가(와 현지 자본가 네트워크)의 수를 늘렸을 뿐이다.

이 관계의 중요성은 금융·경제 위기 때 가장 생생하게 드러난다. 국가는 대기업이나 대형 은행이 파산하지 않도록 독자적으로 또는 전체 산업·금융 집단을 끌어들여 지원할 수 있다. 1970년대 초 이래 경제 위기의 역사는 국가가 피해를 입은 기업을 구제하거나 다른 기업을 압박해 '구제 활동'에 끌어들인 역사이기도 하다. 전후 시기보다 세계화 시기에 더 큰 위기들이 발생했기 때문에 이러한 구제를 받으려는 기업들의 국가 의존도도 더 커졌다. 11장에서 보겠지만, 2007년 신용 경색이 2008년 금융 대폭락으로 전환되는 과정은 이 의존성이 얼마나 심화했는지 보여 줬다.

종합적 결론은 다국적기업이든 다른 형태의 기업이든 기업은 과거의 관성 때문이 아니라 현재의 경쟁 상황에서 비롯한 절박한 필요성 때문

---

* 포드는 기아차를 헐값에 인수하려 했으나 아시아자동차 문제 때문에 결국 포기했고, 제너럴모터스는 대우차를 분할해서 승용차 부문만 최종 인수했다.

에 기업의 이해관계를 보호해 줄 국가를 원한다는 것이다.

20세기 중반의 국가자본주의를 계승한 것은 모종의 비국가자본주의가 아니라, 자본이 여전히 '자신의' 국가에 의존하면서도 다른 국가의 자본들과 연계를 맺기 위해 국경을 넘어 확산하려고 하는 체제다. 이 과정에서 체제 전체는 더 혼란스러워졌다. 이제는 개별 기업이 개별 국가에 단순한 것을 요구하는 그런 체제가 아니다. 기업이 국제적으로 활동하기 때문에 그 기업의 한 부문은 특정 국가나 그 국가의 자본 집단과 연계를 맺는 반면, 똑같은 기업의 다른 부문은 다른 국가나 다른 자본 집단과 연계를 맺을 수 있다. 그리고 특정 국가의 기구들은 각각의 단위가 서로 경쟁하는 다양한 자본의 요구에 조응하느라 그 결속력이 무너질 수 있다. 국제적 의제, 지역적 의제, 국가적 의제, (큰 국가의 경우) 지방적 의제(지리적으로 특정 지역에 집중된 자본 집단의 의제)가 서로 충돌하면서, 국가의 정치·경제 구조 내에서 알력(과 때로는 매우 심각한 분열)을 불러일으킬 수 있다. 오랫동안 경제 위기가 지속됐던 1990년대와 2000년대 초에 영국의 전통적 지배계급 정당인 보수당 내에서 바로 이런 일이 벌어졌다. 보수당 내부의 불화는 영국 자본주의의 미래가 미국과의 관계에 달려 있다고 보는 사람들과 유럽과의 통합에 달려 있다고 보는 사람들 사이의 충돌을 반영했다(이 충돌은 영국 자본주의의 상황, 즉 무역은 대부분 유럽과 하지만 해외투자의 절반은 미국에 있는 상황을 반영한다).

국민국가를 과거의 낡은 유물로 보는 사람들은 흔히 "국제 자본가계급"의 출현에 상응하는 "국제 자본주의 국가"를 이야기한다.[46] 이들은 마르크스의 지적, 즉 "이윤의 분배가 아니라 손실의 분배가 문제가 되고 … 자본가계급의 실천적 우애가 서로 다투는 형제들 사이의 투쟁으로 바뀌면" 그 결과는 "힘과 술책에 의해 결정된다"는 지적을 이해하지 못한다.[47] 그리고 힘을 사용해야 하는 문제에서는 국민국가가 그 수단이 된다. 경제적 경쟁이 거대 기업들의 생존 문제가 되면 크든 작든 국가 간 갈등은 피할 수 없다. 이 점은 레닌과 부하린 시대와 마찬가지로 오늘날에도 진실이다. 물론 국가적, 지역적, 세계적 자본축적 흐름이 국가의 개입 방식에 영향을 미치기는 하지만 말이다.

국가가 다른 국가에 이러한 압력을 가하려면 경제원조, 금수禁輸 조치, 무역 특혜, 노골적 뇌물 같은 '평화적' 방법과 함께 막대한 군비 투자가 뒷받침된 강력한 '무장 집단'이 여전히 필요하다. 대부분의 시기에 군대의 구실은 능동적이기보다는 수동적일 수 있다. 군사적 영향력이 어느 정도 수준을 계속 유지할 때는 누군가 그 영향력에 도전하지 않는 한 군사력을 사용할 필요가 없다. 예컨대, 냉전 시기에 미국과 소련 사이에 핵전쟁이 벌어지면 둘 다 파멸할 것이 확실했으므로 서로 유럽의 상대방 세력권을 침범하지 않은 것처럼 말이다. 또 냉전 기간에 미국이 서유럽 열강들과 일본에 미국의 요구를 들어주지 않으면 군사적으로 지원하지 않겠다고 암묵적으로 협박했듯이 군사력은 직접적 구실보다는 간접적 구실을 할 수 있다. 그러나 이런 경우에도 국가의 군사력은 여전히 핵심 요인이었다. 따라서 레닌과 부하린의 제국주의 분석은 여전히 유효하다. 오늘날에도 러시아, 중국, 인도, 파키스탄, 북한의 지배자들은(그리고 이 문제에서는 영국, 프랑스, 미국의 지배자들도) 핵무기 보유를 적에 대항하는 궁극적 방어 수단으로 본다.

거대 열강들 사이의 상호 관계는 신자유주의와 자유무역 주창자들이 꿈꾸는 평화롭고 조화로운 관계가 아니다. 이해관계가 서로 충돌하며, 그런 이해관계 충돌을 처리하는 최종 무기는 바로 군사력이다. 그러나 20세기의 처음 40년과 비교하면 차이가 있다. 당시에는 유럽 중심부를 폐허로 만든 전쟁들이 벌어졌다. 1945년 이후의 긴장은 대규모 군비 축적으로 이어졌고, 이것은 중심부에서 전쟁을 불러일으킬 수 있었다. 그러나 열전은 중심부 바깥, 주로 제3세계에서 발생했다.

그 이유 하나는 핵무기 보유국 간의 전쟁은 전체 국민경제를 파괴하고 인구 대다수를 살상할 수도 있다는 두려움, 즉 '억제' 효과에 있었다. 다른 이유는 선진 자본주의 경제들의 상호 침투 때문에 국가들이 선진 자본주의 바깥에서 무력을 사용하도록 압력을 받았다는 것이다. 자신의 국가가 다른 국가에 있는 자기 재산을 마구 파괴하는 것을 원하는 자본가는 거의 없다. 그리고 해외 재산은 대부분 다른 선진 자본주의 나라에 있을 것이다.

그렇다고 해서 전쟁이 완전히 사라진 것은 아니다. 1914년에도 자본주의 경제는 매우 국제화돼 있었지만 전면전을 막지 못했다. 1941년에도 독일에 포드 공장과 코카콜라 매장들이 있었지만 미국은 진주만 공습 이후 전쟁을 선포했다. 그러나 자본의 국제화는, 만약 가능하다면 선진국 사이의 분쟁을 피하고 산업화가 덜 된 지역으로 분쟁을 이전할 동기를 부여한다. 그래서 1945년 이후에도 전쟁은 계속 벌어졌지만 서유럽, 북미, 일본 바깥에서 벌어졌다. 그리고 흔히 특정 강대국의 지원을 받지만 완전히 의존하지는 않는 정권들이 특정 지역에서 벌이는 '대리전' 형태를 띠었다.

바로 이런 논리 때문에 1980년대에 미국은 이란과 이라크의 오랜 전쟁에서 이라크를 암묵적으로 지지했고 아프가니스탄에서 소련의 점령에 맞서 싸우던 무자헤딘에 현대식 무기를 제공했다. 비슷한 논리가 1990년대 발칸반도에서도 작동했다. 당시 유고슬라비아에서 슬로베니아가 독립하는 것을 이용해 오스트리아가 이득을 취하려 하자 독일은 크로아티아의 독립을 부추겼고 그러자 이번에는 미국이 보스니아의 독립을 부추겼다. 물론 그 결과는 끔찍한 인종 분쟁이었다.

대리전으로 가장 고통받은 곳은 아마 아프리카일 것이다. 냉전의 마지막 15년 동안 미국과 소련은 서로 전략적 우위를 차지하려고 아프리카에서 전쟁과 내전을 지원했다. 1990년대에는 미국과 프랑스가 중앙아프리카에서 세력 다툼을 벌였다. 두 나라는 탄자니아, 르완다, 부룬디, 콩고민주공화국의 접경지대에서 벌어진 전쟁과 내전에서 경쟁 세력들을 지원했다. 미국과 프랑스가 일조한 이 재앙에서 총 300만~400만 명이 죽었다. 이런 상황에서 용병 부대들이 출현했는데, 이 용병 부대 지휘관들은 부를 쌓기 위해 전쟁을 하고 전쟁을 하기 위해 부를 쌓으면서 지역 수준에서 제국주의 열강들을 흉내 냈다. 제국주의가 지역 지배자들 사이의 피비린내 나는 전쟁과 내전을 부추긴 것이다. 그리고 가끔 서방의 이익을 위협할 만큼 혼란이 걷잡을 수 없게 되면 '평화 유지'를 위해 서방 군대를 파병했다. 선진 자본주의 국가들의 제국주의 간 적대 관계에서 비롯한 갈등은 이런 식으로 세계의 가장 가난한 지역을 가장 끔찍하게 파괴했다.

새로운 위기의 시대에서 새로운 제국주의로

옛 제국주의는 한 동맹국 진영이 경제력과 군사력이 비슷한 다른 동맹국 진영과 대결하는 것이었다. 오늘날에는 심지어 거대 열강들 사이에도 자국 자본의 이해관계를 관철하는 능력에 큰 차이가 있다. 위계 체제의 꼭대기에는 자신이 원하는 대로 할 수 있는 능력이 가장 강력한 국가, 즉 미국이 있다. 맨 아래에는 더 강한 국가들의 지원을 바라는 약소국들이 있다. 그 사이에 있는 국가들은 국제 위계 체제에서 서로 지위 다툼을 벌이는 동시에 자신보다 위에 있는 국가에게 양보를 얻어 내려고 서로 일시적 동맹을 맺기도 한다.

이런 위계 체제는 결코 안정적일 수 없다. 경제 위기가 거듭될 때마다 경제성장률(때로는 마이너스 성장률)이 불균등하기 때문에 국가 간 세력균형은 항상 변한다. 그래서 위계 체제의 위쪽으로 올라가려는 국가와 현재 지위를 유지하려는 국가가 경쟁적으로 힘을 과시한다. 약소국이 주변국과 분쟁에 연루되면 이들과 동맹 관계인 강대국이 그 분쟁에 끼어들고, 강대국은 다른 강대국보다 우위를 차지하는 방법의 일환으로 약한 '깡패' 국가를 공격해서 본때를 보여 준다.

이 국제 서열에서 맨 꼭대기를 영원히 유지하려는 미국의 시도가 이 서열을 불안정하게 만드는 가장 큰 원인이다. 미국의 지위는 제2차세계대전이 끝날 무렵에는 난공불락처럼 보였다. 그렇지만 그 후 미국은 자국보다 훨씬 빨리 성장하는 다른 국가들의 잇따른 도전을 두려워하게 됐다. 미국은 1950년대에는 소련을 경제적(그리고 군사적) 위협으로 여겼고, 지금은 비록 터무니없는 소리처럼 들리지만 1980년대에는 일본을, 그리고 이제는 중국을 위협으로 여긴다. 자국의 지위 하락을 두고 보지 않겠다고 작정한 미국 국가는 막대한 군비를 지출하고 남반구에서 여러 차례 전쟁을 벌였다.

미국이 직면한 어려움의 심각성이 처음 드러나기 시작한 것은 미국 지배계급이 베트남전쟁에서 완전히 승리하는 데 필요한 비용이 계속 치솟아 더는 감당할 수 없음을 깨달은 1960년대 말이었다. 그 후 미국 자본주의의 역사는 세계경제 위기가 거듭되고 축적률이 대체로 하락하는 상황에서 미국의 옛 지위를 회복하기 위한 시도들의 역사다. 미국은 한동안 총생산에서 군비 지출이 차지하는 비중을 줄여 경제적 어려움을 완화하는 국면(1960년대 말부터 1970년대 말까지, 그리고 1980년대 말부터 2000년까지)과 또 한동안 군비 지출 증대가 미국의 세계 패권을 강화하고 특정 미국 기업들의 실적을 개선할 것이라는 믿음 아래 군비 지출을 늘리는 국면(1980년대 초중반, 2000~08년)을 왔다 갔다 했다. 모든 국면에서 미국 국가는 자국 자본들에게 어느 정도 이득을 줬지만, 어느 국면에서도 그 이득은 장기간에 걸친 미국의 상대적 쇠퇴를 막을 만큼 충분하지는 않았다.

소련의 군사적 도전과 일본의 경제적 도전이 사라진 1990년대에는 세계 패권에 대한 미국 지배계급의 자신감이 회복될 것이라고 생각할 만했다. 그러나 미국의 전략가들은 미래를 걱정했다. 그들은 소련에 대한 두려움이 사라지면 유럽의 강대국들이 전처럼 순순히 미국의 요구를 받아들이지 않을 것이라고 생각했다. 그 우려는 WTO 협상에서 미국과 유럽 국가들이 충돌하면서 현실로 나타났다. 그리고 아시아에서는 중국이 성장하면서 일본을 제치고 새로운 위협이 됐다. 1994년 헨리 키신저는 다음과 같이 우려했다.

국제적 의제를 일방적으로 좌우할 수 있는 미국의 지위는 사실 냉전 초기만큼 강력하지 않다. … 앞으로 미국은 냉전 시기에는 결코 경험한 적이 없는 경제적 경쟁에 직면할 것이다. … 중국은 초강대국 지위를 향해 나아가고 있다. … 중국의 GNP는 21세기의 첫 20년이 지나면 미국과 엇비슷해질 것이다. 그보다 훨씬 전에 아시아는 중국의 영향력 아래 놓일 것이다.[48]

더욱이 25년간 금융·투자·무역·생산이 점점 더 국제화하면서 미국 자본주의는 미국 바깥에서 벌어지는 사건들에 더욱 취약해졌다. 미국의 거대 다국적기업들이 보기에는 미국 국가가 이러한 사건들을 통제할 수 있어야 했고 그러려면 모종의 정책이 필요했다. 이미 클린턴 정부 말기에 나토를 동유럽으로 확장하려고 노력하는 등 더 공세적인 외교정책으로 전환하려는 움직임이 나타났다. 그러나 이러한 정책 전환은 1990년대 말에 결성된 악명 높은 신보수주의 집단, 즉 '새로운 미국의 세기를 위한 프로젝트' 그룹의 공화당 정치인들, 기업인들과 학자들이 보기에는 매우 부족한 것이었다. 이 그룹의 출발점은 "미국 패권의 쇠퇴"를 막으려면 군비 지출의 대폭 증가, 미사일 방어 시스템 구축, 중국·세르비아·이라크·이란·북한 "독재 정권들"의 "위협"에 대처할 "레이건식" 정책으로 되돌아가야 한다는 주장이었다.[49] "냉전 시기에 서방 세계를 승리로 이끈 미국은 이제 기회와 도전에 직면하고 있다. 우리는 기회를 낭비하고 도전을 극복하지 못할 위기에 처해 있다."[50]

2000년 선거에서 공화당이 승리하고, 9·11로 세계무역센터가 파괴된 후 국가적 공황 상태가 닥치자 그들은 드디어 자신들의 정책을 펼칠 수 있는 기회를 얻었다.

그들의 정책은 사실상 미국의 군사력을 더욱 강화하는 것이었다. 그리고 그 군사력을 사용해 미국의 세계 패권을 확실하게 천명하는 것이었다. 그들은 20년 전 레이건의 '군사적 케인스주의'가 그랬듯이 군비 지출 증가와 막대한 부자 감세가 미국 경제를 침체에서 구해 낼 것이라고 믿었다. 군비 지출이 증가하면 경제가 회복될 것이고, 컴퓨터·소프트웨어·항공 기업의 기술 발전에 필요한 자금을 조달할 수 있고, 다른 나라 지배계급에게 미국의 정책을 강요할 수 있는 힘이 더 커질 것이다. 그리고 이 모든 것은 미국이 압도적 패권을 과시하면 미국으로 더 많은 투자가 몰려오면서 보상받을 것이다. 그들의 목표는 미국이 다른 강대국에는 없는 미국의 강점, 즉 압도적 군사력을 이용해 쇠퇴하는 시장 경쟁력을 다시 회복하는 것 이상을 해내야 한다는 것이었다. 그것은 1920년대 초에 부하린이 설명한 제국주의 논리의 최신 판이었다. 다른 점이 있다면 경쟁 자본주의 국가들을 상대로 직접 전쟁을 벌이는 것이 아니라 미국과 친미 국가들이 남반구에서 전쟁을 벌여 미국의 세계 패권을 과시함으로써 경쟁국들을 굴복시킨다는 것이었다.

그래서 아프가니스탄을 공격하고, 18개월 뒤에는 이라크를 공격한 것이다. '네오콘'은 미국의 강력한 군사력을 과시하고 동시에 세계에서 가장 중요한 원료인 석유 지배권도 강화할 수 있는 완벽한 기회를 잡았다고 믿었다. 이제 서유럽 국가들, 일본, 중국이 적어도 어느 정도는 석유 공급을 미국에 의존할 것이므로 그 나라들의 협상력은 약해질 것이다. 그 전략은 매우 적은 비용으로 미국의 공군력을 과시하기만 해도 전쟁에서 승리할 수 있다는 가정에 기초를 둔 것이었다. 이런 생각은 미국의 기업 경영자들에게는 공통의 목표를 실현할 수 있는 방법처럼 보였고, 그래서 민주당 의원들도 국회에서 전쟁에 찬성표를 던졌다.

그것은 도박이었다. 그리고 2004년 봄이 되자 도박이 크게 잘못됐음이 분명해졌다. 미국은 아프가니스탄의 카불과 이라크의 바그다드를 아주 쉽게 점령했다. 그러나 미군은 이라크에서 저항이 확대되고 이란의 영향력이 강화되는 것을 막을 수 없었다. 그 후 2년이 채 안 돼 미군은 아프가니스탄에서도 탈레반의 강력한 저항에 직면했다.

군사적 케인스주의로의 전환은 처음에는 경제적 측면에서 성공적인 듯했다. 미국은 2001~02년의 불황에서 예상보다 빨리 회복했다.

"2001~05년 공식 군비 지출은 비주거용 민간 총투자의 평균 42퍼센트"였지만 "공식 통계에는 군비 지출로 당연히 포함돼야 할 많은 항목이 빠져 있었다."[51] 이것들은 모두 단기적으로는 다양한 미국 산업에 시장을 제공했다. 그러나 높은 수준의 군비 지출은 머지않아 베트남전쟁 시기나 레이건 정부 시절에 나타났던 부정적 효과들을 초래했다. 전반적 국제경쟁력 강화 없이 경제적 수요가 늘어났고, 그러자 무역 적자뿐 아니라 재정 적자도 급증했다. 2006년이 되자 군사비 증가와 이라크에서의 패배 위험이 맞물리면서 지배계급의 주요 분파들이 상황을 우려하기 시작했다. 공화당의 거물 제임스 베이커와 민주당의 거물 리 해밀턴이 주도한 이라크스터디그룹은 미국 자본주의의 이라크 전쟁 비용이 1조 파운드(영국의 7개월치 총생산에 해당)에 달한다고 추산하며 "피와 재산"의 손실을 한탄했다.[52]

그 사이에 다른 국가들과 외국자본들은 미국의 약점을 이용해서 자신들의 지위를 강화할 수 있었다. 가장 중요한 서유럽 국가들인 프랑스와 독일은 1991년 제1차 이라크 전쟁 때와는 달리 2003년 이라크 전쟁 때는 지원을 거부했다. 특히 프랑스 국가는 중동에서 미국의 영향력이 약해지는 틈을 타서, 미국 자본과 프랑스 자본의 이해관계가 충돌하는 중동에서 프랑스 자본의 이익을 증대하려 했다. 중국은 미국이 이라크와 아프가니스탄에 매여 있는 상황을 이용해 특히 아프리카와 라틴아메리카에서 영향력을 강화할 수 있었다. 중국의 이런 영향력 강화는 통상 관계 확대와 함께 이뤄졌는데, 중국은 아프리카에서는 광물을, 브라질·아르헨티나·칠레에서는 농산물을 수입했다. 곧이어 러시아도 석유 판매 수입이 증가한 덕분에 1990년대에 몰락했던 경제를 회복하고, 옛 소련에서 독립한 국가들에 영향력을 발휘하기 시작했다. 이란은 미국의 좌절을 이용해 이라크와 레바논에서 세력을 확대했다. 브릭스는 미국과 유럽연합에 대항해 공동의 통상 이익을 도모하기 위해 일시적으로 동맹을 맺고, 미국 기업들이 외국시장에 더 쉽게 진출하고자 추진한 도하 무역 협상을 마비시켰다. 미국의 부하 노릇을 하는 세 국가가 미국이 지지하는 목적을 달성하기 위해 전쟁을 일으켰을 때, 즉 이스라엘이 2006년 레바논을 상대로, 에티오피아가 2007년 소말리아를 상대로, 그루지야가 2008년 오세티야를 상대로 전쟁을 벌였을 때 미국은 이들의 패배를 막을 수 없었다.

소련의 몰락으로 오직 단 하나의 초강대국만 존재하는 '일극 지배 체제'가 됐다고 얼마 전까지 주장하던 평론가들은 이제 미국이 다른 열강들에게 양보해야만 미국의 지위를 유지할 수 있는 '다극 체제'에 대해 말하기 시작했다. 어떤 이들은 다극 체제가 더 평화로운 세계라고 생각했다. 그러나 다극 체제는 이해관계가 서로 다른 자본과 그들의 국가가 기회만 있으면 다른 국가와 자본을 제압하려고 애쓰는 세계다. 또, 옛 제국주의의 규범이 강화될수록 그것이 성공하기 더 힘들어지는 세계다. 다극 체제는 간단히 말하면 모순된 압력이 중첩돼 격렬한 정치적 위기를 계속 만들어 내는 세계다. 이 점은 엄청난 경제적 착각이 심각한 경제 위기로 바뀌면서 분명해졌다.

chapter 11 금융화와 거품 붕괴

신용 경색

2007년 1월 세계경제 지배자들이 스위스 휴양지 다보스에 모였을 때의 분위기는 "낙관으로 충만"해 있었다. 이를 두고 〈파이낸셜 타임스〉는 "세계화와 신기술, 수십 년 만에 가장 빠르게 성장하는 세계경제가 만들어 낸 기회"를 "즐기는" 분위기라고 보도했다.[1] 2008년 1월에 다시 모였을 때는 분위기가 사뭇 달랐다. "우울한 결의"가 있었다.[2] 국제금융 시스템이 '신용 경색'으로 마비되기 시작했기 때문에 '우울'했고, '실물경제'가 여전히 성장하고 있었고 정부가 적절하게 개입하면 은행들이 다시 대출을 시작할 수 있을 듯했기 때문에 '결의'가 이뤄졌다.

다보스 포럼 이후 몇 개월 동안 각국 정부는 금융 시스템에 개입했다. 2008년 1월 각국 중앙은행은 금리를 대폭 낮췄다. 2월에는 영국 정부가 모기지(주택 담보대출) 은행인 노던록을 국유화했다. 3월에 미국 연방준비제도이사회는 파산한 베어스턴스를 인수할 수 있게 300억 달러를 JP모건체이스에 제공했다. 4월과 5월에 미국과 영국의 중앙은행은 은행들이 망하지 않도록 수천억 달러를 쏟아부었고 7월에 다시 수천억 달러를 추가 공급했다. 9월 초 미국 정부는 대형 주택금융회사인 패니메이와 프레디맥을 국유화했는데, 전에 미국 정부 자문위원이었던 누리엘 루비니는 이를 두고 "인류 역사상 최대 규모의 국유화"라고 말했다.[3]

그러나 이 모든 것은 헛수고였다. 9월 15일 미국 금융 시스템의 한 축을 담당하던 투자은행 리먼브러더스가 파산하면서 '금융 쓰나미'를 불러왔다. 수많은 나라의 수많은 은행이 파산 직전까지 몰려 수천억 달러가 추가로 투입됐고 부분적 국유화 조처를 수반한 각국 정부의 구제 금융 덕분에 겨우 살아남을 수 있었다. 신용 경색은 1930년대 대공황 이후 가장 심각한 세계 금융 위기로 전환됐다. 2008년 말이 되자 이 위기가 단지 금융 위기만은 아니라는 점이 분명해졌다. 모든 경제 대국에서 매일 일자리 수만 개가 사라졌다. 국제무역은 전년 대비 40퍼센트 하락했다. IMF는 "부유한 나라들에서 제2차세계대전 이래 최악의 경기 침체"를 예상했다.[4] 그러나 피해를 입은 것은 부유한 나라들만이 아니었다. 한국, 말레이시아, 태국, 싱가포르도 급격한 경기후퇴를 경험했다. 중국에서는 수출이 감소하고 부동산 거품이 꺼지면서 노동자 2000만 명이 일자리를 잃었다. 러시아 각료들은 새로운 위기를 두려워하기 시작했고 브라질도 산업 생산이 하락하기 시작했다. 동유럽에서는 수많은 사람들이 더는 주택 융자금을 서방 은행에 갚을 수 없게 되면서 경기회복이 갑자기 멈췄다. 2009년 1월 다보스에서는 "파멸에 대한 예측이 난무"했다.[5]

금융의 성장

이번 경제 위기는 지난 25년간 금융이 엄청나게 성장해 자본주의 체제에서 전례 없이 중요한 구실을 하고 있던 상황에서 발생했다. 2004년 미국 금융 기업들의 주식시장 가치는 비금융 기업들의 29퍼센트였는데 이는 지난 25년간 4배로 성장한 것이다.[6] 비금융 기업 이윤 대비 금융 기업 이윤의 비율은 1950년대 초부터 1960년대 초까지는 약 6퍼센트였는데 2001년에는 약 26퍼센트까지 높아졌다.[7] 2005년 세계 금융자산은 연간 세계 총생산의 316퍼센트였는데 1980년에는 겨우 109퍼센트였다.[8] 미국의 개인 총소득 대비 가계 부채 비율은 1952년 36퍼센트, 1960년대 말 60퍼센트, 2000년 100퍼센트에서 2006년에는 127퍼센트로 늘었다.[9]

금융의 구실이 늘어나면서 세계경제에도 그 영향이 나타났다. 1980년대 초 이후 불황-호황의 경기순환에서 상승 국면마다 금융 투기가 발생했다. 그 결과 1980년대 중반과 1990년대 중반에 미국과 영국 증권시장이 크게 성장했고, 1980년대 말에는 일본의 주식과 부동산 가격이 급등했고, 1990년대 말에는 닷컴 호황이 나타났고, 2000년대 초중반에는 미국과 유럽 여러 나라에서 주택 가격이 상승했다. 이와 더불어, 1980년대 말 RJR 나비스코 같은 기업들의 차입 매수*부터 2000년대 중반 사모펀드들의 오래된 기업 인수 물결까지 신용(빚)으로 자금

---

* 기업을 인수할 때 필요한 자금을 대부분 자체 조달하는 것이 아니라 인수할 회사의 자산을 담보로 대출을 받아 지급하는 방식.

을 조달하는 인수 합병 흐름이 계속됐다.

그 사이에 생산보다 은행 대출이 빠르게 늘면서 세계 대부분 지역에서 정부, 비금융 기업, 소비자 할 것 없이 전반적으로 부채 수준이 높아졌다. 1980년대 동안 미국의 부채 수준은 2배로 높아졌고 일본의 부채 수준은 3배로 높아졌다. 1990년대 중반 미국의 호황기에는 기업과 소비자의 부채 수준이 유별나게 높아졌다. 2000년대 중반 미국, 영국, 스페인, 아일랜드의 부동산 호황도 마찬가지로 엄청난 부채 덕분에 지탱될 수 있었다.

공업화가 덜 된 나라들에 미치는 금융의 영향력은 1980년대에 이미 확실히 나타났다. 이 나라들은 1970년대 말에 빌린 외채를 갚으려고 국제 금융기관에서 계속 대출을 받아야 하는 악순환에 직면했다. 2003년 사하라 이남 아프리카 나라들의 외채는 총 2134억 달러, 라틴 아메리카와 카리브 해 나라들의 외채는 7796억 달러, 남반구 전체의 외채는 2조 5000억 달러에 달했다.[10]

대체로, 자본주의 체제에서 금융이 하는 구실은 1930년대 대공황 때나 전후 호황기보다 지금이 훨씬 더 커졌다. 당시에는 은행들이 힐퍼딩이 20세기 초에 '금융자본주의'라는 개념을 통해 주장했던 핵심 구실을 하지 않았다(4장을 보라). 미국의 대규모 제조업체들은 자체 수익으로 투자 자금을 마련했다. 일본과 독일에서는 은행이 더 중요한 구실을 했지만, 이는 주요 산업자본의 성장을 돕기 위한 것이었다. 장기 호황이 끝나서야 금융은 산업자본과의 연계나 산업자본 종속성에서 탈피한 듯했다. 1980년대에는 수십억(나중에는 수천억) 달러의 자금이 여러 경제 분야나 국경을 넘나들며 투자 수익이 가장 높은 곳에서 이익을 챙긴 뒤 다른 곳으로 빠져나가 버리면 그곳의 경제가 파탄나기 일쑤였다.

금융은 전과 다른 방식으로 전 세계 노동자의 삶에 직접 영향을 미치기 시작했다. 1980년대까지는 대다수 사람들이 임금을 매주 현금으로 받았지만, 이제는 은행 계좌로 받는 게 일반적이다. 영국과 미국 같은 나라에서는 주택을 구입하는 가계가 3분의 1에서 3분의 2로 늘어나면서 신규 대출자들이 생겨났고 임금이나 봉급이 대출이자를 갚는데 쓰였다. 보험과 사적 연금도 확대돼 금융기관의 촉수가 전보다 훨씬더 많은 사람들에게 뻗쳤다. 주택 담보대출이나 할부 거래는 1930년대부터 이미 중요했다. 그러나 1980년대가 돼서야 사람들이 일상적인 생활수준을 유지하는 데서 부채가 중요한 구실을 하게 됐다. 미국과 영국의 대다수 노동자들에게 주택 담보대출이나 신용카드는 일상생활의 일부가 됐다. 한편 전 세계의 대다수 나라 정부들은 금융기관의 금융 상품에 투자하는 것이 노동자와 중간계급이 노령연금을 받는 좋은 방법이라며 부추겼다. 로빈 블랙번이 보여 줬듯이, 연기금은 납부자들이 전혀 통제하지 못하는 금융 시스템을 급격히 성장시켰다.[11]

금융의 성장과 함께 금융 위기는 더욱 빈번해졌다. 앤드류 글린이 《고삐 풀린 자본주의》에서 말했듯이, "은행 위기가 결합된 경제 위기는 [자본주의] 황금기에는 거의 사라졌다가 1973년 이후 다시 강력하게 나타났고 1987년 이후에는 사실상 양차 대전 사이 시기만큼이나 빈번해졌다."[12] 마틴 울프는 "지난 30년간 심각한 금융 위기가 100건"이나 일어났다고 지적했다.[13] 그러나 위기가 끝날 때마다 자본주의 체제 전체는 다시 살아난 것처럼 보였다. 그래서 가장 커다란 금융 위기가 발생하기 직전까지 기록적 성장률에 대한 예찬과 미래에는 훨씬 더 빠르게 성장할 것이라는 예측이 무성했다. 금융은 사실 자본주의 체제에 커다란 활력을 주고 도취감을 만들어 내는 마약 같은 구실을 했다. [자본주의 체제는] 잠시 [마약에서] 깰 때마다 더 많은 약물을 복용하다가 결국 완전히 중독됐다는 것을 갑자기 깨달았다.

부채 경제와 엄청난 착각

금융의 성장은 자본주의 체제의 핵심인 생산의 변화와 결코 분리될 수 없는 것이었지만, 한편으로는 생산이 국제화한 결과였고 다른 한편으로는 축적이 장기적으로 둔화한 결과였다.

1960년대 국제금융의 첫 번째 급성장은 국제무역과 국제투자(그리고 베트남전쟁과 관련된 미국의 해외 군비 지출) 증가로 말미암아 국민국가의 통제를 벗어난 금융 풀pools('유로머니')이 형성된 결과였다. 그다음에는 엄청나게 늘어난 중동의 석유 수익(생산자본의 중동 석유 의존도가 높아진 결과였다)이 다시 미국 금융 시스템으로 흘러 들어가면서 국제금융이 두 번째로 급성장했다.

앞서 봤듯이 생산자본의 구조조정은 점점 더 국경을 가로질러 진행됐다. 비록 그 범위는 대부분 세계적이기보다는 지역적이었고 세계화론의 과장만큼은 아니었지만 말이다. 그러나 산업 구조조정은 국경을 가로지르는 금융과 연계 맺지 않고는 불가능했다. 생산자본은 이윤을 본국으로 송금하거나 세계 곳곳에 자회사를 설립할 때 국제금융 네트워크가 필요했다. 일부 금융자본은 생산 기업들의 인수·합병을 감독하면서 받는 수수료가 이윤의 중요한 원천이었는데, 이것이 뜻하는 바는 다국적 영업으로 얻을 수 있는 이득이 존재했다는 것이다. 마르크스는 자신이 살던 당시의 금융을 묘사하면서 금융이 생산자본으로 하여금 처음 설립됐을 때의 영역을 뛰어넘도록 고무한다고 했다.

한편 다국적 생산자본은 다국적 금융거래에 대한 새로운 전망을 열었다. 1970년대 말에 일본 자동차 산업이 미국 시장에 성공적으로 진입하자 일본 금융기관들이 미국에서 생산적 투자(자동차 공장)와 부동산 투기를 모두 할 수 있는 기반이 마련됐다. 또한 다국적기업 내부의 자금과 상품 이동은 금융거래가 (필요하다면) 정부의 통제를 벗어날 수 있는 통로가 됐다.

상품을 사고파는 사슬이 그 어느 때보다 확대됐듯이 차입과 대출의 사슬도 그 어느 때보다 확장됐다. 따라서 금융기관들이 생산이나 착취 과정과 직접 연계되지 않은 차입과 대출을 통해 이윤을 추구할 기회도 그 어느 때보다 커졌다. (8장과 9장에서 설명했듯이) 이윤율이 장기 호황기보다 떨어진 상황에서 금융을 통한 이윤 추구는 모든 종류의 자본가들에게 점차 매력적으로 보였다. 세계 자본주의는 거의 40년간, 심지어 회복기에도 이윤율이 상당히 낮아서, 그 전과 달리 생산과 축적이 급격히 확대되지 않았다.

이윤율이 완전히 급락한 것은 아니었고, 과거의 잉여가치 중에서 수익성 있는 신규 투자 기회를 찾는 잉여가치도 계속 증가했다. 그러나 생산 부문에 투자된 잉여가치가 전처럼 많지는 않았다. 그 결과 앞서 봤듯이 전반적 축적 수준과 평균 성장률이 하락했다. 세계경제에서 생산 부문이 매우 빠르게 성장하는 지역은 시대마다 달랐다. 1970년대 말에는 브라질과 동아시아 신흥공업국들, 1980년대에는 일본과 독일, 1990년대에는 미국과 다시 동아시아 신흥공업국들, 2000년대에는 중국과 그보다는 느리지만 브릭스의 다른 나라들이 그랬다. 그러나 자본주의 체제 전체의 생산적 축적 수준을 전만큼 끌어올리기에는 이윤율이 충분히 높지 않았다.

개별 기업이 경쟁자보다 우위를 유지하려면 대규모 투자를 해야 한다는 압력이 심해졌지만 이 투자로 이윤을 얻을 수 있을지는 더 불확실해졌다. 그러다 보니 기업들, 부유한 개인들, 투자 펀드들은 다음번 위기 때 보유 현금(금융 용어로는 '유동성')이 없어서 쩔쩔매지 않도록 투자에 신중해졌다. 그 결과 생산적 투자의 평균 수준이 하락하는 경향이 나타났다.

■ 표 11-1_ 공업국의 민간 부문 비非주거용 실질 자본 스톡 성장률[14]

1960~69년	5.0퍼센트
1970~79년	4.2퍼센트
1980~89년	3.1퍼센트
1991~2000년	3.3퍼센트

표 11-1의 통계 수치에는 생산적 투자의 감소가 덜 반영돼 있는데, 비생산적 금융 분야로 가는 투자의 비중이 점차 증가했기 때문이다. 그리고 생산적 투자로 가는 잉여가치의 비중이 줄어든 것은 전통적 공업국들만이 아니었다. 아시아의 호랑이들, 신흥공업국과 브릭스도 1997~98년의 아시아 경제 위기에서 큰 교훈을 얻었다. 이 나라들은 다음번 국제 [경제] 불안정이 자국 시장을 강타할 때 현금 부족으로 다시 고통받고 싶지 않아서 무역 흑자를 국내에 다시 투자하기보다는 저축하는 데 돌렸다. 심지어 중국도 축적률이 전례 없는 수준이었는데도 투자 대비 저축의 초과분이 국민총소득의 10퍼센트나 됐다.

이 때문에 전 세계에서 수익성이 높을 듯한 투자처를 찾는 화폐자본(생산적 자본과 비생산적 자본 모두의 수중에 들어 있는 자금)이 점차 늘어났다. 그래서 기업들은 장기적 이윤보다 단기간에 이윤을 남겨야 한다는 압력을 받았다. 투기 거품이 잇따랐고, 민스키가 말한 투기 금융이 폰지 금융으로 전환되는 과정이 거듭되면서 금융업자들은 일부 투자자가 맡긴 돈으로 다른 투자자한테 빌린 돈을 갚고 자기 주머니도 채웠다.[15] 돈을 증권시장이나 부동산 시장에 쏟아붓거나 거장들의 미술품을 사들이는 등 온갖 종류의 투기와 비생산적 활동이 만연했다. 이렇게 가격이 오를 것이라고 기대하며 마구 물건을 사들이는 투기꾼들의 행태는 한동안 자기 실현적 예언이었다. 즉, 서로 더 높은 값을 부르며 물건을 사들이는 가격경쟁을 벌이자 실제로 가격이 오른 것이다. 이런 식으로 자본주의 체제의 생산적 부문의 부침은 다른 다양한 자산 가치의 부침에 더 증폭돼 반영됐다. 그 결과 금융 시스템이 확대됐다. 금융 시스템은 투기 자금을 모으고, 투기 덕분에 가치가 부풀려진 자산을 담보로 더 많은 자금을 빌리는 데서 핵심 구실을 했기 때문이다.

이윤을 얻을 수 있는 기회를 찾아 전 세계를 돌아다니는 자본이 넘쳐 났다. 1980년대 말의 경제 회복기에 이미

채권, 주식, 부동산의 가치가 치솟으면서 금융거래가 매우 활발해졌다. … 부동산 투기가 최고조에 달했고 미국, 영국, 일본의 민간 부채가 기록적 수준에 도달했다. … 산업이 실제로 성장하기는 했다. 그러나 부동산 시장이나 다양한 투기 활동의 성장과 비교하면 보잘것없었다. 전반적 기업 투자가 제조업 투자보다 상당히 빠르게 증가했는데, 이는 제조업 투자가 전반적 기업 투자와 똑같은 속도로 증가한 1960년대나 1970년대 초와 사뭇 다른 점이었다. 제조업 투자 증가율은 이전 시기에 비해 미국과 일본에서는 3분의 1, 유럽에서는 3분의 2 정도 낮았다.[16]

부아예와 알리에타는 그 다음번 호황, 즉 1990년대 중후반의 미국 호황 때 무슨 일이 발생했는지를 정확하게 묘사했다.

전반적 수요와 공급을 좌우한 것은 자산 가격 [상승]에 대한 기대였고, 이 기대는 자기 실현적 선순환의 가능성을 만들어 냈다. 세계경제에서 이윤에 대한 높은 기대가 자산 가격을 상승시키고, 자산 가격 상승이 소비 수요를 촉진하고, 이것이 이윤에 대한 기대를 정당화해 준다. … 사람들은 이렇게 자산에 의한 성장 체제는 자산 가격이 끊임없이 상승할 것이라는 기대에 의존한다고 생각하게 됐다.[17]

다국적 금융의 성장은 자본주의 체제의 불안정을 심화시켰지만 그 불안정의 원인은 아니었다. 불안정성의 심화는 생산 기업들이 투기적 이윤을 추구하도록 부추겼다. 그 과정에서 금융 부문이 더욱 성장했고 불안정이 훨씬 더 심해졌다.

이를 보여 주는 대표적 사례가 파생 상품 시장의 부상이었다. 파생 상품 시장의 원래 기능은 금리나 환율이 갑자기 변동할 경우에 대비해 일종의 보험을 드는 것이었다. 이것은 오래전부터 존재했던 '선물거래' (특정 상품을 미래 어느 시점에 얼마에 사겠다고 지금 계약하는 것)를 확대한 것이다. 이제 파생 상품은 미래의 서로 다른 시점에 다양한 환율이나 금리로 통화를 매매하거나 자금을 빌리거나 빌려 주는 옵션거래의 정교한 결제 시스템으로 발전했다. 이에 따라 파생 상품은 생산자본이 다양한 시장의 갑작스러운 변화 때문에 미래의 경쟁력과 이윤 계산이 틀어지는 것을 막을 수 있는 보호 장치 구실을 했다. 그래서 많은 기업에게 필수적 일상 비즈니스가 됐다.[18] 그러나 이것이 전부가 아니었다. 보호 장치 구실을 하는 파생 상품 자체가 매매의 대상이 될 수 있었고, 환율이나 금리가 오르내리면 파생 상품의 가격 변동을 두고 도박을 벌일 수도 있었다. 부유한 개인들이 각각 수백만 달러씩 투자해서 만든 돈으로 운영되는 헤지펀드들은 (가난한 도박꾼들이 모두 그러듯이) 도박에서 이길 거라고 가정하고, 돈을 빌려 그런 도박을 벌이면 막대한 이윤을 얻을 수 있다는 것을 알게 됐다.

파생 상품에 대한 의존만이 생산자본과 금융 부문의 경계를 무너뜨린 것은 아니었다. 많은 제조업체들이 금융을 통해 이윤을 얻는 데 눈을 돌리기 시작했다. 1990년대에 포드와 제너럴모터스 모두 "자동차 리스, 보험, 렌트카" 같은 금융 사업을 벌였고, "1995~98년의 호황기에 포드 그룹 이윤의 3분의 1이 서비스 부문에서 창출됐다."[19] 〈이코노미스트〉는 미국 최대 제조업체인 제너럴일렉트릭의 "이윤이 꾸준히 증가했는데, 이는 그룹 전체 수입의 40퍼센트를 벌어들이고 투명하지 않기로 악명 높은 금융 계열사 GE캐피탈이 그룹에 예상치 못한 적자가 발생할 때마다 막판에 자산을 매각해 이를 메운 덕분"이라고 보도했다.[20]

1970년대 초 이래 모든 형태의 자본주의 기업들이 생산 부문 사업의 이윤을 보완하려고 금융 사업에 진출하자 각국 정부는 금융거래에 대한 규제를 없애라는 압력을 받기 시작했다. 그 전 시기의 국가자본주의나 케인스주의 사고방식을 고수하던 정부들은 국경을 뛰어넘는 금융 흐름을 통제하려 했지만 하나둘씩 그런 노력을 포기했다. 한편으로는 통화와 자본 이동을 통제하는 옛 방식이 효과적이지 않다고 생각했고, 또 한편으로는 자본이 시키는 대로 정책을 추진하는 데 익숙해져서 금융 규제를 없애는 것만이 자본축적의 새로운 순환을 달성하는 길이라는 생각을 받아들였기 때문이다. 사회민주주의 좌파였던 사람들의 태도는 금융 규제 폐지를 물리칠 수 없다면 동참하자는 것이었다.

투기는 계속된 주식과 부동산 거품처럼 보통 비생산적 부문에서 나타났다. 그러나 때때로 생산적 투자로 이윤을 얻을 수 있다고 생각되는 몇몇 분야에 투기가 집중되기도 했다. 1990년대 말 〈파이낸셜 타임스〉는 다음과 같이 썼다.

> 유럽과 미국에서 통신 설비와 장치에 대한 지출 규모는 4조 달러가 넘었다. 1996~2001년에 8900억 달러는 은행들의 신디케이트론*으로, 4150억 달러는 채권시장에서, 5000억 달러는 사모펀드와 주식 발행으로 조달됐다. 훨씬 더 많은 돈을 조달한 블루칩 기업들은 인터넷 사용이 폭발적으로 증가하면 통신 분야에서 거의 무제한의 수요가 창출될 것이라고 믿었다가 파산 위기에 몰리거나 결국 파산했다. … 국제 금융 시스템은 이런 환상을 부채질했다. 1999년 유럽 은행 대출의 거의 절반이 통신 회사로 흘러갔고 … 미국에서 발행된 고수익 채권, 즉 정크본드**의 약 80퍼센트가 통신 회사들이 발행한 것이었다. 역사상 최대 규모의 인수 합병 10건 중 5건이 통신 회사와 관련된 것이었다.[21]

이 호황에 생산적 요소가 있었다는 사실은 호황이 영원히 계속될 것이라는 엄청난 착각을 낳는 데 일조했다. 그러나 호황은 투기를 바탕으로 하고 있었고, 현재의 사용가치가 미미한 상품들에 엄청난 교환가치를 부여했다. 그러자 〈파이낸셜 타임스〉는 막대한 '자금'이 창출됐다

---

* 다수의 은행으로 된 차관단이 공통의 조건으로 자금을 빌려 주는 중장기 대출.

** 수익률이 아주 높지만 위험 부담도 큰 채권.

며 다음과 같이 보도했다.

세계 60억 인구가 내년에 쉬지 않고 전화 통화를 하더라도 유럽과 북미에 매
설된 광통신망의 1~2퍼센트만 가동되면 … 두세 시간 만에 전송될 수 있다.[22]

그러나 통신 호황은 무너질 수밖에 없었고, 그 때문에 엄청난 혼
란이 일어났다. 2001년 9월 초(흔히 2001년 불황의 원인으로 알려진
9·11 공격 전에) "모든 통신 회사와 통신 장비 제조업체의 주식시장 가
치는 2000년 3월의 최고치에서 3조 8000억 달러 감소했고, 십중팔구
1조 달러가 연기 속으로 사라졌다."[23]

생산적 투자 부문에서 이렇게 거품이 꺼져 버리자 다음 거품은 "주
택같이 안전한" 듯한 부문에서 발생할 것이라는 점은 어쩌면 당연한
일이었을 것이다. 2000~02년 불황에서 회복되던 시기에 돈을 가진 자
들(구식 은행들, 헤지펀드 같은 신흥 금융업자들, 막대한 현금을 보유
한 부자들)은 저리로 돈을 빌려서, 고리의 이자를 낼 의사가 있거나 그
렇게 하도록 사기당한 사람들에게 빌려 주면 재산을 불릴 수 있다는
것을 알게 됐다. 다양한 대출의 일부는 '금융 상품'으로 포장돼 이윤을
남기고 다른 금융기관에 팔렸고 이 금융기관은 그 '금융 상품'을 다시
팔았다. 이런 대출과 차입의 사슬 마지막에 놓인 사람들은 도대체 누가
누구에게 이자를 지급하는지 전혀 알지 못했다. 사실 이자를 지급해야
하는 사람들은 대부분 주택이 절실하지만 전에는 신용 불량자로 취급
받던 미국의 가난한 사람들이었다. 그들은 저리의 정기 주택 담보대
출(2~3년 후 금리가 갑자기 오를 수 있었다)을 이용하라는 유혹을 받
았다. 주택 가격이 상승하는 한, 이들에게 대출해 주는 것은 안전해 보

였다. 이들이 대출금을 갚지 못하더라도 주택을 압류해서 넉넉한 이윤을 남기고 팔면 됐기 때문이다. 그런데 주택 가격의 상승 원인은 바로 금융기관들이 경쟁적으로 주택 담보대출을 늘려서 사람들로 하여금 집을 사도록 했기 때문이었다. 따라서 모든 금융기관이 주택을 압류하기 시작하면 주택 가격은 떨어질 수밖에 없었다. 금융기관을 경영하던 '천재'들은 이 점을 미처 깨닫지 못하고 있었다.

기업들은 현실과 동떨어져 자산을 부풀릴수록 더 많은 찬사를 받았다. 영국 은행 노던록은 "금융계의 화려한 만찬에서 혁신적 금융 기법으로 엄청난 칭찬을 받았다."[24] 고든 브라운은 리먼브러더스가 "영국의 번영에 기여했다"고 칭찬했다.[25] 라말링가 라주는 자기 회사 자금 10억 달러를 횡령한 사실이 밝혀지기 몇 개월 전까지도 인도에서 '올해의 청년 기업인'으로 선정됐고 세계기업경영협의회에서 황금공작상을 수상했다.

당시의 투기 사업에 뛰어든 것이 금융자본가들만은 아니라는 점을 다시 강조해야겠다. 산업자본가들과 상업자본가들도 투기에 동참했다. 2005년 미국의 비농업·비금융 기업 성장의 절반 이상이 부동산 가격 상승 덕분이었다.[26]

그러나 금융이 주도한 거품은 이른바 생산적 부문의 이윤 원천으로만 중요한 것이 아니었다. 이 거품은 투자나 노동자들의 임금이 제공할 수 없었던 시장을 제공하는 데서 중요한 구실을 하기도 했다. 1980년대와 1990년대의 거품도 마찬가지였다. 전통적 공업국들에서 투자가 감소한 데다 임금도 억제됐으므로(미국에서는 임금이 삭감됐다) 소비자 부채가 점차 생산 수요를 제공하는 데서 중요한 구실을 했다. 이 점은 2000년대 초중반에 훨씬 더 두드러졌다. '주택'과 '서브프라임 모기지' 거품이 없었다면 2001~02년의 불황에서 회복되기 어려웠을 것이다.

당시에는 미국, 독일, 프랑스와 그 밖의 나라 노동자들의 실질소득이 하락하고 있었고 모든 '전통적' 자본주의 나라들에서 생산적 투자는 낮은 수준을 면치 못했다. IMF의 연구 결과를 보면 "거의 모든 공업국에서 투자율이 하락했다."[27] 2005년 JP모건의 보고서는 다음과 같이 지적했다.

이 과잉 저축은 기업 부문이 주도했다. 2000~04년에 G6[프랑스, 독일, 미국, 일본, 영국, 이탈리아 — 하민] 나라에서 1조 달러의 기업 순저축이 새로 발생했다. … 기업 저축의 증가는 세 주요 지역(북미, 유럽, 일본)에 걸친 정말로 세계적인 현상이었다.[28]

한마디로 미국 기업들은 "전에 얻은 이윤을 지출하지 않고 … 현금으로 쌓아 놓고 있었다."[29]

낮은 투자 수준과 실질임금 감소가 맞물리면 보통은 지속적 불황이 나타난다. 이런 불황을 막은 것은 바로 서브프라임 모기지 이용자들을 포함한 미국 소비자들에 대한 대출 급증이었다. 대출 증가로 건설과 소비재 산업의 수요가 창출됐고(이를 통해 중공업과 원료 수요도 창출됐다) 만약 대출 증가가 없었다면 이런 수요도 없었을 것이다. 불황에서 회복된 것은 이 거품 덕분이었다. 이탈리아 마르크스주의자 리카르도 벨로피오레는 이를 적절하게도 "민간 케인스주의"라고 불렀다.[30]

단지 미국과 유럽뿐 아니라 태평양 건너 동아시아의 생산적 자본가들도 이런 거품 덕을 봤다. 1990년대 초 여전히 이윤율 저하로 고통받고 있던 일본의 산업은 중국에 하이테크 설비를 수출해서 어느 정도 회복할 수 있었고, 중국은 일본의 설비와 동아시아 나라들과 독일에서 수입한 부품으로 상품을 생산해 미국으로 사상 최대 규모의 수출을 할 수 있었다. 그리고 일본과 중국 등 동아시아 나라들은 이렇게 대미 무역에서 얻은 흑자를 미국에 예치해서 미국의 거품에 자금을 지원했고 이를 통해 자국과 세계 전체의 경제를 부양했다.

마틴 울프는 다음과 같이 옳게 논평했다. "흑자를 [투자하지 않고] 저축했으니, 그에 따른 수요 감소를 상쇄해야 할 필요가 생겼다."[31] 가난한 사람들에 대한 대출이 그 수요 감소를 상쇄했다. "미국의 가계는 소득보다 더 많이 지출해야 한다. 그러지 않으면 경제의 다른 영역에서 변화가 없는 한, 미국 경제는 침체에 빠질 것이다."[32] "연방준비제도이사회는 장기 침체, 어쩌면 불황도 기꺼이 감수하지 않는 한, 지나치게 팽창적인 듯한 통화정책을 피할 수 없었을 것이다."[33] 다시 말해, 오직 금융 거품만이 경기후퇴가 더 일찍 닥치는 것을 막을 수 있었다. 이것이 의미하는 바는 체제 전체의 근본적 위기가 존재했다는 것이다. 그리고 그 위기는 단지 금융업자들을 규제하는 것만으로는 해결할 수 없었다.

전 세계 생산적 경제의 불균형을 강조하는 울프 같은 사람들은 이윤율 문제를 분석의 근간으로 삼지 않았다. 이윤율 문제를 건드렸다면 신고전학과 경제학에서 고전학과 정치경제학, 특히 마르크스 경제학으로 적어도 반쯤 이동해야 했을 것이다. 그러나 앞서 봤듯이 북미, 유럽, 일본의 생산적 축적이 둔화한 이면에는 낮은 이윤율이 있었고, 임금 삭감으로 이윤을 떠받치는 노력이 부분적으로 성공한 것 때문에 소비가 점차 부채에 의존하게 됐다. 고정자본이 갈수록 쌓여 가는 상황에서 수익성을 유지하려는 노력 때문에 중국에서도 소비가 억제됐다. 위안화의 국제 가치 상승을 저지한 것도 그런 노력의 일환이었다. 브릭스와 신흥공업국들은 1990년대에 경제 위기를 겪으면서, 세계경제의 불안정으로부터 타격을 받지 않을 만큼 자국 경제의 이윤율이 높지 않다는 것을 깨닫고 흑자를 비축하게 됐다. 대체로 말해, 장기 호황기만큼 이윤율이 높았다면 세계 자본주의의 다양한 지역이 거품에 의존하지는 않았을 것이다.

금융화는 미국 군비 경제의 효과가 대부분 사라진 후 수십 년간 세계경제에 부채라는 형태로 새로운 성장 동력을 제공했다. 상시 군비 경제는 부채 경제로 보충돼야 했다. 그러나 부채 경제는 자체의 특성상 영원할 수 없다. 거품 시기에 은행들이 거둬들인 막대한 이윤은 생산적 부문에서 창출한 가치에 대한 청구권을 나타낸다. 전에 상승했던 자산(주택, 부동산, 모기지, 주식)의 가격이 갑자기 하락하면 은행들은 이 청구권이 더는 유효하지 않으며 다른 곳에서 현금을 확보하지 못하면 자신들의 부채조차 갚지 못할 수 있다는 것을 깨닫게 된다. 그러나 현금을 확보하는 과정 자체가 더 많은 자산 매각을 포함한다. 모든 은행이 자산을 팔기 시작하면 자산 가격은 더 하락하고 미래의 손실은 더욱 커진다. 거품은 꺼지고 호황은 파탄난다.

마르크스는 다음과 같이 썼다.

이 모든 증권은 사실상 미래의 생산에 대한 누적된 청구권, 즉 법률적 권리를 나타낼 뿐이다. 그것의 화폐가치나 자본가치는 결코 자본을 나타내지 않거나 그것이 나타내는 현실의 자본가치와 무관하게 결정된다. … 그리고 화폐자본의 축적은 대부분 생산에 대한 이러한 청구권의 축적을 의미할 뿐이다.[34]

2000년대 초중반에 은행들은 이러한 청구권 자체에 현실적 가치가 있다고 생각해 대차대조표의 자산에 포함시켰다. 영국 사용자 단체인 영국산업연맹 전 회장이자 메릴린치유럽의 부회장을 지낸 어데어 터너는 2008년 경제 위기 이후 이 잘못을 깨달았다. "매우 광범한 자산이 항상 유동성 시장에서 판매될 수 있을 것이므로, 그것들이 유동성이 있다고 여기는 생각에 체제 전체가 점점 더 의존하게 됐다."[35] 이윤은 자산의 '현재 시장가격'에 따라 평가됐다. 즉, 경쟁적 입찰을 통해 상승된 가격에 따라 계산됐다. 그러나 주택 담보대출과 부동산 시장의 수축이 시작되자, 금융업자들은 망하지 않으려면 보유 자산을 팔아 현금으로 바꿔야 하는데 그럴 수 없다는 것을 알게 됐다. 이것이 바로 '디레버리징'이라는 이름으로 진행된 과정이다.

마틴 울프는 당시 상황을 역시 정확하게 묘사했다.

레버리지 방식이 반대로 움직였다. 레버리지 방식으로 가공의 이윤이 올랐듯이 레버리지 방식으로 이윤이 떨어졌다. 자산 가격 하락이 계속되자 빚을 많이 진 소비자는 소비를 줄이고 기업은 경비 절감에 나서고 실업이 급증했다.[36]

그래서 2007년 가을 은행들이 통제하던 일부 헤지펀드들은 부채를 상환할 수 없음을 깨달았고, 은행들이 대출금을 돌려받지 못할까 봐 두려워 은행 간 상호 대출을 중단하자 위기의 첫 번째 국면이 찾아왔다. 국가는 금융 시스템이 붕괴하지 않도록 수천억 달러를 쏟아부었지만 2008년 9월 중순 위기의 두 번째 국면이 찾아왔다. 리먼브러더스가 파산한 지 며칠 만에 거의 모든 주요 서방 국가에서 은행들(미국 AIG, 영국의 HBOS, 벨기에와 네덜란드의 포르티스, 독일의 하이포리얼이스테이트, 아일랜드의 3대 은행, 아이슬란드 은행들)이 파산 위기에 놓였다. 그리고 두 달 후에는 경쟁 은행들이 곤경에 처한 덕분에 이득을 얻었다고 생각했던 미국의 시티은행(세계 최대 은행)과 뱅크오브아메리카, 영국의 로이드은행도 같은 길을 걷게 됐다.

그래서 결국 이 위기가 단지 금융 위기만은 아니라는 것이 분명해졌다. 금융이 엄청나게 성장하자 생산적 축적이 다시 '장기 상승' 국면에 들어섰다는 착각이 생겨났다. 그러나 금융 위기가 닥치자 이 착각이 사라지면서 엄청나게 파괴적인 영향을 미쳤다. 11월에는 "시장이 패닉 상태에 빠진 위험천만한 1주일"이 있었다.[37] 미국 크라이슬러는 매일 수백만 달러씩 손실을 입었고 제너럴모터스는 파산을 막으려면 당장 40억 달러가 필요하다고 말했다. 포드는 정부에 340억 달러의 자금을 요청했다. 영국에서는 울워스[대형 슈퍼마켓 체인]와 MFI[대형 가구·주방용품 업체]가 파산했다. 1980년대 초 경제 위기 때의 일자리 손실에 견줄 만한 대규모 해고가 모든 부문에서 시작됐다. 이 고통은 단지 대서양 양안에만 국한된 것이 아니었다. 태평양 양안에서도 마찬가지였다.

2008년 봄 주류 경제학계에서 득세한 주장은 서로 다른 국민경제들 간의 비동조화decoupling 현상 덕분에 유럽과 미국은 고통받더라도 아시아는 계속 빠르게 성장할 수 있다는 것이었다. 그러나 2009년 새해가 되자 불황이 일본으로 확산돼 자동차 생산이 기록적으로 감소했고 중국 남동부에서는 수천 개의 공장이 문을 닫았고[38] 인도에서는 한 경영자 단체가 수출 급감으로 제조업 일자리 1000만 개가 사라질 수 있다고 경고했다.[39] 1997년 아시아 경제 위기의 희생자들인 태국, 한국, 싱가포르, 말레이시아, 인도네시아는 또 한 번 난타를 당했다. 1980년대 말 이후 경제 위기의 희생양이었던 동유럽의 발트 해 국가들, 우크라이나, 헝가리, 불가리아, 루마니아도 마찬가지였다. 러시아에서는 6개월 전만 해도 기록적으로 높았던 국제 유가가 폭락하면서 루블화 가치도 떨어져 인플레이션이 악화하고 빈곤이 새롭게 확산됐다.

금융화와 부채 경제는 1980년대, 1990년대, 2000년대 중반과 달리 세계의 축적을 빠르게 진전시킬 수 없음이 분명해졌다. 오히려 몇 년에 한 번씩 불안정해지다가 마침내 완전히 붕괴할 조짐을 보이며 전례 없이 심각한 위기를 불러일으켰다. 각국 정부는 적어도 말로는 자유 시장이 스스로 문제점을 고칠 수 있다고 주장했었는데, 이제는 자본주의를 그냥 내버려 두면 1930년대처럼 한 대기업의 몰락이 다른 대기업들의 파산으로 이어지는 끔찍한 불황을 낳을 수 있는 암울한 상황에 직면했다.

국가들은 일부 대기업의 요청을 받기도 했지만 다른 대안도 없었으므로 전면전 상황에서나 했을 법한 규모로 경제에 개입했다. 미국 역사상 75년 만에 가장 우파적인 정권이었던 부시 정부가 9월 초 주택 담보대출 회사인 패니메이와 프레디맥을 사실상 국유화했다. 리먼브러더스가 파산하도록 내버려 둔 것은 사태 해결을 시장에 맡긴 마지막 시도였다. 이를 두고 〈파이낸셜 타임스〉는 사설에서 "용기 있는" 결정이었고 "위험하지만 나중에 성공으로 보상받을 것"이라고 칭찬했다.[40] 그러나 그 결과는 재앙적이었고, 국가들은 1조 5000억 달러를 구제금융으로 쏟아부을 수밖에 없었다. 영국에서는 노던록이나 브래드퍼드앤드빙리 같은 비교적 작은 은행뿐 아니라 일부 대형 은행도 부분적으로 또는 완전히 국유화됐다. 이렇게 되자 정부 고문들은 금융 시스템 전체를 국유화하는 것이 위기를 해결하는 유일한 방법인지 숙고하기 시작했다. 한 세대 동안 이데올로기의 벽장에 갇혀 있던 국가자본주의와 그 이데올로기적 친척인 케인스주의가 다시 득세하게 됐다.

금융과 '금융화'

　2007년 심각한 위기가 발생하자 엄청난 착각의 시대 동안 자본주의의 번영을 예찬하던 자들은 자본주의 자체가 아니라 무언가 다른 것을 비난하려 했다. 그렇게 하는 가장 쉬운 방법은 '은행'과 '금융'을 자본주의 체제의 다른 부분과 분리된 것으로 보는 것이었다. 프랑스 대통령 니콜라 사르코지는 2008년 1월 G7 회의에 참석해서 금융 시스템이 "통제되지 않는 듯하다"며 통제를 강화해야 한다고 주장했다.[41] 2009년 다보스 세계경제포럼에서는 다국적기업과 정부 대표들이 은행에 대한 불만을 쏟아 냈다. "한 토론에서 《블랙 스완》의 저자 나심 니콜라스 탈레브가 은행가들에게 지급된 보너스를 몰수하는 처벌을 해야 한다고 주장하자 청중은 환호했다."[42]

　이런 주장의 결론은 단순했다. 미래의 금융 위기를 막을 수 있는 방법은 금융 규제 강화라는 것이었다. 전에 통화론자였든 온건 케인스주의자였든 많은 주류 경제학자들이 이런 대책을 내놓았고 〈파이낸셜 타임스〉에서는 금융 규제가 어느 정도나 필요하고 가능한지를 둘러싼 논쟁이 계속 벌어졌다. 이 주장은 또한 일부 개혁주의 좌파 분석가들의 주장이기도 했다. 런던 대학교 사회과학대학LSE의 로버트 웨이드는 이번 경제 위기를 낳은 금융의 부조리를 아주 흥미롭게 설명한 뒤 규제를 강화하면 그런 부조리를 제거할 수 있다고 결론 내렸다.[43] 래리 엘리엇과 댄 앳킨슨은 《실패한 신들》이라는 책에서 "금융의 신들"을 비판하고 규제 강화와 대형 금융기관 해체를 주장했다. 그리고 2008년 초 G7 회의에서 "엄청난 금융 이득을 통제할 조처"를 고려하고 있다고 밝힌

정치인들에게 약간 희망을 걸었다.[44]

　더 좌파적인 사람들 사이에서는 금융의 성장으로 오래전에 홉슨, 힐퍼딩, 카우츠키가 했던 생각, 즉 '금융' 또는 '금융자본'의 이해관계와 생산자본의 이해관계가 다르다는 생각이 되살아났다. 1990년대 말부터 활동한 프랑스 운동 단체 아탁ATTAC은 자본주의 자체가 아니라 금융 투기에 반대하는 활동에 전념했다.[45] 아탁의 중심 요구는 국경을 넘는 금융 자금의 이동에 '토빈세'를 부과하자는 것이었다. 아탁은 토빈세로 금융 위기를 막을 수 있다고 주장했다. 이렇게 '금융이 문제'라는 주장은 많은 급진 마르크스주의자들 사이에서도 되살아났다. 뒤메닐과 레비는 "금융 패권의 재확립을 이데올로기적으로 표현한 것"이 "신자유주의"라고 봤고, "국제화의 새로운 단계에 그 형식과 내용을 좌우하는 것은 바로 금융"이라고 썼다.[46] 제임스 크로티의 주장도 비슷한데 "금융의 이해관계가 경제적으로나 정치적으로 훨씬 더 중요해졌고, … 이러한 경향은 실물경제의 실적 악화와 거의 동시에 나타났다"고 주장했다.[47] 프랑수아 셰네는 "금융 주도 축적이 세계화한 체제"에서는[48] "화폐자본의 이동이 산업자본에 대해 완전히 자율적인 힘이 됐고," 그래서 산업자본은 "화폐자본과 깊숙이 상호 침투하거나 아니면 위기에 빠질 수밖에 없게 됐다"고 주장했다.[49] 셰네는 아마블, 바레, 부아예의 표현을 가져다 썼는데, 이들은 "나쁜 자본주의"가 "좋은 자본주의"를 몰아냈다고 주장했다.[50] 혁명적 사회주의자인 셰네 자신은 옛 자본주의 형태가 "좋은" 것이라고 여기지는 않았다(그래서 인용 부호를 썼다). 그러나 "투자 수준이 그저 그렇거나 낮았던 것"은 금융 때문이었다고 주장했다.[51] 금융의 이해관계와 생산자본의 이해관계가 크게 배치된다며 금융을 강조하는 이와 비슷한 주장은, 미국 자본주의의 세계 패권 유지 노력을 분석한 피터 고완의 유용한 책《글로벌 도박》에서도 찾을 수 있다. 고완은 "자본주의 사회에서 가장 첨예한 갈등의 일부는 … 금융 부문과 사회의 나머지 부분 사이에서 발생한다"고 주장했다.[52]

'금융화'에 대한 주장들은 그 세부 항목에서는 상당히 다르다. 그러나 이런 주장들은 모두 '금융'의 '지배'가 자본주의 체제의 동역학을 변화시켰다는 견해를 공유한다. 금융화론자들은 생산자본이 생산적 축적에 관여한다고 주장한다. 전후 초기에는 공업국 전체에서 이런 현상이 나타났다. 비록 생산적 축적 방식은 나라마다 서로 달랐지만 말이다. 미국과 영국에서는 산업 기업들이 내부에서 거둔 이윤을 장기 투자에 사용했고 일본과 서독에서는 은행과 협력해 이러한 투자에 필요한 자금을 마련했다. 그러나 대규모 투자 기금의 성장과 금융의 '지배'가 이런 상황을 변화시켰다. 이제 기업은 배당금과 주가를 높게 유지해서(그래서 주주의 자본이득을 늘려서) 주주들에게 단기적 수익을 제공해야 한다('주주 가치')는 온갖 압력을 받게 됐고 정부와 은행은 금리를 높게 유지해야 한다는 압력을 받았다. 이런 견해들은 월 허턴과 윌리엄 키건 같은 케인스주의자들이 1990년대에 '영미식' 자본주의의 '단기 실적주의'에 맞서 일본과 독일 자본주의의 이른바 장기적, 투자 지향적 방식을 옹호하며 제시한 바 있다.[53] 그리고 이제 영미식 자본주의는 독일 같은 부분적 예외를 제외하고는 모든 선진 공업국으로 확산됐다.[54]

크로티, 엡스타인, 자야데브는 이를 두고 "금리생활자들의 권력"과 소득이 증대된 것이라고 했다. 이들은 케인스가 금리생활자를 두고 우편으로 이자나 배당금을 받아서 무위도식하는 게으른 "신사들"이라고 말한 것을 응용한 셈이다. 그러나 이제는 "뮤추얼펀드, 공공·민간 연기금, 보험회사, 그 밖의 기관투자가들"이 금리생활자다.[55]

2007~08년 금융 위기의 발전 과정을 사실을 바탕으로 탁월하게 분석한 코스타스 라파비차스도 위기를 설명할 때 순전히 금융 측면을 강조했다. 특히, 산업자금 대출에서 개인 대출로의 전환, 새로운 컴퓨터 기술에 대한 의존 등 금융 시스템의 관행 변화를 강조했다. 라파비차스는 은행이 소비자를 "직접 착취"하는 것이 잉여가치의 새로운 원천이 됐고 체제의 동역학에 영향을 미쳤다고 주장한다.[56] 그러나 이런 형태의 '착취'는 슈퍼마켓의 가격 인상과 마찬가지로,[57] 노동자들이 생산 현장에서 임금의 구매력을 지키려고 투쟁하지 않을 때만 의미가 있다. 그런데 일반적으로 영국의 노동조합들은 소매물가지수(주택 담보대출 금리도 포함된)와 연동해서 임금 인상을 요구하며 구매력을 지키려 한다. 즉, 마르크스가 말했듯이, 노동자들을 고용한 자본가들이 노동력을 그 가치 이하로 구매할 때만 착취가 증가한다.[58]

라파비차스의 논리대로라면 노동자들뿐 아니라 빚을 진 자본가계급과 신중간계급도 은행가들한테 착취당한다. 2003년 미국에서 소득이 10만 달러를 넘는 가계의 부채 평균은 소득이 2만 5000달러에서 5만 달러 사이인 가계의 약 4.5배였다.[59]

'주주 가치' 금융화론은 흔히 당연한 것으로 여겨진다. 그러나 이 주장에는 큰 허점이 있다. 딕 브라이언과 마이클 래퍼티는 다음과 같이 지적했다.

주식시장을 너무 강조해서는 안 된다. 주식시장은 자금을 조달하는 데서 비교적 작은 영역이다. 이른바 시장 친화적 체제인 미국, 영국, 호주에서도 유보이익, 대출, 채권 발행이 훨씬 중요하다.

게다가 연기금 등도

기업이 경영상의 결정을 내릴 때 적극적 구실을 거의 하지 않는다. 기관투자가들이 기업 이사회에 압력을 가하는 일은 일반적이라기보다는 예외적이다.[60]

기업이 이윤의 많은 부분을 배당금으로 지출한다고 해서 반드시 투자 수준이 낮아지는 것은 아니다. '금리생활자' 주주들은 자기 소득의 일부를 재투자할 수도 있다. 그들이 보기에 그것이 충분히 수익성 있는 일이라면 얼마든지 그렇게 할 것이다. '주주 가치'론을 지지하는 스톡함메르는 대다수 경제학자들이 다음과 같이 생각한다고 인정했다.

금융 투자는 자산을 이전하는 것이지 소득을 이용하는 것이 아니다. 주식을 사는 것은 유동성을 한 경제주체에서 다른 경제주체로 이전하는 것, 투자 가치가 낮은 기업에서 높은 기업으로 이전하는 것이다. 따라서 거시 경제학적으로 금융 투자는 실물 투자를 대체할 수 없다.[61]

그리고 크로티는 '금융화'가 기업들 사이의 경쟁을 격화시켜 '강압적' 투자를 부채질한다고 지적했다.[62] 전체 투자 중 금융 부문이 차지하는 비중은 미국에서 1970년대 중반 12퍼센트에서 1990년 25퍼센트까지 증가해 최고점에 다다랐고[63] 같은 기간에 영국에서는 거의 50퍼센트까지 증가했지만[64] 대규모 금융기관들이 원칙적으로 생산적 투자를 반대할 이유가 없다는 것은 분명하다. 이 점은 1990년대 말 닷컴·신기술 호황기에 미국의 산업투자가 금융기관에서 빌린 돈으로 이루어졌고 그 결과 저축보다 대출이 급증한 것에서 알 수 있다.

이른바 생산에 대한 금융의 우위는 1979년에 미국 연방준비제도이사회 의장 폴 볼커가 금리를 급격하게 올렸을 때로 거슬러 올라간다. 부아예, 크로티, 셰네, 뒤메닐과 레비는 모두 이 '볼커 쿠데타'를 결정적 시점으로 본다. 뒤메닐과 레비는 이것이 금융의 커다란 승리였으며 이 때문에 고금리가 "1980년대와 1990년대 동안 유지됐다"고 생각한다.[65] 이런 주장의 함의는 장기 호황기에 일반적으로는 금융, 구체적으로는 주주들이 고통받다가 1970년대 말의 '쿠데타'로 자신들의 생각을 표출할 수 있었다는 것이다. 이런 주장은 역사적 사실과 전혀 맞지 않는다. 전후 시기는 자본주의의 모든 부문에서 엄청난 자신감이 팽배해 있던 시기였다. 산업자본의 '황금기'가 주주들이나 금융업자들에게 생지옥이었을 리 없다. 생산적 투자에서 나온 이윤 증가로 장기적 자본이득이 보장되면서 모든 부문이 이득을 얻었다.

1970년대의 경제 위기와 함께 모종의 변화가 나타났다. 미국의 은행가들과 다국적기업들은 1970년대 위기에 대한 '케인스주의' '거시경제' 대책이 인플레이션과 달러 가치 하락으로 이어지자 이 정책을 싫어했다. 그러나 로버트 브레너가 지적하듯이 만약 이 정책으로 미국 자본주의의 이윤율 문제와 과잉생산 문제가 해결됐다면 "케인스주의 대책에 반대한 국내외 이익집단들의 강력한 연합은 실패했을 거라고 충분히 생각할 수 있다."[66] 사실, 케인스주의 정책은 이러한 자본주의의 목표를 달성하지 못했다. 경제는 1974~76년의 불황에서 제한적으로 회복됐지만 이 회복은 물가 상승률을 13.3퍼센트까지 끌어올렸다. 이러한 인플레이션은 미국 자본 전체에 두 가지 부정적 결과를 불러왔다. 인플레이션 때문에 노동자들이 임금 인상을 요구하며 투쟁을 벌일 가능성이 있었다. 그리고 미국 자본가들이 서로 거래할 때 가늠자 구실을 하는 달러의 지위가 떨어졌다. 금리 인상은 이 두 문제를 해결하려는 방법이었다. 즉, 경제활동을 위축시켜서 노동자들이 낮은 임금 인상을 받아들이도록 겁주고 물가 상승률도 낮추려는 것이었다(두 가지 모두 실현됐다). 이 때문에 일부 금융 부문은 이익을 얻었지만 불황이 닥치는 바람에 미국 생산자본의 일부는 손해를 봤다. 그러나 미국 자본가 전체에게는 이익이 됐다.

마르크스는 자본주의에는 매우 안정적인 가치척도 기능을 하는 화폐가 필요하다고 썼다. 비록 그 때문에 사회 전체가 손해를 입을 수도 있지만 말이다.

금리 인상은 그릇된 화폐 이론에 바탕을 두고 화폐 대부자들의 이익을 위해 국민에게 강요된 잘못된 입법에 의해서 다소 극단으로까지 추진될 수 있다. … 그러나 그 기초는 생산양식이라는 토대 자체에서 제공된다. 신용화폐의 가치 하락은 기존의 모든 관계를 흔들 것이다. 따라서 상품의 가치는 이 가치의 환상적·자립적 존재 형태인 화폐를 보호하기 위해 희생된다. … 100~200만 파운드의 화폐를 위해 수백만 파운드어치의 상품이 희생될 수밖에 없다. 이것은 자본주의 생산에서는 불가피하며, 그것의 매력 가운데 하나이기도 하다.[67]

미국 자본주의 전체로 보면, 볼커의 금리 인상에 따른 수많은 사람들의 고통은 비교적 안정적인 가치척도를 회복하기 위해 치를 만한 대가였다. 그리고 전 세계에서 미국 자본주의의 지배력을 강화하는 데 도움이 되는 것이었다. 볼커의 쿠데타(그리고 영국에서 대처 시절 통화주의로의 전환)는 생산적 산업의 이윤율을 회복시키려는(가격과 이윤을 높이려고 통화 공급을 늘리는) 정책을, 수익성 없는 기업들을 쥐어짜고 노동자들이 저임금을 받아들이도록 실업으로 압박하려고 금리 인상을 부추기는 정책으로 전환한 것이었다. 단지 금융자본뿐 아니라 자본 전체가 장기 호황기의 케인스주의 정설로는 (산업자본도 포함해) 자본이 직면한 새로운 국면을 돌파할 수 없음을 인식하고 있었다.

새로운 정책의 성과가 미미하고 고금리가 미국 산업에 심각한 해악을 미쳤음이 분명해지자 볼커는 금리를 낮췄다. 산업자본뿐 아니라 일부 금융 부문도 금리 인하 압력을 가했다.[68] 이후 사반세기 동안 장기 실질금리 흐름은 상승 추세가 아니라 하락 추세였다. 비록 2000년까지는 장기 호황기 때보다 여전히 높은 수준이었지만 말이다. 2003년이 되면 금리는 1퍼센트 정도로 떨어졌다.

금융자본과 산업자본이 서로 완전히 다른 두 자본이라는 주장 자체가 현실과 맞지 않는다. 많은 주요 금융기관들이 돈을 빌려 줄 뿐 아니라 빌리기도 한다. 이들은 돈을 빌려 주는 사람과 빌리는 사람 사이를 '중개'한다. 금융기관에게 중요한 것은 금리의 절대 수치가 아니라 서로 다른 금리 차이, 특히 장기금리와 단기금리 사이의 격차다. 그리고 산업자본도 돈을 빌리기도 하고 빌려 주기도 한다. 산업자본은 신규 투자를 하지 않는 동안에는 잉여를 축적해 빌려 주고 이자를 받는다(3장을 보라). 산업자본은 또, 자신이 생산한 상품을 판매하는 도매상에게 어음을 받고 신용을 제공하기도 한다. 요컨대, 산업자본은 금융자본의 속성을 어느 정도 갖고 있다. 이토와 라파비차스가 지적하듯이 "이자 형태의 수입은 흔히 산업자본과 상업자본도 얻는 것이고 따라서 어느 특정 사회집단만의 것이 아니다."[69] '주주 가치'론을 일부 받아들이는 토마스 사블로프스키는 다음과 같이 지적했다.

상식 수준에서는, 금융과 산업을 구별하는 데 아무 문제가 없는 것처럼 보인다. 그러나 산업자본과 금융자본 개념을 정의하는 것은 결코 쉬운 일이 아니다.[70]

그런데 이 주장이 사실이라면, 지난 40년간 금융과 산업에서 되풀이된 위기들을 단지 금융 때문이라고 보기는 어려울 것이다. 이 위기들을 일관성 있게 설명하려면 체제 전체를 봐야 하고 체제 내에서 서로 다른 부문들이 어떻게 상호작용하는지를 살펴봐야 한다. 이것이 바로 마르크스가 《자본론》 3권에서 신용과 금융을 길고 다소 장황하게, 그러나 미완성으로 논의할 때 적용한 방식이다. 또 힐퍼딩이 《금융자본론》 앞부분에서 신용과 금융 문제를 다룰 때 쓴 방식이기도 하다. 이런 통찰들은 20세기 후반과 21세기 초에 엄청나게 발전한 금융과 금융기관, 금융 위기를 분석하기 위해 더욱 발전돼야 한다.

이데올로기와 설명

심각한 경제 위기는 단지 경제적 영향만 미치는 게 아니다. 자본가들은 위기의 대가를 다른 자본가들에게 떠넘기기 위해 서로 싸우고, 대다수 사람들은 커다란 고통을 겪는다. 2007년에 시작된 위기도 마찬가지다. 신자유주의와 자본주의 세계화가 인류에게 찬란한 미래를 약속한다고 목소리 높이던 자들은 모든 것을 은행 탓으로 돌리며 자신들은 책임이 없다고 발뺌했다. 그래서 "경기순환은 끝났다"던 고든 브라운은 "무책임한 대출 관행과 이에 대한 감독 소홀, 규제상의 문제들 때문에 발생한 세계 금융 위기"는 "지난 60년 동안"의 위기와는 "완전히 다른 종류의 위기"라고 주장했다.[71] 이런 식으로 자본주의의 미덕을 계속 예찬하려는 필사적 노력으로 말미암아 지난 180년간 주기적 위기가 발생했다는 진실은 은폐됐다.

경제 위기의 원인으로 '금융화'를 강조하는 급진 경제학자들은 이런 체제 옹호론에 문을 열어 둘 위험이 있다. 이들의 독특한 주장은 1980년대와 1990년대에 이윤율이 충분히 회복돼 생산적 투자가 부활했지만 금융 권력을 당해내지는 못했다는 것이다. 프랑스 마르크스주의자 미셸 위송은 1999년 "이윤율 수준이 높다"고 주장했고,[72] 스톡함메르와 뒤메닐도 2008년 여름과 가을에 거의 같은 말을 했다.[73] 그들이 옳다면, 2001년에 발생한 경제 위기와 2007~08년에 훨씬 더 큰 규모로 발생한 경제 위기의 원인은 정말이지 그 전의 경제 위기들(양차 대전 사이의 불황을 포함해서)과는 사뭇 다를 것이고, 따라서 기존 국가가 금융 부문의 행태를 더 강력하게 통제한다면 21세기에는 그런 경제 위기를 충분히 막을 수 있을 것이다. 그런 주장에 맞게, 뒤메닐과 레비는 "케인스주의 견해"가 "매우 합리적"이라며, "신자유주의 공세를 저지하고 대안 정책(경제 위기를 관리하는 새로운 방식)을 실현할 … 사회적 동맹"에 기대를 걸었다.[74]

그러나 8장과 9장에서 다양한 이윤율 계산들을 검토할 때 봤듯이 오늘날의 위기가 과거의 위기와 다른 뿌리를 가지고 있다는 주장을 뒷받침하는 근거는 거의 없는 듯하다. 위기의 형태는 매번 달라질 수 있지만 그 결과는 언제나처럼 파괴적일 것이다. 금융 규제만으로는 위기가 되풀이되지 않도록 막을 수 없을 것이고, 자본주의 국가가 위기를 막기 위해 쏟아붓는 비용은 거의 감당할 수 없는 지경에 이를 것이다.

'금융화'가 낮은 이윤율과 낮은 축적률이라는 상황에서 발전했고 또 이 두 조건에 다시 영향을 미친 것은 사실이다. 돈을 이 주머니에서 저 주머니로 옮기는 데 노동과 기술이 쓰이거나, 잠재적으로 생산적인 자원이 으리으리한 오피스 빌딩을 건설하고 꾸미는 데 사용되거나, 금융계 '귀재'들이 과시적 소비에 탐닉하는 등 엄청난 낭비가 있었다. 어쩌면 벤 파인이 주장했듯이 금융화는 "실질적 축적과 허구적 축적을 분리"하는 효과가 있어서,[75] 자본가들이 시장의 안개를 헤치고 생산적 투자 기회를 포착하기가 힘들었을 수도 있다. 그러나 궁극적으로는 자본의 생산적 부문이 직면한 더 뿌리 깊은 문제들이 이런 상황을 야기했다. 금융은 기생동물 등에 붙어 있는 기생충이지 자본주의 체제 자체와 떼어 놓고 다룰 수 있는 문제가 아니다.

새로운 케인스주의의 모순

경제 위기가 경제체제 자체에 뿌리박혀 있었다는 사실은 각국 정부의 경제 위기 대처 노력이 엄청난 어려움에 직면한 것을 보면 알 수 있다. 이 위기는 대자본을 위해 일한 노동자들뿐 아니라 대자본 자체에도 피해를 입혔다. 험프티 덤프티가 정말 담장에서 떨어졌다.* 그리고 왕

---

* 험프티 덤프티는 《거울 나라의 앨리스》에 등장하는 달걀 캐릭터의 이름이다. 높은 담벼락 위에 아슬아슬하게 앉아 있는 험프티 덤프티는 자만심과 권위 의식에 사로잡힌 구제 불능의 캐릭터다. 그러나 바람이라도 불어와 균형을 잃으면 달걀은 깨진다. 노벨 경제학상을 받은 조지 애컬로프와 월가의 비관론자인 로버트 실러가 2009년 공동 출간한 《야성적 충동Animal Spirits》에서 금융 위기로 파탄난 세계경제를 비유하는 데 험프티 덤프티를 사용했다.

의 말들과 신하들은 아무도 그 깨진 달걀을 다시 붙일 수 없었다.

2007~08년에 터진 경제 위기에 대처하는 각국 정부의 대책은 거의 대부분 지난 30년 동안 제대로 작동하는 유일한 정책이라고 떠들어 대던 자유 시장 정책을 외면하는 것이었다. 돌연 각국 정부는 하이에크를 버리고 케인스를 떠받들었고, 프리드먼의 주장 중에서도 통화 공급을 늘려서 디플레이션을 막아야 한다는 것만 빼고 나머지는 모두 버렸다.[76]

그러나 30년 전에 케인스주의 정책을 도입했다가 포기했을 때보다 상황이 더 나빠서 케인스주의 정책이 성공할 것이라고 기대하기도 어려웠다. 공개된 은행들의 손실 규모는 1970년대보다 비할 바 없이 컸고, 은행이 하나씩 파산할 때마다 어떤 은행이 그 은행에 돈을 빌려 줬고 그래서 함께 파산할지 아무도 몰랐다.

약속된 구제금융 규모는 1930년대 루스벨트의 뉴딜 정책 때보다 훨씬 컸다. 당시 미국 연방 정부의 지출이 최고점에 달했던 1936년에도 그 규모는 국민총생산의 9퍼센트를 약간 넘었을 뿐이다. 이번에는 위기가 시작되기도 전에 이미 20퍼센트였고 부시와 오바마 정부는 여기에 몇 퍼센트를 더 추가했다. 그러나 체제가 재가동되려면 어떻게든 해결해야 하는 부채 수준도 훨씬 높았다. 조지 소로스는 "미회수 여신 총액"이 1929년에는 GDP의 160퍼센트였다가 1932년에는 260퍼센트로 올랐는데 2008년에는 365퍼센트였고 곧 "500퍼센트에 이를 수밖에 없다"고 계산했다.[77] 2008년 가을, 영국 중앙은행은 세계 금융 시스템의 손실 규모가 2조 8000억 달러에 이를 것이라고 추산했다.[78] 2009년 초 누리엘 루비니는 미국 은행들의 손실만 1조 8000억 달러에 이를 것이라고 추산했다.[79] 각국 정부가 돈을 쏟아붓자, 정부에 조언하는 주류 경제학자들은 경기후퇴가 불황으로 바뀌는 것을 막는 데 그 정도로 충분한지, 정부가 금리 상승 압력을 받지 않고도 통화 공급을 늘릴 수 있는지, 돈을 찍어 내는 '양적 완화' 조처가 필요한지, 통화 공급 확대가 혹시 성공하면 악성 인플레이션과 훨씬 더 심각한 불황이 발생하는 것은 아닌지를 두고 서로 논쟁했다.[80]

문제는 은행의 손실 규모만이 아니었다. 1930년대나 심지어 1970년대보다 엄청나게 국제화한 체제 자체도 문제였다. 경제 위기의 해결책이라는 케인스주의 처방은 국민국가들이 실행한다. 그러나 어떤 국민국가도 자신이 그 일부인 세계 체제 전체의 손실을 해결할 자원을 갖고 있지는 않다. 가장 큰 국가들은 자국 금융 시스템을 대부분 구할 수 있다고 생각할지 모른다. 그러나 여기서도 문제는 엄청나게 심각하고, 더 작은 국가들의 다수는 대응할 수 있는 여지가 거의 없다.

덫에 걸린 체제

이번 경제 위기로 21세기 자본주의에 널리 퍼진 심각한 문제점 하나가 드러났다. 지나치게 단순화해서 세계화라고 일컫던 국가와 자본의 복잡한 상호작용 때문에 국민국가가 자국의 대자본을 지원하기가 훨씬 더 어려워졌다. 그런 국가의 지원이 가장 절실한 바로 이 시점에 말이다. 폴 크루그먼은 "중대한 정책상의 외부 효과"가 있다고 지적했다. "어느 한 나라의 경기 부양책은 다른 나라의 수출을 늘려 줘 그 나라 경제에 도움이 되지만, 경기 부양책을 쓴 나라의 정부 부채 증가 부담을 나눠 지는 나라는 없다." 따라서 "어느 한 나라가 경기 부양책 1달러로 얻는 효과는 세계경제 전체가 얻는 효과보다 작다."[81]

이 모순 때문에 각국 지배계급은 심각한 정치적 내분에 빠질 수밖에 없었고, 서로 협력해서 경제 위기에 대처해야 할 국가들이 격렬하게 대립했다. 국내에서는 자본의 일부 분파들이 2007~09년에 다른 자본 분파를 구제하기 위해 감당해야 할 비용에 대해 크게 불만을 토로했다. 국제적으로는 각국 정부가 자국 자본의 붕괴를 막으려고 쏟은 집중적 노력을 서로 '금융 보호주의'라고 비난하며 다툼을 벌였다. 한 평론가는 〈파이낸셜 타임스〉에 다음과 같이 말했다.

> 은행 구제가 모두 끝난 뒤에 의도하지 않은 결과의 법칙이 매우 강력하게 나타날 것이다. 경제주체의 국적에 따라 경제활동을 구별하는 정부 정책이 점점 더 늘어날 것이다. 이것은 모든 사람에게 큰 걱정거리가 될 것이다.[82]

2009년 1월 세계경제포럼에서 고든 브라운은 '금융 보호주의'를 경고했다. 그런데 그는 곧이어 영국 은행들에 국내 대출을 늘리라고 압력을 가하며 금융 보호주의에 동참했다.[83] 독일 정부는 자국 경제를 부양하지 않고 오히려 경기 부양책을 쓰는 다른 나라들에 대한 수출을 늘리는 데 주력한다고 비판받았다. 그러자 독일 정부는 프랑스와 영국 정부의 경기 부양책이 자국 기업에 일종의 보조금을 주는 것이며 이 때문에 독일의 이익이 침해되고 있다고 비난했다. 미국 오바마 정부는 중국 정부가 환율을 '조작'해서 자국 산업을 지원하고 있다고 공격했고, 중국 정부는 미국의 금융 산업 때문에 경제 위기가 발생했다고 반박했다.[84] 그리고 "덜 부유한 나라들은 미국이 엄청난 압력을 가해 자본을 싹쓸이할까 봐 전전긍긍했다."[85]

자유무역 옹호자들은 1930년 여름에 미국이 스무트-홀리법을 제정해 특정 수입품의 관세를 올렸을 때 그랬듯이 보호주의가 경기후퇴를 더욱 심화시킬 수 있다고 경고했다. 피터 테민은 "스무트-홀리 관세가 대공황의 주요 원인이었다는 생각이 지속되고 있다. … 그리고 대중적 논의나 역사책에도 그렇게 나온다"고 지적했다.[86] 그러나 다음과 같이 덧붙였다. "이 주장은 매우 널리 퍼져 있지만 이론적으로든 역사적으로든 근거가 없는 주장이다." 1929~31년에 수출 감소율은 미국 GNP의 1.5퍼센트에 불과한 반면 "같은 기간에 실질 GNP는 15퍼센트나 감소했다."[87] 그리고 2년 6개월 뒤 처음으로 미국이 심각한 불황에서 빠져나올 수 있었던 것은 루스벨트가 달러화 가치를 효과적으로 떨어뜨려 국내 자본가의 이익을 우선시하는 정책을 취한 덕분이었다. 훨씬 더 효과적인 조처는 앞서 봤듯이 독일에서 나치 국가가 취한 정책이었다.

주로 국내시장에서 상품을 생산하던 기업(1930년대 초에는 대부분의 기업이 그랬다)은 보호주의 국가가 비보호주의 국가보다 나았다. 이 점이 국가자본주의나 국가자본주의의 이데올로기적 친척인 케인스주의, 종속이론, 스탈린주의의 논리적 근거였다. 만약 국가가 국민경제에 가장 중요한 투자 결정을 통제할 수 있다면 이윤율이 계속 하락하더라도 잉여가치를 대부분 새로운 축적으로 돌릴 수 있을 것이다. 그러나 이런 정책은 축적 드라이브가 협소한 국경의 한계에 부딪히기 전까지만 효과가 있었다. 이런 한계는 1930년대 중후반 독일과 일본이 전쟁으로 국경을 확장해서 축적을 촉진하려 했을 때나 1970년대 초 미국 군비 경제의 효과가 떨어졌을 때, 그리고 1989~91년의 경제 위기로 소련이 붕괴했을 때 여실히 드러났다.

국민경제들이 매우 밀접하게 통합된 오늘날 국가자본주의적 해법을 강력하게 추진하는 것은 체제 전체의 대혼란을 야기할 수 있다. 그러나 하이에크가 주장한대로 경제 위기가 저절로 해결되기를 기대하며 국민국가가 뒷짐만 진 채 대기업들이 파산하도록 내버려 둔다면 피해는 훨씬 더 커질 것이다. 마르크스가 지적한 두 가지 장기적 경향인 이윤율 저하와 자본의 집적·집중이 결합되면서 체제 전체가 덫에 걸렸다. 자본과 국가가 이런 상황을 타개하려고 몸부림칠수록 자본과 국가 사이의 긴장(그리고 자본과 국가를 떠받치는 노동자들의 고통)만 증가한다.

2008년 이후 국가가 경제 위기에 대응하려고 개입하자 좌파의 일부는 케인스의 부활이 장기 호황기의 복지 정책 부활을 뜻한다고 생각했다. 영국의 전 런던 시장인 켄 리빙스턴은 "신노동당이 구상한 경제 노선은 … 폐기됐다"고 주장했다. 폴리 토인비는 "드디어 사회정의를 위한 정당이 깨어났다. … 신노동당의 시대는 끝났다"고 선언했다. 영국 최대 노조인 유나이트 Unite의 공동 사무총장인 데릭 심프슨은 [정부] 예산안을 "30년간의 무대책과 신자유주의 경제학이 끝난 뒤 나온 환영할 만한 준비운동"이라고 봤다. 그러나 진실은 정반대라는 것이 곧 드러났다. 영국 정부는 단기적 경기 부양 비용을 장기적 교육·의료·사회복지 지출을 축소해서 메우려 했다. 자본을 위한 새 케인스주의는 신자유주의의 연장선에 있었고 자본을 위해 일하던 사람들을 위한 것이었다.

이 점은 영국만의 특수한 사례가 아니었다. 세계 체제의 모든 부문에서 장기적 이윤율 저하 압력에 대응하기 위해 노동시간, 복지 급여, 임금과 연금에 대한 공격이 계속됐다. 이 공격은 국제적으로 경제성장이 멈추고 더 떨어질 수도 있는 상황에서 더욱 강화됐다. 케인스주의로의 전환은 체제의 활력을 다시 되살릴 수도 없었고 노동자, 농민, 빈민에게 이익을 주지도 않았다.

자본주의 체제가 양차 세계대전 사이의 경제 위기를 벗어날 수 있었던 것은 자본주의 역사상 최악의 공황과 그 후 최악의 전쟁을 통해 막대한 가치를 파괴한 덕분이었다. 당시보다 더욱 커진 자본의 규모와 상호 연관 때문에 오늘날 자본주의 체제의 새로운 '황금시대'를 재개하려면 비율상 더욱 커다란 가치 파괴가 필요하다. 어쨌든, 20년 전 세계에서 두 번째로 큰 경제였던 소련이 파산했을 때조차 체제 전체는 아주 작은 혜택(국제 유가 하락, 서유럽 기업들이 채용한 값싼 숙련 노동력 조금)을 얻었을 뿐이다.

그렇다고 해서 불황이 끝없이 계속될 것이라는 말은 아니라는 점을 강조해야겠다. 다른 자본의 파괴를 통해 일부 자본이 얻는 이익 수준에 한계가 있다는 것이지 아무 이익도 없을 거라는 말이 아니다. 수많은 중소기업들이 파산하면 국가의 지원을 받는 대기업들은 어느 정도 이익을 얻을 수도 있다. 세계의 특정 지역 한두 곳에서 새로운 거품이 발생하고 급속한 성장이 이뤄지는 것은 가능할 뿐 아니라 그렇게 될 듯하다. 그렇지만 이런 거품과 성장으로 세계경제 전체가 균일하게 발전하지는 않을 것이고 오히려 더 큰 거품 붕괴와 더 많은 위기가 발생할 것이다. 그리고 그 결과는 단지 경제에만 한정되지 않을 것이다.

ZOMBIE
CAPITALISM

PART
04
고삐 풀린 체제

chapter **12** 자본의 새로운 한계

스스로 무너지는 체제

20세기에 자본주의는 전례 없는 방식으로 세계 체제가 됐다. 세계시장과 세계금융이 형성됐을 뿐 아니라 자본주의적 산업과 소비구조가 비록 불균등했지만 전 세계 모든 곳에서 등장했다. 그런 일이 일어나고 있을 때, 마르크스와 엥겔스를 포함해 19세기의 가장 선견지명 있는 사상가들이 맹아적 형태로만 지적한 경향 하나가 20세기 말에는 관심 있는 사람이면 누구나 알 수 있을 만큼 분명하게 발전했다. 그것은 다른 모든 인류 사회형태와 마찬가지로 자본주의 체제도 의존하고 있는 인간과 자연의 상호작용 과정 자체를 이 체제가 파괴하는 경향이다.

이런 경향을 가장 극적으로 보여 주는 것은 대기 중에 누적된 특정 가스들이 지구온난화를 초래하고 기후변화를 유발하는 현상이다.

자본주의 산업과 그 생산물은 항상 환경을 파괴하는 효과를 냈다. 수많은 관찰자들은 19세기 중반 영국의 산업 지대에서 물과 공기가 오염된 것을 한탄했다. 1854년에 찰스 디킨스는 허구적인 (그러나 너무나 진짜 같은) 코크타운*의 공장을 "살인적인 공기와 가스가 들어오는 만큼 자연은 강력하게 배제된 벽돌 공장"이라고 묘사했다.[1] 엥겔스는 다음과 같이 말했다. "브래드퍼드에는 역겨운 냄새가 나는 새까만 개천이 있다. 평일에 이 도시는 회색 석탄 연기로 뒤덮여 있다."[2] 콜레라와 장티푸스 같은 전염병이 도시들을 휩쓸었다. 결핵은 대부분의 노동계급 가정에 익숙한 저주였다.

그러나 자본의 맹목적 자기 증식이 환경에 미치는 재앙적 영향은 지역 수준에 그쳤다. 스모그가 가득 찬 도시, 물고기가 살 수 없을 정도로 오염된 강, 광석 찌꺼기 더미, 더러운 시궁창 등에서 벗어나려면 얼마든지 그럴 수 있었다. 20세기에 자본주의 생산과 축적의 규모가 커질수록 환경 파괴도 더 심각해졌다. 그래서 1930년대에 미국의 일부 지역에서는 농지가 황폐해져 건조 지대로 바뀌었으며, 1984년 인도의 보팔에서는 수천 명의 목숨을 앗아간 끔찍한 유독가스 누출 사건이 있었고, 펜실베이니아의 스리마일 섬과 우크라이나의 체르노빌에서는 핵 발전소 사고가 있었으며, 아랄 해 주변에 살던 사람들은 호수 물의 3분의 2를 면화 재배용으로 써 버려서 호수가 소금 사막으로 변하는 바람에 삶의 터전이 파괴됐고, 단층선 위에 세워진 도시들은 지진으로 파괴됐다. 그러나 이런 일들은 비록 인명 손실이 많았더라도 여전히 지역적 재앙에 불과했다. 자본주의(와 '사회주의'라 불렸던 국가자본주의)의 지

---

* 소설《어려운 시절》에 나오는 가상의 도시.

지자들은 그 사건들을 일시적 사고로 치부하며 체제와의 연관성을 부정할 수 있었다. 자본주의 비판자들은 그런 참사들을 비난했지만 체제가 그 사건들에 미친 영향은 보지 못했다.

1950년대 말이 돼서야 과학자들은 인간이 만들어 낸 가스들 때문에 평균기온이 상승해서 지구적 재앙이 일어나기 시작했음을 보여 주는 첫 증거를 발견했다(그리고 1980년대 말이 돼서야 사태가 얼마나 심각한지를 보여 주는 결정적 증거들이 나타났다).[3]

과학적 결론은 여기서 간단히 요약만 해도 될 만큼 충분히 알려져 있다. 이제 대다수 사람들이 알고 있듯이, 이런 가스 중에서 가장 중요한 것은 이산화탄소다. 이산화탄소는 에너지를 얻으려고 석유나 석탄 같은 탄소화합물을 태울 때 생긴다. 물론 메탄이나 아산화질소 같은 가스도 고려해야 한다. 대기 중의 온실가스 농도는 100만 분의 1을 뜻하는 피피엠ppm으로 나타낸다. 산업사회 전에는 대기 중 이산화탄소 농도가 280피피엠이었지만 지금은 385피피엠을 기록하고 있으며, 해마다 약 2.1피피엠씩 증가한다. 지금까지의 변화로도 지구의 평균기온이 섭씨 0.8도 상승하기에 충분하며, 이산화탄소 배출이 현재 수준으로 계속된다면 향후 10년 동안 약 0.2도 더 상승할 것이다. 물론 이것은 다른 조건들이 현재와 같을 때의 상황이다. 그러나 기온 상승에 따른 다양한 되먹임feedback 메커니즘이 변화(바닷속의 이산화탄소나 북극 툰드라지대의 메탄가스가 배출되거나 만년설이 녹거나 숲이 사막화하는 변화)를 가속시킬 수 있다. 이런 되먹임 메커니즘의 효과가 나타나기 시작하는 온도(이른바 '임계점'tipping points)가 몇 도인지는 최종적인 과학적 합의가 이뤄져 있지 않지만, 2007년에는 온도가 산업화 전 수준보다 2도(즉, 지금보다 약 1.2도) 더 높아지면 그런 일이 발생할 것이라고 널리 받아들이게 됐다(그렇다고 해서 이런 메커니즘의 일부가 이미 시작됐을 가능성을 결코 배제할 수 없는데, 예를 들어 미 항공우주국NASA의 제임스 한센이 2008년 4월에 그렇게 주장했다).[4] 이런 지점에 도달하지 않으려면 탄소 농도를 낮춰야 한다. '기후변화에 관한 정부 간 패널'IPCC은 임계점이 445~490피피엠이라고 주장하지만, 400피피엠조차 온도를 2도라는 임계점까지 끌어올릴 수 있다.[5]

지난 20여 년 동안 각국 정부는 지구온난화가 인류 대다수에게 위협이라는 사실을 받아들이게 됐다. 예를 들어 영국 정부가 2006년 펴낸 스턴 보고서는 다음과 같이 결론지었다.

모든 나라가 기후변화의 영향을 받겠지만 최빈국이 가장 먼저 그리고 가장 많이 받을 것이다. 기후변화를 그대로 내버려 두면 평균기온이 산업화 전 수준보다 5도 상승할 수 있다. 온도가 3~4도만 올라도 수많은 사람들이 홍수를 겪을 것이다. 이번 세기의 중반에는 해수면 상승, 심각한 홍수나 가뭄으로 집을 잃은 이주민이 2억 명에 이를 것이다. 온도가 4도 이상 상승하면 세계 식량 생산에 심각한 영향을 미칠 것이다. 2도 상승하면 생물종의 15~40퍼센트가 멸종 위기에 직면할 수 있다.[6]

이미 1992년 리우데자네이루에서 열린 지구 정상회담에서 이산화탄소 배출 감축 협상을 시작할 필요가 있다는 데 공감이 이뤄졌으며, 5년 뒤 교토 회의에서는 행동을 위한 일반적 틀을 만들었다. 2007년에 미국 대통령 조지 W 부시조차 기존 태도를 바꿔 지구온난화 원칙을 받아들였다.

그러나 중요한 점은 이런 구두 합의가, [세계 평균기온이 산업화 수준에서] 2퍼센트(나 그 이상) 더 높아지지 않도록 막을 수 있는 모종의 행동으로 이어지지 않았다는 것이다. 교토 회의 이후 헤이그 회의에서 교토의정서 실행에 합의하기까지 또 4년이 걸렸다. 최종 합의는 "취약하고 강제력이 없을 뿐 아니라 시장의 허점으로 가득 찬 것이었다."[7] 미국과 호주가 서명을 거부했기 때문만은 아니었다. 합의를 끌어내려고 열심히 노력했다는 유럽 열강들조차 자신들의 목표를 준수하지 않았다. 기후변화를 일으키는 가스들이 대기 중에 계속 쌓이는 속도는 전혀 감소하지 않았다. 글로벌 탄소 프로젝트*의 보고서를 보면 2000년에 이산화탄소가 68억 톤 방출된 반면 2005년에는 79억 톤이 배출됐다. 2000~05년에 이산화탄소 배출 증가율은 연간 2.5퍼센트 이상인 반면에 1990년대에는 연간 1퍼센트 미만이었다.[8]

2007년 여름 로스토크에서 열린 G8 정상회담을 계기로 더 단호한 조처들이 시행될 것이라고들 했다. 그러나 세계 지도자들은 기후변화가 주요한 문제라고 선언해 놓고도 그 뒤 2년 동안 이와 관련한 행동을 시작하는 것조차 미뤄 왔다. 그리고 그때 논의해 합의한 것도 기껏해야 2050년까지 온실가스 배출을 절반으로 줄이도록 노력한다는 것뿐이었다. 그러나 이산화탄소 배출을 80퍼센트 줄이더라도 지구 기온 상승을 2도 이하로 억제하는 데 충분하지 않을 것이다.[9]

기후변화를 되돌리는 것이 자신들의 최고 의제라고 선언한 정부들도 뭔가를 하고 있다는 외양이 실제보다 더 중요한 듯이 행동했다. 토니 블레어는 기후변화가 "인류가 직면한 가장 심각한 문제"라고 말했다.[10] 블레어 정부는 이산화탄소 농도 666피피엠을 전 세계의 목표로

---

* 세계 탄소 배출량을 측정하고 그 원인을 추적하는 국제 과학자·연구자 단체.

만들겠다고 약속했다. 그러나 블레어 정부의 위임을 받아 작성된 스턴 보고서는 650피피엠만 돼도 기온이 3도 올라갈 확률이 60~95퍼센트라고 추산했으며, 2003년에 영국 환경부 보고서는 "공기 중에 550피피엠의 이산화탄소 농도로도 기온이 2~5도 증가할 것으로 예상된다"고 결론지었다.[11]

이런 행동을 지켜보는 것은 운전자가 사고 날 줄 뻔히 알면서도 이를 무시한 채 계속 돌진하는 바람에 일어난 자동차 충돌 사고 장면을 느린 화면으로 보는 것과 비슷하다.

경쟁, 축적, 기후변화

이런 행동을 어떻게 설명할 수 있을까? 일부 환경 운동 진영에서 내놓은 손쉬운 대답은 '녹색 분칠'greenwash, 즉 정부가 인기를 얻으려고 기후변화 문제에 관심을 기울이는 척만 한다는 것이다. 이것은 일부 정치인들에게는 맞는 말일 수도 있다. 그러나 이 체제의 모든 주요 행위자들의 행동을 설명하지는 못한다. 그중 많은 이들, 아마 거의 대부분은 기후변화가 이 체제가 작동하는 물리적·생물학적 환경을 파괴할 것이고 따라서 체제 자체도 파괴할 것이라고 생각하게 됐다. 그들은 뭔가 조처를 취해야 한다는 것은 알고 있지만 정작 그렇게 해야 할 때는 반쯤 마비돼 버린다.

이런 마비는 탄소 중심의 생산·운송 방식을 바꾸면 이윤을 잃을까 봐 두려워하는 특정 대기업들이 정치인들에게 로비, 뇌물, 공갈 등의 압력을 가하는 것만으로도 설명되지 않는다. 이 대기업들은 흔히 강력한 지위에 있을 뿐 아니라 미국 정부가 기후변화를 시인하는 것조차 몇 년씩 늦출 수 있었다. 그러나 이 기업들은 기후변화를 피하는 데 직접적 금융 이익이 걸려 있는 다른 자본가들(예를 들어 보험회사들)의 반발에 부딪히기도 했다. 설명해야 할 것은 이런 반발이 왜 그다지 효과가 없었는가 하는 점이다.

이 문제는 오늘날 자본주의 체제의 구조와 직결돼 있다. 높은 수준의 탄소 기반 에너지는 체제 내의 거의 모든 생산·재생산 과정에서 핵심이다. 즉, 단지 제조업뿐 아니라 식량 생산과 유통, 사무실 건물의 난방과 가동, 노동자의 출퇴근, 노동자의 재충전과 재생산에 필요한 것들을 공급하는 데서도 핵심적이다. 석유·석탄 경제와 단절하게 되면 이런 구조가 크게 바뀔 것이고, 생산력과 생산관계도 엄청나게 재구성될 것이다.

일부 사람들은 이런 구조조정이 자본주의에서 항상 일어났으므로 정부가 구조조정을 어떤 방향으로 추진하는지가 문제라고 주장한다. 이것은 클라이브 해밀턴이 조지 몬비오와 논쟁할 때 스턴 보고서의 시장 방식을 옹호하며 주로 주장한 내용이다.

스턴은 시장에 강력한 신호를 보내면 시장이 에너지 경제의 구조조정 방안을 찾아낼 것이라고 확신한다. 스턴이 옳다고 여길 만한 이유가 존재한다. 50년이 지나면 이 세계는 크게 바뀔 것이다. 지금 강력한 신호를 보낼 수 있다면 충분히 낙관할 근거들이 존재한다. 현재 우리에게는 앞으로 10~20년 안에 세계의 이산화탄소 배출을 급격히 줄일 기술이 있으며, 시장은 (적절히 지도된다면) 2050년까지 우리가 예상치 못한 가능성을 제공할 것이다.[12]

이런 주장들이 무시하는 것은 정부가 특정 방향으로 투자와 생산을 촉진하는 신호로 가격 메커니즘을 효과적으로 발전시키더라도 그 신호는 다른 신호(현재의 탄소 에너지 집약적 투자의 수익성을 유지해야 한다는 압력에서 나오는 신호)와 경쟁해야 한다는 점이다.

석유 기업이 저탄소 에너지나 탄소를 배출하지 않는 에너지를 개발하는 부서를 설립할 수 있다. 그러나 이 기업은 기존의 탄소 집약적 방식(송유관, 정유소, 원유 분해 시설, 굴착 장비 등)에 대한 대규모 투자에서도 수익을 내려 할 것이다. 제조 기업과 운송 기업도 마찬가지다. 이 기업들도 에너지를 많이 사용하는 기존 설비와 건물에 대한 투자 비용을 모두 회수할 때까지는 그런 시설을 고수할 것이며, 정부가 보내는 반대 신호가 매우 강력하지 않다면 똑같은 시설에 더 많이 투자할 것이다.

소비자의 행동도 가격 변동만으로는 바뀌지 않을 것이다. 가격 신호만으로는 승용차 운행으로 생기는 이산화탄소(전체 배출량의 10퍼센트)나 건물의 난방과 조명에 사용되는 이산화탄소(전체 배출량의 18퍼센트)를 처리하지 못할 것이다.[13] 혹시 온도가 2도 이상 올라간다면 소비자의 행동이 바뀔지도 모르겠지만 말이다. 정부가 그저 '신호'를 보내는 것보다 훨씬 더 많은 일을 하지 않으면, 사람들은 단열 효과가 보잘것없는 기존 주택, 승용차 운행에 의존할 수밖에 없는 기존 주거·근무 환경을 벗어날 수 없을 것이다.

자본주의가 스스로 재편할 능력이 있다는 견해를 해밀턴보다 더 설득력 있게 펼치는 주장도 있다. 그것은 기후변화를 막기 위해 산업을 완전히 구조조정하면 "투자가 창출"되므로 자본주의에도 이로울 것이라는 주장이다. 그러나 21세기 자본주의의 경제적 문제는 다양한 투자 대상이 부족하다는 것이 아니라 그런 투자가 충분한 이윤을 내지 못한다는 것이다.

앞의 장들에서 봤듯이, 오늘날 이 체제는 대기업이 지배하는데, 이 대기업들은 특정 국가들에 기반을 두고 있지만 여러 국가에서, 때로는 체제 전체에서 활약하고 있다. 개별 기업은 경쟁력을 유지하기 위해 값비싼 대규모 투자를 해야 할 필요성과 이런 투자의 수익성이 불확실하다는 점 사이에서 진퇴양난에 빠져 있다. 새로운 형태의 에너지나 에너지 효율이 높은 장비·제품에 투자한다고 해서 이런 모순이 극복되는 것은 아니다. 사실 이런 투자는 많은 기업, 아마 대다수 기업의 상황을 더 악화시킬 것이다. 이 기업들은 수익성과 충돌하는 가격 신호를 최소화하려고 국가에 압력을 넣을(그리고 필요하다면, 생산 시설을 옮겨 버리겠다고 위협할) 수 있다. 정부 자체는 자국 내 축적을 지지하므로 국제경쟁력을 방해하는 조처는 모두 반대할 것이며, 기업의 요구를 대부분 들어줄 것이다. 정부가 보내는 '신호'가 그토록 약한 이유, 그리고 스턴처럼 정부에 영향을 미치는 일에 의존하는 자들이 자신들의 목표를 '현실적'으로 보이게 하려고 목표 자체를 낮추는 이유가 바로 이것이다.

조지 몬비오가 말했듯이, "니컬러스 스턴 경은 2도 기온 상승의 무서운 결과를 분명하게 설명했"지만 "대기 중 온실가스 농도 목표치를 550피피엠으로 삼을 것을 권고"하는데, 이는 "지구 평균기온을 2도 이상 상승시킬 가능성이 적어도 77퍼센트(사용된 기후 모델에 따르면 99퍼센트까지도 가능하다)"이며 "4도 이상 상승시킬 가능성이 24퍼센트다."[14]

스턴은 자신이 계산한 대로 온실가스 감축 규모를 조언하기를 꺼렸는데, 그 이유는 목표치를 550피피엠보다 더 낮게 잡는 것처럼 "온실가스 배출 규모를 매우 급속하게 감축하는 방안은 경제적 실현 가능성이

없"기 때문이라는 것이다.[15]

2008년 오바마의 선거운동은 기후변화 대책과 관련해 많은 약속을 했다. 주류 경제학자들은 경기후퇴 자체가 경기 부양책을 통해 기후변화에 대처할 기회라고 주장했다. 그러나 막상 발표된 경기 부양책의 내용은 사뭇 달랐다.

감세, 신용과 재정지출 확대 등의 정책은 환경문제에 관한 정부의 열의를 보여 주는 증거라고 널리 선전됐다. 그러나 면밀히 살펴보면, 녹색 지출은 더 거대한 계획들 가운데 극히 일부일 뿐이다. 지출의 많은 부분은 신규 도로나 화석연료 발전소 같은 온실가스 배출을 사실상 늘리게 될 프로젝트에 들어가는 반면, 실질적 효과를 낼 저탄소 프로젝트에는 아주 소액의 돈이 투입될 것이라고 전문가들은 생각한다. 예를 들어 미국 대통령 버락 오바마는 신규 도로 건설에 270억 달러(210억 유로, 190억 파운드)를 사용하고자 하는데, 그러면 도로 교통에서 배출되는 온실가스가 증가할 것이다. 비록 일부 자금은 전기차나 수소차 같은 저탄소 차량 개발에 사용되겠지만, 그 절감 폭은 석유로 움직이는 승용차들의 교통량 증가에 따른 온실가스 배출 규모보다 작을 것이다.[16]

미국 대통령이 새로 임명한 기후변화 협약 특사인 토드 스턴은 IPCC가 "위험한 환경 변화를 피하려면 선진국들이 2020년까지 25~40퍼센트 감축을 목표로 해야 한다"고 계산했는데도 미국이 그런 목표를 세우는 것은 "불가능하다"고 주장했다.[17]

영국에서는 "녹색 기업들"이 "직원 해고, 생산 감축의 물결과 함께 후퇴"하고 있는데, "지멘스, 클리퍼윈드파워, 심지어 BP 같은 대기업조차

… 청정에너지 부문의 축소에 이런 식으로 대응하고 있다." "신용 경색" 때문에 "현금이 절실한 풍력·태양 발전이 고사"하고 있으며, 상황은 "탄소 거래 시장의 기록적 가격 폭락 때문에 갈수록 악화하고 있다."[18]

그렇다고 해서 정부의 '신호'가 전혀 효과 없다는 말은 아니다. 정부의 '신호'는 풍력발전과 태양광발전(과 에너지를 흡수하는 바이오디젤) 같은 새로운 분야에 대한 투자를 고무하고 있다. 새로운 자본들(또는 오래됐지만 혁신적인 자본들)이 등장하고 있고, 이들은 저마다 자기 제품의 판매 시장과 원자재를 확보하려고 서로 싸울 것이다. 탄소 배출도 단기적으로는 감소할 가능성이 거의 없지만 지금보다는 증가 속도가 둔화할 가능성이 높다. 그러나 정부와 기업주들이 하루는 기후변화를 막는 데 주력하겠다고 공언했다가 다음 날은 지구에서 석유와 석탄을 최대한 추출하겠다는 의지를 드러내는 등 오락가락하기 때문에 모호함은 여전히 남아 있을 것이다.

자본(주의)의 필요와 자본들의 필요

자본은 서로 경쟁하며 성장(마르크스가 말한 자본의 자기 증식)하는 과정에서 탄소 에너지를 마구 사용하게 되는데, 자본 자신도 이것이 자기 파괴적이라는 사실을 알고 있다.

자본주의가 자신의 환경 기반을 파괴하는 현상은, 오늘날처럼 대규모로 나타난 적은 없었더라도 완전히 새로운 현상은 아니다. 19세기 초 영국에서는 경쟁적 축적 때문에 노동자의 육체적 건강, 심지어 육체적 생존에도 관심이 없었다. 이런 관심 결여는 노동계급뿐 아니라 청년기의 산업자본주의에도 해로울 수밖에 없었는데, 착취당하기에 적당하고 일할 능력이 있는 노동력이 바닥날 수 있었기 때문이다.

마르크스는 당시 어떤 일이 벌어졌는지를 이렇게 요약했다.

자본주의 생산양식(특히 잉여가치의 생산, 잉여노동의 흡수)은 노동일의 연장과 함께 인간이 발전하고 제 구실을 할 수 있는 정상적인 도덕적·육체적 조건을 박탈해서 인간의 노동능력을 퇴화시킬 뿐 아니라 이런 노동력 자체를 너무 빨리 소진시키고 죽게 만든다. 자본주의 생산양식은 노동자의 실제 생명을 단축해서 일정 기간 노동자의 생산시간을 연장한다.

그러나 그 과정에서 자본주의는 개별 노동자의 '노동력' '존속 기간'을 단축하고, 그래서 노동자를 교체하는 속도가 빨라지게 만든다. 그러면

노동력 재생산 비용이 더 높아질 것이다. 이것은 마치 기계에서 날마다 재생산되는 가치 부분이 더 클수록 기계가 더 빨리 마모되는 것과 마찬가지다. 따라서 표준 노동일을 제정하는 방향으로 나아가는 것이 자본 자체에도 이로운 것처럼 보인다.[19]

이 때문에 자본가들이 공장이나 노동계급 거주지에서 노동시간 단축과 더 인간적인 조건을 실현하기 위한 운동에 뛰어들었는가? 자본 전체의 장기적 필요를 더 통찰력 있게 내다본 극소수 자본가들은 그랬다. 그러나 대다수 자본가들은 노동시간 규제 시도를 일절 반대했다. 심지어 장차 더 생산적인 성인 노동력이 될 아동의 노동시간을 규제하는 것도 반대했다.

또, 마르크스는 자본주의의 작동 논리를 다음과 같이 요약했다.

모든 주식 투기에서 사람들은 얼마 뒤에 주가가 폭락하리라는 것을 알지만, 자기 자신이 돈벼락을 맞고 돈을 안전하게 옮겨 놓고 난 뒤에 그런 주가 폭락 사태가 다른 사람들을 덮치기를 바란다. 즉, '뒷일은 난 몰라!'가 모든 자본가와 자본주의 국가의 표어다. 따라서 자본은 사회가 강요하지 않는 한 노동자의 건강이나 수명에 전혀 주의를 기울이지 않는다. 육체적·정신적 퇴화, 조기 사망, 고문이나 다름없는 과로에 항의하는 사람들에게 자본은 다음과 같이 대꾸한다. 그런 것들이 우리의 이윤을 증가시켜 주는데 어째서 우리가 걱정해야 하는가?[20]

노동자를 착취하는 자들이 노동력 재생산을 파괴하지 못하도록 하기 위해서는 국가가 나서서 일련의 법률을 제정해(부분적으로는 노동자들의 선동에 대한 대응이었다) 외부에서 자본을 단호하게 압박해야 했다. 이런 노동력 재생산 보호 장치가 충분히 발전하기까지 약 80년이 걸렸다. 그리고 앞서 5장에서 본 것처럼, 군대가 병사를 충원하기가 어려워지자 국가는 자본이 노동력 공급에 무관심하면 국가의 총알받이들[군인들]이 피해를 입는다는 사실을 절실히 깨달았다.

마르크스가 묘사한 것과 정확히 똑같은 논리가 오늘날 온실가스 배출 문제를 대하는 자본의 태도에서도 발견된다. 자본주의 정치인들은 뭔가를 해야 할 필요성에 관한 미사여구를 늘어놓고, 위원회나 정부 간 회의 기구를 설치하고, 자신들의 행동을 바꾸겠다고 약속한다. 그런 다음 이런저런 기후변화 대책의 경제적 비용을 감당하기 어렵다고 투덜대는 이익집단들 앞에서 머리를 숙인다.

그러나 19세기에 노동력 자원을 파괴하는 경향과 오늘날 지구환경을 파괴하는 경향 사이에는 한 가지 큰 차이가 있다. 노동력 파괴는 한 나라[영국]의 산업부문들 내에서 일어났다. 노동력은 농촌이나 아일랜드에서 노동자들을 수입해 복구할 수 있었다. 그리고 궁극적으로는 국민국가가 나서서 개별 자본의 행위를 자본 전체에 이롭게 단속할 수 있었다.

그런데 오늘날 이 체제를 구성하는 모든 자본주의 기업과 국민국가를 상대로 자신의 의지를 관철시킬 세계국가는 존재하지 않는다. 개별 기업이나 국가는 온실가스 배출을 크게 줄이는 데 필요한 과감한 조처들을 취하면 그 틈을 타서 다른 기업이나 국가가 시장을 잠식할까 봐 두려워한다. 기후변화 문제는 세계 체제 내의 다른 투쟁들(국적이 서로 다른 자본가들 사이의 투쟁, 국민국가들 사이의 투쟁, 계급들 사이의 투쟁)과 떼려야 뗄 수 없이 연결돼 버렸다.

국제적 합의를 이루려는 노력은 더 많아지고, 아마 과거보다 더 철저하게 이뤄질 것이다. 자본주의 체제에서 기후변화의 고통을 경험하기 시작하는 자본들이 늘어나고 있으므로 달리 어쩔 수 없을 것이다. 그렇지만 그런 합의가 항상 허점투성이일 수밖에 없는 이유는 서로 다른 국가들의 중단기 이해관계가 서로 확연히 다르기 때문이다.

각국의 축적 구조에 따라 탄소 에너지 의존도도 서로 다르다. 1970년대 초까지 석유를 자급자족했던 미국은 축적·소비 구조가 석유에 크게 의존하게 됐고, 이 때문에 오늘날 미국의 1인당 탄소 배출량은 20.2톤에 이른다. 주요 서유럽 국가들은 국내 석유 자원이 부족해서 약간 다른 축적·소비 구조를 발전시켰다(예를 들어 휘발유 가격이 미국의 3배쯤 된다). 그래서 1인당 8.8톤의 탄소만 배출한다. 중국의 급속한 공업화와 도시화는 대규모 석탄 사용을 바탕으로 하고 있으며, 그래서 중국의 총 탄소 배출량은 미국과 비슷하다. 비록 2004년 중국의 1인당 탄소 배출량은 미국의 6분의 1을 약간 웃돌고 서유럽의 40퍼센트에 불과하지만 말이다.[21]

이런 엄청난 차이 때문에 탄소 배출을 크게 줄이는 조처를 취했을 때 서로 다른 나라의 기업들이 받을 타격도 천차만별이다. 유럽연합이 2000년대 초에 미국보다 더 기후변화 대응 행동에 적극적인 듯했던 이유도 바로 이 때문이다. 유럽연합의 국민국가들은 자국 기업들보다 미국 기업들에 더 큰 타격을 주는 조처들에서 이득을 얻을 수 있었던 것이다. 미국의 수치가 엄청나게 중요하다. 세계 체제를 통제하는 '국제기구들'은 그들의 정책이 미국 자본의 이해관계, 미국의 엄청난 군사력이나 금융 영향력과 부합할 때만 힘을 쓸 수 있다. 러시아, 중국, 인도, 서유럽 국가들 같은 지역 열강들은 가끔 미국에 유리한 규제를 방해할 수는 있지만 그것을 자신들에게 유리한 규제로 대체할 수는 없다. 이 점은 IMF를 통한 금융 규제나 WTO를 통한 무역 규제처럼 탄소 가스 규제에서도 마찬가지다. 세계 체제의 다양한 부문을 운영하는 자들이 기후변화의 위험을 인정하더라도 실천에서 그들의 국제 협상은 험난한 과정이 될 것이다. 주요 국가들이 모두 기후변화 대응 행동을 자국 자본의 경쟁력에 유리한 쪽으로 끌고 가려 할 것이기 때문이다. 규제는 계속되겠지만, 탄소 가스가 기후와 체제에 미치는 파괴적 영향을 중단시키기에는 느리고 효과도 없고 불충분할 것이다.

기후변화의 직접적·단기적 효과 중 일부는 이미 우리 주변에 존재한다. 당장 가장 눈에 띄는 것은 기온 상승의 직접적 결과들이다. 예를 들어 빙하가 점점 줄어들고 영국에서 많은 새들이 1950년대보다 약 일주

일 일찍 알을 부화하고 있다는 것이 그 증거다.[22] 몇몇 가장 중요한 효과는 이보다 덜 직접적일 것이다. [과학자들이 내놓은] 기후 모델들은 지구온난화로 해류와 대기 중 수증기 농도와 기압이 바뀔 것이고 이런 변화로 말미암아 예를 들어 한편에서는 더 빈번하고 더 강력한 폭풍우와 다른 한편에서는 가뭄 같은 기상이변이 일어날 것임을 보여 준다. 그렇다고 해서 단기적 기상이변이 모두 기후변화 때문이라고 말할 수는 없지만, 허리케인과 가뭄이 모두 빈번해지고 있다는 증거가 늘어나고 있다. 지구온난화 되먹임 메커니즘의 효과가 나타나기 시작하면, 이와 같은 국지적 재앙은 훨씬 더 빈번해질 것이다. 흉작, 삼각주와 저지대의 홍수, 강의 범람, 전에 비옥했던 지역의 사막화, 경작 방식의 변화 등이 더 늘어날 것이다.

피크오일

자본주의의 생태적 한계 중 점점 커지고 있는 것은 역설적이게도 현재 탄소 가스의 주된 원천인 석유가 고갈될 것이라는 두려움이다. '피크오일'이라는 개념 즉, 석유 생산이 수요 증가를 충족시킬 만큼 늘어나지 않는 순간이 가까워졌다는 생각이 점차 심각하게 받아들여지고 있다.

이 쟁점은 석유 생산이 10년 안에 정점에 이를 것이라고 예상하는 논문이 1998년에 《사이언티픽 아메리칸Scientific American》에 실리면서 널리 알려지게 됐다. 그때 이후로 많은 경제학자들과 지질학자들이 석유 매장량과 생산능력에 대한 서로 다른 시나리오를 제시하며 반박하고 재반박했다.[23] 이런 주장과 반박은 서로 다른 이익집단들의 영향을 상당히 반영하고 있었다. 거대 석유 기업들은 장기적 공급 수준을 과장하는 경향을 보였는데, 이들의 주가가 여기에 달려 있었기 때문이다. 그래서 자본주의 체제 자체를 폭로하는 비판자들뿐 아니라 각국 자본주의의 장기적 에너지 수요를 걱정하는 사람들도 석유 기업이 제시한 수치를 의심했다. 그리고 주요 산유국들이 석유수출국기구OPEC 내에서 다른 나라들과 협상하거나 석유 기업들과 협상할 때 자국의 실제 매장량을 숨겼기 때문에 실제 수치를 정확히 판단하기가 상당히 어렵다. 어떤 비판적 보고서는 다음과 같이 지적했다.

> 여전히 해결되지 않은 중요한 문제 하나는 사우디아라비아의 석유 생산 상황이다. 아마 틀림없이 이 문제가 세계 피크오일의 시기를 좌우할 것이다. … 사우디아라비아의 석유 생산이 비밀에 싸여 있기 때문이다.[24]

그러나 이 논쟁에서 두 가지 확실한 결론을 이끌어 낼 수 있다. 첫째, 피크오일은 앞으로 25년 안에 나타날 가능성이 높고 어쩌면 수십 년이 아니라 몇 년 안에 나타나 다른 에너지 자원에 의존할 수밖에 없게 만들 것이다. OECD 산하의 에너지 부문 조직인 국제에너지기구IEA는 오래전부터 피크오일 주장에 반대해 왔지만, 지금은 "몇 년 안에 '석유 경색'이 닥칠 것"이라는 주장을 받아들인다.[25] 미국 에너지부의 에너지정보국EIA은 2000년 7월에 "전 세계의 석유 생산은 앞으로 20여 년 동안 계속 증가하다가 그 뒤부터 감소하기 시작할 것"이라고 결론지었다. 그러나 존 벨라미 포스터는 "그 분석 자체는 세계의 오일피크가 빠르면 2021년에 닥칠 수 있음을 보여 준다"고 지적했다.[26]

사실, 어떤 수치를 받아들이더라도 자본의 맹목적 증식 때문에 자본의 가장 중요한 원료, 즉 거의 모든 생산과 소비가 의존하는 원료인 석유의 고갈 시점이 가까워지고 있다. 피크오일은 석유가 당장 소멸된다는 것을 의미하지는 않는다. 석유는 수십 년 동안 더 이용할 수 있겠지만, 석유 획득 비용이 계속 증가할 것이고 석유를 보유한 자들과 보유하지 못한 자들 사이의 갈등이 더욱 격렬해질 것이다.

정점이 언제 도래할 것인지와 무관하게 국가들은 지금 당장 미래의 '에너지 안보'를 우려하고 있다. 그래서 미국에서는 이런 우려를 나타내는 보고서가 반복적으로 작성됐는데, 2001년 5월 부통령 딕 체니가 이끄는 특별팀이 작성한 '국가 에너지 정책' 보고서가 유명하다. 이 보고서는 피크오일 문제는 거론하지 않은 채 미국의 석유 공급 확보와 관련한 우려를 나타내고 "에너지 안보를 미국의 무역·대외 정책에서 최우선으로 고려해야 한다"고 촉구했다.[27] 2007년 2월 미국 회계감사원GAO 보고서는 "거의 모든 연구를 보면, 세계의 오일피크는 2040년 이전 어느 때쯤 나타날 것이고 미국 연방 기구들은 이 임박한 위기에 대처하는 데 필요한 국가 대비 태세 문제를 아직 다루지 않고 있음을 알 수 있다"고 주장했다.[28]

'에너지 안보'라는 용어는 '국가 방위'라는 용어와 마찬가지로 정부가 사용할 때는 이중적 의미가 있다. 이 용어는 가정용·산업용 에너지 자원을 보호한다는 의미일 수 있다. 그러나 다른 국가에 가하는 압력을 강화하는 정책의 시행을 의미할 수도 있다. 예를 들어 2003년 미국의 이라크 침공 목표 중 하나였던 중동산 석유 통제는 미국 자체의 석유 공급보다는 미국 헤게모니에 도전할 수 있는 지역 열강들이 의존하는 석유 공급을 통제하려는 것이었다. 미국 석유 수입의 8분의 1만이 중동 지역에서 공급된다(반면에 캐나다, 멕시코, 베네수엘라에서 수입하는 석유가 8분의 3을 차지한다). 의미심장하게도, 미국은 국제 송유관과 석유 수송로의 주요 길목에 군사기지나 신뢰할 만한 동맹국을 확보하려 한다. 그래서 예를 들면 2008년 8월 그루지야·남오세티야 전쟁 때 러시아가 영향력을 행사하는 것에 격렬하게 반응했다. 기후변화와 마찬가지로 '피크오일'이 다가오면서 세계의 국가 간 충돌과 국가들 내부의 충돌이 한층 고조될 수밖에 없다.

이 둘 사이에는 불가피한 상호작용이 존재한다. 어떤 이들에게는 피크오일과 그에 따른 유가 상승이 기후변화를 억제하는 구실을 할 것처럼 보일 것이다. 제한적이나마 석유 소비를 줄이는 압력이 존재할 수 있다. 2008년 중반에 유가가 치솟았을 때 석유 소비가 감소한 것이 그 사례다.[29] 그러나 한 효과가 다른 효과를 자동으로 사라지게 하는 것은 아니다. 피크오일은 현재처럼 높은 수준의 석유 소비나 그에 따른 탄소 가스 누적과 오랫동안 양립할 수 있다. 그러는 동안 에너지 안보의 두려움 때문에 석유 탐사가 더 늘어나고, 탄소 가스의 다른 원천인 석탄 사용이 증가하고, 운송 수단 연료용 에탄올이나 바이오디젤을 생산하기 위해 옥수수기름이나 식물성기름 사용이 더 늘어나고 있는데, 이것은 오히려 세계 탄소 가스 배출을 더 증가시킬 수 있다.[30]

식량과 자본주의

2006~08년에는 자본주의가 또 다른 생태적 장벽을 스스로 창출하고 있음이 힐끗 드러났다. 즉, 자본주의는 체제 내에 살고 있는 사람들이 먹고살 만큼 충분한 식량을 생산할 수 없다. 평론가들이 세계 식량

생산 증가율의 급락을 지적했듯이, 식량 가격이 급등하면서 자본주의의 식량 생산 증대 능력이 바닥나기 시작했는가 하는 문제가 제기됐다.[31]

이런 우려가 이번에 처음 제기된 것은 아니었다. 산업자본주의 초기에 맬서스는 대중의 생활수준을 향상시켜도 소용없다고 주장했다. 그래 봤자 대중을 먹여 살리는 식량 생산보다 더 빠르게 인구가 늘어날 것이라는 게 이유였다. 마르크스와 엥겔스는 인류 복지의 자연적 장애물을 체제 옹호자가 착취를 정당화하는 구실로 이용하는 이런 견해를 거부했다. 그러나 3장에서 봤듯이, 마르크스와 엥겔스는 자본주의 자체가 특정 시점을 넘어 발전하면 식량 공급의 장애물을 스스로 만들어 낸다고 주장했다. 자본주의 농업은 토양의 비옥도 유지에 필요한 영양분을 대체하는 속도보다 더 빠르게 그런 영양분을 없애기 때문이다.[32]

마르크스와 엥겔스가 자본주의를 분석할 때 이 문제를 중심에 두지 않은 것은 다음과 같은 단순한 이유 때문이었다. 즉, 1860년대와 1870년대에 자본주의 체제가 기존의 오래된 농경지를 망치는 농업을 북미의 대초원에서 식량을 생산하는 농업으로 대체하고 있다고 본 것이다. 이 문제는 마르크스와 엥겔스가 죽은 뒤에도 대다수 마르크스주의자에게 부차적 관심사였다. 왜냐하면 광물비료를 사용해 자연 영양분의 손실을 보충할 수 있었기 때문이다. 20세기 말까지 전 세계 식량 생산은 계속 인구 증가를 앞서고 있었다. 수많은 사람들이 끔찍한 기아와 장기적 영양실조에 시달렸지만, 이것은 식량 생산이 부족했기 때문이 아니라 계급에 따른 빈곤의 결과였다. 1960년대 동남아시아에 곧 닥칠 듯하던 절대적 식량 부족 징조들은 '녹색혁명'(비료의 대량 투입과 관개 시설 확대를 바탕으로 한 신품종 도입) 덕분에 극복됐다. 이런 일들은 흔히 생계형 농민을 대체한 다양한 종류의 자본주의 농업이 확산되는 것과 함께 진행됐다.

　식량 증산은 매우 실질적이었다(현대 농업을 비판하는 '유기농' 옹호자들이 그렇지 않다고 주장하는 것은 어리석은 일이다). 1960년대 중반부터 1980년대 중반까지 밀 생산은 연간 3~4퍼센트씩 증가했고, 쌀은 2~3퍼센트씩 증가했다. 그러나 지난 20여 년 동안은 식량 증산율이 낮아져서 (둔화하는) 인구 증가를 거의 앞서지 못하고 있다. "녹색혁명으로 인한 산출량은 '정점'에 도달했다."[33] 산출량을 높이려면 비료가 어느 때보다 더 많이 필요하고, 충분한 농업용수 공급이 점차 문제가 되고 있고, 매우 협소한 품종에 집중하면서 병충해의 위험이 증대하고, 식량 생산용 경지 면적이 늘지 않고 있다. 세계은행의 개발 보고서는 다음과 같이 시인했다.

> 많은 농업국에서 여전히 1인당 농업 증산율은 형편없이 낮고 구조 개혁도 거의 이뤄지지 않고 있다. … 농업국이든 공업국이든 모든 나라의 방대한 토지에서 이 점은 사실이다. 농업은 여전히 경제개발에 미치는 영향력이 약하기 때문에, 급속한 인구 증가, 영농 규모 감소, 토양 비옥도 저하, 소득 다변화의 기회 유실, 이농이 고통을 낳고 있다.[34]

　문제는 맬서스가 200년 뒤에 옳았다는 것이 아니다. 세계 인구(50퍼센트 더 증가한 다음에는 서서히 감소할 것으로 예상되는)를 감당할 만큼 식량 생산을 늘릴 수단은 존재한다. 문제는 현재의 "농업 축적 구조"다.[35] 1970년대 중반 이후 세계 농업의 구조는 주로 미국에 기반을 둔 한 줌의 농업 다국적기업이 점차 좌우해 왔는데, 이들은 전 세계 농민(영농 규모가 크든 작든)에게 투입물(종자, 비료, 살충제, 농기계)을 공급하면서 농업 혁신을 통제하고 있다. 이들의 이해관계는 특정 지역의 조건을 거의 고려하지 않고 이런 투입물을 표준화하는 것(그래서 그들 자신의 생산비를 줄이는 것)이다. 이들의 연구는 "수확 증대보다는 비용 절감을 위한 혁신에 초점을 맞춰" 왔다.[36] 그래서 전 세계 소농 4억 명의 필요를 충족시킬 만한 혁신은 거의 없다. 그러면서 유전자조작 곡물이 지역 생태계에 미치는 잠재적 부작용이나 지금까지 개발된 품종들이 전 세계 많은 지역의 조건에 맞지 않다는 점은 전혀 고려하지 않은 채 유전자조작 곡물을 마술적 해결책이라고 선전할 뿐이다. 한편, 개별 개도국들은 GNP에서 농업 투자가 차지하는 비중이 1980년 10퍼센트에서 약 4퍼센트로 줄어들었다.[37] 그러나 미국 농업부 경제조사팀의 로널드 트로슬이 말했듯이, "수확과 생산을 증대시키는 혁신, 특히 농민이 신품종 씨앗에 로열티를 지급할 수 없는 지역의 생산을 증대시키는 혁신에 집중할 가능성이 더 높은 연구는 항상 공적 기금으로 수행된 연구였다."[38]

세계 식량 공급을 위협하는 문제점들은, 2007~08년 국제 곡물 가격이 치솟아 수많은 사람들이 기아의 위험에 빠졌을 때 뼈저리게 느낄 수 있었다. 치솟는 곡물 가격은 식량을 팔 뿐 아니라 사기도 하는 많은 소농에게 피해를 줬다. '식량 안보'가 갑자기 에너지 안보와 연결되면서 정부의 관심사로 부상했다. 단기적으로 유럽과 북미의 농민들이 그동안 '휴경 보조금' 제도에 따라 버려 뒀던 토지를 경작하게 되면서, 부족한 세계 식량 공급을 어느 정도 메울 수 있었고, 2009년 초에는 일부 가격이 약간 하락했다(물론 2년 전 수준까지 하락하지는 않았다).

[2006~08년] 식량 위기는 세계적 재앙이 당장 시작된 것이라기보다는 미래에 일어날 일의 조짐(수많은 사람들에게 엄청난 고통을 안겨 줄 위

협)일 가능성이 크다.[39] "실질적 위험"은 "미래의 어느 시점에 나타날 식량 경색"이며, "수입 의존국과 모든 지역의 가난한 사람들이 특히 어려움에 봉착할 것"이라고 한 연구 결과는 보고했다.[40] 2006~08년의 식량 가격 상승이 2000년대 중반 호황의 마지막 국면에 있었던 투기의 결과만은 아니라는 주장도 있다. 2009년 초에 한 보고서는 장기적 "자원 부족 추세, 특히 기후변화, 에너지 안보, 가용 수자원 감소"가 가격과 생산을 압박함에 따라 "식량 가격이 다시 오를 수 있다"고 지적했다.[41]

2008년의 식량 부족은 21세기 자본주의에 내재한 위기의 상이한 요인들이 어떻게 서로 영향을 미칠 수 있는지를 보여 줬다. 왜냐하면 식량 부족은 녹색혁명의 혜택이 고갈된 결과만은 아니었기 때문이다. 식량 부족은 기후변화에 따른 효과의 산물이기도 했는데, 호주의 흉작은 가뭄 때문이었고 유럽의 흉작은 홍수 때문이었다. 식량 부족은 또한, 미국 옥수수 수확량의 3분의 1과 유럽 지방종자* 수확량의 절반을 바이오 연료 생산에 투입해서 기후변화와 에너지 안보를 상쇄하려는 자본주의의 비뚤어진 방식 때문이기도 했고,[42] 21세기 농업이 의존하고 있는 비료와 연료의 비용 상승을 초래한 유가 상승 때문이기도 했고, 2000년대 초중반 자본주의 순환의 뚜렷한 호황기에 중간계급의 육류 소비가 크게 증가한 것(특히 중국에서) 때문이기도 했다.

이처럼 경제적인 것, 환경적인 것, 정치적인 것이 21세기에도 계속 상호작용하면서 매우 심각한 사회적·정치적 위기를 거듭거듭 만들어 낼 것이고 그런 위기는 세계적 재앙이냐 혁명적 변화냐 하는 선택을 앞당길 것이다.

---

* 깨, 아주까리, 콩, 유채 등 주로 지방脂肪을 체내 영양물질로 함유하는 종자.

chapter 13 고삐 풀린 체제와 인류의 미래

앤서니 기든스는 세계화와 '신경제 패러다임'에 대한 환상이 한창 유행하던 1999년에 이상한 제목의 책을 한 권 출판했다. 그는 자본주의를 길들이려는 사회민주주의의 오랜 노력을 내팽개친 '제3의 길' 주창자로 유명한 영국 학자였(고 지금도 그렇)다. 또, 그를 "토니 블레어의 궁정 사회학자"로 묘사한 것도 적절하다.[1] 그런데 기든스가 펴낸 책의 제목이 《고삐 풀린 세계The Runaway World》였다. 이 책은 자본주의를 놀라서 갑자기 달아나는 말처럼 묘사한다. 즉, 정부나 사회운동, 개인들은 자본주의라는 말을 결코 멈출 수 없고 오히려 그 위에서 불안정한 균형을 유지해야 한다는 것이다. 정부나 사회운동, 개인이 할 수 있는 일은 기껏해야 한편으로는 사회적 자본에 대한 투자로 그 말에 박차를 가해 방향을 조정하고 다른 한편으로 복지 지출을 삭감해 그 말의 고삐를 죄는 것뿐이라는 게 기든스의 주장이다. 그러나 지난 40년 동안 거듭된 경제 위기와 전쟁은 이런 노력이 부질없음을 보여 줬다.

사실, 고삐 풀린 세계는 마르크스가 묘사한 경제체제로, 인간의 통제를 벗어난 프랑켄슈타인의 괴물이거나 자신을 먹여 살리는 생명체의 피를 빨아먹는 뱀파이어다. 이 체제의 자기 확장으로 말미암아 세계 전체와 인류 전체는 축적하기 위해 경쟁하고 경쟁하기 위해 축적하는 체제의 경기순환에 시달리고 있다.

이 체제의 자기 확장에서 나타난 특징은 마르크스가 《자본론》을 쓰려고 연구하던 19세기 중반과 마찬가지로 21세기에도 여전히 뚜렷한데, 그것은 변덕이 극심하다는 것이다. 즉, 미친 듯이 돌진하다가 갑자기 심각한 위기에 빠져 후퇴한다는 것이다. 마르크스가 지적한 또 다른 특징은 경제성장과 불황의 순환 속에 도사리고 있는 것, 즉 이윤율 저하 압력 때문에 자본가들은 임금과 복지비를 삭감함과 동시에 노동강도를 강화할 수밖에 없다(그 때문에 다른 자본가들이 생산한 소비재 시장이 위축되더라도 그렇게 한다)는 것이다. 우리는 이런 요인들이 한데 합쳐져서 양차 대전 사이에 대공황이 발생하고, 1970년대 중반에 경제 위기가 부활하고, 1990년대에 일본 자본주의가 장기적 위기에 빠지는 것을 봤다. 또, 이 요인들이 만들어 낸 부채 경제 거품이 2007~09년의 대폭락에서 절정에 이른 것도 봤다. 우리는 이런 일이 향후 수십 년 동안 이런저런 형태로 거듭거듭 나타나는 것을 보게 될 것이다.

몇 가지 중요한 점에서 이 체제는 마르크스가 설명한 것보다 훨씬 더 무질서하다. 이 체제를 구성하는 단위들의 규모 자체가 커지면서 예전의 유연성을 상실했다. 전에는 주기적 위기를 거치며 일부 자본이 파괴되면 살아남은 자본은 새 생명을 얻을 수 있었지만 이제는 일부 자본이 파괴되면 남은 자본도 무너질 위험이 있다. 국가가 제공하는 생명 유지 장치는 체제가 완전한 붕괴를 피할 수 있게 해 주지만 장기적 활력을 되찾아 주지는 못한다. 기껏해야 짧은 흥분기를 제공할 뿐 그 뒤에는 다시 붕괴가 찾아온다. 그리고 생명 유지 장치를 제공하는 데 드는 비용 때문에 머지않아 국가 재원이 한계점에 도달한다.

현대 국가는 자본주의 체제의 피조물로서, 이 체제를 구성하는 자본들의 지리적 집합체의 필요에 봉사하는 기구로 발전해 왔다. 이런 집합체가 세계 체제의 나머지 지역과의 관계에 더 많이 의존할수록 세계 체제 내부에서 자신들의 이익을 보장해 줄 국가의 능력이 더 절실해졌다. 그러나 각 국가가 다른 국가에 압력을 가해야만 이런 목표를 달성할 수 있고, 이 과정에서 체제 전체의 불안정성은 더 커진다. 경제 위기 때 자국 자본을 돕기 위해 국민국가가 취하는 조처는 다른 국민국가 자본의 이익을 침해할 수밖에 없고, 그러면 불안정성은 더 증대한다. 국민국가의 중요성은 특정한 경제 위기에만 한정되지 않는다. 국민국가는 앞으로 21세기에 무슨 일이 벌어질지를 살짝 보여 준다.

자본주의는 역동적 체제다. 호황이든 불황이든, 평화기든 전시든, 대도시든 외딴 시골이든, 자본주의는 결코 가만히 있지 않는다. 경쟁적 축적은 모든 것을 바꿔 놓는다. 또, 그런 변화가 완료되기도 전에 다시 바꿔 놓는다. 변화의 속도 자체가 매우 중요하다. 이것이 뜻하는 바는, 국가가 세계 체제의 거듭되는 격변으로부터 자국 자본가들을 보호하려고 개입해야 하는 바로 그때, 자본 단위들이 기반하고 있는 서로 다른 국가들의 상대적인 경제적 영향력이 끊임없이 변한다는 것이다.

이것은 세계 지배 질서의 꼭대기에 있는 미국에게 첨예한 문제다. 미국의 지위는 체제 전체의 경찰 노릇을 하며 마피아처럼 다른 나라 지배계급을 전반적으로 보호하면서도 이런 지위를 이용해 미국 자본의 특권적 지위를 보장하는 데 달려 있었다. 경제 위기 때는 미국 자본에게 그 특권적 지위가 어느 때보다 더 절실하다. '테러와의 전쟁'이 실패하자 이미 2000년대 중반부터 다른 국가들이 상대적으로 자신들의 힘이 세졌다고 느끼고 미국의 특권에 도전하기 시작했다. 이 점은 중국이 아프리카에서 영향력을 확대하고, 러시아가 옛 소련 세력권에서 영향력을 확대하고, 브릭스 국가들이 세계무역 협상에서 발언권을 강화하는 것으로 나타났다. 그 뒤 2007년에 경제 위기가 시작되자 미국의 세계 패권이 훨씬 더 약해질 것이라는 전망이 널리 퍼졌다. 미국의 많은 대기업들이 자신들의 위기 탈출에 미국의 패권이 도움이 되기를 기대하고 있던 바로 그때 말이다.

최근의 [군사적] 모험 일부가 베트남전쟁처럼 역효과를 냈다고 여긴 미국 제국주의가 일시적으로 누그러질 수는 있을 것이다. 그러나 자신의 세계적 지위를 방어하기 위해 가난한 나라들에서 군사력을 마구 사용하고 그래서 황폐화와 파괴를 초래할지언정 그 지위 자체는 결코 포기할 수 없을 것이다. [버락 오바마의] 미군 증파는 이라크에서의 철수가 아프가니스탄에서의 패주로 이어지지 않게 하려는 것이었다. 의미심장하게도 오바마는 첫 예산에서 군비 지출을 줄이지 않고 오히려 더 늘렸다. 그리고 같은 달에 러시아와 중국이 발표한 예산도 마찬가지였다. 한국에서 베트남으로 이어지고 베트남에서 이라크로 이어진 유혈 낭자한 길은 아직 끝나지 않았다.

그러나 이것이 전부는 아니다. 자본의 '새로운' 한계, 즉 환경의 한계가 구래의 경제적 한계에 반작용할 것이다. 기후변화, 피크오일, 세계 식량 부족이 체제 전반의 경제적 불안정성(호황-불황의 경기변동, 이윤율 저하 압력, 산업과 국경의 경계를 뛰어넘는 자본 흐름으로 나타나는)을 더욱 가중시킬 것이다. 우리는 2008년 상반기에 이것을 힐끗 봤다. 식량과 에너지 가격 상승으로 인플레 물결이 일자 여러 나라에서 항의, 폭동, 파업이 벌어졌을 뿐 아니라 정부가 신용 경색에 대처하기도 더 어려워졌다. 우리는 식량 안보와 에너지 안보 문제 때문에 자본의 일부 부문에서 다른 부문으로 잉여가치가 이동하고 대중의 분노가 폭발해 국내 충돌과 국가 간 분쟁이 더 많아질 것이라고 예상할 수 있다. 그리고 항상 기후변화의 임계점이 수많은 사람들의 삶에 뜻밖의 충격을 가할 수 있다. 경제 위기와 전쟁도 그런 충격을 가하지만 기후변화의 충격이 훨씬 더 파괴적일 것이다.

무슨 일이 벌어질 수 있는지를 가장 분명하게 인식한 곳은 미 국방부(펜타곤)였다. 미국 정부가 여전히 공식적으로는 기후변화의 현실을 인정하기를 거부하고 있을 때 미 국방부는 "세계 농업 순생산의 감소에 따른 식량 부족", "강수 패턴의 변화로 홍수와 가뭄이 빈번해져 주요 지역에서 깨끗한 물의 질과 양이 감소할 가능성", "광범한 해빙과 폭풍우로 에너지 공급이 중단될 가능성" 등의 위험을 경고했다.

이미 봤듯이, 그 결과는 자원 전쟁과 내전의 증가일 것이다.

세계와 지역의 수용 능력*이 감소하면서 전 세계에서 긴장이 증대해, 공격이냐 방어냐 하는 두 가지 근본적 전략 사이에서 선택하게 될 것이다. 자원이 있는 국가들은 자국 둘레에 사실상 요새를 구축하고 자신들만 그 자원을 사용하려 할 것이다. 그보다 운이 없는 국가들, 특히 인근에 오래된

---

* 일정한 삶의 질을 지속적으로 유지할 수 있는 수준에서 일정 지역이 지탱할 수 있는 인구밀도.

적국이 있는 국가들은 식량, 깨끗한 물, 에너지를 얻기 위한 투쟁을 시작할 수 있다. 방어의 우선순위가 바뀌어 종교, 이데올로기, 국가의 명예가 아니라 생존을 위한 자원이 방어의 목표가 되면서, 결코 가능할 것 같지 않았던 동맹이 형성될 수도 있다.

이 세계는 "점점 더 무질서하고 잠재적으로 폭력적인 세계"가 될 것이다.[2]

이렇게 무질서한 세계는 최강대국 여덟 국가가 서로를 겨냥한 핵무기를 보유하고 있으며, 수십 개 국가가 제2차세계대전 때보다 더 파괴적이고 끔찍한 '재래식 무기'를 보유하고 있고, 민간 핵에너지가 확산되면서 재래식 무기의 치명적 표적이 될 수 있는 끔찍한 세계일 것이다. 고삐 풀린 체제는 파괴적인 주기적 불황과 끔찍한 전쟁을 훨씬 능가하는 참사를 빚어내려 하고 있다. 이 체제는 인간이 지구상에서 생존할 수 있는 가능성 자체를 시험대에 올려놓고 있다. 소외된 노동의 체제는 파괴의 극한으로 치닫고 있다. 문제는 그런 노동을 하는 사람들이 세계의 부에 대한 통제권을 빼앗아서 이를 의식적으로 통제할 수 있는가 없는가다.

14 누가 극복할 수 있는가?

결정적 문제

지금 우리가 살고 있는 체제는 불안정하고, 경제 위기와 전쟁을 낳고, 자신의 존립 기반인 환경 자체를 갉아먹는 체제다. 이 때문에 이 체제를 구성하는 국가들은 21세기에도 거듭거듭 사회적·정치적 위기에 빠질 것이다. 20세기가 전쟁, 내전, 혁명의 세기였듯이 21세기도 마찬가지다. 그러나 이것은 한 가지 결정적 문제(가장 결정적인 문제)를 제기한다. 어떤 세력이 이 체제에 도전해 세계를 변혁할 힘이 있는가?

이 물음에 대한 고전 마르크스주의의 답변은 간단하다. 자본주의의 발전은 반드시 피착취 계급, 즉 노동계급의 성장을 수반하며, 이 노동계급이 체제에 맞선 반란에서 핵심이 된다는 것이다. 노동계급은 역사상 최초로 착취당하거나 억압당한 계급은 아니다. 그러나 매우 중요한 측면에서 자신들보다 전에 6000년 동안 존재했던 농민이나 노예와는 다르다. 자본주의에서 착취는 거대 공업 도시의 대규모 작업장에서 집중적으로 이뤄졌고, 노동계급은 자신이 속한 사회의 결정적 지점에서 힘을 발휘할 수 있게 됐다. 자본이 서로 다른 구체 노동을 추상 노동으로 계속 전환시키므로 자본주의 착취는 노동자들의 조건을 동질화하는 경향이 있었다. 그리고 자본은 과거의 피착취 계급뿐 아니라 심지어 과거의 대다수 지배계급보다도 문화 수준이 높은(읽고 쓰는 능력, 계산 능력, 세계 전체에 대한 지식이 있는) 피착취 계급이 필요했다. 이런 요인들이 결합돼서, 노동계급이 사회 전체를 스스로 통제할 수 있는(과거의 피착취 계급들은 그럴 수 없었다) 가능성이 창출됐다.

그러나 가능성은 현실성이 아니다. 자본주의 발전은 단순하고 순조로운 상승 과정(자본주의가 자신이 창조한 피착취 계급에 영향을 미치는)이 아니었다. 시간적 불균등성이 있어서, 호황기에는 노동자들이 착취의 중심부에 집중됐다가 불황기에는 그 일부가 중심부에서 쫓겨났다. 지리적 불균등성도 있었는데, 일부 중심지는 다른 지역보다 먼저 국민국가와의 연계 속에서 성장하고, 때로는 새로운 중심지에 밀려 쇠퇴하기도 했다. 자본주의의 이런 불균등성은 노동계급 내의 불균등성으로 이어져, 숙련도와 임금 수준이 차이 나고, 서로 다른 노동자 집단이 일자리와 고용 안정을 위해 경쟁하며, 일부 노동자들은 체제의 개혁을 이루기 위한 핵심이 국가라고 생각해서 자신들을 통제하는 특정 국가를 지지하기도 했다. 그렇지만 고전 마르크스주의 관점에서 볼 때 노동계급은 체제 자체의 압력 때문에 빈번하게 단결할 수밖에 없다. 특정 시점에 나타나는 숙련도의 차이는 다른 시점에는 사라질 수 있다. 노동자들 사이의 경쟁도 가장 중요한 공동의 목표를 달성하려고 함께 투쟁할 때는 사라질 것이다. 국가 이데올로기도 제국주의 전쟁의 참상 앞에서는 영향력을 상실할 것이다.

노동계급이 사회 변혁의 주체가 될 수 있다는 이런 생각은 체제의 경제적 동역학에 대한 마르크스의 설명보다 더 많은 도전을 받았다. 마르크스가 비록 훌륭한 경제학자이자 선구적 사회학자였지만 노동계급의 구실을 형이상학적으로 규정한 종말론적 견해로 빗나갔다는 것이다. 또, 현대 자본주의의 확산은 노동계급의 성장을 수반하지 않고, 현실에 존재하는 노동자들의 조건은 동질적이지도 않으며, 이 노동자들은 체제에 반대하는 의식을 발전시키지도 않는다는 것이다.

이런 주장은 전후의 장기 호황기에 이미 널리 퍼졌다. 영국 노동자들을 연구한 유명한 사회학 문헌은 다음과 같이 주장했다.

계속 반복되는 중요한 주제(그리고 자유주의 진영에서 가장 유명한 주제)는 노동계급이 쇠퇴하고 해체되기 시작했다는 것이다. 산업사회가 계속 발전할수록 독자적 생활 방식, 가치관, 목표를 가진 사회계층으로 인식되던 노동계급은 중대한 변화 흐름에 밀려 점차 사라질 것이다. 노동계급이라는 개념 자체가 산업사회 초창기에 형성됐고 또 그 시기의 산물이다. 앞으로 노동계급 개념은 그 경험적 근거를 꾸준히 상실할 것이다. 사회적 불평등은 분명히 지속될 것이다. 그러나 이 불평등은 미래 사회가 압도적으로 '중간계급' 사회가 되고 그 사회에서는 과거의 분열을 더는 알아볼 수 없게 되는 식으로 수정되고 재구성될 것이다.[1]

이런 주장들이 널리 퍼져서 미국의 사회학자 C 라이트 밀스[2] 같은 급진주의자와 허버트 마르쿠제[3] 같은 혁명주의자의 사상에도 영향을 미쳤고, 주류 사회학자들은 선진국 전체가 '탈※산업사회'라는 주장을 일반화했다. 1968년 5월 프랑스 노동자들이 사상 최대의 총파업을 벌이고, 1969~75년에 산업 투쟁 물결이 이탈리아, 영국, 아르헨티나, 스페인, 포르투갈을 휩쓸었을 때는 이런 주장들이 모두 어리석게 보였다. 그러나 1980년대와 1990년대에 경제 위기를 통한 자본주의 구조조정으로 전통적 노동계급 부문이 많이 사라지고, 산업 투쟁의 패배로 계급 전투성이 쇠퇴하자 이 주장이 부활했다.

1980년대 중반에 영향력 있는 저작에서 다음과 같이 주장한 에르네스토 라클라우와 샹탈 무페도 이런 지적 견해의 흐름에 속한다. "오늘날 노동계급의 동질성 운운하면서 그 기원을 자본축적 논리에 새겨진 메커니즘에서 찾는 것은 어불성설이다."[4] 2000년에 마이클 하트와 안토니오 네그리가 다음과 같이 주장한 것도 마찬가지였다. "산업 노동계급은 거의 사라졌다. 존재하지 않는 것은 아니지만 자본주의 경제에서 차지하던 특권적 지위에서 밀려난 것이다."[5]

철학자들의 상식이 경험적 현실에서 벗어나는 것은 흔한 일이다. 1990년대 중반 세계의 작업장을 세밀하게 연구한 디온 필머는 비※가내노동에 종사하는 세계 인구가 24억 7400만 명이고, 그중에서 8억 8900만 명은 임금이나 봉급을 받고 일하고, 10억 명은 주로 자기 토지를 경작하며, 4억 8000만 명은 공업과 서비스 부문 자영업자라고 추산했다.[6] 십중팔구, 피고용인의 약 10퍼센트는 노동자 대중을 통제하는 일을 도와주는 대가로 봉급을 받고 그것도 자신이 창조하는 가치보다 더 많이 받는 신중간계급일 것이다.[7] 따라서 약 7억 명의 노동자가 존재하고, 그중 3분의 1은 '공업'에, 나머지는 '서비스업'에 종사한다. 부양가족과 은퇴한 노동자를 포함한 전체 노동계급 규모는 15억~20억 명쯤 될 것이다. 유엔개발계획UNDP의 최근 통계를 보면, 전 세계 공업 노동자의 총수는 필머의 추계치보다 더 많다.[8] 이 계급이 "사라졌다"고 믿는 사람들은 현실 세계에 살고 있지 않은 셈이다.

마르크스는 인간과 생계 수단 사이의 관계에 의해 형성되는, 사회구조의 객관적 요소인 즉자적 계급과, 자신의 지위와 이해관계가 다른 계급과 반대된다는 사실을 자각한 대자적 계급을 구분했다. 온갖 수치를 보며 내릴 수 있는 핵심 결론은 즉자적 계급으로서 노동계급은 전례 없이 많고, 그 핵심은 약 20억 명, 즉 세계 인구의 3분의 1쯤 된다는 것이다. 노동계급 외에 농민도 매우 많은데 최대 50퍼센트는 모종의 임금 노동을 하고, 따라서 노동자와 마찬가지로 체제의 논리에 종속돼 있다. 전 세계 프롤레타리아와 반⁺프롤레타리아를 합친 수치는 역사상 처음으로 인구의 다수를 차지하고 있다.

그러나 전 세계 노동자들이 이 체제에 도전할 잠재력이 있는지를 파악하려면 이런 일반적 수치를 넘어서야 한다. 먼저 이 체제의 변화가 어떻게 서로 다른 부문의 노동자들을 변화시키는지를 살펴봐야 한다.

'선진'국: 구조조정의 효과

거듭되는 구조조정 때문에 오늘날 선진국 노동계급은 많은 점에서 40~50년 전과 다르다. 그렇다고 해서 '탈산업화', '탈산업사회', '무게 없는 경제'의 결과로 노동계급이 사라졌다는 주장이 옳은 것은 아니다.

예를 들어 세계에서 가장 큰 경제인 미국을 살펴보자. 1980년대에 자동차 생산과 컴퓨터 분야처럼 미국이 선점하던 산업들이 [다른 나라 기업의] 도전을 받게 되자 '탈산업화'에 대한 두려움이 커졌다. 그러나 1998년에 미국의 공업 노동자는 1971년보다 거의 20퍼센트나 많았으며, 1950년보다는 대략 50퍼센트나 많았고, 1900년 수준의 거의 3배였다. 발도즈, 코버, 크라프트는 21세기 초에 다음과 같이 지적했다. "베트남 전쟁 이래로 그 어느 때보다 많은 미국인이 자동차나 버스와 그 부품 생산에 종사하고 있다."[9]

2001~02년의 경기 침체로 대규모 산업합리화가 일어나 제조업 일자리 6개 중 1개가 사라졌지만 공업 노동계급은 결코 사라지지 않았다. 2007년 공업 생산은 2000년보다 8퍼센트 많았고, 1996년보다 30퍼센트나 많았다.[10] 제조업이 제3세계로 완전히 이동했다는 주장이 많지만, 미국은 여전히 세계 총생산량의 5분의 1을 차지하는(동유럽 나라들을 제외한 유럽연합 회원국 15개국을 모두 합치면 미국보다 25퍼센트 많다)[11] 세계 최대의 제조업 중심지다.

일본의 수치는 더 놀랍다. 공업 노동인구가 1950~71년에 갑절 이상이 됐고 1998년에는 13퍼센트 더 증가했다. 지난 30년 동안 많은 나라에서 공업 고용이 감소했지만, 이것이 선진 공업국 전체의 탈산업화를 뜻하는 것은 아니다. 1998년에는 선진 공업국에 1억 1200만 개의 공업 일자리가 있었다.[12] 1951년보다 2500만 개 더 많았고, 1971년보다 겨우 740만 개 적었다. 안토니오 네그리의 이탈리아는 미국이나 일본과 같은 부류는 아닐 수 있지만 공업 노동자들이 사라지지 않았다는 것은 확실하다. 이탈리아에는 1998년에 650만 개의 공업 일자리가 있었는데, 이는 1971년 이후 겨우 6분의 1 줄어든 수치다.[13]

공업 고용에 관한 이런 수치들은 공업 일반, 특히 제조업의 경제적 중요성을 과소평가한다는 점도 덧붙여야 한다. 밥 로손은 다음과 같이 적절하게 지적했다.

현대 사회에서 상상할 수 있는 거의 모든 경제활동은 제조업 제품을 이용한다. ··· 성장하고 있는 서비스산업들도 대부분 많은 설비를 사용한다.[14]

전체 공업 노동인구가 약간 감소한 것은 제조업이 덜 중요해졌기 때문이 아니라 공업의 피고용인 1인당 생산성이 '서비스업'보다 더 빨리 증가했기 때문이다. 30년 전보다 약간 줄어든 제조업 노동자들이 더 많은 제품을 생산하고 있다.[15] 1970년대 초와 마찬가지로 오늘날 자본주의 경제에서도 공업 노동자가 중요하다. 공업 노동자의 중요성이 감소했다는 하트와 네그리 같은 사람들의 그럴듯한 주장은 완전히 틀렸다.

'공업'과 '서비스업'의 차이는 흔히 알려진 것보다 더 모호하다. '서비스업'은 공업이나 농업 부문에 포함되지 않은 나머지를 모두 포괄하는 범주다. 그래서 '공업'에서 '서비스업'으로 바뀐 것 가운데 일부는 근본적으로는 똑같은 일인데 명칭만 바뀐 것일 뿐이다. 30년 전에 신문사에서 조판 기계로 일하던 사람(대체로 남성)은 특별한 종류의 공업 노동자로 분류됐을 것이다('인쇄 노동자'). 오늘날 신문사에서 워드프로세서로 일하는 사람(대체로 여성)은 '서비스 노동자'로 분류될 것이다. 그러나 그들이 하는 일은 근본적으로 똑같고, 최종생산물도 대동소이하다. 로손은 OECD 국가 전체의 '서비스업' 범주를 통계적으로 분류했다. 총고용에서 "상품과 상품 관련 서비스 전체"가 차지하는 비중이 1970년 76퍼센트에서 1990년 69퍼센트로 소폭 하락했다.[16] 그런데 이것은 노동의 세계에서 결코 혁명적 변화가 아니다.

'서비스업'으로 분류되는 다른 많은 일자리도 현대 세계에서 축적에 필수적인 것들이다. 특히 5장과 7장에서 봤듯이, 보건 의료와 교육 서비스가 그렇다. 오늘날 미국에서 보건 의료와 교육 서비스에 종사하는 노동자는 1000만 명이 넘고(대략 노동인구 13명 가운데 1명꼴이다), 미국 자본주의는 이들이 없다면 작동할 수 없다. 그리고 장기적 추세는 이들도 대부분 공업 노동자나 틀에 박힌 사무직 노동자와 비슷한 조건에서 일할 수밖에 없다는 것이다. 즉, 그들 역시 성과급, 근무 평가 제도, 근무시간 관리 강화, 근무 규율 강화 등에 시달린다는 것이다.

'서비스업' 노동자는 자신의 손을 더럽힐 필요가 없고, 노동조건을 스스로 통제할 수 있고, 보수도 괜찮은 사람들이라는 착각이 널리 퍼져 있다. 그래서 〈가디언〉의 칼럼니스트인 폴리 토인비는 다음과 같이 썼다.

사회 계급의 급격한 변화는 사상 유례 없는 것이다. 1977년에 노동계급 대중의 3분의 2를 차지하던 육체노동자는 3분의 1로 줄어든 반면, 나머지 70퍼센트는 주택을 소유한 화이트칼라 중간계급으로 상승했다.[17]

토인비가 영국 통계청이 발표한 "2000년 영국 생활 동향"을 살펴봤다면 남성의 51퍼센트와 여성의 38퍼센트가 다양한 '육체'노동 직종에 종사한다는 사실을 발견했을 것이다.[18] '서비스산업'에 환경미화원, 병원에서 청소나 식당 일을 하는 노동자, 항만 노동자, 화물차 운전 기사, 버스와 기차 기관사, 우편 노동자도 포함되기 때문이다. 이들 외에도 엄청나게 많은 여성(50퍼센트)이 '중하위급 비육체' 노동에 종사하는데, 이들의 임금은 대다수 육체노동 직종보다 대체로 낮고 노동조건은 흔히 더 열악하거나 비슷하다. 2001년 미국의 서비스 관련 직종에는 1억 300만 명이 고용돼 있었는데, 그중에서 50퍼센트는 육체노동이나 틀에 박힌 사무직 또는 그와 비슷한 일을 하고 있었다.[19] 여기에 전통적 육체노동 직종에 종사하는 노동자 3300만 명을 더하면 미국 노동인구의 4분의 3을 차지한다.

모든 '선진국' 경제(와 많은 '비선진국' 경제)에서는 두 가지 서로 연관된 과정이 진행되고 있다. 자본이 직접적으로 생산적인 노동을 쥐어짜서 더 많은 이윤을 뽑아내려 하기 때문에 전통적 육체 노동계급은 점점 더 심한 압력을 받고 있다. 그와 동시에, 자본이 비생산적이거나 간접적으로 생산적인 기능들의 비용을 줄이고자 하기 때문에 새로운 '비재화 생산 서비스' 노동계급은 프롤레타리아화하고 있다.

지난 40년 동안 경제 위기가 닥칠 때마다 실업이 갑자기 증가하고(어떤 경우에는 지속적이었다) 기존의 생산 거점(공장, 항만, 광산 등)이 사라졌다. 자본과 그 옹호자들은 노동자들의 불안감을 이용해, 끊임없이 변하는 자본의 요구 조건에 맞게 노동자들의 삶을 바꾸려 했다. 자본의 구호는 노동시간, 작업 방식, 노동시장의 '유연화'였고, 이것들은 모두 "종신 고용은 과거지사가 됐다"는 주장으로 정당화됐다. 많은 학술 연구도 자본의 주장을 받아들였으며, '제3의 길'을 주장한 사회민주주의자들이나 '자율주의' 좌파들도 이것을 명백한 진실로 받아들였다. 다음과 같이 주장한 사회학자 마누엘 카스텔이 전형적이다(그리고 과도한 영향력을 발휘하고 있다).

모든 곳에서 노동시장의 구조적 불안정성[원문 그대로 — 하먼]이 존재하고, 고용 유연성, 노동의 이동성, 노동자의 끊임없는 신기술 습득이 요구된다. 자본과 노동의 관계가 개별화하고 노동조건이 단체교섭으로 결정되지 않음에 따라 안정적이고 예상 가능하며 전문적 직업이라는 개념은 사라지고 있다.[20]

자본주의가 공업 일자리를 즉시 없앨 수 있다는 주장은 구조조정 때 실제로 벌어지는 일을 엄청나게 과장한 것이다. 앞서 10장에서 봤듯이, 자본이 세계의 한 지역에 대한 산업투자를 청산하고 다른 지역으로 이동하려면 시간과 노력이 든다. 그리고 신규 투자는 여전히 선진국들의 3대 지역 내에서 주로 이뤄진다(비록 중국이 제조업 중심지로 떠오르면서 그런 패턴이 약간 틀어지긴 했지만 말이다). 심지어 부품과 대다수 완제품이 매우 가볍고 운송비도 싼 전자 산업조차 1990년대와 2000년대 초에 선진국에 집중된 생산이 남반구로 외주화하는 뚜렷한 움직임은 없었다.

비록 유럽, 북미, 일본의 3대 지역 밖에서 이뤄지는 생산의 비중이 높고 국내시장보다는 세계시장과 연결돼 있는 것이 사실이라 하더라도 이것은 몇몇 동아시아 나라에 한정된 것이었다. 그와 동시에 미국 '국내'에서 생산하는 노동인구는 계속 증가했다.[21]

대체로 자본은 20세기 중반까지 공업화가 완료된 지역에 투자하는 것이 더 수익성이 높다는 것을 알고 있다. 이곳의 노동자들이 보통 [제3세계 노동자들보다] 더 많은 보수를 받겠지만, 숙련 기술 수준과 공장·기반 시설에 대한 기존 투자 때문에 제3세계의 대다수 가난한 노동자들보다는 더 생산적이고 잉여가치도 더 많이 창출한다. 1990년대에 라틴아메리카의 대다수 나라들이 매우 느리게 성장하거나 정체하고, 아프리카의 대다수 나라들이 완전히 퇴보한 것은 바로 이 때문이다.

역외생산과 수입 증가의 가장 중요한 영향은 일자리를 감소시키는 것이 아니라 노동자들이 노동조건, 임금, 노동시간을 방어할 수 있다는 자신감을 갖지 못하게 해서 사용자를 도와준다는 것이다.

케이트 브론펜브레너의 연구 결과를 보면 1990년대 경기상승 시기에 미국 노동자들은 1990~91년의 심각한 경기후퇴 때보다 더 자신들의 경제적 미래에 불안감을 느끼고 있었다. 노조 조직화 움직임이 나타나면 "사용자의 절반 이상은 공장 전체나 일부를 폐쇄하겠다고 협박했다." 그렇지만 그 뒤에 "사용자들이 실제로 공장 전체나 일부를 폐쇄한 경우는 3퍼센트도 채 안 된다."[22] 달리 말하면 노동자들의 사기를 떨어뜨리고 저항 수준을 낮추려고 불안정 일자리를 과장하는 것이 사용자들에게 이롭다. 이런 불안정성을 과장하는 좌파들의 주장은 노동자들의 사기 저하를 막기보다는 오히려 부추길 수 있다. 반대 요인들을 파악할 수 없게 만들어서 노동자들이 자신들의 강점을 효과적으로 이용하는 데 걸림돌이 되기 때문이다.

실증적 자료들은 불안정한 일자리가 가차없이 확산되기만 한다는 생각이 옳지 않음을 보여 준다. 1990년대 초 경제 위기 때 서유럽에서는 '불안정한' 일자리가 상당히 증가했다. 그래도 비정규직 일자리는 18퍼센트인 반면 정규직 일자리는 여전히 82퍼센트였다. 이 비율은 1995년에서 2000년 사이에도 거의 변함이 없었다. 나라별로 큰 차이가 있지만,[23] 2001년 서유럽 전체를 조사한 ILO 보고서는 다음과 같이 결론지었다.

실제 증거들은 "신종" 고용 관계가 나타나면서 "정규직이 사라지고" "종신 고용이 소멸"하고 있다는 견해를 뒷받침해 주지 않는다.[24]

2000년의 한 연구도 영국 피고용인 중 5퍼센트만이 임시 계약직이며,[25] 같은 작업장에서 10년 이상 일한 사람이 29퍼센트에서 31퍼센트로 증가했음을 보여 준다.[26] 심지어 유럽에서 '불안정' 고용 비율이 가장 높은 스페인에서도 노동자의 65퍼센트가 정규직이다.

자본은 특정한 기술을 가진 노동자 없이는 유지될 수 없으며, 그래서 어느 정도 책임감을 갖고 일하는 노동자를 선호한다. 사용자가 노동자를 훈련하는 데는 시간이 걸리고, 그래서 되도록 이들을 해고하지 않으려 한다. 그러므로 사용자는 심지어 반#숙련, 미숙련 노동자조차 언제든지 "처분 가능한" 소모품쯤으로 취급하지는 않는다. 사용자는 고용 불안의 확산으로 비교적 안정된 일자리를 가진 대다수 노동자조차 일자리를 잃어버릴까 봐 두려워하게 되는 것에서 이득을 얻을 수 있다. 그렇다고 해서 자본이 이런 노동자들을 실제로 처분할 수 있다는 뜻은 아니다. 그리고 이 때문에 노동자들은 비록 스스로 의식하지는 못하더라도 자본의 요구에 저항할 수 있는 잠재력을 갖고 있다.

'제3세계'의 새로운 노동계급

전 세계 산업 노동자의 약 60퍼센트가 OECD의 '선진국'이 아닌 나라들에 있는데, 약 25퍼센트는 중국에, 7퍼센트는 인도에, 7퍼센트는 라틴아메리카 나라들에 있다.[27] 이런 통계는 자본주의가 확대되면서 전 세계를 휩쓴 결과로 나타난 엄청난 변화를 스냅사진처럼 보여 줄 뿐이다.

60년 전에는 세계 인구의 80퍼센트가 농촌에 살았다. 프랑스, 이탈리아, 일본 같은 이른바 '선진국'에서도 각각 인구의 30퍼센트, 40퍼센트, 심지어 50퍼센트가 토지를 경작했다. 지금은 세계 인구의 절반 가까이가 (소)도시에 살고 있으며, 도시 인구는 흔히 농업국이라고 생각되는 나라들에서도 국민의 다수를 차지한다. 브라질은 인구의 84퍼센트, 멕시코는 76퍼센트, 에콰도르는 63퍼센트, 알제리는 63퍼센트가 도시 주민이다.[28]

도시화와 시장 관계의 확장이 반드시 임금노동의 증가를 의미하는 것은 아니다.[29] 전 세계에서 사람들이 농촌을 떠나는 속도가, 현대적 경제 부문에서 그들에게 필요한 안정된 생계 수단이 증가하는 속도보다 훨씬 더 빨랐다. 특히 경제성장이 느리거나 마이너스 성장인 나라들에서 더 그랬다. 그래서 1980년대 동안 몇몇 아프리카 나라들에서는 임금 고용의 절대 수치가 감소했고,[30] 아프리카의 비농업 노동인구의 절반이 자영업자였다.[31] 축적률이 매우 높았던 중국에서조차 취업 노동계급은 경제성장보다 느리게 증가했다.[32] 그러나 대체로, 일자리 증가 속도가 느리다는 것이 곧 '탈산업화'는 아니다.[33]

남반구의 많은 곳에서 임금노동이 증가했지만 그런 증가는 간헐적이었고, 자본주의 산업 성장의 변덕스런 부침의 결과였다. 그리고 많은 경우에 현대식 산업의 '공식' 고용이 성장하더라도 매우 소규모 기업들로 이뤄진 '비공식' 부문의 상황에 의해 가려지곤 했다. 라틴아메리카 전체에서 비농업 고용 중 비공식 부문과 소기업 부문을 합친 비율은 1980년 40퍼센트에서 1990년 53퍼센트로 증가한 반면,[34] 브라질에서는 비공식 노동인구의 절반 이상이 임금노동자였는데도 도시 취업 인구의 절반은 '공식 취업자'가 아니었다.[35]

인도에서는 작업장 내 권리가 보장되지 않는 비공식 '미조직' 부문이 훨씬 더 집중적으로 성장한 반면, 도시 인구의 40퍼센트는 자영업자(보통 자기 가게 없이 가족이 함께 일하는 사람들로서, 노점상, 릭샤* 운전사, 짐마차꾼 등)였다.[36] 중국에서도 비공식 부문이 우후죽순처럼 증가했다. 공식 등록하지 않은 채 "비공식 부문(노점상, 건설 현장 막일꾼, 가사 도우미 등)"에서 일하는 도시 노동자가 1995~2002년에 7900만 명이나 증가했다. 2002년에 이들은 도시 취업자의 40퍼센트를 차지했다.[37] 비공식 부문에서 일하는 사람들 말고도(흔히 이들과 뒤섞이기도 한다) 현대 자본주의에서 고용 기회조차 거부당한 사람들이 도처에 널려 있다. 바로 실업자들인데, 제3세계의 도시들에서 노동인구의 10퍼센트 이상이 실업자다.[38]

농촌에서 빠져나와 도시로 유입된 많은 노동인구가 정규직으로 고용되지 못하는 것은 자본주의의 논리 때문이다. 세계 수준의 경쟁 때문에 자본가들은 대규모 신규 노동자가 필요하지 않은 '자본 집약적' 생산 형태를 추구한다.

150년 전에 마르크스는 영국 사회를 살펴보면서 비공식 부문의 성장 과정을 매우 잘 묘사했다.

축적 과정에서 형성되는 추가 자본이 흡수하는 노동자는 자본의 크기에 비해 점점 더 적어진다. 오래된 자본은 … 전에 고용했던 노동자들을 점점 더 많이 내쫓는다.[39]

---

* 릭샤rickshaw는 원래 인력거를 뜻하는데, 요즘에는 거의 없고 자전거를 개량하거나 소형 엔진을 장착한 사이클릭샤나 오토릭샤 등을 가리킨다.

이런 역동성 때문에 "현역 노동자 군대"의 일부가 "정체"하게 되고 그래서 "극단적 비정규 고용"이 생겨난다.

이들의 생활 조건은 노동계급의 평균 수준 이하로 떨어진다. 이 때문에 그들은 자본주의적 착취에서 특수한 부문의 토대가 된다. ⋯ 이런 특수 부문의 특징은 최대한의 노동시간과 최소한의 임금이다. ⋯ 축적의 규모와 활력이 커지고 과잉인구가 더 많아지면서 특수 부문의 규모도 함께 성장한다.[40]

대체로 제3세계 나라들에서 도시 대중의 다수가 겪는 고통은 대자본의 초과 착취 때문이 아니라 대자본이 이들을 착취해서 얻는 이윤이 충분하지 않다고 보기 때문에 발생한다. 이 점은 사하라사막 이남 아프리카를 보면 가장 분명히 드러난다. 노예무역 초창기부터 1950년대에 제국이 몰락할 때까지 아프리카 대륙에서 부를 쥐어 짜내며 세계 체제를 운영하던 자들(유럽이나 북미로 재산을 빼돌린 현지 지배자들도 포함해서)이 이제는 아프리카의 대다수 사람들을 "쓸모없다"고 여겨 거들떠보지도 않는다. 다만 원료, 특히 석유가 발견된 매우 중요한 지역은 예외다.

공식 부문과 비공식 부문의 관계

산업 성장의 불균등성과 비공식 부문의 비약적 증가를 보면서 오래된 선진국들의 '불안정 고용'에 관한 정설과 매우 비슷한 결론, 즉 노동자는 이제 조직하고 투쟁할 수 없게 됐다는 결론을 이끌어 낼 수 있다.

한편으로, 공식 부문에서 안정된 일자리를 가진 노동자는 특권적 노동 귀족으로 여겨진다. 브라질 북동부를 연구한 보고서에 나오듯이, "공식 적으로 고용되는 것은 거의 특권이다. 공식 고용을 원하는 사람 중에 서 실제로 그런 지위를 '누리는' 사람은 절반이 채 안 되기 때문이다."[41] 그와 동시에, 비공식 부문 사람들은 '사회적 배제' 때문에 고통을 겪고 있어서 스스로 조직할 수 없는 사람들로 여겨진다.

공식 부문에서 일하는 것은 분명 비공식 부문에서 일하는 것보다 이점이 있다. 인도의 '조직 부문' 노동자들은 '미조직 부문'의 노동자들 보다 더 나은 보수(30~40퍼센트나 심지어 100퍼센트)를 받는다.[42] 중 국의 대규모 산업에서 일하는 노동자들은 1990년대 말까지 일정한 소 득과 주택, 질병 수당과 연금 혜택이 보장되는 '철밥통'이었다. 그러나 일자리를 얻으려고 농촌에서 도시로 올라온 농민공들에게는 이 모든 것이 제공되지 않았다.

그러나 사용자들이 마음이 착해서 그런 혜택을 제공한 것은 아니었 다. 사용자들은 어느 정도 안정적인 노동력 공급이 필요하다. 특히, 호 황기에 경쟁자들에게 숙련노동자를 빼앗길 수 있는 경우에는 더욱 그 렇다.[43] 많은 산업에서 안정되고 숙련된 노동력일수록 생산성도 더 높 다. 그런 산업에서는 자본이 일부 노동자들에게 더 많은 임금을 제공 할 태세가 돼 있는데, 그렇게 하면 더 많은 이윤을 뽑아낼 수 있기 때 문이다. 여기서 명백한 모순이 나타난다. 즉, 특정 부문의 노동자들이 다른 부문의 노동자들보다 더 많은 임금을 받지만 더 많이 착취당한 다. 그러나 같은 이유에서, 공식 부문의 노동자들은 자본이 두려워하 는 방식으로 자본에 맞서 싸울 능력이 있다.

비공식 부문의 성장은 공식 부문의 해체를 의미하지 않는다. 브라질에서 가장 중요한 산업도시인 상파울루의 비공식 노동인구는 1990년 대에 거의 70퍼센트 증가했지만, 민간 부문에 고용된 '공식 부문' 노동 자 수가 '비공식 부문' 노동자보다 여전히 4배 이상 많았다.[44] 파울로 싱어 같은 사람들이 말한 '탈 프롤레타리아화' 주장은 틀렸다.[45] 오히려 노동인구의 구조조정이 일어났다고 하는 편이 옳다. 그 구조조정은 대기업이 특정 업무(대체로 비교적 미숙련 업무여서 불안정 노동자들이 쉽게 할 수 있는 일)를 중소기업이나 하청 용역업체나 자영업자에게 외주화하는 식으로 진행됐다.

비공식 부문 노동인구의 증가로 공식 부문 노동인구가 혜택을 입는 것이 아니라 오히려 공식 부문에서 노동자 착취가 강화되고 있다. 그리고 많은 경우에 임금과 노동조건도 악화되고 있다. 이 점은 아프리카에서 가장 두드러지게 나타나는데, 아프리카에서는 1980년대에 취업 노동자들의 실질임금이 믿을 수 없을 만큼 엄청나게 하락했다. 1991년에 발표된 한 보고서는 다음과 같이 썼다.

실질임금이 급락해서 … 1980~86년에 평균 30퍼센트 하락했다. … 몇몇 나라에서는 1980년 이후 해마다 평균 10퍼센트씩 하락했다. … 그 시기에 최저임금이 평균 20퍼센트 하락했다.[46]

라틴아메리카에서는 1980년대에 실질임금이 10퍼센트 이상 하락했으며, 1990년대 말 인도의 공식 부문에서도 사정은 마찬가지였다.[47]

비공식 부문을 이용해 공식 부문 노동자들을 공격한 결과, 비공식 부문 노동자들은 무기력하다는 생각이 널리 퍼졌다. 그러나 여기서도 자본은 한 가지 문제에 직면한다. 자본이 비공식 부문에 의존할수록

이 부문 노동자들이 자본의 요구에 저항할 잠재력도 더 커진다. 인도에서 공식 부문의 일을 맡게 된 비공식 부문 노동자들("예를 들어 기초 화학재, 비철금속재, 금속재, 장비 부문 등 미조직 부문에서 이뤄지는 생산재 생산 활동 종사자들")의 생산성뿐 아니라 임금도 상승한 것은 "이 부문 노동자들의 협상력이 흔히 알려진 것만큼 나쁘지는 않다"는 것을 보여 준다.[48]

임시직은 자본주의 역사에서 결코 새로운 현상이 아니다. 임시직은 흔히 특정 산업에서 매우 중요한 구실을 했다. 그리고 계약직 노동 형태도 매우 오래됐다. 이것은 산업혁명기의 섬유 공장에서 일반적이었다. 19세기 미국과 영국의 광산에서는 탄광 지배인이나 작업반장('채탄 청부인')이 노동자들을 모집해서 광산 소유주에게 받은 돈의 일부를 이들에게 임금으로 지급했다. 이런 비정규직 노동자들이 항상 자신들을 노동계급의 일부라고 여기지는 않았을 수 있다. 이들은 흔히 몇 년, 심지어 몇십 년 동안 다른 부문의 노동자 투쟁과 단절돼 있었다. 그러나 이들이 다른 부문의 노동자들과 함께 투쟁할 수 있는 잠재력은 항상 존재했고, 실제로 그런 투쟁이 시작되면 매우 격렬해져서 거의 봉기의 기미를 보이기도 했다.

프리드리히 엥겔스는 런던 항만 노동자들이 처음 파업을 벌인 1889년에 바로 이런 일이 일어났다고 진술했다.

지금까지 이스트엔드*는 찢어지게 가난한 정체 상태를 벗어나지 못했습니다. 그런 상태의 특징은 배고픔 때문에 정신이 피폐해진 사람들이 냉담해

---

* 런던 동부 지역으로 오늘날에도 가난한 이주민이 많이 거주한다.

지고 모든 희망을 포기한다는 것입니다. … 그런데 이제 가장 사기 저하했던 무리, 즉 항만 노동자들이 이 대규모 파업을 일으켰습니다. 강력하고 경험 많고 비교적 고임금을 받고 고용이 안정된 정규직 노동자들이 아니라 어쩌다가 항만으로 굴러 들어온 사람들, 요나*처럼 배가 난파해 고립무원의 처지에 빠진 사람들, 굶기를 밥 먹듯이 하던 사람들, 완전한 파멸을 향해 직행하던 인생 낙오자들이 파업을 일으킨 것입니다. … 매일 아침 항만의 문이 열리면 일을 지시하는 작자의 마음에 들려고 문자 그대로 아귀다툼을 벌이던, 아둔하게 절망에 빠져 있던 이 인간 군상들, 되는대로 마구잡이로 어울리고 변덕이 죽 끓듯 하던 저 대중이, 4만 명이나 모여 강력하고 규율 있는 집단을 이루자 강력한 항운 기업들이 겁을 먹었습니다.[49]

엥겔스의 지적은 21세기에도 매우 중요하다. 전 세계에서 노동자들은 30년간 패배와 사기 저하를 겪었다. 이 때문에 투쟁 가능성에 대한 숙명론적 태도가 확산됐고, 이런 숙명론은 가난한 사람이나 억압당하는 사람들의 고통을 묘사하면서 항상 이들을 투사가 아니라 희생자로 그리는 수많은 연구에 반영됐다. 그래서 국제노동기구ILO의 지원을 받아 '사회적 배제'를 연구한 자료들이 엄청나게 많다. 이 주제는 그런 기구를 운영하는 관료들의 입맛에 딱 맞다. 노동인구의 '비정규직화'나 '여성화' 같은 주제들도 투쟁의 가능성을 무시하는 학술적 핑계의 전형이 됐다. 비록 그런 연구를 하는 사람들의 일부는 그런 패러다임의 함정에서 벗어나고자 애를 쓰지만 말이다. 도시 빈민과 정규직 노동자를 서로 완전히 단절된 별개의 두 집단으로 보는 경향은 특히 NGO 활동

---

* 큰 물고기 뱃속에 갇혔던 구약성서 인물.

가들에게 만연해 있다.

현실은 더 복잡하다. 슬럼 지역의 사회적 구성은 결코 동질적이지 않다. 정규직 노동자가 임시직 노동자, 가장 가난한 자영업자, 실업자, 심지어 프티부르주아지 일부와 함께 살고 있다. 마이크 데이비스는 다음과 같이 말한다.

인도의 전통적이고 전형적인 노숙자들은 시골에서 막 올라온 농민 극빈층으로 여기저기 빌붙어 구걸로 연명하는 사람들이다. 그러나 뭄바이를 연구한 자료가 보여 주듯이, 거의 모든 사람(97퍼센트)이 적어도 한 가지 생존 수단을 갖고 있으며, 70퍼센트는 6년 이상 이 도시에 살고 있다. … 사실 많은 노숙자들은 릭샤 운전사, 건설 노동자, 시장 짐꾼 같은 단순노동자들로서, 일거리 때문에 어쩔 수 없이 대도시 한복판에서 살아야 하지만 이곳에 집을 구할 형편은 안 되는 사람들이다.[50]

레오 자일리히와 클레어 세루티는 남아공의 소웨토를 연구한 최근 자료를 보면 "78.3퍼센트의 가정에서 피고용인, 자영업자, 실업자 성인들이 함께 산다"는 것을 알 수 있다고 지적한다.

남아공의 도시 주변 흑인 거주지와 슬럼은 노동조합원, 대학생, 대학원생, 실업자, 비공식 상인들의 집결지로 볼 수 있다. 실업이라는 유령은 사회의 모든 계층에 영향을 미치지만, 이 집단들은 서로 완전히 단절되지 않고 같은 집에서 함께 살며 서로 돕는 것을 볼 수 있다.[51]

이와 비슷한 모습을 볼리비아 수도 라파스의 위성도시인 엘알토에서도 볼 수 있다. 엘알토에는 농촌이나 폐쇄된 주석 광산을 떠나 도시로 온 수십만 명의 아이마라 원주민들이 사는데, 어떻게든 생계를 꾸려 나가는 이들의 노력은 제3세계의 도시 어디서나 찾아볼 수 있는 비공식 부문의 특징이다. 그러나 엘알토는 "라파스 지역의 주요 공업지대"이기도 하다.[52] 아이마라인들은 라파스 지역 공업 노동인구의 54퍼센트를 차지하고, 지난 10년 동안 공업에 고용된 노동자의 80퍼센트를 차지한다. 중요한 것은 "한편으로 가내노동을 바탕으로 한 '비공식 부문'과(또는) 중소기업이, 다른 한편으로 생산적 작업에 대거 흡수된 임금노동이 서로 결합"돼서, 지역 주민의 구성이 (원주민적 성격뿐 아니라) 계급적 성격도 띠게 됐다는 것이다.[53]

이런 상황에서 노동자들의 투쟁은 슬럼에 사는 대다수 사람들이 품고 있는 온갖 불만의 초점 구실을 할 수 있다. 그래서 남아공에서는 기본 서비스 공급 문제 때문에 일련의 시위와 소요가 벌어지면 다음과 같은 분위기가 형성된다.

2007년 6월의 공공 부문 총파업은 아파르트헤이트 종식 이후 처음으로 많은 사람들을 노동조합 활동에 끌어들인 최대 규모 파업이었다. 이런 투쟁들(지역사회와 작업장에서 벌어지는)의 잠재적 상호 교류는 활동가들의 마음속에 살아 있을 뿐 아니라, 조사 연구가 보여 주듯이, 현대 남아공의 실제 가계경제를 보여 주기도 한다.[54]

볼리비아의 엘알토는 광원, 교사, 농민, 원주민 단체들이 힘을 합쳐 18개월 사이에 정부를 두 차례나 무너뜨린 봉기에 가까운 투쟁의 중심이었다. 이집트에서는 2006년 말 마할라알쿠브라에 있는 미스르 방직 공장 노동자 2만 4000명의 파업이 "이집트 전역에서 노동자 투쟁 물결을 불러일으켰다."

> 그 투쟁은 경제와 산업의 다양한 부문을 뛰어넘어 마할라에서 카프르알다와르를 거쳐 시빈알쿰까지, 방직·방적 노동자들부터 건설, 철도, 지하철, 대중교통 노동자들에게까지 확산됐다. 파업 물결은 공공 부문에서 민간 부문과 심지어 공무원으로, 오래된 공업지대에서 신흥 도시로, 그리고 모든 지방으로 확산됐다. 또 섬유 부문에서 기계, 화학, 건설, 운송, 서비스 부문으로 확산됐다. 파업은 항의 문화가 없었던 부문, 예를 들면 교사, 의사, 공무원, 칼라트알카브시나 알아트시 마을 출신의 슬럼 거주자들에게까지 확산되면서 광범한 영향을 미쳤다.[55]

이런 사례들은 제3세계의 노동계급이 사회적 배제론자들이나 NGO들의 설명이 강조하는 것과 달리 분열과 수동성을 극복할 수 있음을 보여 준다. 자본주의가 세계 수준의 구조조정을 통해 전통적인 경제적·사회적 패턴들을 끊임없이 해체할 때 단지 고통을 강요하는 것만은 아니다. 사람들이 거의 예상하지 못한 순간에 갑자기 저항이 터져 나올 가능성도 생겨난다.

사실 30년 전에 코언, 구트킨드, 브라지어가 엮은 책 《농민과 프롤레타리아》에 기록된 것처럼 이런 투쟁 양상은 자본주의 공업화의 첫 번째 효과였다.[56] 지난 수십 년 동안 이런 모습을 보여 준 사례는 수없이 많다. 우리는 21세기의 나머지 기간에도 경제 위기가 기후변화나 식량 안보 위기와 상호작용하면서 이런 사례가 더 많이 나타날 것이라고 예상해야 한다.

파편화, 원한, 반란

그러나 빈곤과 억압에 대한 사람들의 원한이 다른 방식으로 표출될 수 있다는 점을 깨닫는 것도 중요하다. 마이크 데이비스가 말했듯이, 전 세계 슬럼 지역 사람들의 생활 경험이 제각각이다 보니 서로 다른 집단들이 자기들끼리 싸우기 십상이다.

노동이 한없이 공급되는 상황에서 비공식 부문의 경쟁에 참여하는 사람들은 흔히 만인에 대한 만인의 투쟁이라는 전면전을 원하지 않는다. 그 대신 충돌은 보통 종족적·종교적·인종적 폭력으로 바뀐다. 비공식 부문의 대부代父들과 지주地主들(대다수 문헌에는 나오지 않는다)은 경쟁을 조절하고 자신들의 투자를 보호하기 위해 강압과 심지어 고질적 폭력을 교묘하게 이용한다.

이와 같은 현실은 파키스탄의 카라치를 자주 마비시키는 종족 간, 수니파-시아파 간 폭력 사태, 말레이시아와 인도네시아 화교에 대한 공격, 레오 자일리히와 클레어 세루티가 묘사한 남아공 도시들의 짐바브웨 난민에 대한 일련의 공격에 관한 글을 읽은 사람이라면 결코 부정할 수 없을 것이다.

뭄바이는 분위기가 어떻게 바뀔 수 있는지를 생생하게 보여 준다. 1982년 뭄바이의 섬유 공장 노동자들이 아래로부터 일으킨 반쯤 자생적인 항쟁이 세계 역사상 최대의 장기 파업 중 하나로 발전했다. 이 파업이 1년 동안 지속되면서 수많은 노동자들이 참여했고, 파업 지지 네트워크가 건설돼 많은 노동자들의 출신 마을로까지 확대되면서 인도의 상업·산업 중심지의 정치 생활을 좌우했다.[57] 파업 기간에 뭄바이 하층계급의 대다수를 차지하는 다양한 종교·카스트 집단들 사이에 연대가 이뤄졌다. 그러나 파업은 패배했다. 그 여파로 시브세나(뭄바이 토착민인 마라티어 사용자들을 부추겨 다른 집단과 싸우게 하고 힌두교도를 부추겨 무슬림과 적대하게 하는 극우 정치조직)가 뭄바이 전역에서 득세했다. 이런 적대는 1992~93년 무슬림 주민을 학살한 폭동에서 극에 달했다.

투쟁 속의 단결은 연대 의식을 만들어 내서 광범한 비공식 노동자, 자영업자, 실업 빈민, 프티부르주아 빈곤층을 끌어들였다. 그러나 투쟁이 패배하자 프티부르주아지의 종파적 태도와 종단 간 충돌이 자영업자, 실업자, 광범한 노동자층에 영향을 미쳤다.

이것은 제3세계의 대도시들에서 '다중' 속에 존재하는 절망과 원한이 서로 다른 두 방향으로 나아갈 수 있음을 보여 주는 생생한 사례다. 한 방향은 노동자들이 집단적으로 투쟁하면서 수많은 여타 빈곤층 사람들을 이끌고 전진하는 것이다. 다른 방향은 데마고그들이 사람들의 절망감, 사기 저하, 분열을 이용해 일부 빈곤층의 원한이 다른 빈곤층을 향하도록 부추기는 것이다. 이 때문에 노동계급을 그저 '다중'이나 '민중' 내의 여러 집단 중 하나로만, 즉 이 체제에 반대하는 투쟁에서 고유한 중요성이 없는 존재로 봐서는 안 되는 것이다. 노동자 투쟁은 그 투쟁을 조직하는 사람들이 그러듯이 투쟁의 경제적 내용 때문에 중요하다고 볼 수만도 없다. 노동자 투쟁이 중요한 이유는 전 세계 대도시의 슬럼에서 생존을 위해 발버둥 치는 수많은 대중의 모든 원한에 방향을 제시할 수 있기 때문이다.

농민

자본주의 생산 형태의 발전은 농업에서 소규모 생산의 생명 줄을 끊어 버렸다. 그래서 소규모 생산은 돌이킬 수 없게 완전히 파괴되고 있다. … 우리는 소농의 불가피한 파멸을 예상한다.[58]

엥겔스는 1890년대 중반에 이렇게 썼다. 지난 반세기 동안 엄청나게 성장한 전 세계 도시들은 엥겔스의 생각이 대체로 옳았음을 보여 준다. 엥겔스 시대에 잉글랜드에서 그랬듯이 오늘날 유럽 대륙의 북서부에도 농민이 거의 존재하지 않는다. 그러나 세계 전체를 보면, 농민의 감소 속도는 마르크스와 엥겔스의 예상보다 훨씬 느렸다. 농민은 여전히 세계 인구의 약 3분의 1을 차지한다. 라틴아메리카는 물론이고 아프리카나 남아시아, 동아시아의 거의 대부분 지역에서는 수많은 개별 소농이 자신이 소유하거나 임차한 토지에 매달려서 살아가는 것이 현실이다. 이들은 한편으로는 연료와 비료 가격 상승에 쪼들리고 다른 한편으로는 현대식 설비를 갖춘 자본주의 농장과의 경쟁 압력에 시달리며 진퇴양난의 처지에 빠져 있다. 그리고 여기서 비롯한 불만 때문에 남반구의 주요 나라들에서 농민은 여전히 중요한 정치 세력이 될 수 있다. 1960년대부터 1980년대까지 농민이 절반으로 줄어든 라틴아메리카에서조차[59] 농민이 주도한 반자본주의 반란들이 일어나 전 세계 사람들의 상상력을 사로잡았는데, 멕시코 남부의 사파티스타, 브라질의 MST(무토지 노동자 운동), 2006년 에보 모랄레스를 볼리비아 대통령으로 만든 운동의 중요한 일부가 그랬다.

이런 운동들 때문에 많은 활동가들이 이른바 '신*민중주의'를 받아들이게 됐다.[60] 이 견해는 농민을 사회 변화의 주체로 보거나 적어도 '다중'이라는 주체의 한 요소로 보는 것이다. 때로는 세계 식량 생산의 미래가 이들에게 달려 있다고 보기도 한다. 1헥타르당 식량 생산량은 흔히 대규모 소작지보다 소농 경작지에서 더 많기 때문이다.[61]

　　그러나 농민이 비록 줄어들었지만 하나의 세력으로 지속되고 있다고 보는 이런 견해가 놓치고 있는 것은 자본주의가 농민을 엄청나게 바꿔 놓았다는 점이다(비록 마르크스와 엥겔스가 예상한 대로는 아니지만 말이다). 함자 알라비와 테오도르 샤닌은 1980년대 말에 다음과 같이 지적했다. 자본주의 내에서 "두 가지 대안적 농업 생산 형태"가 발전했는데, 하나는 "임금노동에 기초한 농업"이고 다른 하나는 "자본주의 생산양식에 통합된 가족농에 기초한 생산방식"이다. 두 번째 형태에서 "농민 경제는 자본주의 생산양식 내에 구조적으로 통합"되며 "잉여가치는 상업자본과 신용 제도를 매개로 농민에게서 추출"돼 "자본축적에 기여한다(그러나 잉여가치가 추출된 농민 경제 외부에서 자본축적에 기여한다)."[62]

　　이런 식으로 자본주의 순환 과정에 끌려 들어온 농민은 동질적 집단이 아니라 보유 토지 규모나 장비 소유 여부, 부채 규모에 따라 내부적으로 분화돼 있다. 한 극단에는 이런저런 수단을 이용해 스스로 농업 소자본가로 그럭저럭 변신한 농민이 있고, 다른 쪽 극단에는 토지를 보유하지 못한 노동자들이 있다. 둘 사이에는 가족노동에 의존하는 크고 작은 농민층이 존재한다. 이들은 때로는 임금노동을 고용하기도 하고 또 때로는 다른 사람의 농사일을 해 주고 번 돈으로 가계소득을 보완하기도 한다.

농업 이외의 노동은 빈농이나 중농에게 중요할 수 있다. 1980년대에 15개 개발도상국 통계 자료들을 보면 비농업 소득이 전체 농가 소득의 30~40퍼센트를 차지했다. 중국에서는 비농업 소득 비율이 1980년 10퍼센트에서 1995년 35퍼센트로 증가했으며,[63] "비농업 일자리를 얻는 것이 농민의 불운한 생활과 농촌의 가난을 피하는 데 결정적으로 중요해졌다."[64] 1980년대 이집트에서는 농가 소득의 25퍼센트가 "마을 외부에서 얻은 임금"에서 나왔다.[65]

모든 농가가 똑같은 방식으로 더 넓은 경제에 통합되는 것은 아니다. 많은 농가는 가장 하찮은 형태의 임금노동만을 구할 수 있을 뿐이다. 그러나 소수의 농가는 특권적 지위에 있는 자들과 연계를 구축할 수 있다(그래서 정치인들을 후원하고, 대지주나 금융업자의 부탁을 들어주고, 이른바 전통적 가문, 족벌, 부족 간 네트워크를 활용한다). 토지를 둘러싼 투쟁이 지역 수준이나 국가 수준, 심지어 세계 수준의 더 넓은 경제에서 벌어지는 충돌과 결합되면서 농가들 사이에 분화가 일어난다.[66]

이런 분화 때문에, 이른바 전통적 '농민운동'이 자동으로 자본주의와 지배계급에 반대하는 길로만 나아가지는 않는 것이다. 농민운동 지도부는 흔히 노동력을 판매하기보다는 고용해서 자본을 충분히 축적하고 보유 토지를 늘리는 데 가장 성공한 사람들 출신이다. 이들은 일상의 고된 노동에서 충분히 자유로울 뿐 아니라 다른 사람들을 동원하는 일에 주도력을 발휘할 만큼 폭넓은 사회적 연계망도 갖고 있다. 함자알라비는 농민 반란을 빈농이나 무토지 노동자들이 아니라 중농이 지도하는 경향이 있다고 오래전에 지적한 바 있다.[67] 자본주의의 농촌 침투 때문에 사실 농업 소자본가들이 농민운동을 주도하면서 자신들에게 훨씬 더 유리한 비료 가격 인하 같은 요구를 제기할 수 있는 것이다.

농촌에서 일어난 반란이 오직 그런 방향으로만 나아갈 수 있는 것은 아니다. 농민의 분화 때문에 흔히 중농과 빈농은 정치적 연계를 이용해 자신들을 토지에서 몰아내려 하는 사람들(인도에서는 힌두교도 지주들, 중국에서는 지역 당 간부들, 아프리카에서는 국가기구와 연계된 족장들, 브라질에서는 콩 농장주들)의 압박을 받는다. 그 결과는 농업 소자본가들이 주도하는 항쟁이 아니라 그들에 맞서 싸우는 항쟁일 수 있다. 그러나 이런 항쟁은 국가의 무력에 직면할 수밖에 없고, 국가는 그런 저항을 특정 지역에 고립·분산시키기 위해 농가들이 생계를 유지하는 방식(자기 토지를 경작해서 농작물을 수확하는 것) 자체를 이용한다. 그래서 사파티스타 봉기가 멕시코 국가를 뒤흔들었지만, 국가는 사파티스타 운동을 라칸돈 정글에 효과적으로 봉쇄해서 15년 이상 고립시키는 데 성공했다. 인도에서는 달리트(옛 '불가촉천민'), 부족민, 무토지 노동자, 빈농 등의 다양한 마오주의 운동들이 인도 자본주의를 괴롭히고 있지만, 이들이 고립된 농촌 지역에 제한돼 있는 한 이것은 모기가 건강한 어른을 한 번 무는 것과 마찬가지다.

그러나 자본주의의 농촌 침투로 말미암아 가난한 농민과 도시 노동자의 연계가 과거 어느 때보다 더 가능해졌다. 빈농 가정이 이주를 통해 도시에 사는 가족을 두게 됐기 때문이다. 노동자 투쟁이 도시의 슬럼에 사는 모든 집단의 분노와 원한을 모아 낼 수 있듯이, 외딴 농촌의 작은 땅뙈기에서 고된 일을 하는 수많은 농민의 분노와 원한도 모아 낼 수 있다. 그러나 이런 가능성이 현실성이 될지 말지는 노동자들이 도시와 농촌 모두에서 가난한 사람들의 염원을 반영한 요구를 내걸고 투쟁해 승리하는 데 달려 있다.

누가 극복할 것인가

자본주의에서 착취당하는 사람들의 생활을 좌우하고, 또 자신의 노동력을 판매하는 이질적 대중이 점차 자기의식적 계급, 즉 '대자적 계급'으로 바뀔 수 있는 객관적 환경을 만들어 내는 것은 바로 자본주의 발전 자체다. 노동계급이 자본주의의 혼란스럽고 파괴적인 동역학에 도전할 수 있는 잠재적 주체인 이유는 자본주의가 노동계급 없이는 유지될 수 없기 때문이다. 무페와 라클라우(그리고 노동계급이 자본주의 체제 내에서 차지하던 핵심적 지위를 상실했다고 쓴 수많은 사회학자, 철학자, 경제학자)가 저지른 실수는 이들이 마르크스가 주장한 기본적 요점을 이해하지 못한다는 것이다. 이 체제는 자신의 생명을 유지하기 위해 소외된 노동에 의존해야 하는 체제이며, 흡혈귀가 신선한 피를 공급받지 못하면 생존할 수 없듯이 자본도 더 많은 노동이 없으면 생존할 수 없다.

대중을 억압하는 수단이든 아니면 어느 정도 만족시키는 수단이든 자본주의 체제에 대중을 묶어 두는 수단의 측면에서 보면 이 체제의 역사에는 여러 국면이 존재했다. 한편으로 히틀러, 다른 한편으로 스탈린은 벨기에 출신의 러시아 혁명가 빅토르 세르주가 "세기의 암흑기"라고 부른 시기에 대중 억압을 바탕으로 지배했다.[68] 영국 총리 해럴드 맥밀런은 1950년대에 사람들에게 "지금 같은 호시절은 없었다"고 말할 수 있었고 또 대다수 노동자들도 이에 동의할 수 있었다(물론 마지못해 그랬겠지만). 나는 체제의 동역학 때문에 자본주의가 그 어떤 수단을 통해서든 대중을 항구적으로 통제하기가 어렵다는 것을 보여 주려 했다.

자본주의 체제의 불안정성 때문에, 자본주의에서 착취당하는 사람들은 오랫동안 만족을 느끼며 살아가는 것이 불가능하다. 고삐 풀린 체제가 갑자기 호황에서 불황으로 돌변하고, 그래서 이윤을 늘리고 부채를 털어 내서 다시 호황으로 돌아가려고 거칠게 노력하면서 이 체제는 전에 부추겼던 안정된 생활의 희망을 산산조각 낸다. 자본주의 체제는 대중이 더 많이 일하고 더 적게 받아야 하고, 은행가들의 모가지가 날아갔으므로 평범한 사람들도 일자리를 잃어야 하고, 늙어서도 고단한 일을 하는 것을 운명으로 받아들이고, 채권 추심업자에게 집을 넘겨주고, 농민은 금융업자나 비료 업체에 돈을 내기 위해 자기 땅에서 굶주려야 한다고 강조한다.

사람들은 이에 맞서 저항할 것이다. 내가 이 책을 쓰는 동안에도 일부 사람들은 이미 저항하고 있다. 1990년대 중반 이후 금융 부문에서 시작된 호황의 막바지에 20여 개 나라에서 식량·에너지 가격 인상에 반대하는 자생적 폭동이 일어났다. 새로운 불황의 첫 몇 달 동안 불황의 효과에 반대하는 항의, 소요, 파업이 벌어졌다. 그것은 당연한 일이었다. 이 모든 운동은 사람들이 체제에 맞선 계급투쟁의 잠재력을 스스로 배울 수 있는 조건을 제공할 수 있다. 그리고 거듭되는 위기들(경제적, 군사적, 생태적 위기들)의 상호작용 때문에, 설사 자본주의가 현재의 위기에서 무사히 빠져나오더라도, 더 많은 불만을 낳는 조건이 형성될 것이다.

인류 역사상 가장 부유한 사회인 미국에서도 현재의 위기 이전 30여 년 동안 노동자들의 생활수준이 낮아졌다는 사실은 거듭거듭 강조할 만하다. 또, 1990년대 초 이후 일본의 양상도 마찬가지였다. 미국과 일본은 서유럽 지배자들이 모방하기 시작한 모델이고, 그들이 성공을 거두면 동아시아나 동남아시아 신흥공업국들에서 자본축적을 관장하는 자들도 비슷한 압력을 받을 것이다. 그렇다고 해서 체제의 일부 지역에 사는 많은 사람들이 자기네 지역의 최근 상황이 전보다 나아졌다고 생각하지 말란 법은 없을 것이다. 이런 일은 1980년대 중후반과 1990년대 중후반에 벌어졌고, 앞으로도 얼마든지 나타날 수 있다. 그러나 21세기 자본주의의 "고삐 풀린" 세계에서는 이런 상황이 오래 지속될 수 없고, 위기가 닥쳐 그런 상황이 갑자기 끝나 버리면 불만의 수준이 엄청나게 치솟을 수 있다.

레닌은 사회가 "혁명적 위기"에 빠지는 데 필요한 조건들을 지적했다. 이번 세기에도 두 가지 조건은 거듭거듭 충족될 것이다. 지배계급은 기존 방식대로 계속 통치할 수는 없게 될 것이다. 그리고 대중도 지금처럼 살 수는 없다고 생각하게 될 것이다. 이 두 요소는 장기 호황이 끝난 뒤 수십 여 년 동안 매우 중요한 사회적 격변들을 만들어 냈다(1979년 이란과 1980~81년 폴란드에서 시작해 1989~91년 러시아를 거쳐 1998년 인도네시아와 2001년 이후 아르헨티나, 베네수엘라, 볼리비아까지). 2008년 10월 경제 위기가 심화하자 프랑스 대통령 사르코지는 동료 지배자들에게 "1968년 유럽"의 위험을 경고하기도 했다. 그의 경고가 단기적으로 맞든 틀리든 앞으로 수십 년 동안 대규모 사회적 격변이 거듭될 것이다. 그러나 지금까지 빠져 있었던 것은 레닌이 말한 세 번째 요소, 즉 주관적 요소다. 다시 말해, 사회의 재조직이라는 생각으로 대중을 설득할 수 있고 결정적 순간에 사람들을 이끌고 그 목표를 쟁취하기 위한 결정적 행동을 취할 태세가 돼 있는 정치 경향 말이다.

이런 경향이 존재하지 않는 것은 객관적 과정의 산물이며, 이 책에서 그 일부를 설명했다. 1960년대 말과 1970년대 초에 일어난 반체제 저항의 거대한 물결은 체제를 무너뜨리지 못했다.[69] 경제 위기를 통한 구조조정은 그 저항에 참여한 많은 세력들을 혼란에 빠뜨렸다. 투쟁 패배가 좌파를 사기 저하하게 만든 것과 마찬가지였다. 이런 사기 저하를 더욱 악화시킨 것은 전 세계 좌파의 대다수가 옛 동유럽 블록 사회들을 지지했다는 사실이다. 그러나 옛 동유럽 사회들은 실제로는 경쟁적 축적이라는 체제의 동역학에 종속돼 있었고 국가자본주의 단계의 체제가 겪는 위기에서 가장 심각한 고통을 겪고 있었다.

[1994년] 멕시코 치아파스 주에서 일어난 반란, 1995년 프랑스의 공공 부문 파업 물결, 1999~2001년 자본주의 세계화에 반대한 시위들, 2002~03년 이라크 전쟁 반대 운동으로 반란의 최근 국면이 본격적으로 시작됐을 때 많은 좌파들은 새롭게 다시 태어나야 하는 듯했다. 그러나 새롭게 다시 태어나는 것은 새롭게 다시 배운다는 것을 의미했다. 흔히 활동가들은 자본주의 자체가 아니라 세계화나 신자유주의에 맞선 투쟁을 이야기했다. 그러나 고삐 풀린 체제 자체가 또 다른 전환을 위한 객관적 조건을 만들어 냈다.

내가 이 책을 쓰는 동안, 세계 체제의 위기가 얼마나 심각했던지 이 체제를 운영하는 자들조차 자본주의의 위기를 운운하고, 케인스보다 오래전에 마르크스가 이미 자본주의의 위기를 논했다는 사실을 인정할 수밖에 없었다. 많은 신세대 활동가들이 마르크스의 저작을 탐구하기 시작했으며, 많은 구세대 활동가들은 자신들이 전에 배운 것을 전수해 줘야 할 청중이 생겨났음을 갑자기 발견했다.

이것만으로는, 주관적 요소가 확실히 생겨날 것이고 그래서 다음번 반체제 저항은 봉쇄되지 않을 것이라고 장담할 수 없다. 그런 일이 일어나려면, 자본주의를 탐구하는 사람들이 자본주의 때문에 고통받는 사람들이 벌이는 운동의 필수적 일부가 돼야 한다. 확실히 말할 수 있는 것은 이런 운동이 없다면 이번 세기가 끝날 때까지도 다수의 사람들은 이 참을 수 없는 세계에서 계속 살아가야 할 것이라는 점이다. 청년 마르크스가 지적했듯이, "철학자들은 세계를 이렇게 저렇게 해석해 왔다. 그러나 중요한 것은 세계를 변혁하는 것이다."

후주

머리말

1   행복을 측정하려는 다양한 노력을 간략하게 요약한 것은 Iain Ferguson, "Capitalism and Happiness", *International Socialism*, 2:117, 2008 참고.

2   *Washington Times*, 24 October 2008.

3   Bank of International Settlement, *Annual Report*, June 2007.

4   Randall E Parker, Introduction, *Economics of the Great Depression* (Edward Elgar, 2007), px 인용.

5   위의 글, p95 인용.

6   Randall E Parker, *Economics of the Great Depression*, p95의 인터뷰.

7   A Marshall, *The Principles of Economics*, 8th edition (London, 1936), p368.

8   Joan Robinson, *Further Contributions to Economics* (Oxford, 1980), p2.

9   예를 들면 Gillian Tett, "Curse of the Zombies Rises in Europe Amid an Eerie Calm", *Financial Times*, 3 April 2009 참고.

10 Karl Marx, *Economic and Philosophical Manuscripts of 1844* (http://www.marxists.org/archive/marx/works/1844/manuscripts/labour.htm)[국역: 《경제학-철학 수고》, 이론과실천, 2006].

11 Karl Marx and Friedrich Engels, *Collected Works*, Volume 34 (London, Lawrence and Wishart, 1991), p398.

12 http://www.marxists.org/archive/marx/works/1848/communist-manifesto/ch01.htm

13 2권은 마르크스가 미완의 상태로 남겨 놓은 초고를 엥겔스가 종합했다.

14 3권도 마르크스 사후 엥겔스가 편집했다.

15 오늘날 *Grundrisse*[국역:《정치경제학 비판 요강》, 그린비, 2007], *Theories of Surplus Value*와 *Notebooks for 1861-3* 같은 것을 이용할 수 있다.

16 이것이 소위 '전형 문제'의 기초다.

17 Willem Buiter, *Financial Times*, 17 September 2008.

18 아룬 쿠마르(Arun Kumar)는 "Flawed Macro Statistics", in *Alternative Economic Survey*, India 2005-2006 (Delhi, Daanish, 2006)에서 전통적 성장률 수치가 인도의 실제 모습을 얼마나 왜곡하는지 매우 유용하게 설명한다.

1장 마르크스 경제학의 개념들

1 인류학자들은 보통 '원예 사회'라고 부른다.

2 Adam Smith, *The Wealth of Nations*, Book One, Chapter 4[국역:《국부론》, 비봉출판사, 2007](http://www.econlib.org/library/Smith/smWN.html 참고). David Ricardo, *On the Principles of Political Economy and Taxation* (Cambridge, 1995), p11도 참고[국역:《정치경제학과 과세의 원리에 대하여》, 책세상, 2010].

3 Marx, *Capital*, Volume One (Moscow, Progress, 1961), pp35-36.

4 그러나 이른바 오스트리아학파의 일부 비주류 경제학자들은 사용가치와 교환가치의 구분을 부분적으로 인정했다. 그래서 '자유 시장'을 열렬히 지지한 보수적 경제학자 프리드리히 폰 하이에크는 경기순환을 설명하면서 가격이 똑같은 상품들의 물리적 차이를 강조했다. 예컨대 *Prices and Production* (London, 1935) 참고.

5 이탈리아 출신의 케임브리지 대학교 경제학자 피에로 스라파(1898~1983)는 자신의 경제학 체계와 마르크스의 체계가 다르지 않다고 생각했지만, 이언 스티드먼 같은 스라파 추종자들은 사용가치와 교환가치의 구분을 무시하는 데 스라파의 저작을 이용한다.

6 G A 코언과 에릭 올린 라이트 같은 '분석 마르크스주의자들'이 그런 결론을 내렸다. 예컨대 G A Cohen, "The Labour Theory of Value and the Concept of Exploitation", in Ian Steedman and others, *The Value Controversy* (London,

Verso, 1981), pp202-223 참고.

7   Adam Smith, *The Wealth of Nations*, Book One, Chapter 5(http://www.
    econlib.org/Library/Smith/smWN.html 참고).

8   Marx, *Capital*, Volume One, p39.

9   Marx, *Capital*, Volume One, p39.

10 마르크스 저작의 영어 번역본 중에는 일부분을 뜻하는 단어로 proportionate
    대신 aliquot라는 고어(古語)를 사용해서 마르크스의 저작을 처음 읽는 사람들
    을 상당히 난감하게 만들기도 한다.

11 Marx, "Letter to Kugelman" (11 July 1868), in Marx and Engels, *Collected
    Works*, Volume 43 (New York, 1987).

12 Marx, *Capital*, Volume One, p75.

13 '구현된'(embodied)이라는 단어는 때때로 혼란을 불러일으킨다. 더 자세히 알
    고 싶으면 Guglielmo Carchedi, *Frontiers of Political Economy* (London,
    Verso, 1991), pp100-101 참고.

14 I I Rubin, *Essays on Marx's Theory of Value* (Montreal, Black Rose, 1990),
    p71[국역: 《마르크스의 가치론》, 이론과 실천, 1989] 참고.

15 이 점이 《자본론》 1권 1장에 나오는 마르크스의 설명에서 항상 분명히 드러나
    는 것은 아니다. 1장에서는 나중에 다룰 자본주의 체제의 다른 특징들로부터 추
    상해서 상품을 분석한다. 상품생산은 상품의 경쟁적 판매를 전제하므로 경쟁을
    당연한 것으로 여기지만, 이 단계에는 경쟁의 더 광범한 영향을 설명하지 않는
    다. 마찬가지로 1장에서는 자본도 다루지 않는다. 비록 마르크스가 나중에 오직
    자본주의 사회에서만 "상품이 되는 것이 생산물의 지배적이고 규정적인 성격"
    이라고 강조하지만 말이다(*Capital*, Volume Three, Moscow, Progress, 1974,
    p857). 자본 간의 경쟁이 어떻게 각각의 자본을 가치법칙에 종속시키는지 통
    합적으로 설명하는 것은 *Capital*, Volume Three, p858과 마르크스 사후 발간
    된 "Results of the Direct Production Process", Marx and Engels, *Collected
    Works*, Volume 34, pp355-466(http://www.marxists.org/archive/marx/
    works/1864/economic/index.htm) 참고.

16 Marx, *Capital*, Volume One.

17 Marx, *Capital*, Volume One, p72.

18 Marx, *Capital*, Volume One, p74.

19 세계 최대 기업 2000개의 매출액 수치는 "The Big Picture", http://www.
    Forbes.com, 4 September 2008 참고.

20 Adam Smith, *The Wealth of Nations*, Book One, Chapter 8.

21 위의 책.

22 '임금 철칙'은 마르크스가 페르디난트 라살레의 견해에 동의하지 않은 부분 가운데 하나였고, 이 문제 때문에 마르크스는 영국 노동계급을 겨냥해서《임금, 가격, 이윤》이라는 소책자를 쓰기도 했다.

23 Marx, *Wage Labour and Capital*[국역: 《임금노동과 자본》, 박종철출판사, 1999]. 이 책에서 사용한 약간 다른 번역본은 http://www.marxists.org/archive/marx/works/1847/wagelabour/ch02.htm 참고.

24 Marx, *Grundrisse* (London, Penguin, 1973)(http://www.marxists.org/archive/marx/works/1857/grundrisse/ch14.htm 참고).

25 Marx, *Capital*, Volume One, p409.

26 그래서《자본론》에서 매뉴팩처와 기계를 다룬 장들은 "상대적 잉여가치의 생산"이라는 제목이 달린 4편에 포함돼 있다. *Capital*, Volume One, pp336-504 참고.

27 Marx, *Capital*, Volume One, p411. 《자본론》에서 기술 변화 없는 노동강도 강화가 '상대적 잉여가치'에 해당하는지, '절대적 잉여가치'에 해당하는지를 다룬 부분은 약간 모호하다. 410쪽에 나오는 구절은 '절대적 잉여가치'라고 암시하는 듯하고 그렇게 해석하는 마르크스주의자들도 있다. 크게 중요한 문제는 아니지만 나는 '상대적 잉여가치'로 보는 것이 맞다고 생각한다. 왜냐하면 노동강도 강화는 항상 기계의 도입과 맞물려 있고, 마르크스가 거듭거듭 지적하듯이 기계는 노동자의 부담을 덜어 주는 게 아니라 가중시키기 때문이다. 또 노동강도 강화는 노동시간 연장에 반대하는 저항과는 다른 종류의 저항을 부른다.

28 Marx, *Capital*, Volume One, p410.

29 위의 책, p411.

30 Engels, *Socialism: Scientific and Utopian*, in Marx, Engels and Lenin, *The Essential Left* (London, Unwin Books, 1960), p130[국역: 《공상에서 과학으로》, 범우사, 2006]. 때로는 마르크스주의자들도 이 문제를 놓고 혼란에 빠진다. 일부 마르크스주의자들은 경쟁이 자본의 필수 요소가 아니라고 주장한다. 왜냐하면 《자본론》 1권에서 마르크스가 체제의 서로 다른 단위들 사이에 잉여가치가 분배되는 과정에 경쟁이 미치는 영향을 추상한 채 체제의 일반 법칙들을 도출하기 때문이라는 것이다. 그러면 경쟁은 생산 영역이 아니라 분배 영역에 속하게 된다. 그러나 경쟁은 생산 단위 사이에도 존재한다. 경쟁은 생산 단위 사이의 상호작용이 계획되지 않은 것이라는 사실에서 비롯한다. 따라서 경쟁이 마르크스가 《자본론》 1권에서 분석한 체제의 일반적 특징을 각 생산 단위에 강요한다. 경쟁이

없다면 개별 자본이 가치법칙을 따를 이유가 없을 것이다. 비록 경쟁의 필연적 결과 가운데 일부는 분배 영역에서 나타나지만 말이다. 마르크스는 다음과 같이 썼다. "내적 [가치 — 하면]법칙은 오직 그들[자본가들]의 경쟁, 그들의 상호 압력을 통해서만 관철된다." 따라서 자본 개념에는 서로 경쟁하는 다수 자본 개념이 포함되지 않는다는 일부 이론가의 주장은 터무니없다. 자본 개념은 상품생산을 전제하기 때문이다. 그런 주장은 마치 다양한 산업의 상호 관계를 나타내는 투입산출표[산업연관표라고도 한다]로 자본 간 경쟁을 대체해 놓고 자본주의 사회의 모델을 보여 줬다고 주장하는 것과 마찬가지다. 마르크스의 이론을 비판하는 '리카도주의자들'처럼 말이다.

31 Marx, *Capital*, Volume One.

32 '가치화'(valorisation)는 마르크스가 사용한 독일어 Verwertung을 프랑스어로 번역한 것이다. 프랑스어로 'valorisation'은 어떤 것(예컨대 회사 주식)의 가치가 커지는 것을 의미한다. 그러나 일반적 영어에서는 그 의미가 달라서, 단지 "상품 등의 가격이나 가치를 고정하는 것, 특히 중앙집권적 가격 안정 정책"을 의미한다(*Shorter Oxford English Dictionary*, Third Edition). 이런 어법은 [가치] '실현'(즉, 상품의 화폐가치를 얻는 것)이라는 사뭇 다른 개념과 혼동을 일으킨다. 마틴 니컬러스(Martin Nicolaus)가 《정치경제학 비판 요강》을 영어로 번역하면서 valorisation이라는 단어를 그런 의미로 사용했다. 이 모든 것은 마르크스의 저작을 처음 접하는 사람들을 혼란에 빠뜨리고, 마르크스의 분석을 난해하고 거의 이해할 수 없게 설명하는 학술적 경향을 부추긴다.

33 Marx, *Capital*, Volume One, p751

34 위의 책, p716.

35 데이비드 하비가 자신의 책 *The New imperialism* (Oxford, 2005)[국역: 《신제국주의》, 한울, 2005]와 *A Short History of Neoliberalism* (Oxford, 2007)[국역: 《신자유주의》, 한울, 2009]에서 그렇게 주장한다.

2장 마르크스와 마르크스 비판가들

1 L Walras, *Elements of Pure Economics* (London, George Allen, 1954 (1889)), p242.

2 위의 책, p372.

3 A Marshall, *The Principles of Economics*, p109.

4 "Interview with Kenneth J Arrow", in G R Feiwel (ed) *Joan Robinson and*

Modern Economic Theory (London, Macmillan, 1989), pp147-148.

5 ophelimity는 '바람직한 상황'(desirability)을 의미한다.

6 Irving Fischer, "Is 'Utility' the Most Suitable Term for the Concept it is Used to Denote?" *American Economic Review*, Volume 8 (1918), pp335-337.

7 다양한 한계효용학자들이 이 문제를 제대로 다루지 못한 것과 이 문제 자체를 다룬 논설은 J Eatwell, M Milgate and P Newman (eds), *Capital Theory* (London, Palgrave, 1990) 참고. 그 책의 136~147쪽에 실린 L L Pasinetti와 R Scazzieri의 글 "Capital Theory: Paradoxes"는 이 논쟁을 비교적 알기 쉽게 요약해 주는 유익한 글이다. Joan Robinson, *Economic Philosophy* (London, Watts, 1962), p60도 참고.

8 Joan Robinson, *Economic Philosophy*, p68.

9 A Marshall, *The Principles of Economics*, p62.

10 "잡다한 사물로 이뤄진 비교할 수 없는 두 집합은 그 자체로는 수량 분석의 재료가 될 수 없다." J M Keynes, *General Theory of Employment, Interest and Money* (London, Macmillan, 1960), p39[국역:《고용, 이자, 화폐의 일반 이론》, 필맥, 2010].

11 J M Keynes, *General Theory of Employment, Interest and Money*, p39.

12 그러나 임금을 가치척도로 보는 케인스의 노동가치론은 투하된 노동을 가치척도로 보는 리카도의 가치론과는 달랐다.

13 J M Keynes, *General Theory of Employment, Interest and Money*, p41.

14 위의 책, pp213-214.

15 Marx, *Capital*, Volume Three, p858.

16 기본 소비재 가격의 상승은 노동자의 지출을 늘릴 것이고, 그래서 자본가가 노동력을 얻는 대가로 임금 형태로 지급해야 하는 가격도 인상시킬 것이다. 물론 현실에서는 서로 다른 자본가 사이의 투쟁, 자본가와 노동자 사이의 투쟁이 없으면 그런 일은 결코 일어나지 않는다.

17 마르크스의 견해를 옹호하는 이 모든 주장을 쉽고 자세하게 설명한 글을 보려면 Andrew Kliman, *Reclaiming Marx's Capital* (Lexington Books, 2007) pp149-175를 참고하라.

18 Ian Steedman, *Marx after Sraffa* (London, New Left Books, 1977) 참고. 이 문제에 관한 영향력 있는 논쟁은 Ian Steedman and others, *The Value Controversy* 참고. 같은 책 75~99쪽에 실린 제프 호지슨(Geoff Hodgson)의 글 "Critique of Wright: Labour and Profits"도 참고. 마르크스에 대한 주

류 경제학의 설명은 P A Samuelson, "Understanding the Marxian Notion of Exploitation: A Summary of the So-Called Transformation Problem between Marxian Values and Competitive Prices", *Journal of Economic Literature*, 9:2 (1971), pp399-431 참고.

19 Ben Fine, "Debating the 'New' Imperialism", *Historical Materialism*, 14:4 (2006), p135.

20 위의 책, p154.

21 이런 비판을 수학적으로 더 충분히, 그리고 영향력 있게 설명한 것은 Paul Sweezy, *The Theory of Capitalist Development* (London, Dennis Dobson, 1946), pp115-123[국역: 《자본주의 발전의 이론》, 필맥, 2009] 참고. 또 Carchedi, *Frontiers of Political Economy*, pp90-92와 A Kliman, *Reclaiming Marx's Capital*, pp45-46도 보라.

22 Sweezy, *The Theory of Capitalist Development*, p115, p128.

23 Miguel Angel Garcia, "Karl Marx and the Formation of the Average Rate of Profit", *International Socialism*, 2:5 (1979): Anwar Shaikh, "Marx's Theory of Value and the 'Transformation Problem'", in Jesse Schwartz (ed), *The Subtle Anatomy of Capitalism* (Santa Monica, Goodyear, 1977).

24 나는 이 주장을 받아들여 *Explaining the Crisis* (London, Bookmarks, 1984), pp160-162[국역: 《마르크스주의와 공황론》, 풀무질, 1995]에서 자세히 설명한 바 있다.

25 그들은 마르크스의 가치론에 대한 이른바 '시점 간' 해석을 정식화했다.

26 이 주장을 수학적 사례들로 다양하게 설명한 것은 Carchedi, *Frontiers of Political Economy*, pp92-96; A Kliman, *Reclaiming Marx's Capital*, pp151-152; Alan Freeman, "Marx without Equilibrium", MPRA Paper no.1207 (2007) (http://mpra.ub.uni-muenchen.de/1207/1/MPRA_paper_1207.pdf) 참고.

27 이런 관점에서 마르크스를 해석하는 견해를 '단일 체계 해석'이라고 부른다. 단일 체계 해석을 지지하는 사람들 가운데 일부는 나처럼 시점 간 해석도 받아들인다. 둘을 합쳐서 길고 복잡한(약간은 당혹스러운) 명칭인 '시점 간 단일 체계 해석'(Temporal Single System Interpretation), 줄여서 TSSI라고 부른다.

28 Carchedi, *Frontiers of Political Economy*, pp96-97.

29 Marx, *Capital*, Volume One, p44.

30 밥 로손(Bob Rowthorn)이 *Capitalism, Conflict and Inflation* (London, Lawrence and Wishart, 1980), pp231-249에서 그렇게 설명한다. 다만 로손은 훈련이 주로 국가를 통해서, 따라서 그의 개념으로는 자본주의 외부에서 이뤄

진다고 본다. 카르케디는 훈련이 노동력의 가치를 증대시킨다고 보지만, 그것이 어떻게 최종 생산물로 이전되는지는 설명하지 않는다(Carchedi, *Frontiers of Political Economy*, pp130-133). 알프레두 사드-필류와 P 하비는 내가 이 책에서 제시한 해석을 강력하게 거부한다. 내 주장이 "교육과 훈련을 기계와 그 밖의 불변자본 요소에 노동을 축적하는 문제와 뒤섞어 버린다"는 것이다. Alfredo Saad Filho, *The Value of Marx* (London, Routledge, 2002), p58[국역:《마르크스의 가치론》, 책갈피, 2011] 참고. 하비는 다음과 같이 주장한다. "숙련노동은 같은 시간에 미숙련노동보다 더 많은 가치를 생산하는데, 이것은 숙련노동이 물리적으로 더 생산적이기 때문이다. 또 이렇게 높아진 물리적 생산성과 그러한 기능(skill)을 생산하는 데 필요한 추가 노동의 물리적 생산성 사이에 어떠한 규정적 관계가 존재한다고 가정할 이유도 없다."(P Harvey, "The Value Creating Capacity of Skilled Labor in Marxian Economics", *Review of Radical Political Economy*, 17:1-2. A Saad Filho, *The Value of Marx*에서 인용) 그러나 하비가 가정하고 있는 것은, 서로 상당히 다른 생산물을 생산하는 노동의 상대적인 물리적 생산성을 측정하는 모종의 방법이 존재한다는 점이다. 즉, 상품의 사용가치를 비교해서 그 가치를 동등하게 할 수 있다는 주장이다. 따라서 하비(그리고 사드-필류)는 뵘바베르크가 제기한 바로 그 비판을 피할 수 없다.

31   G Carchedi, *Frontiers of Political Economy*, p133.

3장 체제의 동역학

1   J S Mill, *Principles of Political Economy* (London, 1911), p339.

2   L Walras, *Elements of Pure Economics*, p381 참고. 제번스에 대해서는 Eric Roll, *A History of Economic Thought* (London, Faber, 1962), p376 참고.

3   Anwar Shaikh, "An Introduction to the History of Crisis Theory", in Bruce Steinberg and others (eds), *US Capitalism in Crisis* (New York, Union of Radical Political Economics, 1978), p221. http://homepage.newschool. edu/~AShaikh/crisis_theories.pdf에서도 볼 수 있다.

4   Luca Pensieroso, "Real Business Cycle Models of the Great Depression: A Critical Survey", Discussion Papers 2005005, Université Catholique de Louvain, 2005, pp3-4(http://www.ires.ucl.ac.be/DP/IRES_DP/2005-5.pdf 참고). Randall E Parker, *Economics of the Great Depression*, p29도 참고.

5   Marx, *Capital*, Volume One, pp110-111.

6 위의 책, p111.

7 예컨대 Pavel V Maksakovsky, *The Capitalist Cycle* (Leiden, Brill, 2004)에서 그렇게 주장한다.

8 Marx, *Capital*, Volume Three, pp239-240.

9 이런 이론의 가장 일반적인 최신 버전은 십중팔구 미국의 급진 경제학자인 폴 배런과 폴 스위지가 함께 쓴 책 *Monopoly Capital* (London, Penguin, 1968)에서 자세히 설명한 주장일 것이다. 그들은 '잉여'가 늘어나면서 대중의 구매력이 잠식되고 장기적 정체 추세가 나타나는 데 자본주의의 문제가 있다고 본다. 약간 비슷한 견해를 주장한 책으로는 Joseph Steindl, *Maturity and Stagnation in American Capitalism* (New York, Monthly Review, 1976)이 있다. 이런 견해들을 내가 비판한 것은 C Harman, *Explaining the Crisis*, pp148-154 참고. 또 M F Bleaney, *Underconsumption Theories* (London, Lawrence and Wishart, 1976); Anwar Shaikh, "An Introduction to the History of Crisis Theory", pp229-231도 보라.

10 이 절의 나머지 부분은 Pavel V Maksakovsky, *The Capitalist Cycle*에 나오는 내용을 약간 다르게 표현한 것이다.

11 마르크스의 분석을 단지 불비례의 관점에서 해석한 주장들이 20세기 초반에 개혁주의적 사회주의자 사이에서 널리 퍼져 있었다. Paul Sweezy, *The Theory of Capitalist Development*, p156 참고.

12 이 단락은 마르크스의 《자본론》 2권 1~4장을 매우 압축적으로 요약한 것이다.

13 Marx, *Capital*, Volume Two, p100.

14 Marx, *Capital*, Volume Three, p432.

15 위의 책, p495.

16 예컨대 "In Praise of Hyman Minsky", *Guardian*, 22 August 2007 참고.

17 1920년대 초 이탈리아계 미국인 사기꾼 폰지의 이름에서 따온 것이다. 찰스 디킨스는 이미 1844~45년에 쓴 소설 《마틴 처즐위트》(Martin Chuzzlewit)에서 그런 수법을 묘사한 바 있다.

18 Marx, *Capital*, Volume Three, p383.

19 위의 책, p384.

20 위의 책, p249.

21 F A Hayek, *Prices and Production* (London, George Routledge, 1935), pp103-104.

22 William Keegan, *Mr Maudling's Gamble* (London, Hodder & Stoughton,

1989), p55에 인용된 로슨의 말을 참고.

23 Leon Trotsky, "Report on the World Economic Crisis and the New Tasks of the Communist International", *The First Five Years of the Communist International*, Volume One (New York, Pathfinder, 1972).

24 W Keegan, *The Spectre of Capitalism* (London, Radius, 1992), p79. 1970년대에 사회주의 좌파 중에서 마르크스의 이 이론을 거부한 사람으로는 앤드류 글린, 밥 서트클리프, 존 해리슨(John Harrison), 폴 스위지 등이 있었다. 마르크스를 비판한 이 '마르크스주의자들'의 견해에 대한 자세한 설명은 내 책 *Explaining the Crisis*, pp20-30 참고.

25 예컨대 배런과 스위지가 주장한 독점 이론을 받아들인 해리슨, 스티드먼, 호지슨, 글린 등 스라파의 영향을 받은 신(新)리카도학파, 그리고 이런 스라파 추종자들을 비판하는 봅 로슨 같은 사람들이 그렇다.

26 Marx, *Capital*, Volume Three, pp236-237.

27 위의 책, p237.

28 위의 책, p245

29 예컨대 John Stuart Mill, *Principles of Political Economy*, 4권의 4장과 5장을 보라(http://socserv2.socsci.mcmaster.ca/~econ/ugcm/3ll3/mill/prin/book4/bk4ch04 참고).

30 Eric Hobsbawm, *Industry and Empire* (London, Penguin, 1971), p75[국역: 《산업과 제국》, 한벗, 1984].

31 마르크스가 리카도의 설명을 비판한 것을 보면, 로버트 브레너의 주장, 즉 마르크스의 이론이 "생산성은 하락하기 마련"이라는 '맬서스주의적' 가정에 의존한다는 주장이 터무니없다는 것을 알 수 있다. Robert Brenner, "The Economics of Global Turbulence", *New Left Review*, 1:229 (1998), p11 참고.

32 Marx, *Capital*, Volume One, p612.

33 마르크스는 또 '자본의 가치 구성'이라는 개념도 사용한다. 그것은 노동력 비용 대 생산수단과 원료에 대한 투자의 비율(또는 마르크스 자신의 용어로는 가변자본 대 불변자본의 비율, 즉 c/v)을 가리킨다. 그런 다음 마르크스는 "자본의 기술적 구성에 의해 결정되고 기술적 구성의 변화를 반영"하는 가치 구성을 자본의 유기적 구성으로 정의한다. 프레드 모즐리는 이것이 생산수단 비용이나 노동력 비용의 변화에 따른 유기적 구성의 변화와 가치 구성의 변화를 구분하는 것이라고 주장한다. Fred Moseley, *The Falling Rate of Profit in the Postwar US Economy* (London, Macmillan, 1991), pp3-6과 http://ricardo.ecn.wfu.edu/~cottrell/ope/archive/0211/0092.html 참고. 반면에 벤 파인과 로런스 해

리스는 *Rereading Capital* (London, Macmillan 1979, pp58-60[국역: 《현대 정치경제학 입문》, 한울, 1985])에서 "자본의 가치 구성은 기술적 구성을 소비된 생산수단과 임금재의 현재 가치에 따라 측정한 것"이라고 주장한다. 요점은 소비된 자본의 현재 가치가 꼭 처음에 투자할 때의 가치와 똑같지는 않다는 것이다. 이 문제는 나중에 다시 다루겠지만, 소비된 자본의 가치는 투자된 자본의 가치보다 작아지는 경향이 있다. 생산성이 높아지면 자본 각 단위를 생산하는 데 들어가는 사회적 필요노동이 감소하기 때문이다.

34 I Steedman, *Marx After Sraffa*, p64. pp128-129도 비교해서 보라.

35 Andrew Glyn, "Capitalist Crisis and the Organic Composition", *Bulletin of the Conference of Socialist Economists*, 4 (1972); Andrew Glyn "Productivity, Organic Composition and the Falling Rate of profit: A Reply", *Bulletin of the Conference of Socialist Economists*, 6 (1973).

36 Susan Himmelweit, "The Continuing Saga of the Falling Rate of Profit: A Reply to Mario Cogoy", *Bulletin of the Conference of Socialist Economists*, 9 (1974).

37 Robert Brenner, *The Economics of Global Turbulence* (London, Verso, 2006), footnote pp14-15.

38 Gérard Duménil and Dominique Lévy, *The Economics of the Profit Rate* (London, Edward Elgar, 1993).

39 N Okishio, "Technical Changes and the Rate of Profit", *Kobe University Economic Review*, 7 (1961), pp85-99.

40 마르크스가 수치를 예로 들며 설명한 것은 *Capital*, Volume One, pp316-317 참고.

41 이 문제를 더 자세히 논의하면서 간단한 수치로 예증한 것은 *Explaining the Crisis*, pp29-30 참고.

42 이 주장의 일반적인 수학적 증거는 N Okishio, "A Formal Proof of Marx's Two Theorems", *Kobe University Economic Review*, 18 (1972), pp1-6 참고.

43 예컨대 호지슨, 스티드먼, 히멀웨이트, 글린, 브레너, 뒤메닐과 레비 등이 그렇게 주장한다.

44 이 점은 글린이 '곡물 모형'(corn model)을 사용해 이윤율 저하를 반박하려 했을 때 로빈 머리(Robin Murray)가 글린을 비판하면서 지적했다(Robin Murray, "Productivity, the Organic Composition and the Rate of Profit", *Bulletin of the Conference of Socialist Economists*, 6, 1973을 보라). 그 후 마르크스주의 경제학계의 시점 간 단일 체계 학파가 이 주장을 더욱 발전시켰다.

45 로버트 브레너는 오키시오의 주장을 근거로 마르크스의 이윤율 저하 경향 이론을 비판하고 자신의 독자적 설명을 제시한다. 그렇지만 그의 설명도 이전에 고정 자본에 많이 투자한 자본가는 더 최근에 선진 기술을 채용한, 즉 더 저렴한 고정자본에 투자한 자본가 때문에 상품 가격이 하락하고 이윤을 위협당한다는 사실을 깨닫게 된다는 식의 주장에 의존한다. 브레너는 앞에서 오키시오의 주장을 받아들이고 나서 몇 쪽 뒤에서는 자기 나름대로 오키시오의 주장을 반박한다. 그러고도 그 사실을 깨닫지 못한다. Robert Brenner, *Economics of Global Turbulence*, pp14-15 and 28-31 참고.

46 Marx, *Capital*, Volume Three, p231 참고.

47 예외적 경우는 완전히 새로운 생산 라인이 나타나는 경우일 것이다. 즉, 자본의 유기적 구성은 낮지만 생산과 투자 수준은 높아서 그동안 축적된 잉여가치를 대거 흡수할 수 있는 생산 라인이 나타나는 경우 말이다. 그러나 이 예외적 경우도 머지않아 유기적 구성 증가 경향을 피할 수 없게 될 것이다.

48 Marx, *Capital*, Volume Three, p241.

49 마르크스의 주장은 《자본론》 3권 pp239-240과 p252에 나온다. 마르크스 사후 다양한 마르크스주의 학파 사이에서 논쟁이 있었다. 경제 위기가 이윤율 때문에 일어난다고 보는 사람도 있었고, 서로 다른 생산 부문 간의 불비례 때문이라고 보는 사람도 있었다. 마르크스는 위의 《자본론》 3권 구절들에서 이윤율 저하 경향이 자본의 자기 증식 추구와 충돌한다고 본다. 그래서 불비례 상태와 유효수요가 세계의 생산량에 뒤처지는 일이 주기적으로 되풀이된다는 것이다. 혼란이 생겨난 이유는 마르크스가 《자본론》 3권을 완성하지 못한 채 어떤 부분은 단편적 원고만 남겨 놓았기 때문이다. 엥겔스는 그런 원고를 약간 정리해서 3권을 펴냈다. 그래서 사람들이 이 부분의 내용과 저 부분의 내용의 연관성을 제대로 살펴보지 않은 채 자기 마음대로 인용하기 일쑤였던 것이다.

50 Rudolf Hilferding, *Finance Capital* (London, Routledge, 1981), pp93 and 257[국역: 《금융자본론》, 비르투, 2011].

51 바우어는 로자 룩셈부르크의 자본주의 붕괴론(나중에 다시 다루겠다)을 비판하면서 그렇게 주장했는데, 룩셈부르크의 주장은 그로스만의 주장과 사뭇 달랐다.

52 Henryk Grossman, *The Law of Accumulation and the Breakdown of the Capitalist System*, (London, Pluto, 1992), p76. Rick Kuhn, *Henryk Grossman and the Recovery of Marxism* (Illinois, 2007), pp224-234도 참고. 그로스만이 제시한 부분적 논거는 《자본론》 3권 247쪽에 나오는 다음과 같은 마르크스의 주장이었다. "자본의 일부는 부분적으로 또는 전부 놀고 있고(왜냐하면 자본이 자신의 가치를 증식하려면 이미 기능하고 있는 자본을 그 지위에서 몰아내야 하기 때문이다), 다른 일부는 놀고 있는 또는 절반만 놀고 있는 자본의 압력 때

문에 더 낮은 이윤율로 증식할 것이다. … 이번에 이윤율 저하는 이윤량의 절대적 감소를 수반할 것이다. 왜냐하면 우리 가정에서 사용되는 노동력의 양은 증대될 수 없고 잉여가치율도 상승할 수 없으므로 잉여가치량도 증대될 수 없다.”

53 Henryk Grossman, *The Law of Accumulation and the Breakdown of the Capitalist System*, p191.

54 Rick Kuhn, *Henryk Grossman*, pp138-148 참고.

55 Henryk Grossman, *The Law of Accumulation and the Breakdown of the Capitalist System*, p76. 또 Rick Kuhn, *Henryk Grossman*, p85도 보라.

56 예컨대 Marx, *Capital*, Volume Three, p241 참고.

57 Marx, *Capital*, Volume One, p360.

58 위의 책, p356.

59 위의 책, p356.

60 이 주장을 아주 잘 설명한 것은 Mike Kidron, “Marx's Theory of Value”, in Mike Kidron, *Capitalism and Theory* (London, Pluto, 1974), pp74-75 참고.

61 Marx and Engels, *The German Ideology*, in Marx and Engels, *Collected Works*, Volume 5, p52[국역:《독일 이데올로기》, 청년사, 2007].

62 John Bellamy Foster, *Marx's Ecology* (New York, Monthly Review, 2000)[국역:《마르크스의 생태학》, 인간사랑, 2010]와 Paul Burkett, *Marx and Nature* (Palgrave, 1999) 참고.

63 Marx, *Capital*, Volume One, p177

64 Marx, *Capital*, Volume Three, p792.

65 위의 책, p793.

66 Marx, *Capital*, Volume One, pp506-508.

67 Marx, *Capital*, Volume Three, p793.

68 Engels, *The Dialectics of Nature*, in Marx and Engels, *Collected Works*, Volume 25, p461.

69 위의 책, p462.

70 위의 책, p463.

71 Marx, *Capital*, Volume One, p233.

72 Marx and Engels, *Communist Manifesto*(http://www.marxists.org/archive/marx/works/1848/communistmanifesto/ch01.htm 참고).

73 20세기 주류 경제학계에서는 몇몇 예외가 있었는데, 특히 조지프 슘페터의

Capitalism, Socialism and Democracy (London, Allen & Unwin, 1943)[국역: 《자본주의, 사회주의, 민주주의》, 한서출판사, 1985]가 그렇다. 그러나 그런 예외들은 거의 마르크스에게 빚을 지고 있다. 심지어 그들이 마르크스의 통찰을 변형해서 자본주의를 혹평하는 것이 아니라 정당화하려고 노력할 때조차 그랬다.

74 이런 이유로 마르크스는 《자본론》 1권 1장에서 가치법칙이 상품생산의 추상적 모델에서 작용한다고 설명했을 뿐 아니라, 3권의 '분배관계와 생산관계'라는 장에서는 가치법칙이 자본의 상호작용을 통해 더 구체적인 수준에서도 작용한다고 설명했다.

4장 마르크스 사후: 독점, 전쟁, 국가

1   D M Gordon, "Up and Down the Long Roller Coaster", in Bruce Steinberg and others (eds), US *Capitalism in Crisis*, p23에서 인용.

2   "Figure 2: Net Returns on Capital in the UK, 1855-1914", in A J Arnold and S McCartney, "National Income Accounting and Sectoral Rates of Return on UK Risk-Bearing Capital, 1855-1914", November 2003(http://business-school.exeter.ac.uk/accounting/papers/0302a.pdf 참고).

3   Gareth Stedman Jones, *Outcast London* (Harmondsworth, Penguin, 1991) 참고.

4   Engels, "Preface to the English Edition" (1886) in Marx, *Capital*, Volume One(http://www.marxists.org/archive/marx/works/1867-c1/p6.htm 참고).

5   더 자세한 내용과 자료는 Chris Harman, *Explaining the Crisis*, p52 참고.

6   독일의 사례는 G Bry, *Wages in Germany* 1871-1945 (Princeton, 1960), p74; A V Desai, *Real Wages in Germany* (Oxford, Clarendon, 1968), pp15-16과 p35 참고.

7   20세기 노동시간의 추세를 자세히 설명한 것은 B K Hunnicutt, *Work Without End* (Philadelphia, Temple, 1988) 참고.

8   Edward Bernstein, *Evolutionary Socialism* (London, ILP, 1909), pp80 and 83.

9   위의 책, p219.

10 R Hilferding, *Finance Capital*, p304.

11 위의 책, p304.

12 위의 책, p325.

13 위의 책, p366.

14 위의 책, p235.

15 위의 책, pp289-290.

16 위의 책, p294.

17 위의 책, p294.

18 William Smaldone, *Rudolf Hilferding* (Dietz, 2000), p105 참고.

19 M Salvadori, *Karl Kautsky and the Socialist Revolution, 1880-1938* (London, Verso, 1979), 171.

20 K Kautsky, "Imperialism and the War", *International Socialist Review* (November 1914)에서 인용(www.marxists.org 참고).

21 J A Hobson, *Imperialism: A Study* (New York, 1902)[국역:《제국주의론》, 창비, 1982](http://www.econlib.org/library/YPDBooks/Hobson/hbsnImp.html 참고).

22 자세한 내용은 Barry Eichengreen, *Globalised Finance* (Princeton, 2008), p34 참고.

23 Norman Angell, *The Great Illusion* (Toronto, McClelland & Goodchild, 1910), p269(http://ia350610.us.archive.org/1/items/greatillusionstu00angeuoft/greatillusionstu00angeuoft.pdf 참고).

24 Nigel Harris, "All Praise War", *International Socialism 102* (2004).

25 Ellen Meiksins Wood, "Logics of Power", *Historical Materialism* 14:4 (2006), p23.

26 위의 책, p22.

27 Michael Hardt, "Folly of our Masters of the Universe", *Guardian*, 18 December 2002.

28 N I Bukharin, *Imperialism and World Economy* (London, Merlin, 1972)[국역:《제국주의론: 세계경제와 제국주의》, 지양사, 1987](http://www.marxists.org/archive/bukharin/works/1917/imperial/index.htm 참고).

29 V I Lenin, *Imperialism: The Highest Stage of Capitalism* (London, 1933 [1916])[국역:《제국주의론》, 백산서당, 1986]. 레닌의 책이 부하린의 책보다 먼저 출판됐고 더 유명하지만, 사실은 부하린이 책을 먼저 썼다.

30 위의 책, p24.

31 위의 책, p60.

32 위의 책, p108.

33 위의 책, p69.

34 위의 책, Chapter 7, "Imperialism, as a Special Stage of Capitalism".

35 N I Bukharin, *Imperialism and World Economy*, Chapter 10, "Reproduction of the Processes of Concentration and Centralisation of Capital on a World Scale".

36 N I Bukharin, *Economics of the Transformation Period* (New York, Bergman, 1971), p36.

37 N I Bukharin, *Imperialism and World Economy*, pp124-127.

38 Nikolai Bukharin, *Imperialism and the Accumulation of Capital*, in Rosa Luxemburg and Nicolai Bukharin, *Imperialism and the Accumulation of Capital* (Allen Lane, 1972), p267.

39 예컨대 Ellen Meiksins Wood, "Logics of Power", p23 참고.

40 H Feis, *Europe: The World's Banker: 1879-1914*에 나오는 수치들. M Kidron, "Imperialism: The Highest Stage But One", in *International Socialism* 9 (first series, 1962), p18에서 인용.

41 이 주장과 그 근거 수치들은 M Barratt Brown, *The Economics of Imperialism* (Harmondsworth, Penguin, 1974), p195에 나온다.

42 이렇게 레닌의 이론을 너무 문자 그대로 적용한 것의 한계를 인식한 최초의 사람 중 한 명이 토니 클리프였다. Tony Cliff, "The Nature of Stalinist Russia" (1948), in T Cliff, *Marxist Theory after Trotsky* (London, Bookmarks, 2003), p117 참고.

43 V I Lenin, *Imperialism: The Highest Stage of Capitalism*, Chapter 3, "Finance Capital and the Financial Oligarchy".

44 N I Bukharin, *Imperialism and World Economy*, p114.

45 N I Bukharin, *Imperialism and the Accumulation of Capital*, p256.

46 위의 책, p267.

47 Rosa Luxemburg, *The Accumulation of Capital* (London, Routledge, 1963).

48 Rosa Luxemburg, *Accumulation of Capital, An Anti-Critique*, in Rosa Luxemburg and Nikolai Bukharin, *Imperialism and the Accumulation of Capital*, p74.

49 N I Bukharin, *Imperialism and the Accumulation of Capital*, p180.

50 위의 책, p224.

51 앞의 3장에서 다룬 논의 참고.

52 Henryk Grossman, *The Law of Accumulation and the Breakdown of the Capitalist System*, p98.

53 Colin Clarke, "Wages and Profits", *Oxford Economic Papers*, 30 (1978), p401에 나오는 수치.

54 "Figure 2: Net Returns on Capital in the UK, 1855-1914", in A J Arnold and S McCartney, "National Income Accounting and Sectoral Rates of Return on UK Risk-Bearing Capital, 1855-1914" 참고.

55 국가를 보는 마르크스의 다양한 견해를 자세히 설명한 것은 Hal Draper, *Karl Marx's Theory of Revolution: State and Bureaucracy* (New York, Monthly Review, 1979) 참고.

56 그래프는 http://www.econlib.org/library/Enc1/GovernmentSpending.html 참고.

57 이런 견해를 강력히 비판한 것은 Justin Rosenberg, *The Empire of Civil Society* (Verso, 1994) 참고.

58 이것은 콜린 바커가 자신의 논설들 "The State as Capital", *International Socialism*, 1 (1978); "A Note on the Theory of the Capitalist State", *Capital and Class*, 4 (1978)에서 다양한 '국가 도출' 학파의 주장들을 다루면서 지적한 중요한 점이다.

59 마르크스는《자본론》1권 앞부분에서 서로 경쟁하는 다수 자본의 존재를 추상해서 다뤘다. 체제와 그 단위의 일반적 동역학을, 자본들의 상호작용에 따른 끊임없는 부침 현상(예컨대 가치를 중심으로 가격이 오르락내리락하는 것)과 혼동하지 않도록 하기 위해서였다. 그러나 마르크스가 경쟁하지 않는 단일 자본으로 자본주의가 존재할 수 있다고 생각했다는 말은 아니다. 마찬가지로 어떤 목적을 위해서는 자본주의 국가의 추상적 특징을 논하는 것이 유용할 수 있지만, 구체적 자본주의 국가는 다른 국가나 자본의 상호작용과 무관하게 존재하지 않는다. 마르크스는 이 점을 알고 있었기에《자본론》집필 계획을 세우면서 유통 과정에서 서로 다른 자본들의 상호작용, 서로 다른 자본 간의 잉여가치 분배, 이윤율, 지대 등을 다룬 책을 쓴 다음에 국가에 대한 책을 쓸 생각이었다.

60 Ellen Meiksins Wood, "Logics of Power", p25. 제국주의에는 경제적 근거가 있다는 사실을 인정하는 데이비드 하비조차 "권력의 영토적 논리와 자본주의적 논리"는 서로 다르다고 썼다! David Harvey, *The New Imperialism*, p29 참고.

61 "Two Insights do not Make a Theory", in *International Socialism*, 100 (first series, 1977) 참고.

62 내가 이 논쟁을 조금이나마 알게 된 것은 2005년 11월《히스토리컬 머티리얼리즘》이 런던에서 주최한 국제회의에 제출된 논문 덕분이었다. Oliver Nachtwey and Tobias ten Brink, "Lost in Transition — the German World Market Debate in the 1970s", *Historical Materialism*, 16:1 (2008), pp37-71 참고. 핵심 필자 몇몇의 글은 Wolfgang Mueller & Christel Neusuess, "The 'Welfare State Illusion' and Contradictions between Wage Labour and Capital"; Elmer Alvater, "Some Problems of State Interventionism"; Joachim Hirsch, "The State Apparatus and Social Reproduction", in John Holloway and Sol Piccioto (eds), *State and Capital, A Marxist Debate* (London, Edward Arnold, 1987)[국역:《국가와 자본》, 청사, 1985] 참고.

63 이것은 나흐트베이(Nachtwey)와 브링크(Brink)가 클라우디아 폰 브라운뮐의 글 "Kapitalakkumulation im Weltzusammenhang", in H-G Backhaus (ed), *Gesellschaft, Beiträge zur Marxschen Theorie* 1 (Frankfurt/Main, 1974)에 개진된 주장을 요약한 것이다.

64 국가가 자국 자본주의를 대표해 협상한다는 이런 설명은, 미국 국가의 군사적 모험은 경제적 구실을 전혀 하지 않았다는 브레너 자신의 주장과 차이가 있다 (2007년 11월《히스토리컬 머티리얼리즘》이 런던에서 주최한 국제회의에서 제국주의를 주제로 한 토론 발제문 참고).

65 Engels, *On the Decline of Feudalism and the Emergence of National States*, in Marx and Engels, *Collected Works*, Volume 26, pp556-565.

66 V I Lenin, *The Right of Nations to Self Determination*, in V I Lenin *Collected Works*, Volume 20 (Moscow, Progress Publishers, 1972), p396(http://www.marxists.org/archive/lenin/works/1914/self-det/ch01.htm 참고).

67 Heide Gerstenberger, *Impersonal Power: History and Theory of the Bourgeois State* (Leiden, Brill, 2007)는 전자본주의 국가와 근대국가의 차이를 매우 분명히 보여 준다. 그러나 절대왕정 국가와 18~19세기의 영국처럼 발달한 자본주의 국가를 모두 '구체제'(ancien regimes)로 뭉뚱그리는 바람에 혼동을 자아낸다. 그 책을 서평한 글 Pepijn Brandon, *International Socialism*, 120 (2008) 참고.

68 이런 주장을 훨씬 더 완전하게 발전시킨 것은 "The State and Capitalism Today", *International Socialism*, 2:51(1991), pp3-57을 보라(http://www.isj.org.uk/?id=234 참고).

69 마르크스의《자본론》2권은 산업자본주의가 일단 확립된 후 자본의 세 가지 형

태의 상호 관계를 자세히 설명한다.

70 Neil Brenner "Between Fixity and Motion: Accumulation, Territorial Organization and the Historical Geography of Spatial Scales", University of Chicago, 1998(http://sociology.as.nyu.edu/docs/IO/222/Brenner.EPd. 1998. pdf 참고).

71 이 점에 대한 설명은 W Ruigrok and R van Tulder, *The Logic of International Restructuring* (London, Taylor and Francis, 1995), p164 참고.

72 이런 관계를 논한 유용한 문헌 J Scott, *Corporations, Classes and Capitalism* (London, 1985) 참고.

73 Costas Lapavitsas, "Relations of Power and Trust in Contemporary Finance", *Historical Materialism*, 14:1 (2006), p148.

74 Costas Lapavitsas, "Relations of Power and Trust in Contemporary Finance", p150.

75 V I Lenin, *Imperialism: The Highest Stage of Capitalism*, p60.

76 Claus Offe, *Contradictions of the Welfare State* (Hutchinson, 1984), p49.

77 Antonio Gramsci, *Selections from Prison Notebooks* (New York, International Publishers, 1971), p170.

78 때로는 '지배 블록'(ruling blocs)이라고 부른다.

79 인용문은 모두 마르크스가 쓴 *The Civil War in France*, in Marx and Engels, *Collected Works*, Volume 22, p483[국역: 《프랑스 내전》, 박종철출판사, 2003] 에서 따온 것이다(http://www.marxists.org/archive/marx/works/1871/civil-war-france/drafts/ch01.htm 참고).

80 이런 견해 때문에 하비는 사유화를 "자본주의 외부"의 생산 활동에 대한 "탈취에 의한 축적"으로 봤다. David Harvey, *The New Imperialism*, p141 참고.

81 이탈리아나 브라질 같은 나라에서는 국가의 직접투자가 생산적 투자 총액의 절반쯤 된다. 미국에서는 군비 지출이 오랫동안 생산적 투자 총액과 맞먹었다.

82 Marx, *Capital*, Volume Three, pp862-863.

83 Marx, "Transformation of Money into Capital", *Manuscripts of 1861-3*, in Marx and Engels, *Collected Works*, Volumes 30 and 33(http://www.marxists.org/archive/marx/works/1861/economic/ch19.htm 참고).

84 R Hilferding, *Finance Capital*.

85 예컨대 프레드 모즐리의 견해가 그렇다. 그는 미국의 이윤율을 분석할 때 국가 부문을 제외하고 계산한다. 모즐리의 글 *The Falling Rate of Profit in the Post*

War United States Economy 참고.

86 Marx, *Capital*, Volume Two, p97.

87 Engels, *Socialism Scientific and Utopian*, in Marx, Engels, Lenin, *The Essential Left*, pp71-72.

88 Karl Kautsky, *The Class Struggle* ("The Erfurt Programme"으로도 알려져 있다), Chapter Four http://www.marxists.org/archive/kautsky/1892/erfurt/ch04.htm

89 Leon Trotsky, *The First Five Years of the Communist International*, Volume One.

90 Marx, *Capital*, Volume One, p78.

91 Tony Cliff, *The Nature of Stalinist Russia*. 클리프는 부하린이 *Imperialism and the World Economy*에서 제시한 설명에서 그런 함의를 끌어냈다.

5장 국가지출과 자본주의 체제

1. 이 점에 관한 마르크스의 논평은 Marx, *Theories of Surplus Value*, Volume One (Moscow, nd), pp170 and 291 참고.

2   "여기서 생산적 노동과 비생산적 노동은 화폐 소유자의 관점, 자본가의 관점에서 살펴본 것이지 노동자의 관점에서 살펴본 것이 아니다", 위의 책, p155.

3   위의 책, p156.

4   Marx, *Capital*, Volume One, p192.

5   Guglielmo Carchedi, *Frontiers of Political Economy*, p40.

6   엔리케 두셀은 《잉여가치학설사》에서 마르크스가 "비생산적 노동"은 "매우 사소한 예외를 제외하고는 개인 서비스로 수행된다"고 주장했다고 한다. Enrique Dussel, *Towards An Unknown Marx* (Routledge, 2001), p69.

7   Marx, *Theories of Surplus Value*, Volume One, p170.

8   Marx, *Capital*, Volume Three, p293.

9   Jacques Bidet, *Exploring Marx's Capital* (Leiden, Brill, 2007), pp104-121.

10 Marx, *Capital*, Volume Three, p296.

11 Marx, *Capital*, Volume Two, p137.

12 Anwar Shaikh and E A Tonak, *Measuring the Wealth of Nations* (Cambridge,

1994), pp298-303의 표 1 참고.

13   Fred Moseley, *The Falling Rate of Profit in the Post War United States Economy*, p126.

14   Simon Mohun, "Distributive Shares in the US Economy, 1964-2001", *Cambridge Journal of Economics*, 30:3 (2006), Figure 6.

15   Michael Kidron, "Waste: US 1970", in *Capitalism and Theory*, pp37-39.

16   Alan Freeman, "The Indeterminacy of Price-Value Correlations: A Comment on Papers by Simon Mohun and Anwar Shaikh"(http://mpra. ub.unimuenchen.de/2040/01/MPRA_paper_2040.pdf 참고).

17   Guglilmo Carchedi, *Frontiers of Political Economy*, pp83-84.

18   Michael Kidron, "Waste: US 1970", p56.

19   Marx, *Theories of Surplus Value*, Volume One, p170.

20   Marx, *Grundrisse*, pp750-751.

21   《정치경제학 비판 요강》은 1973년이 돼서야 영어로 출판됐다.

22   Michael Kidron, "International Capitalism", *International Socialism* 20 (first series, 1965), p10(http://www.marxists.org/archive/kidron/works/1965/ xx/intercap.htm 참고). 카르케디는 비생산적 재화(그는 자신이 비판하는 리카도주의의 용법을 사용해 이를 '비기본재'(non-basic)라 부른다)를 생산하는 것이 축적의 동역학에 미치는 서로 다른 효과를 인식하고는 있지만 키드런처럼 이윤율과 관련해 분명한 결론을 도출하지는 않는다. 카르케디는 "비기본재는 이전의 생산과정에서 일어난 가치 변화를 다음 생산과정으로 이어 주는 전달 벨트가 될 수 없다"고 썼다. G Carchedi, *Frontiers of Political Economy*, p83.

23   Michael Kidron, *Capitalism and Theory*, p16.

24   Michael Kidron, "Capitalism: the Latest Stage", in Nigel Harris and John Palmer, *World Crisis* (London, Hutchinson, 1971). *Capitalism and Theory*, pp16-17에 재수록. 에르네스트 만델의 비판을 다룬 이 관점에 대한 좀 더 긴 설명은 내가 쓴 *Explaining the Crisis*, pp39-40 and 159-160 참고.

25   Henryk Grossman, *The Law of Accumulation*, pp157-158.

26   T S Ashton, *The Industrial Revolution* (London, Oxford University Press, 1948), pp112-113. 그들은 실제로 농민과 그 자녀에게 시계로 시간을 재는 방식으로 노동규율을 강제했다. E P Thompson, "Time and Work Discipline", in *Customs in Common* (London, Penguin, 1993), pp370-400 참고.

27 역사적 맥락에 따라 이 주장을 전개한 것으로는 Suzanne de Brunhoff, *The State, Capital and Economic Policy* (London, Pluto, 1978), pp10-19 참고.

28 Lindsey German, *Sex, Class and Socialism* (London, Bookmarks, 1989), pp33-36 참고[국역: 《여성과 마르크스주의》, 책갈피, 2007].

29 T H Marshall, *Social Policy* (London, Hutchinson, 1968), pp46-59.

30 Ann Rogers, "Back to the Workhouse", *International Socialism* 59 (1993), p11.

31 *Hansard*, Parliamentary Debates, 17th February, 1943, Col 1818.

32 T H Marshall, *Social Policy*, p17에서 인용.

33 공공 부문 고용을 비판한 악명 높은 문헌은 Robert Bacon and Walter Eltis, *Britain's Economic Problem: Too Few Producers* (New York, St Martin's, 1976).

34 *Capital*, Volume One, p349에 나오는 마르크스의 용어.

35 기술을 고정자본의 일부로 보면 기술은 공장과 작업에서 어디로든 떨어져 나갈 수 있는 이상한 형태의 고정자본이다. 그리고 일부 해석에서는 숙련 노동자가 자신의 '인적 자본'을 소유하고 있으므로 그가 받는 임금의 일부는 이 자본에서 나오는 '수익'이라는 견해로 이어진다. 그렇지만 이 문제에 대한 논쟁은 순전히 현학적인 것으로 빠질 위험이 있다는 사실을 덧붙여야겠다. 왜냐하면 어떤 경우에도 훈련 비용은 기업의 투자 비용을 높이기 때문이다. 그와 동시에 훈련이 체제 전체로 일반화하면 평균 노동생산성이 높아지고, 그래서 생산물 한 단위에 들어가는 사회적 필요노동시간으로 측정되는 가치가 하락한다. 그러면 훈련을 실시하는 개별 자본가가 얻는 이득도 감소한다.

36 소위 '무임승차' 문제는 예를 들면 Mary O'Mahony, "Employment, Education and Human Capital", in R Floud and P Johnson, *The Cambridge Economic History of Modern Britain*, Volume Three (Cambridge, 2004) 참고.

37 훈련받은 노동이 결국 생산적 노동이 될 것이라고 보면 그렇다는 얘기다.

38 Richard Johnson, "Notes on the Schooling of the English Working Class 1780-1850", in Roger Dale and others (eds), *Schooling and Capitalism* (London, Routledge & Kegan Paul, 1976), pp44-54와 Seven Shapin and Barry Barnes, "Science, Education and Control", in the same volume, pp55-66 참고.

39 당시 주요 산업국들의 발전에 대한 전체적 분석은 Chris McGuffie, *Working in Metal* (London, Merlin, 1985) 참고.

6장 대공황

1 Charles Kindleberger, *The World in Depression 1929-39* (London, Allen Lane, 1973), p117[국역: 《대공황의 세계》, 부키, 1998]. 또한 Albrecht Ritschl and Ulrich Woitek, "What Did Cause the Great Depression?", Institute for Empirical Research in Economics, University of Zurich Working Paper 50, 2000, p13 참고.

2 Angus Maddison, "Historical Statistics for the World Economy: 1-2003 AD"(http://www.ggdc.net/maddison/Historical_Statistics/horizontal-file_03-2007.xls 참고)에서 밝힌 GNP 추정치 참고.

3 공황의 확산에 대한 더 자세한 설명과 근거는 *Explaining the crisis*, pp55-62 참고.

4 Fritz Sternberg, *The Coming Crisis* (London, Victor Gollancz, 1947), p23: Lewis Corey, *The Decline of American Capitalism* (London, Bodley Head, 1935), p27에 나오는 수치 참고. 루이스 코리의 책은 http://www.marxists.org/archive/corey/1934/decline/ch05.html 참고.

5 R Skidelsky, *John Maynard Keynes*, Volume 2 (London, Macmillan, 1994), p341에서 인용[국역: 《존 메이너드 케인스》, 후마니타스, 2009].

6 W Smaldone, *Rudolf Hilferding*, p105에서 인용.

7 예컨대 Randall E Parker, *Economics of the Great Depression*, p14 참고.

8 Randall E Parker, *Economics of the Great Depression*, pp 9-10에 있는 오스트리아학파의 견해를 요약한 것 참고. 또한 F A Hayek, *Pure Theory of Capital* (London, Routledge and Keegan Paul, 1941), p408[국역: 《자본의 순수이론》, 한국경제신문사, 1987], *Profit, Interest and Investment* (London, Routledge, 1939) pp33, 47-49, 173을 보라. 하이에크의 견해를 동시대인으로서 가장 잘 설명한 것으로는 John Strachey, *The Nature of Capitalist Crisis* (London, Victor Gollancz, 1935), pp56-82 참고.

9 코리의 *The Decline of American Capitalism*에 있는 수치들. Robert Brenner and Mark Glick, "The Regulation Approach: Theory and History", *New Left Review*, 1:188 (1991)는 붕괴 전 몇 년 동안 임금이 급격하게 상승했다고 주장했지만, S Lebergott, *Manpower in Economic Growth* (New York, McGraw-Hill, 1964)에 나오는 그래프는 코리의 수치와 비슷한 수준의 상승만을 보여 준다.

10 Michael A Bernstein, *The Great Depression* (Cambridge, 1987), p187. 그는 인구 전체로는 13퍼센트 상승했으며, 비농업인구의 상위 1퍼센트는 가처분소득

이 63퍼센트 상승했다고 덧붙였다.

11 Robert J Gordon, "The 1920s and the 1990s in Mutual Reflection", Paper Presented to Economic History Conference, Duke University, 26-27 March, 2004.

12 Alvin Hansen, *Full Recovery or Stagnation* (London, Adam and Charles Black, 1938), pp290-291. 한센의 수치는 1924~29년의 것이다.

13 Simon Kuznets, *Capital in the American Economy* (OUP, 1961) p92.

14 Joseph Steindl, *Maturity and Stagnation in the American Economy* (London, Blackwell, 1953), p155 and following.

15 Joseph Gillman, *The Falling Rate of Profit* (London, Dennis Dobson, 1956), p27.

16 Alvin Hansen, *Full Recovery or Stagnation*, p296.

17 위의 책, pp296 and 298.

18 Lewis Corey, *The Decline of American Capitalism*, Chapter 5에서 계산한 것 참고.

19 위의 책, p170 참고.

20 Barry Eichengreen and Kris Mitchener, "The Great Depression as a Credit Boom Gone Wrong", Bank of International Settlements, Working Papers No137, September 2003. http://www.bis.org/publ/work 137.pdf?noframes=1 에서 볼 수 있다.

21 Corey, *The Decline of American Capitalism* p172. Gillman, pp129-130과 비교해 보라.

22 Barry Eichengreen and Kris Mitchener, "The Great Depression as a Credit Boom Gone Wrong".

23 예를 들면 E A Preobrazhensky in *The Decline of Capitalism* (M E Sharp, 1985), p137에서 제시한 설명 참고.

24 예를 들면 Robert J Gordon, "The 1920s and the 1990s in Mutual Reflection" 참고.

25 Kindelberger, *The World in Depression 1929-39*, p117.

26 Marx, *Capital*, Volume Three, p473.

27 Alvin Hansen, *Economic Stabilization in an Unbalanced World* (Fairfield, NJ, A M Kelley, 1971 (1932)), p81.

28 Charles Kindleberger, *The World in Depression 1929-39*, p117.

29 Milton Friedman and Anna Schwartz, *The Great Contraction 1929-33* (Princeton University Press, 1965), p21[국역:《대공황, 1929~1933년》, 미지북스, 2010].

30 이런 모순적 주장에 대해 존 스트레이치가 1935년에 한 설명은 오늘날 읽어도 여전히 유용하다. Strachey, *The Nature of the Capitalist Crisis*, pp39-119 참고. 상이한 해석을 제공하는 과거와 현재의 주류 경제학자들과의 인터뷰는 Randall E Parker, *Reflections on the Great Depression* (Edward Elgar, 2002) and *The Economics Of The Great Depression* 두 권 참고.

31 J M Keynes, *General Theory of Employment, Interest and Money*, p164.

32 위의 책, p59.

33 위의 책, pp161-162.

34 위의 책, pp135-136과 214.

35 위의 책, p219.

36 위의 책, p316.

37 위의 책, p221. '자본의 한계효율'과 그 '감소' 경향에 대한 케인스의 설명은 pp135-136, 214, 그리고 특히 pp314-324 참고. 케인스와 마르크스의 견해를 비교한 것으로는 Lefteris Tsoulfidis, "Marx and Keynes on Profitability, Capital Accumulation and Economic Crisis", (http://iss.gsnu.ac.kr/upfiles/haksuo/%5B02-2005%5DLefteris%20Tsoulfidis.pdf) 참고.

38 하이에크는 생산이 가치 성격뿐 아니라 물리적 성격도 있다는 것을 인정했다는 점에서 다른 대다수 신고전학파 한계효용론자들과 다르다. 하이에크는 그런 생각을 발전시킬 때 마르크스의 중요성을 인정한다. F A Hayek, *Prices and Production*, p103 참고. 이 글의 결론은 반동적이지만 하이에크는 케인스에게 없는 몇 가지 통찰을 제시한다. 위기는 불가피하다는 함의를 받아들일 수 없었던 그의 많은 제자들이 보기에 하이에크는 너무 정직했다.

39 F A Hayek, *Prices and Production*. Strachey, *The Nature of the Capitalist Crisis*, p108에서 인용.

40 Joseph Gillman, *The Failing Rate of Profit*; Shane Mage, "The Law of the Falling Rate of Profit: Its Place in the Marxian Theoretical System and its Relevance for the US Economy" (PhD thesis, Columbia University 1963, released through University Microfilms, Ann Arbor, Michigan); Gérard Duménil and Dominique Lévy, *The Economics of the Profit Rate* (Edward Elgar, 1993), p254의 계산 결과를 보라. Lewis Corey, *The Decline of American Capitalism*은 1920년대의 수치만을 제공한다.

41 1914년 이전의 이윤율에 대해서는 Tony Arnold and Sean McCartney, "National Income Accounting and Sectoral Rates of Return on UK Risk-Bearing Capital, 1855~1914", Essex University Working paper, November 2003 (http://www.essex.ac.uk/AFM/Research/working_papers/WP03-10. pdf) 참고. 제1차세계대전 전후의 이윤율은 Ernest Henry Phelps Brown and Margaret H Browne, *A Century of Pay* (London, Macmillan, 1968), pp412 and 414; tables 137 and 138 참고.

42 Theo Balderston, "The Beginning of the Depression in Germany 1927-30", *Economic History Review*, 36:3 (1985), p406.

43 Joseph Gillman, *The Falling Rate of Profit*, p58; Shane Mage, "The Law of the Falling Rate of Profit", p208; and Gérard Duménil and Dominique Lévy, *The Economics of the Profit Rate*, p248 (figure 14.2)에서 인용한 수치들.

44 이런 점은 Marx, *Capital*, Volume 3, part V에서도 발견된다.

45 이렇게 해석하면, 그로스만의 설명은 자본주의가 붕괴할 수밖에 없다는 주장이 아니라 극단적 위기에 빠지는 경향이 있다는 주장이다. Rick Kuhn, "Economic Crisis and Social Revolution", School of Social Science, Australian National University, February 2004, p17 참고.

46 E A Preobrazhensky, *The Decline of Capitalism*, pp33 and 29. 그렇지만 프레오브라젠스키는 이것이 위기로부터의 회복을 어떻게 방해하는지에 대해서는 모호했다. 20세기 초 수십 년 동안 많은 마르크스주의 경제학자들이 그랬듯이 그도 이윤율 저하 경향에 대한 마르크스의 언급에 큰 관심을 기울이지 않았다.

47 Michael Bleaney, *The Rise and Fall of Keynesian Economics* (London: Macmillan, 1985) p47.

48 Charles Kindleberger, *The World in Depression 1929-39*, p272.

49 Fritz Sternberg, *Capitalism and Socialism on Trial* (London, Victor Gollanz 1951), p353; Arthur Schweitzer, *Big Business in the Third Reich* (Bloomington, US, Indiana University Press, 1964), p336에서 제시된 수치들.

50 Arthur Schweitzer, *Big Business in the Third Reich*, p335.

51 위의 책, 4장.

52 C Harman, *Explaining the Crisis*, p71.

53 Fritz Sternberg, *Capitalism and Socialism on Trial*, pp494-495.

54 A D H Kaplan, *The Liquidation of War Production* (New York, McGraw-Hill, 1944), p91.

55   위의 책, p3.

56   John Kenneth Galbraith, *American Capitalism* (Transaction, 1993), p65[국역: 《미국의 자본주의》, 양영각, 1981]. 대공황이 전쟁으로 끝났다는 견해는 파커가 편집한 두 권의 책에서 인터뷰한 대다수 주류 경제학자들이 받아들이고 있다.

57   미국의 폴 스위지와 폴 배런, 영국의 《뉴 레프트 리뷰》의 편집진, 유럽의 사회민주주의 좌파 그리고 대다수의 강단 마르크스주의자들이 받아들이는 견해다.

58   트로츠키가 1930년대에 이 개념을 발전시켰으며, 소위 '정설' 트로츠키주의자들은 1991년 소련 붕괴 전까지(일부는 그 후에도) 이 개념을 고수했다.

59   M Reiman, *The Birth of Stalinism* (London, Taurus, 1987), pp37-38은 내부 문서를 바탕으로 위기를 설명한다.

60   위의 책, p89.

61   Stalin, *Problems of Leninism*. Isaac Deutscher, *Stalin* (London, Oxford, 1961), p328에서 인용.

62   Stalin. E H Carr and R W Davies, *Foundations of a Planned Economy*, Volume One (London, Macmillan, 1969), p327에서 인용.

63   E A Preobrazhensky, *The Decline of Capitalism*, p166.

64   Lewis Corey, *The Decline of American Capitalism*, p484. 루이스 코리의 쇠퇴 개념은 단기간의 성장을 배제하지는 않지만 "더 짧은 회복"과 함께 긴 "불황"을 의미한다.

65   John Strachey, *The Nature of Capitalist Crisis*, pp375-376.

66   E A Preobrazhensky, *The Decline of Capitalism*, p159.

67   Leon Trotsky, *The Death Agony of Capitalism and the Tasks of the Fourth International* (1938)(http://www.marxists.org/archive/trotsky/1938/tp/index.htm 참고).

7장 장기 호황

1   나는 '동방 블록' 나라들에 대비해 '서방 블록' 나라들을 줄여서 그냥 '서방'이라고 했다.

2   Albert Fishlow, "Review of Handbook of Development Economics", *Journal of Economic Literature*, Volume XXIX (1991), p1730.

3   케인스 자신은 통화정책의 효과에 대해서 회의적이었지만 통화정책은 전통적 케

인스주의 수단에 포함된다.

4   J M Keynes, *General Theory of Employment, Interest and Money*, pp135-136, 214, 219 and 376.

5   위의 책, p376.

6   위의 책, p378.

7   Robert Skidelsky, *John Maynard Keynes*, Volume 2, p60.

8   일반적으로 '정설 케인스주의'나 '전후 종합'으로 불린다.

9   J Robinson, *Further Contributions to Economics*.

10   J Strachey, *Contemporary Capitalism* (London, Gollanz, 1956), p235.

11   위의 책, p239.

12   가장 최근의 것은 Dan Atkinson and Larry Elliot, *The Gods that Failed* (Bodley Head, 2008)이다.

13   예를 들면 Will Hutton, *The State We're In* (Jonathan Cape, 1995) 참고.

14   Graham Turner, *The Credit Crunch* (Pluto, 2008). 터너는 케인스의 사상과 전전(戰前) 통화주의자 어빙 피셔의 사상을 혼합한 것에 의존한다.

15   Gérard Duménil and Dominique Lévy, *Capital Resurgent: Roots of the Neoliberal Revolution* (Harvard University Press, 2004), p186[국역:《자본의 반격》, 필맥, 2006].

16   David Harvey, *A Brief History of Neoliberalism*, p10.

17   R C O Matthews, "Why has Britain had Full Employment Since the War?", *Economic Journal*, September 1968, p556.

18   Meghnad Desai, *Testing Monetarism* (London, Frances Pinter, 1981), p76. 또한 Robert Brenner, *The Economics of Global Turbulence*, p94 참고.

19   Ton Notermans, "Social Democracy and External Constraints", in K R Cox (ed), *Spaces of Globalisation* (Guildford Press, 1997), p206.

20   Michael Bleaney, *The Rise and Fall of Keynesian Economics* (Macmillan, 1985), p101.

21   Michel Aglietta, *Theory of Capitalist Regulation* (London, New Left Books, 1979), p165[국역:《자본주의 조절이론》, 한길사, 1994].

22   Robert Brenner and Mark Glick, "The Regulation Approach: Theory and History", *New Left Review* 1:188 (1991). 조절학파에 대한 나의 초기 비판은 *Explaining the Crisis*, pp 143-146 참고.

23 Gérard Duménil and Dominique Lévy, *The Economics of the Profit Rate*, Figure 14.2, p248 참고. 당시 이윤율에 대한 다양한 해석으로는 Shane Mage, "The Law of the Falling Tendency of the Rate of Profit"; Joseph Gillman, *The Falling Rate of Profit*; William Nordhaus, *Brookings Papers on Economic Activity* 5:1 (1974); Victor Perlo, "The New Propaganda of Declining Profit Shares and Inadequate Investment", *Review of Radical Political Economics*, 8:3 (1976); Martin Feldstein and Lawrence Summers, "Is the Rate of Profit Falling?", *Brookings Papers* 1:1977, p216; Robert Brenner, *The Economics of Global Turbulence*; Fred Moseley, *The Falling Rate of Profit in the Post War United States Economy*; Anwar Shaikh and E A Tonak, *Measuring the Wealth of Nations* 참고. 다양한 계산 방식이 사용됐고 수치도 서로 조금씩 달랐는데, 일부는 이윤율의 장기적 저하를 보여 줬고 또 일부는 1950년대 중반에 한 번 저하했음을 보여 줬다. 그렇지만 그중 어느 것을 봐도 20세기 첫 30년 동안의 수준으로 저하하거나 1970년대 말의 수준으로 저하하지는 않았다.

24 Shane Mage, "The 'Law of the Falling Rate of Profit'", p228.

25 Michael Kidron, "A Permanent Arms Economy", *International Socialism*, 28 (first series, 1967)(http://www.marxists.org/archive/kidron/works/1967/xx/permarms.htm 참고).

26 배런, 스위지, 슈타인들의 분석에 대한 좀 더 긴 논의는 내 책 *Explaining the Crisis*의 the Appendix, "Other Theories of the Crisis" 참고.

27 Michael Bleaney, *The Rise and Fall of Keynesian Economics*, p104.

28 메이지는 1946~60년에 미국에서 자본의 유기적 구성이 45퍼센트 증가했다고 주장한다. "The Law of the Falling Tendency of the Rate of Profit", p229 참고. 길먼은 고용된 노동에 대한 고정자본 스톡의 비율이 1880~1900년에 갑절 이상이 됐지만, 1947~52년에는 단지 8퍼센트만 증가했다고 주장한다. 뒤메닐과 레비는 1945~70년에 미국의 자본-산출 비율은 거의 갑절이 됐지만 서독과 프랑스, 영국을 합쳐서 보면 4배가 됐다는 것을 보여 준다(Duménil and Lévy, *Capital Resurgent*, Figure 5.1, p40). 또한 투하 자본 단위당 산출('자본 생산성')이 미국에서는 19세기의 마지막 20년 동안 3분의 1 정도 하락했지만 1950~70년에는 거의 고정돼 있었음을 보여 준다(p144). 이 비율은 유기적 구성과 반대 방향으로 움직이는 경향이 있다.

29 Michael Kidron, *Western Capitalism Since the War* (London, Weidenfeld and Nicolson, 1968) 참고. '상시 군비 경제' 이론의 초기 버전은 Hal Draper (ed) *The Permanent Arms Economy* (Berkeley, 1970)에 실린 T N 밴스(T N

Vance, 월터 옥스(Walter Oakes)로도 알려져 있다)의 논문 참고.

30 John Kenneth Galbraith, *The New Industrial State* (Princeton, 2007), p284.

31 위의 책, pp33-34.

32 위의 책, p2.

33 E Alvater and others, "On the Analysis of Imperialism in the Metropolitan Countries", *Bulletin of the Conference of Socialist Economists* (Spring 1974).

34 K Hartani, *The Japanese Economic System* (Lexington, 1976), p135.

35 Miyohai Shonoharu, *Structural Changes in Japan's Economic Development* (Tokyo, Kinokuniya Bookstore Co, 1970), p22.

36 Robert Brenner, *The Economics of Global Turbulence*, p94.

37 토니 클리프가 사용한 표현이다.

38 키드런은 이 결과로 1971년에 선진국으로 140억 달러 이상의 총가치가 이전됐다고 추정했다(Michael Kidron, *Capitalism and Theory*, p106).

39 Anwar Shaikh, "Who Pays for the 'Welfare' in the Welfare State?", Social Research, volume 70, number 2, 2003, http://homepage.newschool. edu/~AShaikh/welfare_ state.pdf 참고.

40 예를 들어, 영국에서는 방대한 교육 지출 증가가 이 영역에 집중된 반면에 초등 교육 지출은 거의 증가하지 않았음을 보여 준 *Social Trends* (1970) 참고.

41 James O'Connor, *The Fiscal Crisis of the State* (Transaction Publishers, 2001), p138.

42 Alec Nove, *An Economic History of the USSR* (London, Allen Lane, 1970), p387의 수치.

43 V Cao-Pinna and S S Shatalin, *Consumption Patterns in Eastern and Western Europe* (Oxford, Pergamon, 1979), p62에서 제시된 수치 참고.

44 Alec Nove, *An Economic History of the USSR*, p387의 수치. 앵거스 매디슨 (Angus Maddison)은 비교적 최근 계산을 통해 소련의 산출이 1945~65년에 3배로 늘었고, 이는 그가 포함시킨 서유럽의 19개 국가보다 조금 빠르며 미국 보다는 50퍼센트 이상 빠르다고 주장했다. http://www.ggdc.net/maddison/ Historical_Statistics/horizontal-file_03-2007.xls.

45 *Pravda*, 24 April 1970.

46 이것이 토니 클리프가 *The Nature of Stalinist Russia* (1948)에서 주장한 핵심적 통찰이다. *Marxist Theory After Trotsky*, pp80-92에 재수록.

47 D W Conlkin, "Barriers to Technological Change in the USSR", *Soviet Studies* (1969), p359.

48 Josef Goldman and Karel Korba, *Economic Growth in Czechoslovakia* (White Plains, NY, International Arts and Sciences Press, 1969).

49 Branko Horvat, "Business Cycles in Yugoslavia", *Eastern European Economics*, Volume X, 3-4 (1971).

50 Raymond Hutchings, "Periodic Fluctuation in Soviet Industrial Growth Rates", *Soviet Studies*, 20:3 (1969), pp331-352. 연도별 불균등성은 매디슨의 GDP 계산에서 명확히 드러난다. http://www.ggdc.net/maddison/Historical_Statistics/horizontal-file_03-2007.xls 참고.

51 F Sternberg, *Capitalism and Socialism on Trial*, p538.

52 자세한 사항은 C Harman, *Class Struggles in Eastern Europe 1945-83* (London, Bookmarks, 1988), pp42-49 참고[국역: 《동유럽에서의 계급투쟁: 1945~1983》, 갈무리, 1994].

53 *New York Times*, 5 July 1950, T N Vance, "The Permanent War Economy", *New International*, January February 1951에서 인용.

54 M Kidron, "Imperialism: The Highest Stage but One", in *Capitalism and Theory*, p131.

55 J Stopford and. S Strange, *Rival States, Rival Firms* (Cambridge, 1991), p16.

56 이스라엘이 제국주의의 도구 구실을 한 것을 간략하게 설명한 문헌은 John Rose, *Israel, The Hijack State* (London, Bookmarks, 1986) [국역: 《강탈 국가, 이스라엘》, 다함께, 2004] 참고(http://www.marxists.de/middleast/rose/).

57 말레이시아 민족주의자들이 말레이시아에 거주하는 소수 화교들을 겨냥한 인종 폭동을 이용해 '쿠데타'를 일으켜서 자신들이 통제하는 '국가자본주의적' 공업 발전 노선을 추구했음을 잘 설명한 것으로는 Kua Kia Soong, "Racial Conflict in Malaysia: Against the Official History", *Race & Class* 49 (2008), pp33-53 참고.

58 World Bank, *World Development Report*, 1991, pp33-34.

59 이런 주장들에 대한 요약으로는 I Roxborough, *Theories of Underdevelopment* (London, Macmillan, 1979), Chapter 3[국역 《종속이론이란 무엇인가》, 청아출판사, 1982]; Nigel Harris, *The End of the Third World* (Harmondsworth, Penguin, 1987)[국역: 《세계자본주의체제의 구조변화와 신흥공업국》, 신평론, 1989] and R Prebisch, "Power Relations and Market Forces", in K S Kim and D F Ruccio, *Debt and Development in Latin America* (Indiana, Notre Dame, 1985), pp9-31 참고.

60   I Roxborough, *Theories of Underdevelopment*, pp27-32.

61   A Gunder Frank, "The Development of Underdevelopment", *Monthly Review*, September 1966.

62   럭스브로(Roxborough)가 지적했듯이, 군더 프랑크는 "마르크스주의자임을 자처한 적이 한 번도 없다"(*Theories of Underdevelopment*, p49).

63   P Baran, *The Political Economy of Growth* (Harmondsworth, Penguin, 1973), p399[국역:《성장의 정치경제학》, 두레, 1984].

64   P Baran, *The Political Economy of Growth*, p416.

65   A Gunder Frank, *Capitalism and Underdevelopment in Latin America* (Harmondsworth, Penguin, 1971), pp35-36.

66   배런은 스탈린 체제의 일부 특징은 기꺼이 비판했지만, 스탈린을 우호적으로 인용하고 소련의 농업 실적이나 생활수준에 대한 스탈린주의자들의 (완전히 잘못된) 주장을 받아들였다. 예를 들어 P Baran, *The Political Economy of Growth*, p441 참고.

67   Nigel Harris, "The Asian Boom Economies", *International Socialism* 3 (1978-9), p3.

68   Lenin, *Imperialism*, Chapter 4, "The Export of Capital".

69   Leon Trotsky, *The Third International After Lenin* (New York, Pioneer, 1957), p18[국역:《레닌 이후의 제3인터내셔널》, 풀무질, 2009].

70   Leon Trotsky, *The Third International After Lenin*, p209.

71   이탈리아와 아르헨티나의 성장률 비교는 M A Garcia, "Argentina: El Veintenio Desarrollista", in *Debate*, 4 (1978), p20 참고.

72   "Argentina", *Citta Future Anno Vi*, 1 (Rome, nd), p3.

73   Geisa Maria Rocha, "Neo-Dependency in Brazil", *New Left Review*, 2:16 (2002)에 제시된 수치.

74   *Economist*, 29 March 1986.

75   베노 은둘루(Benno Ndulu)의 세계은행 보고서 요약 출판물인 *Facing the Challenges of African Growth*는 http://web.worldbank.org/WBSITE/EXTERNAL/COUNTRIES/AFRICAEXT/0,,contentMDK:21121869~menuPK:258658~page PK:2865106~piPK:2865128~theSitePK:258644,00.html 참고.

76   Bill Warren, "Imperialism and Capitalist Industrialization", *New Left Review*, 1:81 (1973).

77 위의 글.

78 위의 글.

79 위의 글.

80 Leon Trotsky, *The Third International After Lenin*, p209.

8장 황금기의 종말

1   더 자세한 내용은 예를 들어 Robert Brenner, *The Economics of Global Turbulence*, pp139 and 146 참고. 1970년의 인플레에 대한 보완적 분석은 "Survey: The Economy", in *International Socialism*, 46 (first series, 1971) 참고.

2   *Guardian*, 26 September 1983.

3   Joan Robinson, *Further Contributions to Economics*, p36.

4   *Guardian*, 15 September 1994에서 인용.

5   Frederic Lee, "The Research Assessment Exercise, the State and the Dominance of Mainstream Economics in British Universities", *Cambridge Journal of Economics*, Volume 31: 2 (2007).

6   William Keegan, *Mrs Thatcher's Economic Experiment* (Harmondsworth, Penguin, 1984), p126.

7   William Keegan, *Mr Maudling's Gamble* (London, Hodder and Stoughton, 1989), p144.

8   위의 책, pp103 and 127.

9   위의 책, p173.

10 R W Garrison, "Is Milton Friedman a Keynesian?" in M Skousen (ed), *Dissent on Keynes* (New York, Praeger, 1992), p131.

11 H H Happe, in M Skousen (ed), *Dissent on Keynes*, p209.

12 J R Schumpeter, *Capitalism, Socialism and Democracy*, p103.

13 슘페터는 자본주의 역사에서 경제성장의 시기와 속도가 달랐던 이유를 혁신의 속도가 다른 데서 비롯한 '장기파동'에 근거해 설명하려 했다. 그러나 혁신은 체제의 더 넓은 동역학에 의존하기 때문에 혁신이 체제를 설명하지는 못한다. 이 문제와 관련한 자세한 논의는 Harman, *Explaining the Crisis*, pp132-136 참고.

14 Ton Notermans, "Social Democracy and External Constraints", in Kevin R Cox, *Spaces of Globalisation*.

15 기업은 흔히 세금을 덜 내고 저임금을 정당화하려고 정부와 노동자에게 이윤을 축소해서 알리기 위해 온갖 애를 쓴다. 또 주가를 띄우고 차입 능력을 높이려고 주주들에게는 이윤을 부풀려서 알리기 일쑤다.

16 Thomas Michl, "Why is the Rate of Profit still Falling?", Jerome Levy Economics Institute, Working Paper 7, September 1988.

17 Anwar Shaikh and E Ahmet Tonak, *Measuring the Wealth of Nations*.

18 Ufuk Tutan and Al Campbell, "The Post 1960 Rate of Profit in Germany", Working Paper 05/01, Izmir University of Economics, Turkey.

19 Edward N Wolff, "What's Behind the Rise in Profitability in the US in the 1980s and 1990s", *Cambridge Journal of Economics* 27 (2003), pp479-499.

20 Piruz Alemi and Duncan K Foley, "The Circuit of Capital, US Manufacturing and Non-financial Corporate Business Sectors, 1947-1993", September 1997(http://homepage.newschool.edu/~foleyd/circap.pdf 참고).

21 Gérard Duménil and Dominique Lévy, "The Real and Financial Components of Profitability", 2005, p11(http://www.jourdan.ens.fr/levy/dle2004g.pdf 참고).

22 Robert Brenner, *The Economics of Global Turbulence*, p7.

23 Fred Moseley, "The Rate of Profit and the Future of Capitalism", *Review of Radical Political Economics* (May 1997)(http://www.mtholyoke.edu/~fmoseley/RRPE.html 참고).

24 Gérard Duménil and Dominique Lévy, "The Real and Financial Components of Profitability".

25 Andrew Glyn and Bob Sutcliffe, *British Capitalism, Workers and the Profits Squeeze* (Harmondsworth, Penguin, 1972).

26 Bob Rowthorne, "Late Capitalism", *New Left Review*, 1:98 (1976), p67.

27 Ernest Mandel, *Late Capitalism* (London, New Left Books, 1975), p179[국역: 《후기자본주의》, 한마당, 1985].

28 Martin Wolf, *Fixing Global Finance* (Yale, 2009) pxii[국역:《금융공황의 시대》, 바다출판사, 2009].

29 증거의 요약은 Chris Harman, *Explaining the Crisis*, pp123-124 참고.

30 Victor Perlo, "The New Propaganda of Declining Profit Shares and Inadequate Investment", pp53-64. 임금 상승이 이윤율 저하의 원인이라

는 주장에 대한 최근의 반박은 Robert Brenner, *The Economics of Global Turbulence*, p139 참고.

31 M N Baily, "Productivity and the Services of Capital and Labour", *Brookings Papers on Economic Activity*, 1981:1.

32 *Bank of England Quarterly Bulletin*, 1978, p517.

33 *Financial Times*, 3 March 1977.

34 Thomas Michl, "Why Is the Rate of Profit Still Falling?"

35 Edward Wolff, "What's Behind the Rise in Profitability in the US in the 1980s and 1990s?"

36 비주거용 기업자본 수치는 H Patrick and H Rosowski (eds), *Asia's New Giant* (Washington, Brooking Institution, 1976), p112에서 제공.

37 위의 책, pp11-12 and 55.

38 위의 책, p8.

39 David Halberstam, *The Best and the Brightest* (London, 1970), p78.

40 미국 상무부의 수치는 Joseph Steindl, "Stagnation Theory and Policy", *Cambridge Journal of Economics*, Volume 3 (March 1973)에서 가져온 것.

41 더 긴 논의는 Harman, *Explaining the Crisis*, pp137-140 참고.

42 로버트 브레너는 독일과 일본 산업이 미국 산업의 희생으로 수익을 얻을 수 있었던 방식을 *The Economics of Global Turbulence*에서 거듭 지적했다. 물론 앞에서 봤듯이, 그는 이 점을 이윤율 저하에 관한 마르크스의 설명과 연결하지 않았다.

43 M N Baily, "Productivity and the Services of Capital and Labour".

44 이 주장은 베일리(Baily)의 것이다. 물론 그는 미국 내의 구체 노동이 세계 수준에서 추상 노동으로 평가돼야 한다는 점을 마르크스주의 용어로 설명하지는 않았다.

45 예를 들어 Tony Cliff, *Russia: a Marxist Analysis* (London, International Socialism, 1964); and Chris Harman, "Prospects for the Seventies: The Stalinist States", *International Socialism* 42 (first series, 1970) 참고.

46 E Germain (Ernest Mandel) *Quatrieme International*, 14 (1956), 1-3 (내가 번역했다).

47 Ernest Mandel, "The Generalised Recession of the International Capitalist Economy", *Inprecor*, 16-17 (1975).

48 *Report on Draft Guidelines for Economic and Social Development*, given by the then Soviet prime minister, N Ryzhkov, to 27th Congress of the CPSU, March 1986 참고.

49 Abel Aganbegyan, *Pravda*, 5 April 1988.

50 J Knapp, *Lloyds Bank Review*, October 1968, p9. Chris Harman, "Prospects for the Seventies: the Stalinist States"에서 인용. 이 수치들은 당시 동유럽 블록의 공식 자료에 기초한 것이다. 소련의 성장률에 대한 미국인들의 추정치는 소련의 추정치에 비해 3분의 2나 4분의 3 정도이지만 하락 추세를 나타내는 것은 똑같다. 다른 추정치와 상이한 수치에 대한 논의는 B Kostinsky and M Belkindas, "Official Soviet Gross National Product Accounting", in CIA Directorate of Intelligence, *Measuring Soviet GNP, Problems and Solutions*, Washington 1990 참고.

51 *Finansy SSSR*, 28/69.

52 솔제니친의 단편 *For the Good of the Cause*는 이 때문에 생산자들이 느낀 불만과 분노를 생생하게 묘사한다.

53 H Liebenstein, "Allocative Inefficiency v. 'X-Inefficiency'", *American Economic Review*, June 1960.

54 Robert S Whitesell, "Why Does the USSR Appear to be Allocatively Efficient", *Soviet Studies*, 42:2 (1990), p259.

55 V Selyunin, *Sotsialistischeksaya Industria*, 5 January 1988, *Current Digest of the Soviet Press*, 24 February 1988에 번역됐다. A Zaichenko, "How to Divide the Pie", *Moscow News* 24, 1989도 참고. 또한 Narodnoe Khoziiaistvo SSR, in Mike Haynes, *Russia: Class and Power 1917-2000* (London, Bookmarks, 2002)에 제시된 수치 참고.

56 Marx, *Capital*, Volume One, pp648-652.

57 "An Open Letter to the Party", Jacek Kuron and Karol Modzelewski, *A Revolutionary Socialist Manifesto* (London, International Socialists, nd), p34에 영어로 번역됐다.

58 Batara Simatupang, Forward to *The Polish Economic Crisis* (London, Routledge, 1994).

59 Batara Simatupang, *The Polish Economic Crisis*, p3.

60 내가 1977년에 토니 클리프와 쿠론, 모젤레프스키의 분석을 종합해 쓴 것처럼, "폴란드의 위기는 훨씬 더 거대한 위기의 표현이다. 국가가 세계경제 위기의 직접적 영향에서 일국 자본주의를 보호할 수 있는 시대는 끝나 가고 있다. '국가

자본주의'에 대한 논의는 국가자본주의의 세계 체제에 대한 논의로 대체돼야 한다. … 각각의 일국 국가자본주의는 혼란스럽고 무질서한 세계 체제에 더욱 깊숙이 빨려 들어가며, 여기서 유일한 질서는 세계시장 자체의 위기와 파괴가 제공하고 있다." Chris Harman, "Poland: Crisis of State Capitalism", *International Socialism*, 94 (first series, 1977).

61 Chris Harman, *Class Struggles in Eastern Europe*, p332.

62 Report of meeting of USSR Council of Ministers by D Valavoy, *Pravda*, 19 September 1988. 소련 언론에서 인용한 보도는 다른 언급이 없는 한 모두 monitoring service에서 가져온 것이다.

63 *Pravda*, 6 February 1989.

64 Soviet TV report of 17 January of a Council of Ministers meeting, *BBC Monitoring Reports*, February 1989.

65 *Moscow News*, 25 October 1989.

66 *Izvestia*, 22 October 1988.

67 *Pravda*, 31 October 1989.

68 I Adirim, "A Note on the Current Level, Pattern and Trends of Unemployment in the USSR", *Soviet Studies*, 41: 3 (1989).

69 *Trud*, 12 January 1989.

70 *Tass*, 25 October 1989.

71 매디슨이 제시한 수치는 일본의 GNP가 1987년에 소련의 GNP를 추월했음을 보여 준다(http://www.ggdc.net/maddison/Historical_Statistics/horizontal-file_03-2007.xls).

72 Costas Kossis, "Miracle Without End", *International Socialism* 54 (1992), p119에서 제공된 수치.

73 Takeshi Nakatani and Peter Skott, "Japanese Growth and Stagnation: A Keynesian Perspective", University of Massachusetts Working Paper 2006-4, February 2006에 제공된 앵거스 매디슨의 수치(http://www.umass.edu/economics/publications/2006-04.pdf 참고).

74 World Development Indicators database, World Bank, 1 July 2007.

75 Costas Kossis, "Miracle Without End". 매디슨의 수치는 1992년 일본의 경제 규모가 미국의 40퍼센트를 약간 넘는다고 지적한다.

76 Stefano Scarpetta, Andrea Bassanini, Dirk Pilat and Paul Schreyer, Economic Growth In The OECD Area: Recent Trends At The Aggregate

And Sectoral Level, Economics Department Working Papers No 248, OECD/2000.

77 Robert Brenner, *The Economics of Global Turbulence*, p8에서 제시된 수치.

78 Arthur Alexander, *Japan in the context of Asia* (Johns Hopkins University, 1998)에서 제시된 수치.

79 Costas Kossis, "Miracle Without End", p118.

80 Arthur Alexander, *Japan in the Context of Asia*, figure 2.

81 경제에서 가장 효율적인 부문으로 판단되는 제조업의 생산성은 미국의 75~80 퍼센트로 추정됐다.

82 Rod Stevens, "The High Yen Crisis in Japan", *Capital and Class*, 34 (1988), p77.

83 위의 책, pp76-77.

84 Karel van Wolferen, "Japan in the Age of Uncertainty", *New Left Review* 1:200 (2003).

85 Costas Lapavitsas, "Transition and Crisis in the Japanese Financial System: An Analytical Overview", *Capital & Class*, 62 (1997).

86 Karel van Wolferen, "Japan in the Age of Uncertainty".

87 Gavan McCormack, "Breaking Japan's Iron Triangle", *New Left Review*, 2:13 (2002)에 나오는 수치.

88 유감스럽게도, 일본 지배계급을 혐오하는 일부 좌파 평론가도 경쟁력에 대한 일본 지배계급의 태도가 좀 더 '서방적'이었다면 사정이 꽤 달라졌을 것이라고 암시한다. 예를 들어 R Taggart Murphy, "Japan's Economic Crisis", *New Left Review*, 2:1 (2000) 참고.

89 Fumio Hayashi and Edward C Prescott, "The 1990s in Japan: A Lost Decade", September 2001, http://www.minneapolisfed.org/research/prescott/papers/Japan.pdf에서 볼 수 있다.

90 위의 글.

91 Paul Krugman, "Japan's Trap", May 1998 (http://web.mit.edu/krugman/www/japtrap.html 참고).

92 Richard Koo, *The Holy Grail of Macroeconomics* (Wiley, 2008)[국역:《대침체의 교훈》, 더난출판, 2010].

93 Gavan McCormack, "Breaking the Iron Triangle".

94 Fumio Hayashi and Edward C Prescott, "The 1990s in Japan: A Lost Decade".

95 인도의 경우, 예컨대 Vivek Chibber, *Locked in Place* (Tulika Books and Princeton University Press, 2004), p252 참고. 중국의 경우 공식 수치는 1950년대 초와 1960년대 중반의 성장률이 1976~78년의 절반임을 보여 준다. Justin Yifu Lin, Fang Cai and Zhou Li, "Pre-Reform Economic Development in China", in Ross Garnaut and Yiping Huang, *Growth Without Miracles* (Oxford, 2001), p61 참고.

96 World Bank, *World Development Report* 1991의 그래프 참고.

97 A de Janvry, "Social Disarticulation in Latin American History", in K S Kim and D F Ruccio, *Debt and Development in Latin America*, p49.

98 D F Ruccio, "When Failure becomes Success: Class and the Debate over Stabilisation and Adjustment", *World Development*, 19:10 (1991), p1320.

99 A de Janvry, "Social Disarticulation in Latin American History", p67.

100 K S Kim and D F Ruccio, *Debt and Development in Latin America*, p1.

101 A Fishlow, "Revisiting the Great Debt Crisis of 1982", Working Paper 37, Kellogg Institute, University of Notre Dame, May 1984, p106.

102 IMF, A Fishlow, "Revisiting the Great Debt Crisis of 1982", p108에서 인용.

103 A A Hoffman, *Capital Accumulation in Latin America* (1992)에 있는 수치들.

104 Report by the Techint group of companies, June 2001. www.techintgroup.com 참고.

105 *Financial Times*, 13 July 1990.

106 UNCTAD *Handbook of Statistics*, 2002.

107 J Stopford and S Strange, *Rival States, Rival Firms*, p8.

108 Romilly Greenhill and Ann Pettifor, *HIPC: How the Poor are Financing the Rich*, a report from Jubilee Research at the New Economics Foundation (April 2002)에서 제공되는 수치 (www.jubilee2000uk.org 참고).

109 "Trade Makes US Strong", www.ustrade.org.

110 M C Penido and D Magalhaes Prates, "Financial Openness: The Experience of Argentina, Brazil and Mexico", *CEPAL Review* 70 (2000), p61.

111 위의 글, p60.

112 IMF *World Economic Outlook 1996*(http://www.imf.org/external/pubs/ft/

fandd/1996/12/pdf/demasi.pdf 참고).

113 세계은행이 제공하는 수치(http://lnweb90.worldbank.org/ECA/eca.nsf/Gener
al/1F68871C993E5A5485256CDB0058A048?OpenDocument 참고).

9장 착각의 시대

1   Ben Bernanke, Speech to the Eastern Economic Association, Washington
    DC, February 20, 2004 (http://www.federalreserve.gov/BOARDDOCS/
    SPEECHES/2004/20040220/default.htm 참고).

2   Philip Thornton, *Independent*, 1 November 1999.

3   Précis in the US government publication, Monthly Labor Review Online,
    of an article by W Michael Cox and Richard Alm in the 1999 Annual
    Report of the Federal Reserve Bank of Dallas (http://www.bls.gov/opub/
    mlr/2000/06/precis.htm 참고).

4   이것은 당시 런던 대학교 사회과학대학(LSE)에서 데사이와 벌인 논쟁, 카디프 대
    학교에서 민퍼드와 벌인 논쟁에 대한 개인적 기억을 바탕으로 하고 있다.

5   *Financial Times*, 11 September 2001.

6   예컨대 "US Recession May Have Ended Before It Began", *Financial Times*, 1
    March 2002 참고.

7   World Bank, *World Development Indicators*.

8   이에 대한 진전된 논의는 "Misreadings and Misconceptions" to Jim Kincaid,
    "The World Economy — A Critical Comment", in *International Socialism*
    119 (2008) 참고.

9   Marco Terrones and Roberto Cardarelli, "Global Balances, A Savings and
    Investment Account", World Economic Outlook, International Monetary
    Fund, 2005, Chapter Two (Fig. 2.1) (http://www.imf.org/external/pubs/ft/
    weo/2005/02/pdf/ chapter2.pdf 참고).

10 David Kotz, "Contradictions of Economic Growth in the Neoliberal Era",
    Review of Radical Political Economy, 40:2 (2008).

11 Fred Moseley, "Is The US Economy Headed For A Hard Landing?" (http://
    www.mtholyoke.edu/~fmoseley/#working 참고).

12 Kerry A Mastroianni (ed), *The 2006 Bankruptcy Yearbook and Almanac*,

Chapter 11 (www.bankruptcydata.com/Ch11History.htm 참고).

13 Joseph Stiglitz, *The Roaring Nineties: Why We're Paying the Price for the Greediest Decade in History* (Harmondsworth, Penguin, 2004).

14 Gareth Dale, *Between State Capitalism and Globalisation* (Peter Lang, 2004), p327.

15 R Honohan and D Klingebiel, Charles Goodhart and Dirk Schoenmaker, "Burden Sharing in a Banking Crisis in Europe"에서 인용(http://www.riksbank.com/pagefolders/26592/2006_2artikel3_sv.pdf 참고).

16 이 문제를 다룬 OECD 보고서 "Government Policies Towards Financial Markets", Paris 1996(http://www.olis.oecd.org/olis/1996doc.nsf/3dce6d82 b533cf6ec125685d005300b4/a3cde538b08dc983c12563a20050fa59/$FILE/ ATTKJYQH/09E60677.doc 참고).

17 Fred Magdoff, "The Explosion of Debt and Speculation", *Monthly Review*, 58:6 (2006), p5.

18 Stefano Scarpetta, Andrea Bassanini, Dirk Pilat and Paul Schreyer, "Economic Growth in the OECD Area: Recent Trends at the Aggregate and Sectoral Level", OECD Economics Department Working Papers 248 (2000), p26.

19 Historical Materialism Conference, London 2007에서 로버트 브레너가 제시한 수치.

20 표는 Stefano Scarpetta, Andrea Bassanini, Dirk Pilat and Paul Schreyer, "Economic Growth in the OECD Area: Recent Trends at the Aggregate and Sectoral Level"에서 인용.

21 위의 글, p30.

22 컴퓨터화에 따른 감가상각률 증가에 대한 주류 경제학의 논의는 Stacey Tevlin and Karl Whelan, "Explaining the Investment Boom of the 1990s", *Journal of Money, Credit and Banking*, 35 (2003) 참고. 고정자본의 수명 단축과 이에 따른 감가상각률 증가에 대한 이전 논의들은 Martin S Feldstein and Michael Rothschild, "Towards an Economic Theory of Replacement Investment", *Econometrica*, 42:3 (1974), pp393-424 참고. 이들은 "비농업 부문 신규 투자의 기대 수명이 … 1929년 19.8년에서 1963년 15.3년으로 상당한 변화가 있었다"고 주장한다.

23 고용주들의 사회보장 및 연금 기여와 자영업자들의 노동 소득을 포함한 노동에 대한 총보상. 수치는 http://ocde.p4.siteinternet.com/publications/

doifiles/812007131G25.xls 참고. 시계열 자료가 아니라 각 나라별로 노동의 분배를 비교하기 위해 이 자료를 이용하는 것은, 다른 자료들은 미국과 서유럽보다 일본에서 자본 축적률이 훨씬 높기 때문에 문제가 있어 보인다.

24 Chuck Collins, Chris Hartman and Holly Sklar, "Divided Decade: Economic Disparity at the Century's Turn", United for a Fair Economy, 15 December, 1999.

25 G Duménil and D Lévy, *Capital Resurgent*, p46의 그래프 참고.

26 ILO 통계, www.ilo.org/public/english/bureau/inf/pr/1999/29.htm 참고. 이 수치는 시간제 노동을 어떻게 계산하는지, 무보수 초과 노동을 계산에 넣을지 말지에 따라 매우 다양하다. 기업 보고서에 기반한 다른 수치들은 ILO의 수치보다 더 가파른 증가세를 보여 준다.

27 BBC report, 5 September 2005.

28 Anwar Shaikh, "Who Pays for the 'Welfare' in the Welfare State?"

29 Duane Swank and Cathie Jo Martin, "Employers and the Welfare State", *Comparative Political Studies*, 34:8 (2001), pp917-918의 도표.

30 미국 노동부와 OECD 수치. ILO 수치와 비교하면 개별 국가 수치에서 차이가 있지만 각국의 전반적 양상은 똑같다.

31 프랑스 노동자 1인당 생산성은 미국의 70퍼센트에 지나지 않지만, 시간당 생산성은 5퍼센트 더 높다. 2000년 EU, Ameco data base 수치, Olivier Blanchard, "European Growth over the Coming Decade", September 2003, http://www.mit.edu/files/1779 참고.

32 Stefan Bornost, "Germany: The Rise of the Left", *International Socialism*, 108 (2005).

33 Stephen Broadberry, "The Performance of Manufacturing", in Roderick Floud and Paul Johnson, *The Cambridge Economic History of Modern Britain* (Cambridge, 2004), p59; Office of National Statistics, *Monthly Digest of Statistics*, July 2007, Table 7.1.

34 더 자세한 내용은 Chris Harman, "Where is Capitalism Going: Part Two", *International Socialism*, 60 (1993), pp98-101 참고.

35 Chen Zhan, editor of *The China Analyst*, June 1997.

36 Ching Kwan Lee, "'Made in China': Labor as a Political Force?", University of Montana, 2004 (http://www.umt.edu/Mansfield/pdfs/2004LeePaper.pdf 참고).

37 전문은 *China Daily* (Beijing) for the second week of August 2005 참고.

38 C Guidi and W Chuntao, Survey of Chinese Peasants, Yang Lian, "Dark Side of the Chinese Moon", *New Left Review*, 2:32 (2005)에서 인용 (http://www.newleftreview.net/NLR26606.shtml 참고).

39 *South China Post*, M Hart Landsberg and P Burkett, "China and the Dynamics of Transnational Accumulation", paper given at conference on "The Korean Economy: Marxist Perspectives", GyeongSang National University, Jinju, South Korea, 20 May 2005, p24에서 인용

40 Martin Wolf, *Fixing Global Finance* (Yale, 2008), p165에 나오는 수치.

41 Steven Barnett and Ray Brooks, "What's Driving Investment in China?", IMF Working Paper 265 (2006) (http://ideas.repec.org/p/imf/imfwpa/06-265.html 참고).

42 위의 글.

43 Jahangir Ariz and Li Cui, "Explaining China's Low Consumption: The Neglected Role of Household Income", IMF Working Paper 181 (2007) (http://www.imf.org/external/pubs/ft/wp/2007/wp07181.pdf 참고).

44 위의 글.

45 Jahangir Aziz and Steven Dunaway, "China's Rebalancing Act", *Finance and Development* (IMF), 44:3 (2007)(http://www.imf.org/external/pubs/ft/fandd/2007/09/aziz.htm 참고).

46 M Hart Landsberg and P Burkett, "China and the Dynamics of Transnational Accumulation", p5의 수치.

47 J Kynge, *Financial Times*, 23 September 2003 인용.

48 *Financial Times*, 4 February 2003.

49 *Financial Times*, 18 November 2003 인용.

50 Jonathan Anderson, "Solving China's Rebalancing Puzzle", *Finance and Development*, (IMF), 44:3 (2007) (http://www.imf.org/external/pubs/ft/fandd/2007/09/anderson.htm 참고).

51 Ray Brooks, "Labour Market Performances", in Eswar Prasad (ed), *China's Growth and Integration in the World Economy* (IMF, 2004).

52 '2차산업'은 제조업만이 아니라 건설, 수도, 전력 등도 포함한다.

53 Steven Barnett and Ray Brooks, "What's Driving Investment in China?" p5.

54 Phillip Anthony O'Hara, "A Chinese Social Structure of Accumulation for Capitalist Long-Wave Upswing?", *Review of Radical Political Economics*, 38

(2006), pp397-404. 그러나 모든 이윤율 계산에서 그렇듯이, 그가 사용한 통계들의 정확성을 의심할 수 있다. 특히 그가 제시한 수치는 착취율 하락을 나타내는데, 이는 GNP에서 임금과 소비가 차지하는 몫이 줄어들고 있음을 보여준 Jahangir Ariz and Li Cui, "Explaining China's Low Consumption: The Neglected Role of Household Income"의 분석과 잘 맞지 않는다.

55　Jesus Felipe, Editha Lavina and Emma Xiaoqin Fan, "Diverging Patterns of Profitability, Investment and Growth in China and India during 1980-2003", *World Development*, 36:5 (2008), p748.

56　Zhang Yu and Zhao Feng, "The Rate of Surplus Value, the Composition of Capital, and the Rate of Profit in the Chinese Manufacturing Industry: 1978-2005", paper presented at the Second Annual Conference of the International Forum on the Comparative Political Economy of Globalization, 1-3 September 2006, Renmin University of China, Beijing, China.

57　J Kynge, *Financial Times*, 23 September 2003 인용. Steven Barnett, "Banking Sector Developments", in Eswar Prasad (ed), *China's Growth and Integration in the World Economy* 참고.

58　Steven Barnett and Ray Brooks, "What's Driving Investment in China?", p17.

59　Sebastian F Bruck, "China Risks Caution Overkill After Bear Prudence", *Asia Times*, 26 March 2008.

60　Jahangir Aziz and Steven Dunaway, "China's Rebalancing Act" 인용.

61　Thomas Lum and Dick K Nanto, "China's Trade with the United States and the World", CRS report to Congress, January 2007 (http://digitalcommons.ilr. cornell.edu/cgi/viewcontent.cgi?article=1017&context=key_workplace 참고).

62　전 세계 산출에서 중국이 차지하는 비중은 10.9퍼센트로 추산되며 미국은 21.4 퍼센트다. Selim Elekdag and Subir Lall, "Global Growth Estimates Trimmed After PPP Revisions", *IMF Survey Magazine*, 8 January 2008 참고.

63　*Financial Express*, 30 April 2004(www.financialexpress.com) 참고.

64　Petia Topalova, "India: Is the Rising Tide Lifting All Boats?", IMF Working Paper, WP/08/54, March 2008 (www.imf.org/external/pubs/ft/wp/2008/ wp0854.pdf 참고).

65　A Banerjee and T Piketty, "Top Indian Incomes, 1922-2000", *World Bank Economic Review*, 19:1, pp1 - 20, Petia Topalova, "India: Is the Rising Tide Lifting All Boats?"에서 인용.

66　Abhijit Sen and Himanshu, "Poverty and Inequality in India: Getting Closer to the Truth", *Ideas*, 5 December 2003 (http://www.networkideas.org/themes/ inequality/may2004/ie05_Poverty_WC.htm 참고). *Economic and Political Weekly*의 여러 논문에서 이 공식 통계들을 어떻게 해석할지를 둘러싼 논쟁이 매우 오래 진행돼 왔다.

67 1992년 수치, Abhijit Sen, *Force*, 20 April 2004.

68 Abhijit Sen, *Force*, 20 April 2004.

69 Sukti Dasgupta and Ajit Singh, "Manufacturing, Services And Premature De-Industrialisation In Developing Countries", Centre for Business Research, University Of Cambridge Working Paper No 327.

70 Ministry of Labour and Employment, "India, Informal Sector In India, Approaches for Social Security".

71 "Labour Shortage Threat to Indian Call Centre Growth", UNI 2006 (http:www.unidocindia.org/images/Labour%20shortage%20threat%20 to%20Indian%2Ocall%20centre%20growth.pdf 참고).

10장 새로운 시대의 세계 자본

1 WTO *Annual Reports* 1998 and 2008.

2 UNCTAD *Investment Brief*, Number 1 (2007).

3 UNCTAD *World Investment Report* 2008 and International Monetary Fund, *World Economic Outlook*, October 2008, Database: Countries.

4 다국적기업(예를 들어 ITT, 포드, 코카콜라)은 세계대전 전부터 존재했다. 그렇지만 일반적으로, 통합된 국제적 연구와 생산에 기반을 두지는 않았다. 그래서 미국 자동차 기업의 영국 자회사는 디트로이트에서 벌어지는 상황과 무관하게 자체 모델을 개발해 시장을 개척했다. 국제적 생산조직은 제3세계의 식량과 원료를 통제하는 본국 기업에 의해 이뤄졌다. 예를 들면 유니레버나 리오틴토가 그렇다.

5 *Financial Times*, Survey: World Banking, 22 May 1986.

6 A Calderon and R Casilda, "The Spanish Banks Strategy in Latin America", *CEPAL Review* 70 (2000), pp78-79.

7 위의 글, p79.

8 UNCTAD 보도 자료, http://www.unctad.org/Templates/webflyer.asp?docid= 2426&intItemID=2079&lang=1 참고.

9 어떻게 이런 터무니없는 소리가 지난번 세계 불황 직전에 유행하게 됐는지 보여 주는 대표적 예로는 1990년대 말의 상황을 다룬 찰스 레드베터(Charles Leadbetter)의 과장 광고된 책 *Living on Thin Air* (Harmondsworth, Penguin, 2000) 참고.

10 *Financial Times*, 20 June 1988에서 인용.

11 *Business Week*, 14 May 1990.

12 V Forrester, *The Economic Horror* (London, Polity, 1999), pp18-19.

13 Naomi Klein, *No Logo* (London, Flamingo, 2000), p223[국역: 《NO LOGO》, 랜덤하우스코리아, 2002].

14 John Holloway, "Global Capital and the National State", in Werner Bonefeld and John Holloway, *Global Capital, National State and the Politics of Money* (St Martin's Press, 1995), p125[국역: 《신자유주의와 화폐의 정치》, 갈무리, 1999]. 홀로웨이는 어떤 부분에서는 화폐자본보다 생산자본이 이동하기 어렵다는 것을 인정한다. 그렇지만 이 차이가 자본과 국가 간 관계에 미치는 효과는 무시한다.

15 의회 연설, 6 March 1991.

16 N Harris, *The End of the Third World* (Harmondsworth, Penguin, 1987), p202.

17 Scott Lash and John Urry, *The End of Organised Capitalism* (London, Polity Press, 1987).

18 Susanne de Brunhoff, "Which Europe Do We Need Now? Which Can We Get?" in Riccardo Bellofiore (ed), *Global Money, Capital Restructuring, and the Changing Patterns of Labour* (Cheltenham, Edward Elgar, 1999), p50.

19 D Bryan, "Global Accumulation and Accounting for National Economic Identity", *Review of Radical Political Economy* 33 (2001), pp57-77.

20 Alan M Rugman and Alain Verbeke, "Regional Multinationals and Triad Strategy", 2002, http://www.aueb.gr/deos/EIBA2002.files/PAPERS/C164.pdf. 국민경제에서 가장 커다란 영향을 미치는 '핵심 기업들'에 대한 중요한 분석으로는 Douglas van den Berghe, Alan Muller and Rob van Tulder, *Erasmus (S) coreboard of Core Companies* (Rotterdam, Erasmus, 2001) 참고.

21 Gordon Platt, "Cross-Border Mergers Show Rising Trend As Global Economy Expands", *Global Finance*, December 2004.

22 Sydney Finkelstein, "Cross Border Mergers and Acquisitions". Dartmouth College (http://mba.tuck.dartmouth.edu/pages/faculty/syd.finkelstein/articles/Cross_Border.pdf 참고).

23 Tim Koechlin, "US Multinational Corporations and the Mobility of

Productive Capital, A Sceptical View", *Review of Radical Political Economy*, 38:3 (2006), p375.

24 위의 글, p376.

25 위의 글, p374.

26 Riccardo Bellofiore, "After Fordism, What? Capitalism at the End of Century: Beyond the Myths", p16.

27 Tim Koechlin, "US Multinational Corporations and the Mobility of Productive Capital, A Sceptical View", p374.

28 W Ruigrok and R van Tulder, *The Logic of International Restructuring* (London, Routledge, 1995).

29 M Mann, "As the Twentieth Century Ages", *New Left Review*, 214 (1995), p117.

30 Mary Amiti and Shang-Jin Wei. "Service Offshoring, Productivity and Employment: Evidence from the United States", IMF Working Paper WP/05/238, p20.

31 Tim Koechlin, "US Multinational Corporations and the Mobility of Productive Capital, A Skeptical View", p378.

32 Martin Neil Baily and Robert Z Lawrence, "What Happened to the Great US Job Machine? The Role of Trade and Offshoring", paper prepared for the Brookings Panel on Economic Activity, 9-10 September, 2004, p3.

33 Alan M Rugman, *The Regional Multinationals* (Cambridge, 2005).

34 Alan M Rugman and Alain Verbeke, "Regional Multinationals and Triad Strategy".

35 Michaela Grell, "The Impact of Foreign-Controlled Enterprises in the EU", Eurostat 2007, http ://epp.eurostat.ec.europa.eu/cache/ITY_OFFPUB/KS-SF-07-067/EN/KS-SF-07-067-EN.PDF

36 Georgios E Chortareas and Theodore Pelagidis, "Trade Flows: A Facet of Regionalism or Globalisation?" in *Cambridge Journal of Economics*, 28 (2004), pp253-271.

37 위의 글.

38 UNCTAD, *World Investment Report 2005*, Annex, Table B3.

39 "Pentagon Takes Initiative In War Against Chip Imports", *Financial Times*, 27 January 1987.

40 *Financial Times*, 12 September 1990.

41 *International Herald Tribune*, 17 December 1996에 재수록된 기사.

42 Robert Brenner, *The Economics of Global Turbulence*, pp206-207.

43 이 시기 동안의 아르헨티나 경제에 대한 뛰어난 분석은 Claudio Katz, "El Giro de la Economía Argentina", Part One (http://www.aporrea.org/imprime/a30832.html 참고).

44 Dick Bryan, "The Internationalisation of Capital", *Cambridge Journal of Economics*, 19 (1995), pp421-440.

45 Mark E Manyin, *South Korea-U.S. Economic Relations: Co-operation, Friction, and Future Prospects*, CRS Report for Congress, July 2004, http://www.fas.org/man/crs/RL30566.pdf를 보면 미국과 한국 정부가 각각 자국 국경 내에서 활동하는 기업의 이익을 보호하려고 서로 충돌한 사례들이 아주 잘 나와 있다.

46 이 점은 핵심적으로 *The Theory of Global Capitalism*, (John Hopkins, 2004)에서 윌리엄 로빈슨(William Robinson)이 주장한 것이다.

47 Marx, *Capital*, Volume Three, p248.

48 H Kissinger, *Diplomacy* (New York, Simon & Schuster, 1994), pp809 and 816.

49 *Weekly Standard*, 7 September 1997.

50 Project for the New American Century, *Statement of Principle*, 7 June 1997.

51 Fred Magdoff, "The Explosion of Debt and Speculation", p5. 미국 비농업·비금융 법인 기업의 2006년 순 물적 투자는 2990억 달러, 미국 군사 예산은 4400억 달러.

52 *Iraq Study Group Report*, 2006 (http://www.usip.org/iSg/iraq_study_group_report/report/1206/index.html 참고).

11장 금융화와 거품 붕괴

1 Gideon Rachman, *Financial Times*, 29 January 2007.

2 Chris Giles, *Financial Times*, 5 February 2008.

3 Nouriel Roubini's Global EconoMonitor, 7 September 2008 (http://www.rgemonitor.com/blog/roubini 참고).

4 *Financial Times*, 29 January 2009.

5 Chris Giles, *Financial Times*, 29 January 2009.

6   Andrew Glyn, *Capitalism Unleashed* (OUP, 2007), p52[국역:《고삐 풀린 자본주의: 1980년 이후》, 필맥, 2008].

7   이 수치들은 로버트 브레너의 계산을 바탕으로 한 것이다. 마틴 울프가 *Financial Times* (28 January 2009)에 쓴 것처럼 2000년대 중반에 40퍼센트에 도달했다고 추산하는 경우도 있다.

8   Michael Mah-hui Lim, contribution at conference on Minsky and the crisis, *Levy Institute Report*, 18:3 (2008), p6.

9   Sebastian Barnes and Garry Young, "The Rise in US Household Debt: Assessing its Causes and Sustainability", *Bank of England Working Paper* 206 (2003), Chart Four, p13 (http://www.demographia.com/db-usdebtratio-history.pdf 참고).

10   World Bank, *Global Development Finance* (2005).

11   Robin Blackburn, *Banking On Death, Or Investing In Life* (Verso, 2002); *Age Shock: How Finance Is Failing Us* (Verso, 2007).

12   Andrew Glyn, *Capitalism Unleashed*, p69.

13   Martin Wolf, *Financial Times*, 15 January 2008.

14   로버트 브레너가 *The Economics of Global Turbulence*, p282에서 제시한 수치.

15   폰지(Ponzi)는 제1차세계대전 후 미국에서 이런 사기 행각을 벌인 이탈리아 이민자였다. 그렇지만 찰스 디킨스는 오래전 《마틴 처즐위트》에서 이런 사기를 묘사한 바 있다. 이 글을 쓰는 지금 미국의 버나드 메이도프(Bernard Madoff)는 이런 사기로 400억 달러를 모았다고 인정했고 앨런 스탠퍼드(Allen Stanford) 경은 비슷한 사기를 저지른 혐의로 기소됐다.

16   Chris Harman, "Where is Capitalism Going?", *International Socialism* 58 (1993).

17   Michel Aglietta, "A Comment and Some Tricky Questions", *Economy and Society* 39 (2000), p156. 알리에타와 부아예 사이의 논쟁은 자본주의의 장기 동향을 설명하려는 조절학파의 노력이 표류하고 있는 상황을 보여 준다. 이에 대한 논평은 John Grahl and Paul Teague, "The Regulation School", *Economy and Society* 39 (2000), pp169-170 참고.

18   전체적 설명은 Dick Bryan and Michael Rafferty, *Capitalism with Derivatives* (Palgrave, 2006), p9 참고.

19   Thomas Sablowski, "Rethinking the Relation of Industrial and Financial Capital", paper given to *Historical Materialism* conference, December 2006.

20   "Immeltdown", *Economist*, 17 April 2008.

21 *Financial Times*, 6 September 2001.

22 위의 글.

23 위의 글.

24 *Financial Times*, 15 September 2007.

25 2004년 커네리워프의 [리먼브러더스] 런던 본부 개소식 연설.

26 "Flow of Funds Accounts of the United States, Second Quarter 2007", Federal Reserve statistical release, p106, table R102, http://www.federalreserve.gov/RELEASES/z1/20070917.

27 Marco Terrones, and Roberto Cardarelli, "Global Balances, a Savings and Investment Account", *World Economic Outlook*, International Monetary Fund (2005), p92.

28 "Corporates are Driving the Global Saving Glut", JP Morgan Securities, 24 June 2005.

29 Dimitri Papadimitriou, Anwar Shaikh, Claudio Dos Santos and Gennaro Zezza, "How Fragile is the US Economy?", *Strategic Analysis*, February 2005, The Levy Economics Institute of Bard College.

30 *Historical Materialism* conference, London, November 2007에서 한 연설.

31 *Financial Times*, 22 January 2008.

32 Martin Wolf, *Financial Times*, 21 August 2007.

33 Martin Wolf, *Financial Times*, 22 January 2008.

34 Marx, *Capital*, Volume Three, p458.

35 Adair Turner, "The Financial Crisis and the Future of Financial Regulation", The Economist's Inaugural City Lecture, 21 January 2009 (http://www.fsa.gov.uk/pages/Library/Communication/Speeches/2009/0121_at.shtml 참고).

36 Martin Wolf, "A Week Of Living Perilously", *Financial Times*, 22 November 2008.

37 Martin Wolf, *Financial Times*, 23 November 2008.

38 *Financial Times*, 3 February 2009.

39 *Financial Times*, 7 January 2009 인용.

40 *Financial Times* editorial, 16 September 2008.

41 *Financial Times* website, 29 January 2008 인용.

42 John Gapper, "Davos and the Spirit of Mutual Misunderstanding", *Financial*

Times, 30 January 2009.

43 나는 그가 2008년 1월 말에 런던 대학교 아시아아프리카 대학(SOAS)에서 연설하는 것을 들었다.

44 Larry Elliot and Dan Atkinson, *The Gods that Failed* (Bodley Head, 2008)

45 나는 2000년 전국학생회연합(NUS)의 한 회합에 패널 연사로 참가한 적이 있다. 이때 전국학생회연합의 한 지도자는 "자본주의를 대체할 대안"도 없으면서 "반자본주의"를 말한다고 나를 비판했다.

46 Gérard Duménil and Dominique Lévy, "Costs and Benefits of Neoliberalism: A Class Analysis", in Gerald A Epstein, *Financialisation and the World Economy* (Edward Elgar, 2005), p17.

47 James Crotty, "The Neoliberal Paradox: The Impact of Destructive Product Market Competition and 'Modern' Financial Markets on Nonfinancial Corporation Performance in the Neoliberal Era", in Gerald A Epstein, *Financialisation and the World Economy*, p86.

48 Francois Chesnais, *La Mondialisation du Capital* (Syros, 1997), p289[국역:《자본의 세계화》, 한울, 2007].

49 위의 책, p74. 셰네의 구절은 내가 번역함.

50 위의 책, p297.

51 위의 책, p304.

52 Peter Gowan, *The Global Gamble* (Verso, 1999), pp13-14[국역:《세계 없는 세계화》, 시유시, 2001].

53 Will Hutton, *The State We're In* (Jonathan Cape, 1995); William Keegan, *The Spectre of Capitalism* (Radius, 1992).

54 예를 들어, Engelbert Stockhammer, "Financialisation and the Slowdown of Accumulation", *Cambridge Journal of Economics*, 28:5, pp719-774; Thomas Sablowski, "Rethinking the Relation of Industrial and Financial Capital"; Till van Treeck, *Reconsidering the Investment-Profit Nexus in Finance-Led Economies: an ARDL-Based Approach*, http://ideas.repec.org/p/imk/wpaper/01-2007.html; Andrew Glyn, *Capitalism Unleashed*, pp55-65 참고.

55 James Crotty, "The Neoliberal Paradox: The Impact of Destructive Product Market Competition" and "Modern Financial Markets on Nonfinancial Corporation Performance in the Neoliberal Era", in Gerald A Epstein, *Financialisation and the World Economy*, p91.

56 라파비차스는 이 주장을 2008년 5월 SOAS에서 열린 '금융과 금융화' 토론회와 2008년 7월 런던 맑시즘 행사에서 내놓았다. 발제문은 http://www.soas.ac.uk/economics/events/crisis/43939.pdf 참고.

57 마르크스가 "2차 착취"를 언급한 부분은 다음과 같다. 화폐 대부자뿐 아니라 "노동자의 생계수단을 판매하는 소매상"에게도 "노동계급은 사기당한다"(Marx, *Capital*, Volume Three, p596).

58 샘 애시먼(Sam Ashman)은 SOAS에서 열린 금융화 토론회에서 라파비차스의 견해를 강력하게 비판했다. 그녀는 라파비차스가, 마르크스가 자본주의를 분석할 때 사용한 서로 다른 추상 수준을 혼동하고 있다고 지적했다. 라파비차스 주장의 논리적 결론대로라면, 생산 현장에서 일어나는 착취를 핵심적으로 강조하는 마르크스주의 정치경제학이 약화될 것이라는 점도 덧붙여야겠다. 왜냐하면 모든 종류의 소비자 비용(세금, 거주지 임대료, 소매상과 도매상의 이윤으로 가는 물품 대금, 사유재산인 공공시설의 사용료)을 다 "직접 착취"라고 할 수 있기 때문이다.

59 Sebastian Barnes and Garry Young. "The Rise in US Household Debt: Assessing its Causes and Sustainability", *Bank of England Working Paper* 206, 2003.

60 Dick Bryan and Michael Rafferty, *Capitalism with Derivatives*, pp32-33.

61 Engelbert Stockhammer, "Financialisation and the Slowdown of Accumulation", pp719-741.

62 James Crotty, "The Neoliberal Paradox: The Impact of Destructive Product Market Competition and 'Modern' Financial Markets on Nonfinancial Corporation Performance in the Neoliberal Era", in Gerald A Epstein, *Financialisation and the World Economy*, p82.

63 Robert Brenner, *The Economics of Global Turbulence*, p215의 수치. 영국에서는 이 수치가 훨씬 크다.

64 Robert Milward, "The Service Economy", in Roderick Floud and Paul Johnson, *The Cambridge Modern Economic History of Britain*, Volume Three, p249.

65 Gérard Duménil and Dominique Lévy, "The Neoliberal Counterrevolution", in Alfredo Saad Filho and Deborah Johnston (eds), *Neoliberalism, A Critical Reader* (Pluto, 2005), p13[국역:《네오리버럴리즘》, 그린비, 2009].

66 Robert Brenner, *The Economics of Global Turbulence*, p186.

67 Marx, *Capital*, Volume Three, p504.

68 이 정책 변화에 대한 해석은 The Robert W Parenteau, "The Late 1990s' US Bubble: Financialisation in the Extreme", in Gerald A Epstein, *Financialisation and the World Economy*, p134에 잘 나와 있다.

69 Makato Itoh and Costas Lapavitsas, *Political Economy of Money and Finance* (Macmillan, 1999), p60. 그들은 또한 마르크스가 《자본론》 2권에서 이 쟁점을 다룰 때는 견해가 분명했지만, 《자본론》 3권에서는 이런 기능을 서로 다른 자본가 집단이 담당하는 것으로 본다고 지적한다.

70 Thomas Sablowski, "Rethinking the Relation of Industrial and Financial Capital".

71 Interview on *Today* Programme BBC Radio Four, 23 January 2009. http://news.bbc.co.uk/today/hi/today/newsid_7846000/7846519.stm

72 Michel Husson, "Surfing the Long Wave", *Historical Materialism* 5 (1999) (http://hussonet.free.fr/surfing.pdf 참고).

73 이것이 엥겔베르트 스톡함메르(Engelbert Stockhammer)가 "Financialisation and the Slowdown of Accumulation"와 "Some Stylized Facts on the Finance-Dominated Accumulation Regime", in *Competition & Change*, 12:2 (2008), pp184-202에서 거듭 보인 견해다. 뒤메닐은 2008년 5월 SOAS 토론회에서의 대화와 2008년 11월 《히스토리컬 머티리얼리즘》 대회의 발표문에서 이 윤율의 유의미성을 부정했다.

74 Gérard Duménil and Dominique Lévy, *Capital Resurgent*, p201.

75 Ben Fine, "Debating the New Imperialism", *Historical Materialism*, 14:4 (2006), p145.

76 프리드먼이 초기에 학문적 유명세를 얻은 것은 화폐 공급이 너무 적어서 1930년 대 초의 위기가 발생했음을 증명했다고 주장하는 연구 덕분이었다. 1970년대와 1980년대 위기 때는 자신의 주장을 반대로 뒤집어 화폐 공급이 너무 많아서 문제라고 비판했다. 2008년 9월과 10월 경제 위기가 닥치자 일부 추종자들은 그의 최초 연구를 돌아보고 있다.

77 George Soros, *Financial Times*, 29 January 2009. Martin Wolf, *Financial Times*, 27 January 2009도 참고.

78 Bank of England Stability Report, October 2008, *Guardian*, 28 October 2008에서 인용. 2009년 1월 미국에서 발생한 손실은 2조 2000억 달러로 추산된다(*Financial Times*, 29 January 2009).

79 Martin Wolf, "To Nationalise or Not to Nationalise", *Financial Times*, 4 March 2009에 나오는 도표 참고.

80 예를 들어 *Financial Times* by Wolfgang Muenchau, 24 November 2008; Jeffrey Sachs, January 27 2009; Samuel Brittan, 30 January 2009 참고.

81 Paul Krugman, "Protectionism and Stimulus" (http://krugman.blogs. nytimes.com/2009/02/01/protectionism-and-stimulus-wonkish) 참고.

82 Nicolas Véron of the Bruge think tank, *Financial Times*, 5 February 2009에서 인용.

83 Gillian Tett and Peter Thal Larsen, "Wary Lenders Add to Introspection", *Financial Times*, 30 January 2009 참고.

84 Gideon Rachman, "Economics Upstages Diplomatic Drama", *Financial Times*, 30 January 2009.

85 John Gapper, "Davos and the Spirit of Mutual Misunderstanding".

86 Peter Temin, "The Great Depression", in S L Engerman & R E Gallman, *The Cambridge Economic History of the United States*, Volume Three, The Twentieth Century (Cambridge, 2001), p305.

87 위의 글, p306.

12장 자본의 새로운 한계

1 Charles Dickens, *Hard Times* (Harmondsworth, Penguin, 1969)[국역: 《어려운 시절》, 창비, 2009].

2 Engels, *The Condition of the Working Class in England*, in Marx and Engels, *Collected Works*, Volume 4, p343[국역: 《영국 노동자계급의 상태》, 세계, 1988].

3 간략한 과학사로는 John W Farley, "The Scientific Case for Modern Anthropogenic Global Warming", *Monthly Review*, July-August 2008; Jonathan Neale, *Stop Global Warming, Change the World* (London, Bookmarks, 2008), p17[국역: 《기후변화와 자본주의》, 책갈피, 2011]; Spencer Weart, "Timeline: The Discovery of Global Warming", http://www.aip.org/history/climate/timeline.htm 참고.

4 James Hansen and others, "Target Atmospheric CO2", Minqi Li, "Climate Change, Limits to Growth, and the Imperative for Socialism", *Monthly Review* 60:3 (2008), p52에서 인용.

5   George Monbiot, "Environmental Feedback: A Reply to Clive Hamilton", *New Left Review*, 2:45 (1997); 또한 Jonathan Neale, *Stop Global Warming*, p24 참고.

6   결론의 요약은 *Guardian*, 30 October 2006 참고.

7   Jonathan Neale, *Stop Global Warming*, p179.

8   John Vidal, *Guardian*, 20 December 2006.

9   George Monbiot, *Guardian*, 2 December 2008 참고..

10   John Vidal, *Guardian*, 20 December 2006 인용.

11   George Monbiot, *Guardian*, 8 May 2007.

12   Clive Hamilton, "Building on Kyoto".

13   Jonathan Neale, *Stop Global Warming*, p71에서 인용한 수치.

14   George Monbiot, "Environmental Feedback: A Reply to Clive Hamilton", (1997).

15   Stern, John Bellamy Foster, Brett Clark and Richard York in "Ecology: The Moment of Truth", *Monthly Review*, 60:3 (2008), p5에서 인용.

16   Fiona Harvey, "Eco-Groups Fear an Opportunity Lost", *Financial Times*, 14 March 2009.

17   *Guardian*, 11 March 2009.

18   *Observer*, 15 February 2009.

19   Marx, *Capital*, Volume One, Chapter 10, "The Working Day", Part 5, "The Struggle for the Working Day" (http://www.marxists.org/archive/marx/works/1867-c1/ch10.htm#S1 참고).

20   위의 책.

21   모든 수치는 Jonathan Neale, *Stop Global Warming*, pp28, 29, 157 인용.

22   David Adam, "Climate Change Causing Birds to Lay Eggs Early", *Guardian*, 15 August 2008.

23   피크오일에 관한 다양한 계산을 요약한 것으로는 Energy Watch Group, "Crude Oil Supply Outlook", October 2007, EWG-Series No 3/2007 참고.

24   위의 글, p44.

25   위의 글, p18.

26   John Bellamy Foster, "Peak Oil and Energy Imperialism", *Monthly Review*, 60:3 (2008).

27 *Report of the National Energy Policy Group*, May 2001, p181 (http://www.whitehouse.gov/energy/National-Energy-Policy.pdf 참고).

28 John Bellamy Foster, "Peak Oil and Energy Imperialism".

29 유가 상승이 어느 정도나 피크오일의 결과인지는 논란의 여지가 있다. 일부 사람들은 유가 상승을 피크오일 탓으로 돌리지만, 또 일부 사람들은 거대 산유국들이 가격을 인상하기 위해 석유 공급을 늘리지 않기 때문이라고 본다. 이것이 전쟁, 정치 불안, 환율, 투기 때문이라는 주장으로는 Ismael Hossein-Zadeh, "Is There an Oil Shortage?" (http://www.stateofnature.org/isThereAnOilShortage.html) 참고.

30 예를 들어 Robert Bailey, "Time to Put the Brakes on Biofuels", *Guardian*, 4 July 2008; Jonathan Neale, *Stop Global Warming*, pp101-103 참고.

31 예를 들어 Javier Blas, "The End of Abundance: Food Panic Brings Calls for a Second 'Green Revolution'", *Financial Times*, 1 June 2008 참고. 현 사태에 대한 종말론적 견해는 Dale Allen Pfeiffer, "Eating Fossil Fuels", *From the Wilderness*, 2004 (www.fromthewilderness.com/free/ww 3/100303_eating_oil.html) 참고.

32 이 점에 대한 마르크스와 엥겔스의 주장은 선구적 유기화학자 리비히(Liebig)의 발견에 의존하고 있는데, 마르크스와 엥겔스 둘 다 리비히의 저작을 연구했다. John Bellamy Foster, *Marx's Ecology* (Monthly Review Press, 2000), pp147-170 참고.

33 Shelley Feldman, Dev Nathan, Rajeswari Raina and Hong Yang, "International Assessment of Agricultural Knowledge, Science and Technology for Development. East and South Asia and Pacific: Summary for Decision Makers", IAASTD (2008) (http://www.agassessment.org/docs/ESAP_SDM_220408_Final.pdf 참고).

34 World Bank, "World Development Report 2008: Agriculture for Development" (2007), p7 (http://go.worldbank.org/ZJIAOSUFU0 참고).

35 이 용어는 해리엇 프리드먼(Harriet Friedman)의 것이다. 예를 들어 "The Political Economy of Food", *New Left Review*, 2:197 (1993), pp29-57 참고.

36 Javier Blas, "The End of Abundance: Food Panic Brings Calls for a Second 'Green Revolution'."

37 World Bank, 2007, "World Development Report 2008: Agriculture for Development", p7 (http://go.worldbank.org/ZJIAOSUFU0 참고).

38 Javier Blas, "The End of Abundance: Food Panic Brings Calls for a Second

'Green Revolution'."

39 식량 위기와 그 잠재적 함의에 대한 자세한 분석은 Carlo Morelli, "Behind the World Food Crisis", *International Socialism* 119 (2008) 참고.

40 Javier Bias, "Warning of 'Food Crunch' with Prices to Rise", *Financial Times*, 26 January 2009.

41 채텀하우스(Chatham House)의 보고서, *Financial Times*, 26 January 2009에서 인용.

42 예컨대 Aditya Chakrabortty, "Secret Report: Biofuel Caused Food Crisis", *Guardian*, 4 June 2008참고.

13장 고삐 풀린 체제와 인류의 미래

1 알렉스 캘리니코스가 〈소셜리스트 워커〉에 쓴 칼럼에서.

2 펜타곤 보고서의 자세한 내용은 *Observer*, 22 February 2004에서 처음 보도됐다. 보고서 전문은 http://www.stopesso.com/campaign/Pentagon.doc 참고.

14장 누가 극복할 수 있는가?

1 John H Goldthorpe, David Lockwood, Frank Bechhofer and Jennifer Platt, *The Affluent Worker in the Class Structure* (Cambridge, 1971), p6.

2 C Wright Mills, *The Causes of World War Three* (New York, Simon and Schuster, 1958).

3 Herbert Marcuse, *One Dimensional Man* (London, Routledge & Kegan Paul, 1964)[국역:《일차원적 인간》, 한마음사, 2009]. http://www.marxists.org/reference/archive/marcuse/works/one-dimensional-man/index.htm.

4 Ernesto Laclau and Chantal Mouffe, *Hegemony and Socialist Strategy: Towards a Radical Democratic Politics* (London, Verso, 1985), p82.

5 M Hardt and A Negri, *Empire* (Harvard, 2001), p53[국역:《제국》, 이학사, 2001].

6 D Filmer, "Estimating the World at Work", Background Report for World Bank, *World Development Report 1995* (Washington DC, 1995) (http://

www.monarch.worldbank.org 참고).

7   예를 들어 영국의 신중간계급 규모에 대한 계산은 C Harman, "The Working Class After the Recession", *International Socialism* 33 (1986) 참고.

8   UNDP *World Development Report 2009*, Table 21. CIA 연감에도 UNDP 발표와 비슷한 수치가 담겨 있다. 이 수치들은 오래된 공업 경제들의 공업 노동자가 3억 명 이상이고 브릭스 나라들도 이와 비슷한 규모라는 점에서 필머의 연구와 비슷한 공업 노동의 지리적 분포를 보여 준다.

9   "Introduction", in R Baldoz and others, *The Critical Study of Work: Labor, Technology and Global Production* (Philadelphia, 2001), p7.

10 미국 연방준비제도이사회 통계(http://www.federalreserve.gov/releases/G17/Revisions/20061211/table1a_rev.htm 참고).

11 미국 노동부는 2006년 유엔 통계를 제공한다(http://www.dol.gov/asp/media/reports/chartbook/2008-01/chart3_7.htm 참고). 세계은행에 따르면, 2004년 미국은 전 세계 제조업 생산의 23.8퍼센트를 차지했으며 20년 동안 그 비중이 거의 줄어들지 않았다. 1982년 이래로 미국이 차지하는 비중은 연평균 24.6퍼센트인데 비해 2004년 중국은 9퍼센트였고 한국은 4퍼센트였다. *International Herald Tribune*, 6 September 2005 인용.

12 CIA 연감을 보면 오래된 공업 국가들만 해도 그 수치가 거의 갑절에 달한다. 이는 의심할 여지 없이 공업 부문을 좀 더 폭넓게 정의하기 때문이다.

13 C H Feinstein, "Structural Change in the Developed Countries in the 20th Century", Oxford Review of Economic Policy, 15:4 (1999), table A1에 제시된 수치.

14 R E Rowthorn, "Where are the Advanced Economies Going?", in G M Hodgson and others, *Capitalism in Evolution* (Cheltenham, 2001), p127.

15 위의 글, p127.

16 위의 글, p127.

17 *Guardian*, 5 June 2002.

18 Office for National Statistics, *Living in Britain 2000*, Table3.14(http://www.statisrics.gov.uk 참고).

19 모든 수치는 "Employed Persons by Occupation, Sex and Age" 인용(ftp://ftp.bls.gov/pub/special.requests/If/aat9.txt 참고).

20 Manuel Castells, "The Network Society: From Knowledge to Policy", in Manuel Castells and Gustavo Cardoso (eds), *The Network Society* (Center for Transatlantic Relations, 2006), p9[국역:《네트워크 사회의 도래》, 한울, 2008].

21 Bill Dunn, *Global Restructuring and the Power of Labour* (Palgrave Macmillan, 2004), p118.

22 Kate Bronfenbrenner, "Uneasy Terrain: The Impact of Capital Mobility on Workers, Wages, and Union Organising", The ILR Collection, (2001)(http://digitalcommons.ilr.cornell.edu/cgi/viewcontent.cgi?article=1001&context=reports 참고).

23 Raymond-Pierre Bodin, *Wide-ranging Forms of Work and Employment in Europe*, International Labour Office report (2001).

24 위의 책.

25 Robert Taylor, "Britain's World of Work: Myths and Realities", ESRC Future of Work Programme Seminar Series, 2002(http://www.esrc.ac.uk/ESRCInfoCentre/Images/fow_publication_3_tcm6-6057.pdf 참고).

26 이 수치들은 Office for National Statistics' *Social Trends 2001*, p88 인용. Kevin Doogan, *New Capitalism? The Transformation of Work* (Polity, 2008)는 이 수치와 비슷한 그림을 제공한다.

27 이것은 국민경제라는 거대한 부문에서 노동자 수를 계산하는 문제라는 점에서 매우 개략적인 계산이다. 그렇지만 필머의 수치, UNDP의 수치, CIA의 수치 모두 이와 비슷한 양상을 보여 준다.

28 2005년의 수치는 모두 UNDP, *Human Development Report 2009*, Table 5 인용.

29 이 점을 보지 못한 일부 사람들은 세계화와 도시화로 인한 노동계급의 성장을 과장한다. 그래서 많이 인용되는 논문에서 리처드 프리먼(Richard Freeman)은 "지난 15년 동안 중국, 인도, 러시아 등의 노동자들이 세계경제에 진입하자 세계의 노동인구(세계시장을 위해 생산하는 노동자들)는 사실상 갑절이 됐다"고 썼다. 그래서 "전 세계 노동 대비 자본 비율이 55~60퍼센트 달라졌다"는 것이다. 여기에는 세 가지 실수가 있다. 옛 소련, 중국, 인도에서 노동한 사람들을, 1990년대 초까지는 세계 체제의 일부로서 노동하지 않다가 이제서야 모두 자본에 고용된 것이라고 가정한다. 그러나 전체 노동인구와 임금노동자들 사이에는 큰 차이가 있다. 2001년에 개도국 경제의 비농업 노동인구는 11억 3500만 명이었다(*Summary of Food and Agricultural Statistics*, Food and Agriculture Organisation of the United Nations, Rome 2003, p12에서 인용한 수치). 그렇지만 모든 비농업 노동인구가 노동자는 아니다. 비농업 노동인구의 일부인 자영업자는 아시아에서 32퍼센트, 라틴아메리카에서 44퍼센트, 아프리카에서 48퍼센트를 차지한다(*Women and Men in the Informal Economy*, ILO, 2002). 그리고 임금노동자로서 일자리를 찾는 사람들 가운데 소수만 현대 산업에서 공식 부문에 고용된다. 대부분은 생산성이 매우 낮은 일자리에서 일하며, 흔히 4인 이

하 기업에서 일한다.

30 International Labour Office, *African Employment Report 1990* (Addis Ababa, 1991), p3.

31 International Labour Office, *Women and Men in the Informal Economy*, 2002.

32 더 자세한 설명은 9장과 Ray Brooks, "Labour Market Performance and Prospects", in Eswar Prasad (ed) *China's Growth and Integration in the World Economy* (IMF, 2004), p58, Table 8.5 참고.

33 예를 들어 *Planet of Slums* (Verso, 2006)[국역: 《슬럼, 지구를 뒤덮다》, 돌베개, 2007]에서 마이크 데이비스(Mike Davis)가 이런 실수를 했다.

34 PRELAC *Newsletter* (Santiago, Chile), April 1992, diagram 3에서 인용한 수치.

35 Paolo Singer, *Social Exclusion in Brazil* (International Labour Office, 1997), Chapter 2, Table 7, http://www.ilo.org 참고.

36 J Unni, "Gender and Informality in Labour Markets in South Asia", *Economic and Political Weekly* (Bombay), 30 June 2001, p2367에서 인용한 수치.

37 Ray Brooks, "Labour Market Performance and Prospects", Eswar Prasad (ed), *China's Growth and Integration into the World Economy*. 중국의 도시 노동 인구에 대한 심층 분석은 Martin Hart-Landsberg and Paul Burkett, "China, Capitalist Accumulation, and Labor", *Monthly Review*, 59:1 (2007) 참고.

38 UNDP, *World Development Report 2009*, Table 21.

39 Marx, *Capital*, Volume One, p628.

40 위의 책, p643.

41 P Singer, "Social Exclusion in Brazil", International Labour Office, 1997, Chapter 2, p14.

42 예를 들어 J Unni, "Gender and Informality in Labour Markets in South Asia", *Economic and Political Weekly* (Bombay), 30 June 2001, Tables 19, 20 and 22, pp2375-2376에서 인용한 수치 참고. 물론 갑작스런 노동 수요를 비공식 부문에서만 충족시켜 줄 수 있어서 비공식 부문 임금률이 공식 부문보다 일시적으로 높아지는 상황이 있다. 영국에서는 건설 산업의 '하도급' 노동에서 이와 비슷한 사례가 발생했다.

43 사용자들이 정규직 노동자를 고용하는 이유를 사용자 스스로 설명한 것은 H Steefkerk, "Thirty Years of Industrial Labour in South Gujarat: Trends and Significance", *Economic and Political Weekly* (Bombay), 30 June 2001,

p2402 참고.

44 Paulo Singer, *Social Exclusion in Brazil*, Chapter 2, table 10.

45 위의 책, p17.

46 International Labour Organisation, *African Employment Report 1990*, p34.

47 Rajar Majumder, "Wages and Employment in the Liberalised Regime: A Study of Indian Manufacturing Sector", 2006, http://mpra.ub.uni-muenchen.de/4851 참고.

48 위의 책.

49 Engels, "Letter to Bernstein, 22 August 1889", in Marx and Engels, *Collected Works*, Volume 48 (London, 2001).

50 Mike Davis, *Planet of Slums*, p36.

51 Leo Zeilig and Claire Ceruti, "Slums, Resistance and the African Working Class", *International Socialism* 117 (2008), http://www.isj.org.uk/index.php4?id=398&issue=117 참고.

52 "Informo de Desarrollo Humano in la Region del Altiplano, La Paz y Oruro", PNUD Bolivia, 2003, Roberto Saenz, "Bolivia: Critica del Romanticismo AntiCapitalista", in Socialismo O Barbarie, 16 (2004)에서 인용. 내가 번역했다.

53 위의 글.

54 Leo Zeilig and Claire Ceruti, "Slums, Resistance and the African Working Class".

55 두 이집트 활동가 무스타파 바시오니(Mustafa Bassiouny)와 오마르 사이드(Omar Said)가 이 파업을 다룬 소책자에서 인용. 앤 알렉산더(Anne Alexander)가 이 소책자를 번역한 글이 *International Socialism* 118 (2008)에 실렸다.

56 Robin Cohen, Peter Gutkind and Phyllis Brazier, *Peasants and Proletarians* (Monthly Review Press, 1979).

57 H van Wersch, *The Bombay Textile Strike 1982-1983* (OUP, 1992), pp45-46; Meena Menon and Neera Adarkar, *One Hundred Years One Hundred Voices* (Kolcata, Seagull, 2004).

58 Engels, *The Peasant Question in France and Germany* (1894), in Marx and Engels *Collected Works*, Volume 27, pp486 and 496.

59 Adam David Morton, "Global Capitalism and the Peasantry in Mexico", *Review of Peasant Studies*, 34:3-4 (2007), pp441-473.

60 '신민중주의' 비판은, 예컨대 Terence J Byres, "Neo-Classical Neo-Populism 25 Years On: Déjà Vu and Déjà Passé, Towards a Critique," *Journal of Agrarian Change*, 4:1-2 (2004) 참고.

61 Keith Griffin, Azizur Rahman Khan and Amy Ickowitz, "Poverty and the Distribution of Land," *Journal of Agrarian Change*, 2:3 (July 2002) 참고.

62 Hamza Alavi and Teodor Shanin, Introduction to Karl Kautsky, *The Agrarian Question*, Volume 1 (Zwan, 1988), ppxxxi-xxxii.

63 Danyu Wang, "Stepping on Two Boats: Urban Strategies of Chinese Peasants and Their Children", in *International Review of Social History* 45 (2000), p170.

64 위의 글, p170.

65 S Rodwan and F Lee, *Agrarian Change in Egypt* (Beckenham, 1986).

66 최근 이 문제의 연구 결과를 설명한 문헌은 Pauline E Peters, "Inequality and Social Conflict Over Land in Africa", *Journal of Agrarian Change* 4:3 (2004) 참고.

67 Hamza Alavi, "Peasants and Revolution", *Socialist Register* 1965, pp241-277(http://socialistregister.com/socialistregister.com/files/SR_1965_Alavi.pdf 참고).

68 그때조차 꽤 넓은 계층에게 어느 정도 동의를 얻어낼 수 있었던 것은 경제성장의 결과였다.

69 당시의 저항을 설명하고 그 저항의 실패를 해명한 Chris Harman, *The Fire Last Time* (London, Bookmarks, 1998)[국역:《세계를 뒤흔든 1968》, 책갈피, 2004] 참고.

■ 용어 설명

가변자본 variable capital

자본가가 임금노동을 고용하는 데 투자하는 자본. 알파벳 v로 표시한다.

가치 실현 realisation

이윤을 얻기 위해 생산된 상품이 성공적으로 판매되는 것을 가리키는 마르크스의 용어.

가치 value

상품에 들어 있는 추상적 노동의 양. 가치는 상품의 교환가치를 결정하고, 자본가들 사이에서 잉여가치가 재분배된 후에는 가격을 결정한다.

가치화 valorisaion

몇몇 《자본론》 번역본에서 자본의 자기 증식을 가리키는 데 사용된 용어. 독일어 Verwertung의 프랑스어 번역을 영어로 옮긴 것이다.

갤브레이스, 존 케네스 Galbraith, John Kenneth

제2차세계대전 이후 수십 년 동안 고삐 풀린 자유 시장을 비판한 미국 경제학자.

거시경제학 macroeconomic

개별 경제 요소들 간의 '미시적' 관계를 분석한 '미시경제학'과 달리 경제 전체를 분석 대상으로 삼는 경제학. '거시경제학'은 국민경제를 어떻게 관리할 것인가 하는 문제를 주제로 삼는 주류 경제학의 분야다.

고정자본 fixed capital

공장과 설비에 투하된 자본으로 몇 차례의 생산순환이 일어나는 동안 지속되며 유동자본과 대비된다. 유동자본은 한 번의 생산순환에서 완전히 소모돼 다음 차례의 생산순환에서는 대체돼야 하는 것, 즉 원료, 부품, 노동력에 투하된 자본이다.

공식 부문 formal sector

노동자의 고용 관련 권리가 법적으로 보장된 일자리.

과소소비론 under-consumptionism

자본주의 경제 위기의 원인을 이윤율 저하 법칙이 아니라 자본주의가 모든 생산물의 소비 시장을 제공하지 못하기 때문이라고 주장하는 이론. 이 이론의 최초 형태는 19세기 초에 시스몽디 같은 경제학자들이 제창했으나, 그 후에 (로자 룩셈부르크에서 폴 배런, 폴 스위지에 이르는) 마르크스주의자들과 케인스주의자들이 모두 이 이론을 발전시켰다.

관세 tariffs

수입품의 가격을 올려서 국내 생산자들이 시장을 더 쉽게 지배할 수 있도록 해 주려고 수입품에 매기는 세금.

교역조건 terms of trade

수입품에 대한 수출품의 상대가격. 교역조건이 개선됐다는 말은 수입 상품 가격이 낮아졌다는 뜻이다.

교환가치 exchange value

여러 상품의 가치의 교환 비율을 가리키는 스미스, 리카도, 마르크스의 용어. '가치'와 '사용가치' 참조.

구체 노동 concrete labour

개별 노동 행위의 특수한 성격을 가리킨다. 예를 들어 목수의 노동과 버스 운전사의 노동이 구별되는 것은 각각의 구체 노동이 다르기 때문이다.

국제노동기구 ILO

노동문제를 다루는 유엔 기구.

군사적 케인스주의 military Keynesianism

1980년대 미국 로널드 레이건 집권기에 차입을 통한 정부의 군비 지출 증대가 경제에 미친 효과를 가리키는 용어.

그로스만, 헨리크 Grossman, Henryk

20세기 전반기에 활동한 폴란드 출신의 오스트리아 마르크스주의 활동가이자 경제학자.

금리생활자 rentier

지대나 배당 같은 불로소득으로 살아가는 이들을 가리키는 구식 용어.

금본위제 gold standard

각국이 자국 통화가치를 일정량의 금에 고정하고 이를 이용해 서로 결제하던 제도.

제1차세계대전 때 붕괴했고, 전후 복원됐다가 1930년대 초부터 제2차세계대전이 끝날 때까지 다시 붕괴했다. 1945년 이후 브레턴우즈 체제에서 수정된 형태로 운영되다가 1971년에 다시 무너졌다.

금융자본 finance capital

경제의 생산·판매 부문과 대비되는 금융 부문의 자본. 흔히 경제 전체의 진정한 권력자는 금융업자들이라는 생각을 함축하고 있다.

금융화 financialisation

경제에서 금융 부문이 성장하면서 그 영향력이 증대하는 현상을 가리킨다. 흔히 금융 부문의 성장과 영향력 증대가 다른 자본 부문[예컨대 산업자본]에 해를 입힌다는 가정을 깔고 있다.

노동가치론 labour theory of value

상품의 가치를 측정하는 객관적 척도가 있고, 그것이 결국 상품의 가격을 결정한다고 보는 견해로, 마르크스가 (스미스와 리카도 같은 기존 사상가들의 이론을 바탕으로) 발전시켰다. 그 척도는 상품을 생산하는 데 필요한 '사회적 필요'노동시간, 다른 말로 하면 체제 전체에서 평균 수준의 기술, 숙련도, 노동강도로 생산하는 데 드는 평균 노동시간이다. 이 이론에 대한 마르크스 자신의 설명은 《자본론》 1권 1장, 《임금노동과 자본》, 《정치경제학 비판을 위하여》를 보라.

노동력 labour power

일할 수 있는 능력. 자본가는 노동자를 고용할 때 시간이나 일, 주, 월 단위로 노동력을 구매한다.

노멘클라투라 nomenklaturists

1989~91년 이전에 옛 동유럽 블록 나라들에서 국가와 산업의 특권적 지위에 있던 자들.

다보스 Davos

주요 기업인, 금융업자, 각국 정부 장관, 경제학자 등이 참가하는 세계경제포럼WEF이 매년 열리는 스위스의 스키 휴양지.

대공황 Great Depression

1870년대와 1880년대의 경제 위기를 가리키는 용어로 나중에 1930년대의 불황을 가리키는 데도 사용됐다.

디플레이션 deflation

물가 하락을 뜻한다. 보통 경제 위기의 여파와 관련 있다.

레버리지 leverage

주식, 부동산, 그 밖의 자산을 매입할 때 부족한 현금 구매력을 증대하기 위한 차입.

로빈슨, 조앤 Robinson, Joan

20세기 중엽의 급진 케인스주의 경제학자. 신고전학파 경제학과 단절했으나 마르크스의 가치론을 부정했다.

룩셈부르크, 로자 Luxemburg, Rosa

폴란드 출신 독일 마르크스주의자. 독일에서 제1차세계대전에 반대한 혁명적 반대파의 지도자였다. 1919년 1월 반혁명 세력에게 살해됐다.

리카도, 데이비드 Ricardo, David

19세기 초의 정치경제학자. 노동가치론을 발전시켰고 마르크스의 사상에 큰 영향을 미쳤다.

마셜, 앨프리드 Marshall, Alfred

19세기 말 20세기 초에 활동한 영국 경제학자. 신고전학파 경제학의 핵심 인물.

메르코수르 Mercosur

몇몇 남미 국가(아르헨티나, 브라질, 파라과이, 우루과이) 간의 지역 무역협정.

문화대혁명 Cultural Revolution

1960년대 말과 1970년대 초 중국에서 일어난 정치적 혼란.

물가안정실업률 NAIRU

물가를 자극하지 않는 수준의 실업률로 균형실업률이라고도 한다. '자연 실업률' 참조.

미시경제학 microeconomic

'거시경제학' 참조.

민스키, 하이먼 Minsky, Hyman

자본주의의 주기적 호황과 불황의 불가피성을 인식한 20세기 중엽의 비정설파 주류 경제학자.

바우어, 오토 Bauer, Otto

20세기 초 오스트리아 마르크스주의자. 자본주의의 개혁을 추구하는 노선을 걸었다.

발라, 레옹 Walras, Leon

19세기 후반의 프랑스 경제학자. 신고전학파 경제학의 창시자.

배런, 폴 Baran, Paul

자본주의를 버리지 않고는 남반구의 발전이 불가능하다고 주장한 마르크스주의 이론가. 폴 스위지와 함께 연구했다.

밴스, T N Vance, T N

1940년대와 1950년대에 '상시 군비 경제' 이론을 발전시킨 미국 경제학자.

법정화폐 fiat money

지폐나 값싼 금속으로 주조된 동전같이 정부의 보증 없이는 그 자체로 아무런 가치가 없는 화폐 형태. 금이나 은처럼 독자적 가치가 있는 물질로 만들어지거나 그런 물질과 교환할 수 있는 화폐와 대비된다.

베른슈타인, 에두아르트 Bernstein, Eduard

20세기 초에 독일 사회주의 운동 내에서 혁명적 마르크스주의를 비판한 '수정주의자'

보르트키에비치, 라디슬라우스 폰 Bortkiewicz, Ladislaus von

20세기 초 폴란드 경제학자. 마르크스의 저작을 면밀히 탐구했으나 마르크스의 핵심 통찰 중 일부를 버렸다.

볼커 쇼크 또는 볼커 쿠데타 Volcker shock or Coup

1979년 미국 금리의 급격한 상승.

볼커, 폴 Volcker, Paul

1970년대 말과 1980년대 미국 연방준비제도이사회 의장.

뵘바베르크 Böhm-Bawerk

한계효용학파 경제학의 창시자 중 한 명. 마르크스의 저작을 비판한 사람으로 유명하다.

부채 상환 능력 solvency

기업이나 개인이 자산을 매각해서 확보한 현금으로 부채를 모두 상환할 수 있는 능력.

부하린, 니콜라이 Bukharin, Nikolai

볼셰비키 지도자이자 경제 이론가. 1938년에 스탈린에게 처형당했다.

불변자본 constant capital

공장, 기계, 원료, 부품(즉 생산수단)에 대한 투자를 일컫는 마르크스의 용어. 알파벳 c로 표시한다.

브레턴우즈 Bretton Woods

제2차세계대전 이후 금과 달러에 기초한 금융 시스템이 탄생한 회담 장소이자, 이후 1971년까지 지속된 이 금융 시스템을 가리키는 명칭.

브릭스 BRICS

브라질, 러시아, 인도, 중국, 남아프리카공화국의 영문 이니셜.

비공식 부문 informal sector

노동자가 고용에 관한 권리를 공식적으로 인정받지 못하는 일자리.

비생산적 소비 non-productive consumption

새로운 공장, 기계, 원료 등('생산수단')을 생산하는 데도 이바지하지 않고 노동자의 소비 욕구를 채우는 데도 이바지하지 않는 방식으로 재화를 사용하는 것. 지배계급의 소비, 광고와 마케팅, 무기 제작을 위한 재화 사용은 모두 이 범주에 들어간다.

비생산적 지출 non-productive expenditures

자본가나 국가가 상품생산에 필요한 것 이상으로 하는 지출(지배계급의 소비, 지배계급이 개인적으로 고용한 사람들, '생산 경비' 등에 대한 지출을 포함한다).

사모펀드 Private Equity Funds

부자들이 이윤을 얻으려고 함께 기업 주식을 매입하는 투자 수단.

사용가치 use value

상품의 직접적 유용성.

사회적 임금 social wage

노동계급의 생활수준 향상에 도움이 되는 복지, 보건 의료 등 국가가 제공하는 사회 보장 혜택을 가리키는 용어.

사회적 필요노동시간 socially-necessary labour time

경제 전체에서 지배적인 평균 기술 수준과 노동강도로 특정 상품을 생산하는 데 필요한 노동시간.

산업예비군 reserve army of labour

취업 노동자의 임금을 억제하기 위해 자본이 이용하는 실업 노동자 집단. 산업이 주기적으로 성장할 때 산업 내로 유입될 수 있다.

상인자본 mercantile or merchant capital

생산 활동에 참여하지 않은 채, 예를 들면 상품의 구매와 판매를 통해 이윤을 얻으려는 자본.

상업자본 commercial capital

상품을 생산해서 이윤을 얻는 자본과 달리 상품의 구매와 판매를 통해 이윤을 얻고자 하는 자본. 때로는 상인자본이라고 부른다.

상품 commodity

시장에서 사고 팔리는 것. 흔히 영어로 'goods'라고 한다.

새고전학파 New Classical School

1980년대에 발전한 자유 시장 경제학파. 국가나 독점, 노동조합 같은 외부의 힘이나 간섭이 없으면 시장경제는 균형 상태를 유지할 것이라고 주장한다.

새뮤얼슨, 폴 Samuelson, Paul

제2차세계대전 후 수십 년간 자신의 경제학 교과서를 통해 신고전학파 이론과 케인스주의 이론을 종합한 주류 경제학 이론을 널리 알린 주요 인물. 미국 케네디 정부의 경제 자문위원을 지냈다.

생산 경비 expenses of production

물질적 측면에서 상품 생산량을 늘리지는 않지만 기업 활동을 지속하기 위해 자본이 부담해야 하는 비용. 예를 들면 마케팅, 광고, 공장과 설비 보호에 들어가는 비용.

생산적 노동 productive labour

잉여가치 창출에 기여하는 노동.

생산적 지출 productive expenditures

상품을 생산하고 잉여가치를 창출하는 데 필요한 지출(한편으로 생산수단과 원료에 대한 지출, 다른 한편으로 노동자의 임금에 대한 지출로 이뤄진다).

석유수출국기구 OPEC

현재 12개국으로 구성된 카르텔. 알제리, 앙골라, 에콰도르, 이란, 이라크, 쿠웨이트, 리비아, 나이지리아, 카타르, 사우디아라비아, 아랍에미리트, 베네수엘라가 속해 있다.

세계은행 World Bank

'IMF' 참조.

세Say의 법칙

누군가 물건을 팔면 다른 누군가가 그것을 구입하므로 일반적 과잉생산은 결코 일어날 수 없다는 법칙.

소련 공산당 CPSU

옛 소련의 집권당. 스탈린, 흐루쇼프, 브레즈네프, 안드로포프, 체르넨코, 고르바초프로 이어지는 당 서기장들이 소련 국가를 통치했다.

수입 대체 import substitutionism

자국 자본가를 위해 수입을 차단하고 국내시장을 보호해서 공업화를 촉진하려는 시도.

슘페터, 조지프 Schumpeter, Joseph

20세기 전반기에 활동한 오스트리아 출신의 경제학자. 자본주의를 지지했으나, 자본주의가 순조롭게 발전한다는 생각을 거부했으며 '창조적 파괴'라는 용어를 만들었다.

스라파, 피에로 Sraffa, Piero

정설 부르주아 경제학, 즉 '신고전학파' 한계효용 이론의 핵심 주장을 논파한 케임브리지 경제학자. 스라파 추종자들은 마르크스가 아니라 리카도를 자신들의 이론의 기초로 삼고 마르크스의 이윤율 저하 법칙을 거부하는 경향이 있다. 또, 대체로 임금이 이윤을 잠식하면서 경제 위기가 발생하는 것으로 본다. 흔히 '신리카도주의자'로 알려져 있지만, 스라파 자신은 스스로 마르크스주의 전통에 서 있다고 생각했다.

스미스, 애덤 Smith, Adam

18세기 후반의 가장 영향력 있는 경제학자. 지금은 그의 사상을 왜곡한 변형들이 자본주의 옹호론을 이루고 있지만, 마르크스는 애덤 스미스의 개념 중 많은 것들을 비판적으로 수용해서 자신의 이론을 발전시켰다.

스위지, 폴 Sweezy, Paul

1940년대에 마르크스주의 사상의 발전을 설명한 선구적 저작 《자본주의 발전의 이론》을 썼고 1960년대에 배런과 함께 20세기 중엽의 자본주의를 설명하는 책 《독점자본》을 쓴 미국 경제학자.

스트레이치, 존 Strachey, John

1930년대 영국 불황을 마르크스주의적으로 해석한 가장 유명한 책을 썼지만, 1940년대 말에는 노동당 내각의 장관을 맡았고 1950년대에는 노동당 우파 사상을 옹호하는 케인스주의자가 됐다.

시카고학파 Chicago School

밀턴 프리드먼과 통화주의 추종자들.

신고전학파 경제학 neoclassical economics

19세기 말 이래 부르주아 경제학의 지배적 학파. 가치는 사람들이 재화의 '한계' 단위[마지막 한 단위]에서 얻는 만족에 따라 [주관적으로] 결정된다고 생각하며, 이윤을 '자본의 한계생산성'에서 나오는 것으로 정당화한다. '한계효용론'이라고도 한다.

신용 경색 credit crunch

금융 시스템을 비롯한 경제 전반에서 자금 융통이 중단되는 것.

신자유주의 neoliberalism

'자유주의'는 유럽 대륙에서 '자유 시장'을 뜻하는 용어이며, 그래서 신자유주의는 자유 시장 경제정책으로의 복귀를 뜻한다. 일부 좌파는 이 용어를 노동자의 조건과 복지 혜택에 대한 공격을 가리키는 데 사용한다. 때때로 1970년대 중반에서 현재에 이르는 시기를 가리키는 용어로도 사용된다.

신흥공업국 NICs

한국, 브라질, 대만같이 1960년대부터 1980년대 사이에 급속히 공업화한 나라들.

아우타르키 autarchy

한 나라 경제를 세계경제와의 교역망에서 단절시키려는 노력.

오스트리아학파 Austrian School

대체로 경제 위기를 불가피한 것으로 보면서도 지속적 경제성장에 경제 위기가 필수적이라고 보는 부르주아 경제학파. 가장 유명한 인물로는 하이에크와 슘페터가 있다.

오일쇼크 oil shock

유가 급등, 특히 1973년 10월 아랍-이스라엘 전쟁[제4차 중동전쟁] 여파로 유가가 급등한 것을 가리킨다.

오키시오 정리 Okishio's theorem

마르크스의 이윤율 저하 경향을 반증했다고 주장하는 이론.

유동성 liquidity

만기가 도래한 채무를 상환하거나 은행이 예금 인출 요구에 응하려고 보유하는 현금(이나 쉽게 현금화할 수 있는 자산).

유동자본 circulating capital

'고정자본' 항목 참조.

유로머니 Euromoney(Eurodollars)

미국 외부에서 보유하고 있는 막대한 달러 자금. 1960년대 말과 1970년대에 성장해 각국 정부의 통제를 벗어나게 됐다.

유로존 Eurozone

유로화를 유일 법정통화로 채택한 16개 유럽 국가들의 통화 연합. 현재 오스트리아, 벨기에, 키프로스, 핀란드, 프랑스, 독일, 그리스, 아일랜드, 이탈리아, 룩셈부르크, 몰타, 네덜란드, 포르투갈, 슬로바키아, 슬로베니아, 스페인이 속해 있다[2011년 1월에 에스토니아가 가입해서 17개국이 됐다].

유엔무역개발회의 UNCTAD

유엔의 경제 개발 기구이자 각종 경제 통계의 주요 출처이기도 하다.

이윤몫 profit share
임금에 반대되는 것으로, 기업이나 나라의 총생산량에서 이윤으로 들어가는 몫.

이윤량 profits, mass of
특정 자본가의 총이윤. 파운드와 달러 등의 통화로 측정된다.

이윤율 profit, rate of
투자에 대한 총이윤의 비율. s/(c+v)로 표시하고 백분율로 계산한다.

인적 자본 human capital
교육과 훈련을 통해 숙련된 피고용인을 가리키는 주류 경제학자들의 용어.

잉여가치 surplus value
자본이 생산과정에서 노동자를 착취해 얻는 초과 가치를 가리키는 마르크스의 용어. 개별 자본가의 이윤에 그가 지대나 이자, 조세의 형태로 다른 자본가나 국가에 지급하는 것(더하기 그가 '비생산적 활동'에 지출하는 것)을 합치면 잉여가치가 된다. s로 표시한다.

자본들 capitals
자본주의 체제의 경제적 경쟁 단위들을 일컫는 데 흔히 사용되는 용어. 개인 소유자나 기업, 국가 모두 여기에 포함된다.

자본의 가치 구성 value composition of capital
가변자본에 대한 불변자본의 비율. 유기적 구성과 다른 점은 기술적 구성의 변화뿐 아니라 다른 요인들로 말미암은 변화[예컨대 생산수단의 가격 변동이나 명목임금의 등락]도 반영한다[유기적 구성은 기술적 구성의 변동만을 반영한다]는 점이다.

자본의 감가상각 depreciation of capital
공장, 기계 등을 가동하는 동안 그 가격이 하락하는 것. 마모나 자본의 '평가절하'('자본의 평가절하' 참조) 때문에 발생한다.

자본의 기술적 구성 technical composition of capital
고용된 총노동에 대한 공장, 기계, 원료 등('생산수단')의 물리적 비율. 이 비율을 물리적 측면이 아니라 가치의 측면에서 측정하면 '자본의 유기적 구성'이 된다.

자본의 도덕적[무형의] 가치 감소 moral depreciation of capital
급속한 기술 진보가 일어나 기존의 공장과 자본이 낡은 것이 되면서 그 가치가 하락하는 것.

자본의 유기적 구성 organic composition of capital
생산적 노동을 고용하는 데 지출한 가치에 대한 공장, 기계, 원료 등('생산수단')에 투하한 가치의 비율. 마르크스주의 용어를 사용하면, 가변자본에 대한 불변자본의 비율, 즉 c/v다. '자본의 기술적 구성'도 참조.

자본의 집적 concentration of capital

자본주의 체제를 이루는 개별 경쟁 자본들의 규모가 증대하는 것.

자본의 집중 centralisation of capital

자본이 인수, 합병 등을 통해 점점 더 소수가 되는 경향. 그 결과 점점 더 소수의 경쟁 자본들이 자본주의 체제 전체를 직접 통제하게 된다.

자본의 평가절하 devaluation of capital

기술 진보로 생산가격이 저렴해지면서 공장, 설비 등의 가치가 감소하는 것.

자본의 회전 시간 turnover time of capital

생산과정의 시작부터 상품의 최종 판매까지 걸리는 시간.

자연 실업률 Natural Rate of Unemployment

자유 시장 경제학자들이 안정적 수준의 물가인상률을 유지하기 위해 필요하다고 정한 실업 수준. 물가안정실업률NAIRU이라고도 한다.

재정정책 fiscal measures

정부가 집행하는 조세와 지출.

적자재정 deficit financing

정부가 조세수입을 초과하는 지출을 차입을 통해 메우는 방법.

전형 문제 transformation problem

자본주의를 설명하는 마르크스의 이론에서, 가치가 상품의 실제 매매 가격으로 바뀔 때 생겨나는 문제. 많은 경제학자들이 이 문제의 해결은 불가능하며 따라서 마르크스 경제학은 폐기돼야 한다고 주장했다.

절대적 잉여가치 absolute surplus value

임금은 증가하지 않은 채 노동시간만 늘어나서 잉여가치가 증가하는 것.

제1부문 Department One

생산을 더 늘리는 데 필요한 설비와 원료를 생산하는 경제 부문. 주류 경제학자들은 이를 '자본재'라고 부른다.

제2부문 Department Two

노동자가 소비할 재화를 생산하는 경제 부문. 때로는 '임금재'라고 부른다.

제3부문 Department Three

생산 설비나 원료로 사용되지도 않고, 노동자가 소비하지도 않는 재화를 생산하는 경제 부문. 즉, 지배계급의 소비를 위한 '사치재'와 무기 등을 생산하는 부문.

제번스, 윌리엄 Jevons, William

1860년대와 1870년대에 활동한 영국 경제학자. 신고전학파 경제학의 창시자.

조절학파 regulation theorists

마르크스주의의 영향을 받은 프랑스 경제학 학파. 20세기 자본주의를 포드주의 시기와 포드주의 이후 시기로 구분한다.

조직 부문 organised sector

인도에서 공식 부문, 즉 법적으로 노동권을 보장받는 노동자의 일자리를 가리키는 용어.

종속이론 dependency theory

1950년대와 1960년대에 크게 확산된 이론. 제3세계 경제는 선진국 경제에 종속돼 있어서 경제 발전을 할 수 없다고 본다.

죽은 노동 dead labour

과거에 생산됐지만 현재의 생산과정에서 사용되는 상품을 가리키는 마르크스의 용어.

어음 bills

은행 등 자본주의 기업들이 서로 신용을 제공할 때 발행하는 문서로 차용증서 구실을 한다.

착취율 rate of exploitation

임금(엄밀히 말하면 [관리자나 경영자의 보수는 제외하고] 상품을 생산하는 노동자의 임금만 포함돼야 한다)에 대한 잉여가치의 비율. 달리 말하면, 노동자가 자신의 생활수준을 유지하는 데 필요한 상품을 생산하는 데 지출한 시간 대비 노동자가 자본가를 위해 잉여가치를 생산하는 데 지출한 시간의 비율이다. s/v로 표시한다.

추상 노동 abstract labour

자본주의에서 모든 개별 노동 행위에 공통된 것으로, 경제 전체에서 지출된 사회적 필요노동시간에서 각각의 개별 노동 행위가 차지하는 비율로 측정된다.

카우츠키, 카를 Kautsky, Karl

20세기 초 가장 저명한 마르크스주의자. 나중에 혁명적 대안에 반대했다.

케인스주의 Keynesianism

양차 세계대전 사이의 영국 경제학자 존 메이너드 케인스의 사상에 기초한 경제 학설. 정부가 조세수입을 초과하는 지출, 이른바 '적자재정'을 통해 경기후퇴와 불황을 막을 수 있다고 여긴다.

코리, 루이스 Corey, Lewis

루이스 프라이나Louis Fraina로도 알려져 있으며, 미국의 1930년대 불황을 마르크스주의적으로 분석한 중요한 책을 쓴 미국 공산당 초창기 당원.

클리프, 토니 Cliff, Tony

팔레스타인 태생의 마르크스주의자로 20세기 후반에 영국에 거주했다. 국가자본주의론을 발전시켰고 상시 군비 경제 이론의 기초를 놓았다.

키드런, 마이크 Kidron, Mike

20세기 후반 영국에서 활동한 마르크스주의 경제학자. T N 밴스와 토니 클리프의 사상을 바탕으로 상시 군비 경제 이론을 더욱 발전시켰다.

테일러 시스템 Taylorism

모든 노동 행위의 시간과 동작을 연구해서 공장·노무 관리를 하는 이른바 '과학적 관리' 기법.

통상산업성 MITI

일본 경제산업성의 전신. 막강한 권한을 가진 일본 경제의 사령탑.

통화정책 monetary measures

정부가 통화량을 줄이거나 늘려서 인플레이션을 막고 경기후퇴에 대처하는 방식으로 경제를 조절하려는 시도.

통화주의 monetarism

경제 위기는 정부가 세입 이상으로 지출을 증가시키는 방식으로는 해결할 수 없다고 주장하는 학설. 통화 공급 증가는 가격 인상을 낳을 뿐이라고 주장한다. 1930년대에 케인스주의가 부상하기 전에 화폐수량설이라고 불리며 부르주아 경제학의 정설로 통했고, 1970년대 중반에 다시 유행하게 됐다.

트러스트 Trusts

시장을 분할하고 판매 가격을 올리기 위해 협력하는 기업 연합.

파레토, 빌프레도 Pareto, Vilfredo

19세기에서 20세기로의 전환기에 활동한 이탈리아 신고전학과 경제학자. 무솔리니의 권력 장악을 지지했다.

파생 상품 derivatives

투자가들이 미래의 가격 변동에 대비할 수 있도록 고안된 금융 계약. 파생 상품 거래는 금리나 환율에 대한 투기 수단으로 발전했고, 나중에 시장 전체에서 가격 변동을 두고 벌이는 금융 투기의 일종이 됐다.

포드주의 Fordism

때때로 1920년대부터 1970년대 중반까지의 자본주의를 가리키는 데 사용되는 용어. 대량생산을 하는 기업과 노동조합 사이에 임금 인상 합의가 있었다는 식의 가정을 깔고 있다.

폰지 금융 Ponzi scheme

새로운 투자자한테 모은 돈으로 기존 투자자에게 이자를 지급하는 사기 수법.

프레오브라젠스키, 예브게니 Preobrazhensky, Evgeny

러시아 볼셰비키 활동가이자 경제학자. 1937년에 스탈린에게 처형당했다.

프리드먼, 밀턴 Friedman, Milton

국가가 화폐 공급을 적절히 통제하면 경제 위기를 막을 수 있다고 생각한 우파 자유 시장 경제학자. 1980년대 초 마거릿 대처 정부의 '통화주의' 정책에 영향을 미쳤다.

플라자 협정 Plaza Accord

미국의 수출을 용이하게 하려고 일본과 독일의 통화가치를 절상하도록 한 협정.

피셔, 어빙 Fischer, Irving

20세기 초 미국의 주도적 신고전학파 경제학자.

하이에크, 프리드리히 폰 Hayek, Friedrich von

국가가 경제 위기의 충격을 완화하려고 시도해서는 안 된다고 주장한 우파 경제학자. 그런 시도는 사태를 더 악화시킬 뿐이라고 주장했다. 마거릿 대처가 그를 떠받들었다.

한계효용 이론 marginalism

신고전학파 경제학의 다른 이름.

한센, 앨빈 Hansen, Alvin

20세기 중엽 전후로 활동한 미국의 주요 주류 경제학자. 1930년대 경제 위기를 겪고 나서 케인스주의자로 전향했다.

해외직접투자 FDI

한 나라의 기업이 다른 나라 기업의 주식 지분 10퍼센트 이상을 취득하는 투자. 소유나 통제 수준이 이에 미치지 못하는 투자는 포트폴리오 투자(간접투자)라고 한다.

허구적 자본 fictitious capital

주식이나 부동산 투자같이 생산과정의 일부에 포함되지 않으면서도 그 소유자에게 잉여가치에서 나온 이윤을 제공하는 것.

호랑이들 tigers

동아시아와 동남아시아의 신흥 공업 경제들을 가리키는 용어.

홉슨, J A Hobson, J A

20세기 초의 영국 자유주의 경제학자. 제국주의가 금융에는 이롭지만 자본주의의 나머지 부문에는 이롭지 않다고 주장했다.

화폐자본 money capital

생산적 투자 과정의 일부가 되거나 다른 이들에게 돈을 빌려 줘서 자신의 가치를 증식하려 하는 화폐.

황금기 Golden Age

때때로 제2차세계대전 이후 수십 년간의 장기 호황을 가리키는 데 사용되는 용어.

힐퍼딩, 루돌프 Hilferding, Rudolf

금융과 독점이 자본주의에 미치는 영향을 [마르크스주의적으로] 분석한 선구적 저작을 썼다. 그러나 나중에 바이마르공화국의 재무장관을 지냈고 혁명적 사회주의에 반대했다.

3대 지역 triad

선진 산업자본주의의 세 주요 부분, 즉 북미, 유럽, 일본을 가리키는 용어.

GDP(국내총생산)

1년 동안 한 나라 안에서 생산된 최종 재화와 서비스의 시장가치 총액.

GNP(국민총생산)

GDP에 해외투자 순소득을 더한 것.

IMF(국제통화기금)

선진 공업국들(특히 미국)이 지배적 영향력을 미치는 국제기구. 세계은행과 함께, 경제적 어려움을 겪고 있는 나라가 IMF와 세계은행의 엄격한 정책 통제를 따른다는 조건을 붙여 돈을 빌려 준다.

WTO(세계무역기구)

자유무역과 신자유주의 의제를 촉진하는 것을 목표로 삼는 국제기구.

■
옮긴이 후기

이제는 고인이 된 크리스 하먼의 《좀비 자본주의》가 한글판으로 출간되는 것은 두 가지 점에서 의미 있는 일이다.

첫 번째 의미는 지금도 진행중인 세계경제 위기를 포함해 자본주의 체제의 작동 원리와 위기로 치닫는 경향을 마르크스주의 시각에서 분석했다는 점이다.

하먼이 이 책의 머리말에 썼듯이, "학교와 대학에서 가르치는 주류 경제학은 이런 현상[자본주의 경제 위기]을 결코 설명할 수 없음이 드러났다." 주류 경제학자들이 20세기의 가장 중요한 경제적 사건인 1930년대 대공황을 설명하지 못하는 것이 단적인 사례. 현재 미국 연방준비제도 이사회 의장이자 1929년 대공황을 연구해 박사 학위를 받은 벤 버냉키 조차 "대공황을 이해하는 것은 거시경제학의 성배를 찾는 일"이라고 실토했다.

하먼은 이 체제를 제대로 이해하려면 카를 마르크스와 프리드리히 엥겔스의 저작에 의지할 필요가 있다고 지적했다. 그는 생전에 〈레프트21〉과 한 인터뷰에서 "이 책에서 자본주의가 툭하면 위기에 빠지는 이유를 마르크스의 이론으로 어떻게 설명할 수 있는지 썼"다고 말했다. "마르크스는 자본주의를 죽은 것이 산 것을 지배하는, 과거가 현재를 지배하는 체제라고 말했습니다. 마르크스는 인간 노동의 생산물이 어떻게 인간의 삶과 다음 세대의 삶을 지배하는지를 설명했습니다."

"자본주의에는 언제나 위기가 따라다녔습니다. 그러나 1970년대 중엽 이후 자본주의는 갈수록 심각해지는 불황들 사이에 호황이 잠깐씩 찾아드는 장기 위기로 접어들었습니다. 자본가들은 생산 확대에 투자할 동기를 느끼지 못했는데, 투자 대비 수익률이 낮았기 때문입니다."

주류 경제학자들은 2007~08년 이후의 경제 위기가 '금융 문제일 뿐'이라고 말하지만 하먼은 훨씬 더 깊고 더 근본적인 체제의 문제가 반영된 것이라고 지적한다. 그래서 그는 제 기능을 못하면서 주변에 악영향만 끼치는 은행을 '좀비 은행'이라 부르듯이, 위기에 빠진 지금 자본주의의 전반적 특징을 잘 묘사하는 '좀비 자본주의'를 책 제목으로 선택했다.

하먼은 자본주의 경제가 왜 위기에 빠질 수밖에 없는지를 이론적으로 설명한 《마르크스주의 공황론》과 지난 20년 동안 자본주의 체제의 변화와 위기를 설명한 글을 묶은 《21세기 대공황과 마르크스주의》 등을 비롯한 많은 책의 지은이로 한국 독자들에게도 잘 알려져 있다. 하먼의 저작이나 관심사가 경제에 한정되지는 않지만, 무엇보다 그는 이번에 번역·출간되는 《좀비 자본주의》를 포함해 일련의 저서와 글, 연설을 통해 자본주의 체제의 동학과 위기를 이해하는 도구로서 마르크스주의 정치경제학을 발전시키고 풍부하게 만들었다.

알렉스 캘리니코스는 이 책을 "현재 위기와 그것이 자본주의 역사에서 차지하는 의미를 이해하고 싶은 사람이라면 꼭 읽어야 할 책이자 마르크스주의 정치경제학에 큰 공헌을 한 책"이라고 소개했다.

이 책 출간의 두 번째 의미는 이 책이 하먼의 마지막 저작이라는 점이다. 《좀비 자본주의》 영어판이 출간된 지 4개월 뒤인 2009년 11월에 그는 갑작스런 심장마비로 세상을 떠났다. 그가 리즈 대학을 나온 뒤 런던 대학교 사회과학대학LSE에서 박사 과정을 밟고 있을 무렵 68운동이 벌어졌는데, 이때부터 그는 학자 경력을 포기하고 혁명가로서 살았다. 그는 스탈린주의 체제를 국가자본주의로 규정하는 분석을 발전시켜서 혁명적 마르크스주의 전통의 지속에 기여했을 뿐 아니라, 《민중의 세계사》를 보면 잘 알 수 있듯이, 마르크스주의 역사 이론을 발전시키는 데도 큰 재능을 보였다. 그 외에도 여성 억압 문제, 이슬람주의, 그람시의 혁명적 사상 등 다방면에서 훌륭한 글들을 남겼다.

그런데 그는 이런 글들을 지적 호기심의 충족을 위해서가 아니라 당면한 정치적 문제를 해결하기 위한 노력의 일환으로 저술했다. 이런 점에서 그는 언제나 "세계를 해석하는" 데 안주하거나 그 자체를 목표로 삼지 않고 "세계를 변혁하는" 일에 몰두한 진정한 마르크스주의자, 혁명적 활동가였다.

하먼이 말년에 심혈을 기울여 저술한 이 책은 현재의 경제 위기를 자본주의 체제의 전체 역사와 변화 속에서 분석하고 있다는 점에서도 중요하지만 자본주의 체제를 변혁하고자 하는 사람들에게 이론적 무기를 제공한다는 점에서도 중요하다. 하먼은 이 책의 말미에서 "그런 일 [자본주의 체제의 변혁]이 일어나려면, 자본주의를 탐구하는 사람들이 자본주의 때문에 고통받는 사람들이 벌이는 운동의 필수적 일부가 돼야 한다. 확실히 말할 수 있는 것은 이런 운동이 없다면 이번 세기가 끝날 때까지도 다수의 사람들은 이 참을 수 없는 세계에서 계속 살아가야 할 것이라는 점이다" 하고 지적했다.

비록 죽었지만 그는 반란을 꿈꾸는 사람들에게 자신의 이 책이 조금이라도 도움이 될 수 있기를 바랐을 것이다.

이 책의 번역 원본으로는 Chris Harman, *Zombie Capitalism: Global Crisis and the Relevance of Marx* (Bookmarks, London, 2009)를 사용했다. 옮긴이 두 사람이 각각 나눠서 번역한 다음 서로 돌려 보며 용어를 통일하고 오역을 없애려고 최대한 노력했다. 또, 번역 원고를 꼼꼼히 살펴보며 어법에 맞게 다듬고 좀 더 쉽고 명쾌한 표현을 찾느라 애써 준 책갈피 출판사 편집부께 깊은 감사의 인사를 전하고 싶다.

2012년 4월 12일
옮긴이들을 대표해 이정구가 씀

찾아보기